上海交通大學歷史系　浙江大學歷史系　浙江省社會科學界聯合會
國家社會科學基金規劃項目
上海市社會科學基金重大項目　資助

浙江文化研究工程成果文庫

浙江文獻集成

中國地方珍稀文獻

浙江地方文書叢刊

石倉契約

第二輯

第四册

曹樹基 潘星輝 闕龍興 编

浙江大学出版社
ZHEJIANG UNIVERSITY PRESS

常見異體字及俗字與規範字對照表

（規範字按漢語拼音順序排列）

規範字	異體字及俗字
坳	坳 幼
霸	霸
嘗	常
膝	塖
处 處	処 虜 虡
窗	窻 窓
耽	躭
挡 当	陗
挡	佾
擋	隌 當
遞	逓
都	卩 阝
段	叚
塅	堲
兒	児
反	返 饭
豐	豊
逢	逄
崀	峎 崀
高	髙
各	佫
耕	畊
關	闵 関
觀	观
横	横
回	囬
荒	塃
鷄	雞
及	彶
角	埆
脚	腳
柏	柏
據	拠 攄
勘	堪 勘
坑	硎
款	欵
歷	歴 歴
粮	粆 良
两	両
晾	烺 眼 朗 朖
寮	簝 蓼
岭	岺
留	畱
壠	隴
籮	蘿
饅	糗
面	靣
畝	畆
廿	廾
弄	挵
拼 拚	捹
憑	凴
迫	廹
鋪	舗
契	契
钱	㦮
墻	牆
喪	丧
算	筭
坛	坛
藤	藤 籐 籐 籘 籐
天	兲
桶	捅 甬
挖	扝
學	斈
窑	窯 窰 垚 摇
一	乙
银	艮
園	薗
雜	襍
葬	塟
燥	噪 穙 燥 臊
劄	劄
照	炤
折	拆
执	阦
止	阯
紙	帋
衆	眾
準	凖
總	揔 総

目録

第二輯第四册　上茶排・闕氏・天開・德瑛・翰禮・玉麟（一）

契約

執照等

上茶排・闕氏・天開・德瑛・翰禮・玉麟（二）

契約

執照

零散送户票

上茶排・闕氏・天開・德瑛・翰鶴

契約

上茶排

阙氏·天開·德瑛·翰禮·玉麟（一）

德瑛光裕堂内景

立賣屋契人雷台生仝弟四人等，今因缺用，自情愿將父手創置住屋壹所，坐落松邑廿一都夫人廟庄，小土名林店下安着。房屋壹堂，屋後至墻外田墈脚爲界，前至門口大路爲界，左至餘基外石墈爲界，右至闕姓下手餘基對半直出爲界。今俱四至分明，上連瓦桷，下及地基、榱椽、窗戶、門路、出入、坭墻、木石壹應在內，自愿托中立契出賣與葉石泰、王盛宗入受承買爲業。當日憑中三面言斷，時值屋價銅錢伍拾肆仟文正，其錢即日隨契兩相交訖明白，不欠分文。其屋自賣之後，任憑買主修整，永遠居住，賣人不得異言阻滯。其屋乃係父置清楚物業，與內外房親伯叔兄弟侄人等並無尺寸干涉，日先亦無重典文墨。倘有來歷不明，皆係賣人一力支當，不干買主之事。此出自相心愿，永無找贖。恐口無憑，故立賣屋契付與買主永遠爲照。」

嘉慶貳拾肆年拾月拾叁日立賣屋契人　雷台生（押）

雷富生（押）

雷運生（押）

雷壽生（押）

憑中　王理光（押）

代筆　鄔槐聰（押）

（前頁）>>>>>

立賣屋契人雷台生仝弟四人等，今因缺用，自情愿将父手創置住屋壹所，坐落松邑廿一都夫人庙庄，小土名林店下，安着房屋壹堂屋，後至墻外田塝脚為界，前至門口大路為界，左至餘基外石塝為界，右至闕姓下手餘基對半直出為界，今俱四至分明，上連瓦桷，下及地基榱椽、窗户門路，出入泥墻木石，壹應在內，自愿托中立契，出賣與葉石泰、王盛宗入受承買為業，當日憑中三面言断，時值屋價銅錢伍拾肆仟文正，其錢即日隨契两相交訖明白，不欠分文，其屋自賣之後，任憑買主修整，永遠居住，賣人不得異言阻滞，其屋乃係父置清楚物業，與内外房親伯叔兄弟住［侄］人等，並無尺寸干涉，日先亦無重典文墨，倘有來歷不明，皆係賣人一力支當，不干買主之事，此出自相心愿，永無找贖，恐口無憑，故立賣屋契付與買主永遠為照。

嘉慶貳拾肆年拾月拾叁日　立賣屋契人　雷台生

雷富生

雷運生

雷壽生

憑中　王理光

代筆　邱槐聰

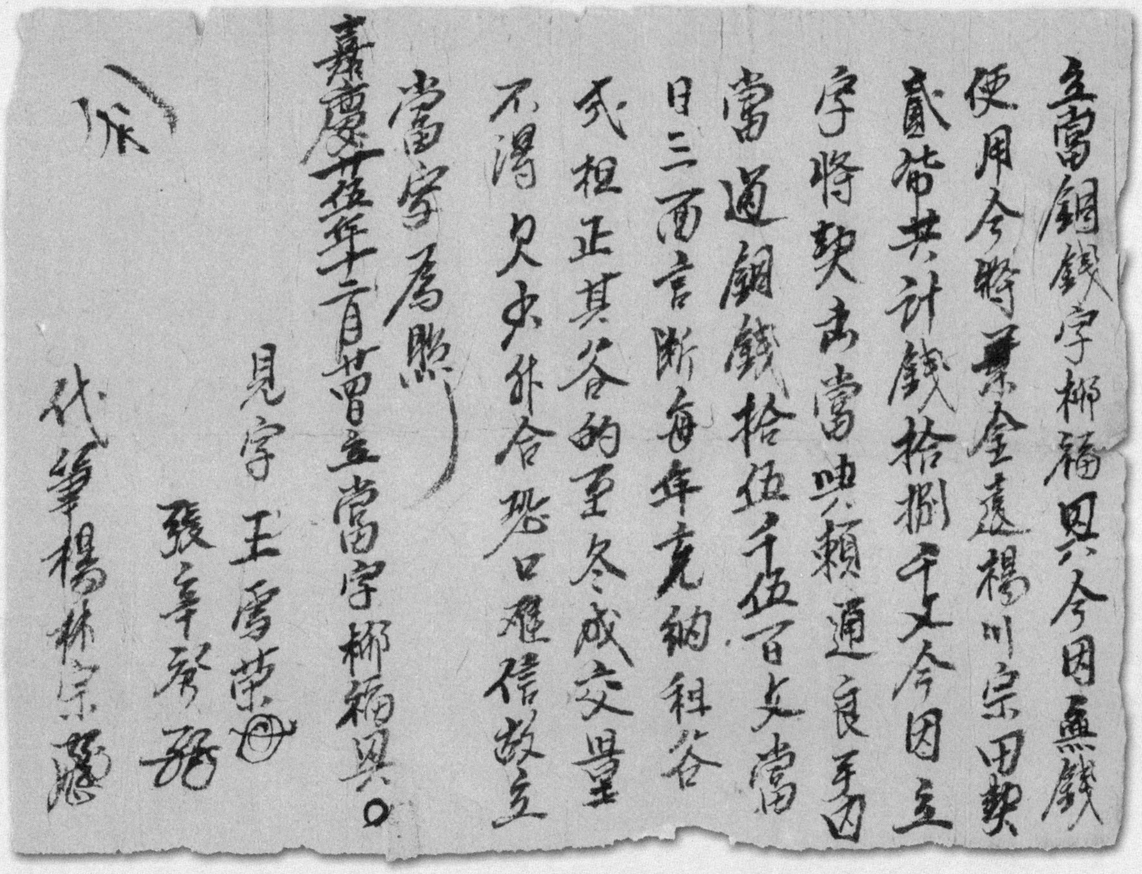

立當銅錢字柳福兴，今因無錢
使用，今將葉金遠、楊川宗田契
貳紙，共计錢拾捌千文，今因立
字将契出當與賴通良手內，
當過銅錢拾伍千伍百文，當
日三面言断，每年充纳租谷
式担正，其谷的至冬成交量，
不得欠少升合，恐口难信，故立
當字為照。

嘉慶廿伍年十二月廿四日　立當字　柳福兴

見字　王雪荣

張辛發

代筆　楊林宗

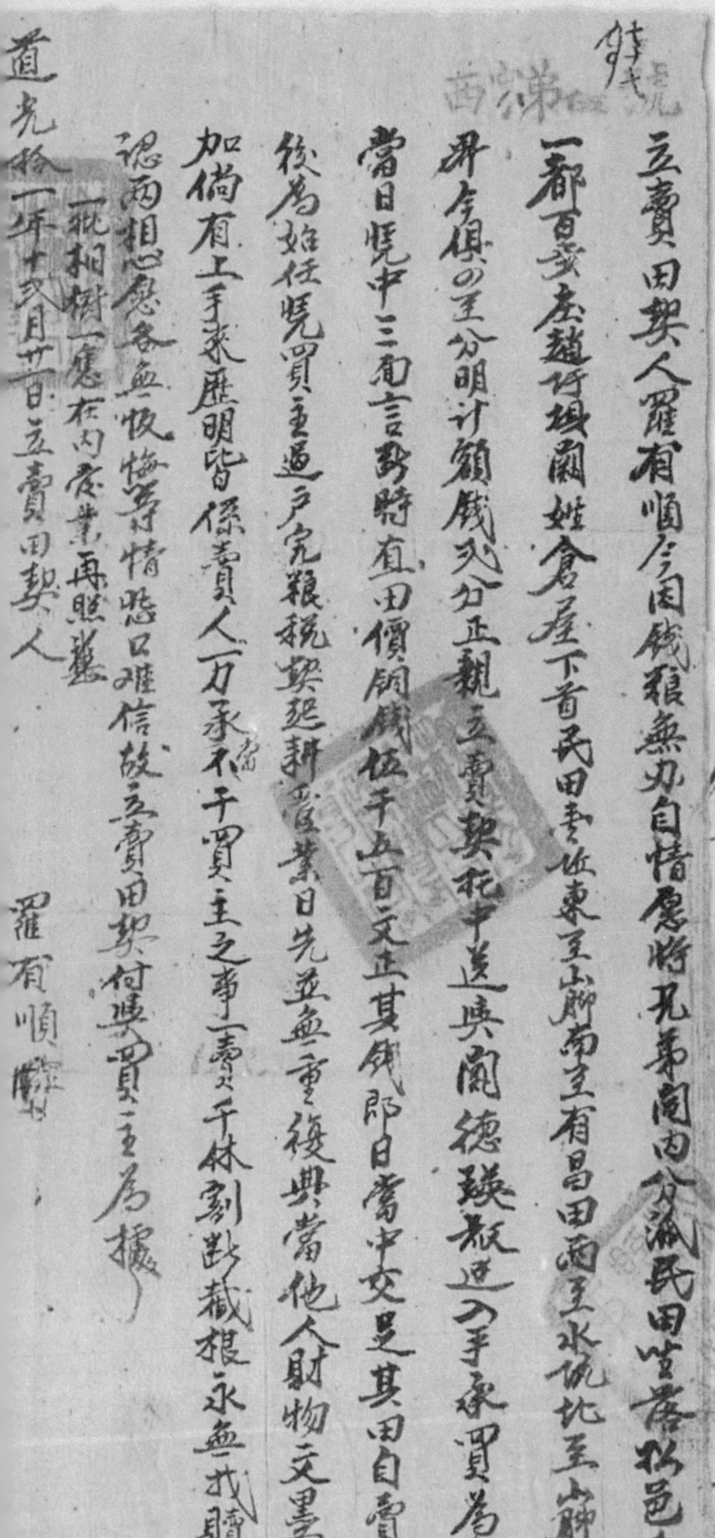
西字第　號　弍

立賣田契人羅有順今因錢粮無办自情愿將兄弟閹内分淤民田坐落松邑念
一都百安庄趙坪塆闕姓倉屋下首民田壹坵東至山脚南至有昌田西至水坑北至山脚為
界今俱四至分明计額錢叁分正親立賣契托中送與闕德璘叔邊入手承買為業
當日憑中三面言断時值田價銅錢伍千五百文正其錢即日當中交足其田自賣之
後為始任憑買主過户完粮税契起耕管業日先並無重複與當他人財物文墨交
加倘有上手來歷明皆係賣人一力承當不干買主之事一賣千休割断截根永無找贖識
認兩相心愿各無反悔等情恐口难信故立賣田契付與買主為據
一批相樹一塆在内發業再照
道光拾一年十弍月廿一日立賣田契人
羅有順（押）

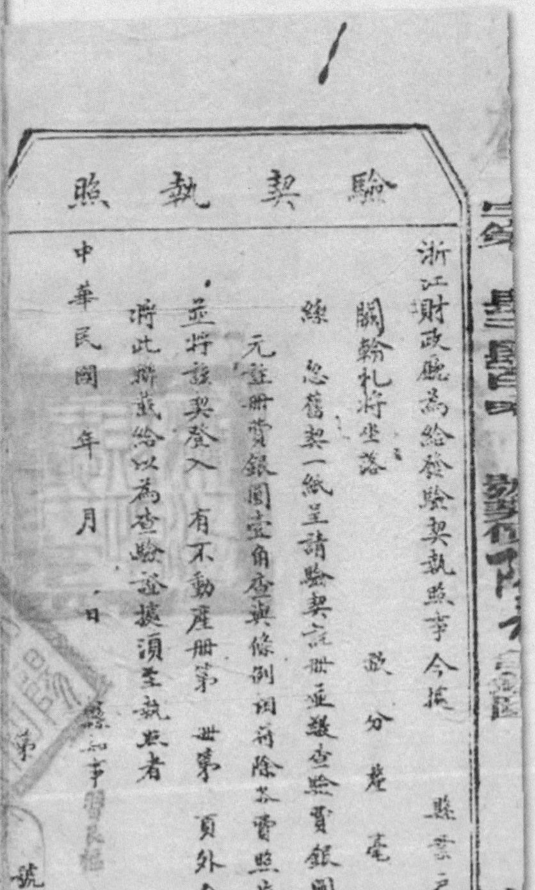
驗契執照

浙江財政廳為給發驗契執照事今據　縣　戶
關輸礼將坐落　畝　分　釐　毫
綠　忍舊契一紙呈請驗契並繳查照費銀圓
元並冊費銀圓壹角應與條例相符除存費照收
並將該契登入　有不動產冊第　冊第　頁外合
將此將發給以為查驗證據須至執照者
中華民國　年　月　日
縣知事
第　號

在見　羅有昌

見中　賴永與

代筆　賴永壽

立找田契人羅有順今因母食不繼日前湊
闕德瑛叔邊交易田業一契坐落松邑念一都百步
處遠坑垌闕姓倉屋下手田一坵畝額界至正契載
明今來請托原中向前業主找出契外價錢伍百文
其錢即日當中交足其田自找之後永不敢二三言
找言贖割斷截根並無隱識認恐口難信立找斷根截
契付與業主為據
道光拾玖年十月初九日立找斷根截契人羅有順

見找　羅有昌
　　　賴永與

代筆　賴永壽

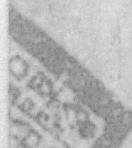

（前頁）>>>>>

立賣田契人羅有順，今因錢粮無办，自情愿将兄弟阄内分派民田，坐落松邑念一都百步庄趙圩塓阙姓倉屋下首，民田壹坵，東至山脚，南至有昌田，西至水坑，北至山脚為界，今俱四至分明，计額錢弍分正，親立賣契，托中送與阙德瑛叔边入手承買為業，當日凴中三面言断，時直田價銅錢伍千五百文正，其錢即日當中交足，其田自賣之後為始，任凴買主過户完粮，税契起耕管業，日先並無重復典當他人財物，文墨交加，倘有上手來歷（不）明，皆係賣人一力承當，不干買主之事，一賣千休，割断截根，永無找贖識認，两相心愿，各無反悔等情，恐口难信，故立賣田契付與買主為據。

一批柏樹一應在内管業，再照。

道光拾一年十弍月廿一日　立賣田契人　羅有順

在見　羅有昌

凴中　賴永兴

代筆　賴永壽

立找田契人羅有順，今因口食不结［給］，日前與闞德瑛叔边交易田業一契，坐落松邑念一都百步庄趙圩塓阙姓倉屋下手，田一坵，畝額界至，正契載明，今来请托原中向前業主找出契外銅錢伍百文，其錢即日當中交足，其田自找之後，永不敢二三，言找言贖，割断截根，無得識認，恐口难信，立找断根截契付與業主為據。

道光拾弍年二月初九日　立找断根截契人　羅有順

見找　羅有昌

賴永兴

代筆　賴永壽

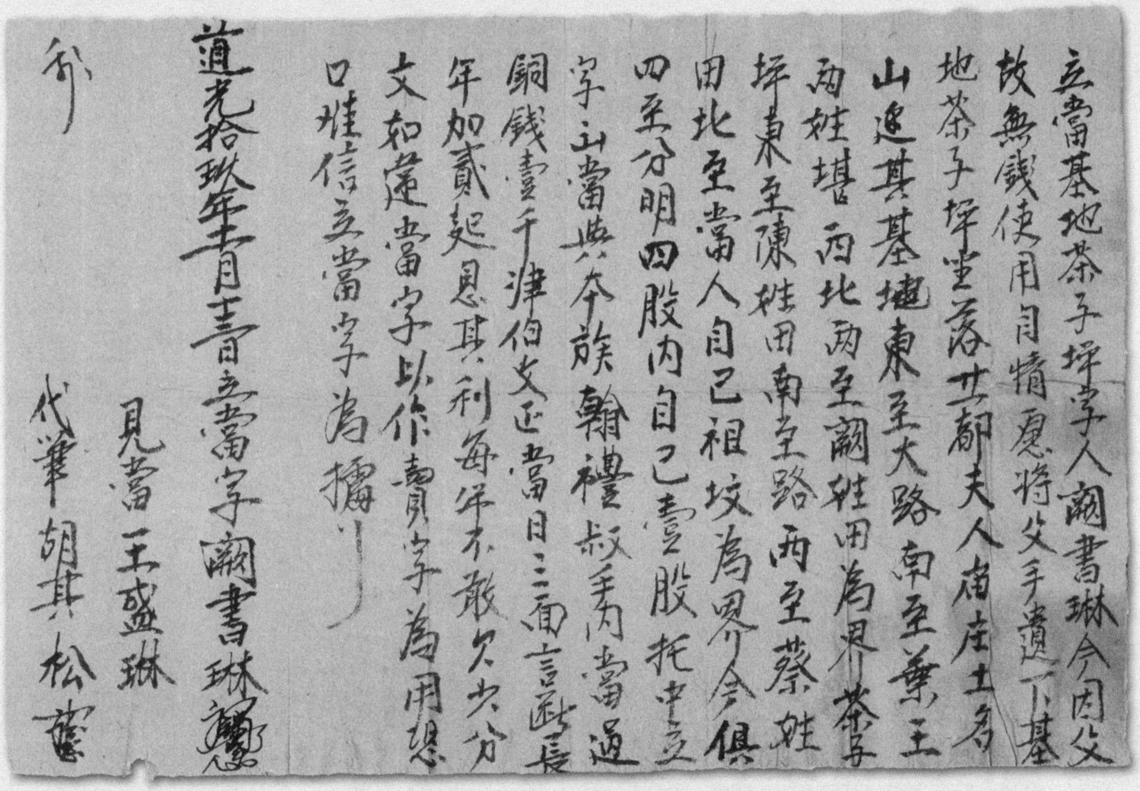

立當基地茶子坪字人闕書琳，今因父故，無錢使用，自情愿将父手遺下基地茶子坪，坐落廿一都夫人庙庄，土名山边，其基地東至大路，南至葉、王兩姓塂，西、北兩至闕姓田為界，茶子坪東至陳姓田，南至路，西至蔡姓田，北至當人自己祖坟為界，今俱四至分明，四股内自己壹股，托中立字，出當與本族翰禮叔手内，當過銅錢壹千肆伯文正，當日三面言断，長年加貳起息，其利每年不敢欠少分文，如違，當字以作賣字為用，恐口难信，立當字為據。

道光拾玖年十一月十三日　立當字　闕書琳

見當　王盛琳

代筆　胡其松

立分山塲約字人㓜奎雄琳原因曾祖
㢮文公派下分与兆貞公股下山塲壹處坐落
二十壹都茶椰庄土名埄裏藍氏太婆坟左
邊安坐梓坛安着貞公育三子長永發次
永祥三永才其山日先未曾分是以永祥
叔长子喜奎股下将山出賣与本房雄琳㓜
奎仝買受業其山塲二人商酌請就親房
伯叔兄弟向前登山踏明界至对中均分
祖神塋香拓阁为定㓜房均分坐落土名
梓坛安着山壹處並及杉松雜木茶頭一應
在内此分以後各管各業日後兩家子孫不
得争競今恐仁難信故立分山約各執一
紙為據

道光貳拾肆年拾貳月拾四日立分山字 㓜奎(押)

仝侄 新慶(押)

仝約 雄琳(押)

二分各存一紙存

見中房 錫奎(押)

香奎(押)

兄 信奎(押)

立分山塲约字人幼奎、雄琳，原因曾祖弼文公派下分与兆貞公股下山塲壹處，坐落二十壹都茶排庄，土名塆裏藍氏太婆坟，左透出至梓坛安着，貞公育三子，長永發，次永祥，三永才，其山日先未曾均分，是以永祥叔長子喜奎股下，将山出賣与本房雄琳、幼奎仝買管業，其山塲二人商酌，请就親房伯叔兄弟向前登山踏明界至，对中均分，祖神焚香，折阄为定，幼房均分，坐落土名梓坛安着山壹處，並及松杉雜木茶頭，一应在内，此分以後，各管各業，日後兩家子孙不得争兢，今恐口難信，故立分山约各执一纸為據。

仝侄　新慶

道光貳拾肆年拾弍月拾弍日　立分山字　幼奎

仝约　雄琳

錫奎

見中房　香奎

兄　信奎

彩奎

代筆弟　献奎

立賣埧地人賴新有，今因缺錢應用，自情愿
将父手遺下自己阄内埧地，土名坐落松邑
念壹都百步庄，小土名趙圩埧呂潭坑口水圳
外，安着埧地壹塊，計額壹分正，上至謝姓埧地
為界，下至謝姓地為界，内至水圳為界，外至路為界，
今俱四至分明，托中立字出賣與闕翰利[1]親边入
手承買為業，凴中三面言断，時值埧地價銅
錢柒千文正，其錢即日隨契交訖，不短分文，其
埧地自賣之後，任凴買主起耕管業收租，其地
與上下房親伯叔兄弟子侄内外人等並無干碍，倘
有來歷不明，皆係賣人一力承當，不涉買主之事，
愿賣愿受，两相情愿，各無反悔，恐口無凴，立賣埧
地付與買主永遠為照。

一批柏樹壹枝在内，再照。

一批其埧地不限年月，辨［辦］原價取贖，再照。

一批錢粮賣人自己完納，再照。

道光貳拾伍年拾壹月十七日　立賣埧地人　賴新有

在場見字人兄　新福

羅有昌

依口代筆　林永丰

1 據光緒《闕氏宗譜》，『翰利』實為『翰禮』之誤寫。

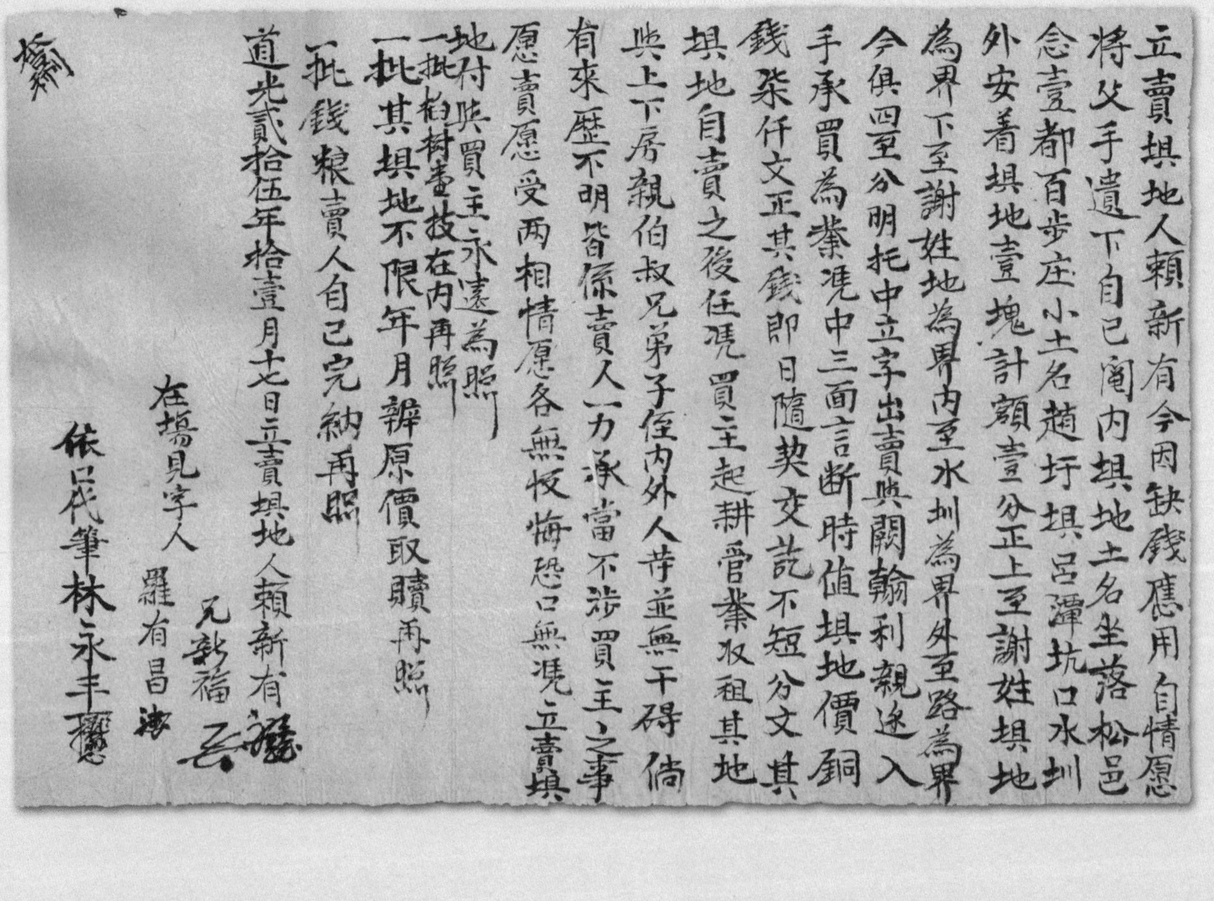
立賣埧地人賴新有今因缺錢應用自情愿
将父手遺下自己阄内埧地土名坐落松邑
念壹都百步庄小土名趙圩埧呂潭坑口水圳
外安着埧地壹塊計額壹分正上至謝姓埧地
為界下至謝姓地為界内至水圳為界外至路為界
今俱四至分明托中立字出賣與闕翰利親边入
手承買為業凴中三面言断時值埧地價銅
錢柒仟文正其錢即日隨契交訖不短分文其
埧地自賣之後任凴買主起耕管業收租其地
與上下房親伯叔兄弟子侄内外人等並無干碍倘
有來歷不明皆係賣人一力承當不涉買主之事
愿賣愿受两相情愿各無反悔恐口無凴立賣埧
地付與買主永遠為照
一批柏樹壹枝在内再照
一批其埧地不限年月辨原價取贖再照
一批錢粮賣人自己完納再照
道光貳拾伍年拾壹月十七日立賣埧地人賴新有
在場見字人　兄新福
羅有昌
依口代筆林永丰

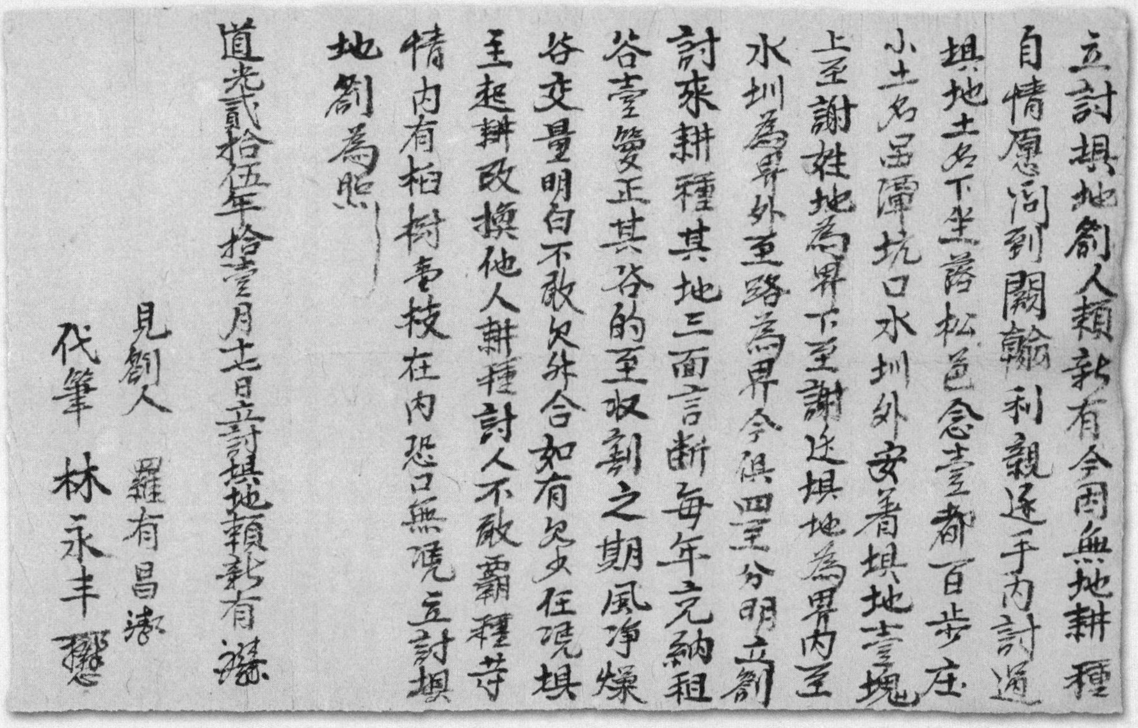

立討塤地劄人賴新有，今因無地耕種，
自情愿问到闕翰利［禮］親边手內，討過
塤地，土名下坐落松邑念壹都百步庄，
小土名呂潭坑口水圳外，安着塤地壹塊，
上至謝姓地為界，下至謝边塤地為界，內至
水圳為界，外至路為界，今俱四至分明，立劄
討來耕種，其地三面言断，每年充納租
谷壹箩正，其谷的至收割之期，風浄燥
谷，交量明白，不敢欠升合，如有欠少，任凴塤
主起耕，改換他人耕種，討人不敢霸種等
情，內有柏樹壹枝在內，恐口無凴，立討塤
地劄為照。

道光貳拾伍年拾壹月十七日　立討塤地　賴新有

見劄人　羅有昌

代筆　林永丰

立賣田契人李盛有今因錢粮無办自情將自置民田坐落弍拾壹都夫人庙庄土名安岱崗安着水田壹坵東至買主田南至坑垅西至石盤北至石盤為界計額壹畝正今具四至分明自託中筆立契出賣與闕翰禮兄邊入受承買為業當日憑中三面言斷時值田價銅錢肆拾捌仟文正其錢即日隨契兩相交兄足訖不少個文其田自賣之後任從買主推收過户起耕改佃係自置清楚物業易先並未重典文墨交加如有上手来歷不明賣人一力支當不干買主之事愿賣愿買兩相情愿各無悔契明價足一賣千休永無找贖等語割藤断根正行交易並無準折債負之故今欲有憑恐口难信故立賣契付與買主子孫永遠管業為據

立契大加

道光貳拾玖年叁月初玖日立賣田契人　李盛有（押）

憑中人　闕天進（押）

闕翰全（押）

李盛連（押）

代筆人　闕添慶（押）

立找田契人李盛有原與日先与闕翰禮兄边交易民田壹契坐落弍拾壹都夫人庙庄土名安岱崗安着界至畝額前有正契載明因係粮迫自請原中筆向勸業主找過契外銅錢壹拾仟文正其田自找之後

契尾

字　號

浙江等處承宣布政使司為遵

[illegible]

布字壹千肆百　號右給　業戶闕翰禮　准此

計開業戶　買田坐落　畝　分　釐　[illegible]

咸豐元年叁月　日

四至界內杉樹雜木一應在內其田界內寸土不留一找付休割籐斷絕再
有如違甘受盜騙之論今恐口難憑故立找田契付與買主子孫永遠管業
為據

找契劉收

道光貳拾捌年伍月初陸日　立杜找田契人李盛有（押）

原中人　李盛連（押）
　　　　闕天進（押）
　　　　闕翰全（押）

代筆人　闕濟慶（押）

(前頁)>>>>>

立賣田契人李盛有，今因錢粮無办，自情将自置民田，坐落弍拾壹都夫人庙庄，土名安岱崗，安着水田壹坵，東至買主田，南至坑壠，西至石盤，北至石盤為界，計額壹畝正，今具四至分明，自託中筆立契，出賣與闕翰禮兄邊入受承買為業，當日憑中三面言断，時值田價銅錢肆拾捌仟文正，其錢即日隨契两相交兑足訖，不少個文，其田自賣之後，任從買主推收過户，起耕改佃，係自置清楚物業，易先並未重典文墨交加，如有上手来歷不明，賣人一力支當，不干買主之事，愿賣愿買，两相情愿，各無反悔，契明價足，一賣千休，永無找贖等語，割藤断根，正行交易，並無準折債負之故，今欲有憑，恐口难信，故立賣契付與買主子孫永遠管業為據。

道光貳拾玖年叁月初玖日　立賣田契人　李盛有

闕天進

憑中人　闕翰全

李盛連

代筆人　闕添慶

（前頁）>>>>>

立杜找田契人李盛有，原與日先与闕翰禮兄边交易民田壹契，坐落式拾壹都夫人庙庄，土名安岱崗安着，界分畝額，前有正契載明，因係粮迫，自請原中筆向勸業主，找過契外銅錢壹拾千文正，其田自找之後，四至界內，柏樹雜木，一應在內，其田界內，寸土不留，一找仟休，割藤断绝，再有如違，甘受叠騙之倫［論］，今恐口难憑，故立找田契付与買主子孫永遠管業為據。

道光貳拾玖年伍月初陸日　立杜找田契人　李盛有

李盛連

原中人　闕天進

闕翰全

代筆人　闕添慶

（契尾，咸豐元年柒月）

立批山塲字人劉祥琳，今因無山耕種，自
情问到茶排庄闕翰禮母舅邊，批出山
壹處，坐落廿一都五合圩庄，土名內坑，小土
名山寮下，安着其山，批来耕種苞蘿，日
後插松杉雜木等項，成林出拚之日，山
主三股，種人坐七股均分，當日三面言定，
其山之內，先杉木頭皮，劉邊並得均分，
讨人不敢私行砍伐，如有砍伐，查出
理論，公罰銅錢叁千之数，此出两家心
愿，並無反悔，恐口难信，故立批山塲
為據。

道光三十年二月廿日　立批山字人　劉祥琳

在見　闕貴千

代筆　翰連

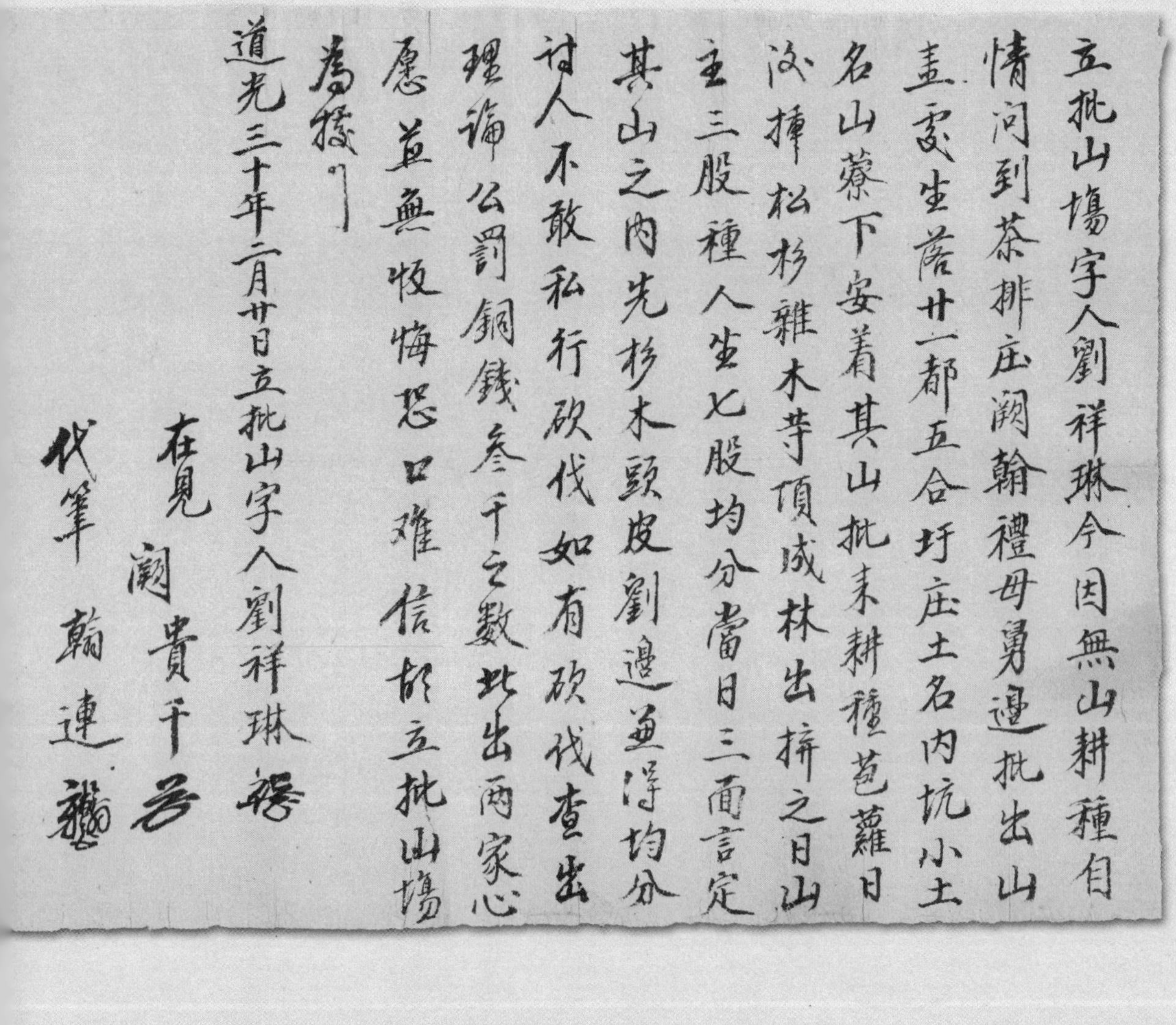

立批山塲字人劉祥琳今因無山耕種自
情问到茶排庄闕翰禮母舅邊批出山
壹處坐落廿一都五合圩庄土名內坑小土
名山寮下安着其山批来耕種苞蘿日
後插松杉雜木等項成林出拚之日山
主三股種人坐七股均分當日三面言定
其山之內先杉木頭皮劉邊並得均分
讨人不敢私行砍伐如有砍伐查出
理論公罰銅錢叁千之數此出两家心
愿並無反悔恐口难信故立批山塲
為據
道光三十年二月廿日立批山字人劉祥琳
在見闕貴千
代筆翰連

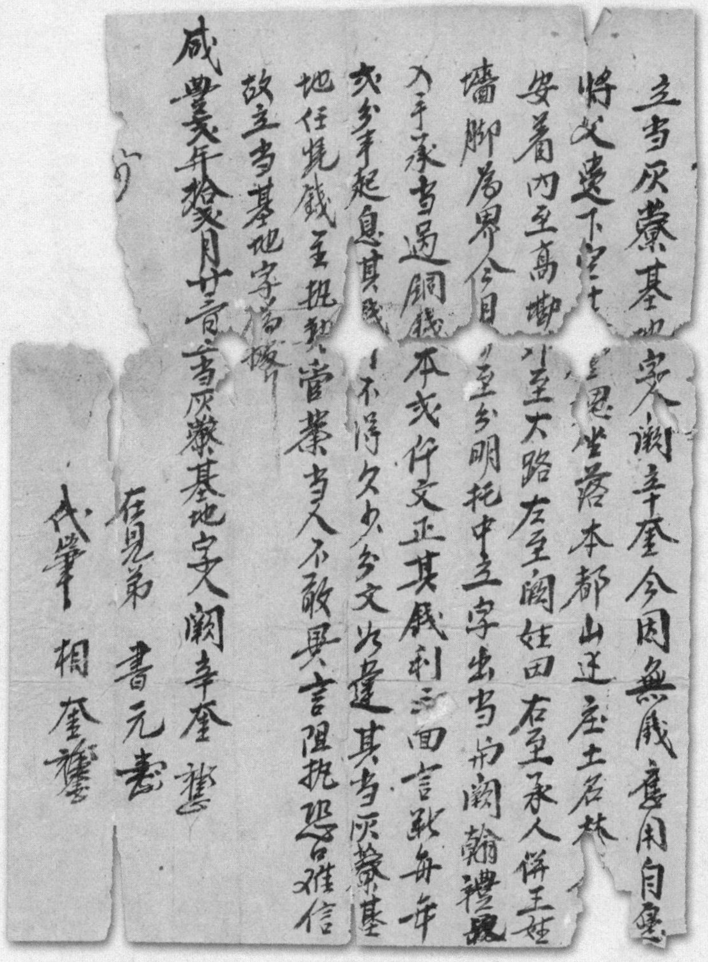

立当灰寮基地字人闕辛奎，今因無錢應用，自愿
将父遺下宅基壹塊，坐落本都山边庄，土名林□□
安着，内至高墈，外至大路，左至闕姓田，右至承人併王姓
墻角為界，今具四至分明，托中立字出当与闕翰禮叔
人手承当，（当）過銅錢本弍仟文正，其錢利三面言断，每年
弍分半起息，其錢利不得欠少分文，如違，其当灰寮基
地任凴錢主執契管業，当人不敢異言阻执，恐口难信，
故立当基地字為據。

咸豐弍年拾弍月廿三日　立当灰寮基地字人　闕辛奎

在見弟　書元

代筆　相奎

立賣契人林明義明棟明岩仝弟侄等今因子侄繁多耕種不便自情愿將祖父遺下四房輪流忌田土名坐落廿一都百步庄趙圩塅內塝王姓門前山坑水圳上双隔相連田貳丘計額叁畝正托中親立契出賣與王永龍親邊為業當日三面斷定時值田價銅錢壹伯陸拾伍仟文正其錢即日隨契交足此田四房自賣之后任憑買主執契管業收租過戶完粮改耕易佃此係自己物業與內外房親伯叔兄弟子侄人等無涉日先並無重當亦無曲、賣交墨交加如有此色林邊一力承當不干王邊之事此出兩家心愿各無反悔逼抑等情恐口難信故立賣契永遠為據

明信

明榮

咸豐肆年十二月初三日立賣契人林明義 ○

仝賣 明岩

明棟

憑中 陳顯炳

代筆 明岩

外批塝邊杣木在內再照

外批原將未繳

（前頁）>>>>>

立賣契人林明義、明榮、明岩、明棟仝弟侄等，今因子侄繁多，耕種不便，自情愿将祖父遺下四房輪流忌田，土名坐落廿一都百步庄趙圩塓内堜，王姓門前山坑水圳上，双隔相連，田貳天［大］坵，計額叁畝正，托中親立契，出賣與王永龍親邊為業，當日三面断定，時值田價銅錢壹伯陸拾伍仟文正，其錢即日随契交足，此田四房自賣之后，任凴買主執契管業收租，過户完粮，改耕易佃，此係自己物業，與内外房親伯叔兄弟子侄人等無涉，日先並無重當，亦無典賣文墨交加，如有此色，林邊一力承當，不干王邊之事，此出两家心愿，各無反悔逼抑等情，恐口难信，故立賣契永遠為據。

明信
明榮

咸豐肆年十二月初三日　立賣契人　林明義
仝賣　明岩
明棟
凴中　陈顕炳
代筆　明岩

外批堜邊柏木在内，再照。
外批原聯未繳。

立找契人林明榮義明岩棟日先原與王邊交易忌業壹契土名坵段前契載明今
因錢粮無办再托原中向與王永龍親邊勸找過契外銅錢伍仟文正其錢即日
收足其田四房自找之后任從王邊耕契管業收租過户完粮改耕易佃永遠割斷
日后子孫不敢再行言找言贖之理此出二比心愿各無反悔逼抑等情恐口難
信故立找契永遠為據

咸豐肆年十二月廿六日 立找契人林明榮

明岩
明棟
義○
華
明信
清○
明照○

見找 王永基
陳顯炳

代筆 明岩

行

（前頁）>>>>>

立找契人林明義、明榮、明岩、明楝，日先原與王邊交易忌業壹契，土名垢段，前契載明，今因錢粮無办，再托原中向與王永龍親邊勸找過契外銅錢伍仟文正，其錢即日收足，其田四房自找之后，任從王邊執契管業收租，過户完粮，改耕易佃，永遠割断，日后子孫不敢再行言找言贖之理，此出二家心愿，各無反悔逼抑等情，恐口难信，故立找契永遠為據。

咸豐肆年十二月廿六日　立找契人　林明義

明岩
楝
榮
明華
信
明清
照

見找　王永基
陳顕炳

代筆　明岩

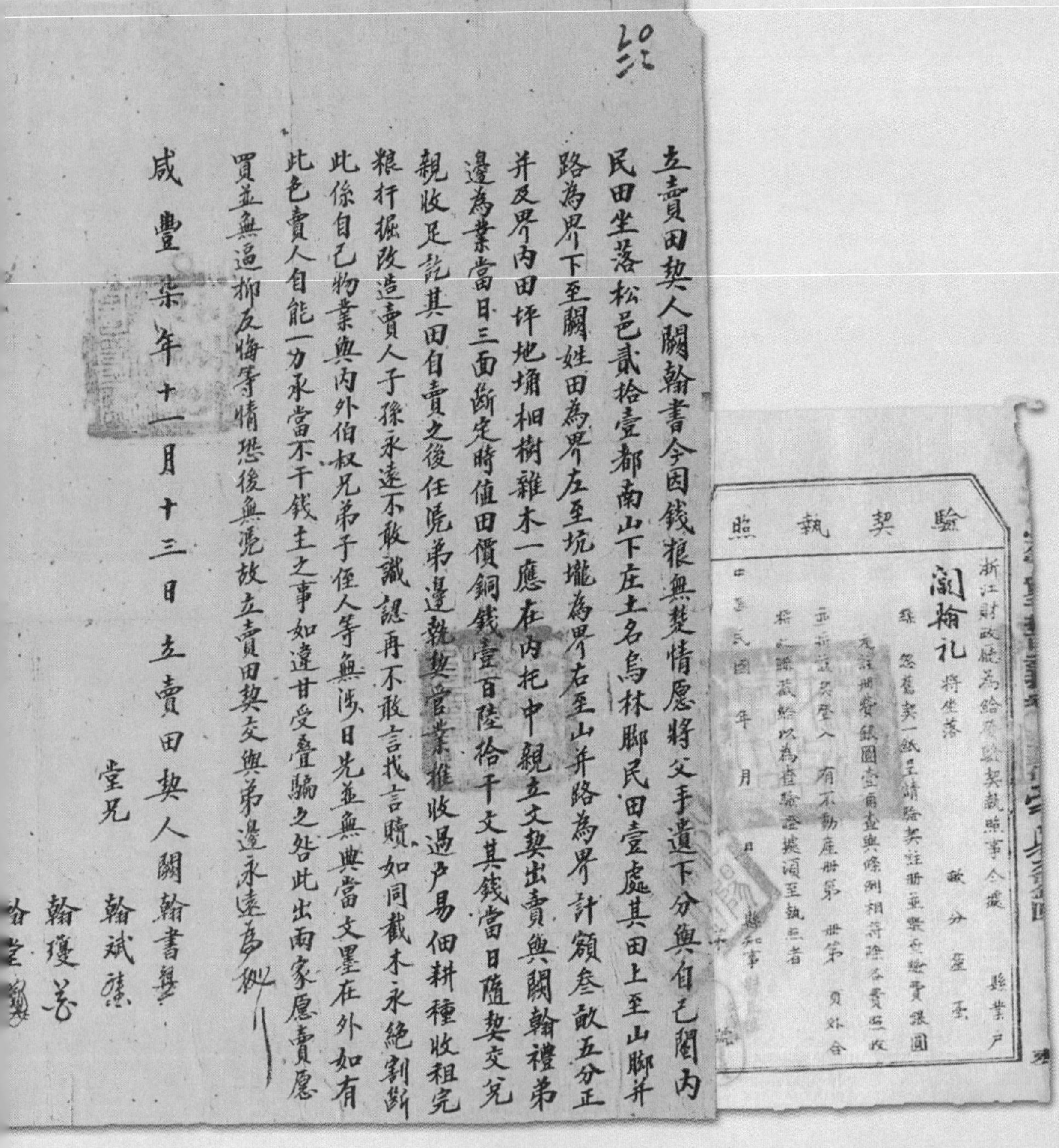

立賣田契人闕翰書今因钱粮無楚情愿將父手遺下分與自己閣内
民田坐落松邑貳拾壹都南山下庄土名烏林脚民田壹處其田上至山脚并
路為界下至闕姓田為界左至坑壠為界右至山并路為界計額叁畝五分正
并及界内田坪地埔相樹雜木一應在内托中親立文契出賣與闕翰禮弟
邊為業當日三面斷定時值田價銅錢壹百陸拾千文其錢當日隨契交兑
親收足訖其田自賣之後任凭弟邊執契管業推收過户易佃耕種收租完
粮扦掘改造賣人子孫永遠不敢識認再不敢言找言贖如同截木永絕割斷
此係自己物業與内外伯叔兄弟子侄人等無涉日先並無典當文墨在外如有
此色賣人自能一力承當不干錢主之事如違甘受叠騙之咎此出兩家愿賣愿
買並無逼抑反悔等情恐後無凭故立賣田契交與弟邊永遠為據

咸豐柒年十一月十三日 立賣田契人闕翰書

堂兄 翰斌 [illegible]
翰瓊 [illegible]
翰堂 [illegible]

驗契執照

浙江財政廳為給發驗契執照事今據 縣業户
闕翰礼 將坐落 畝 分 釐 毫
絲 忽舊契一紙呈請驗契註冊並繳呈驗費銀 圓
元註冊費銀圓壹角查與條例相符除各費照收
並將該契登入 有不動產冊第 冊第 頁外合
將本聯截給以為查驗登據須至執照者

中華民國 年 月 日 縣知事

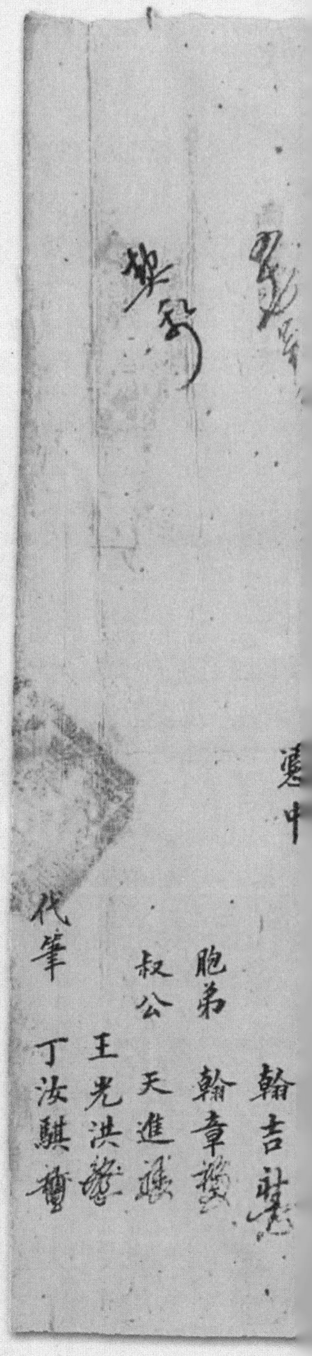

立賣田契人闕翰書，今因錢粮無楚［措］，情愿將父手遺下分與自己閹内民田，坐落松邑貳拾壹都南山下庄，土名烏林脚民田壹處，其田上至山脚并路為界，下至闕姓田為界，左至坑壠為界，右至山并路為界，計額叁畝五分正，并及界内田坪地角，柏樹雜木，一應在内，托中親立文契，出賣與闕翰禮弟邊為業，當日三面斷定，時值田價銅錢壹百陸拾千文，其錢當日隨契交兑親收足訖，其田自賣之後，任凴弟邊執契管業，推收過户，易佃耕種，收租完粮，扦掘改造，賣人子孫永遠不敢識認，再不敢言找言贖，如同截木，永絕割斷，此係自己物業，與内外伯叔兄弟子侄人等無涉，日先並無典當文墨在外，如有此色，賣人自能一力承當，不干錢主之事，如違，甘受叠騙之咎，此出兩家（心愿），愿賣愿買，並無逼抑反悔等情，恐後無凴，故立賣田契交與弟邊永遠為據。

咸豐柒年十一月十三日　立賣田契人　闕翰書

堂兄　翰斌

翰瓊

憑中　翰堂

翰吉

胞弟　翰章

叔公　天進

王光洪

代筆　丁汝騏

立賣田契人闕麗椅今因钱粮無办自情愿将父手遺下自己閹内民田壹處土名坐落松邑念
壹都茶排庄小土名洋頭崗安着其田上至闕仲秋田下至闕姓田左至路右至坑為界計額弍亩伍
分正今載四至分明併及田頭地角椿木并塤一應在内托中立契出賣與闕翰禮邊入受承買為業
當日憑中面断時値田價銅钱壹伯弍拾伍仟文正其钱即日收訖不少分文其田自賣之后任憑
買主推收過户完粮收租永遠管業賣人不敢異言此係己分之業與内伯叔兄弟子侄人等無
涉若有上手來歷不明賣人一力支當不干買主之事乃係正行交易並無反悔愿賣愿買兩相情
愿契明價足永無找贖并情恐口難信故立賣田契永遠為據了

咸豐玖年拾壹月拾玖日 立賣田契人 闕麗椅（押）

憑中 闕天和（押）

闕湔槐（押）

代筆 闕明楷（押）

立杜找田契人闕麗椅日前原與闕翰禮邊交易民田壹契土名坐落松邑念一都茶排庄
小土名洋頭崗安着其田界額前契載明今因缺钱迫用再托憑中向與買主邊找出契外
銅钱貳拾伍仟其钱即日收訖不少分文其田自找之后一找仟休契找價足永断割藤日后
子孫再不敢識認無找無贖并情恐口難信故立杜找田契永遠為據了

咸豐玖年拾弍月拾玖日 立杜找田契人 闕麗椅（押）

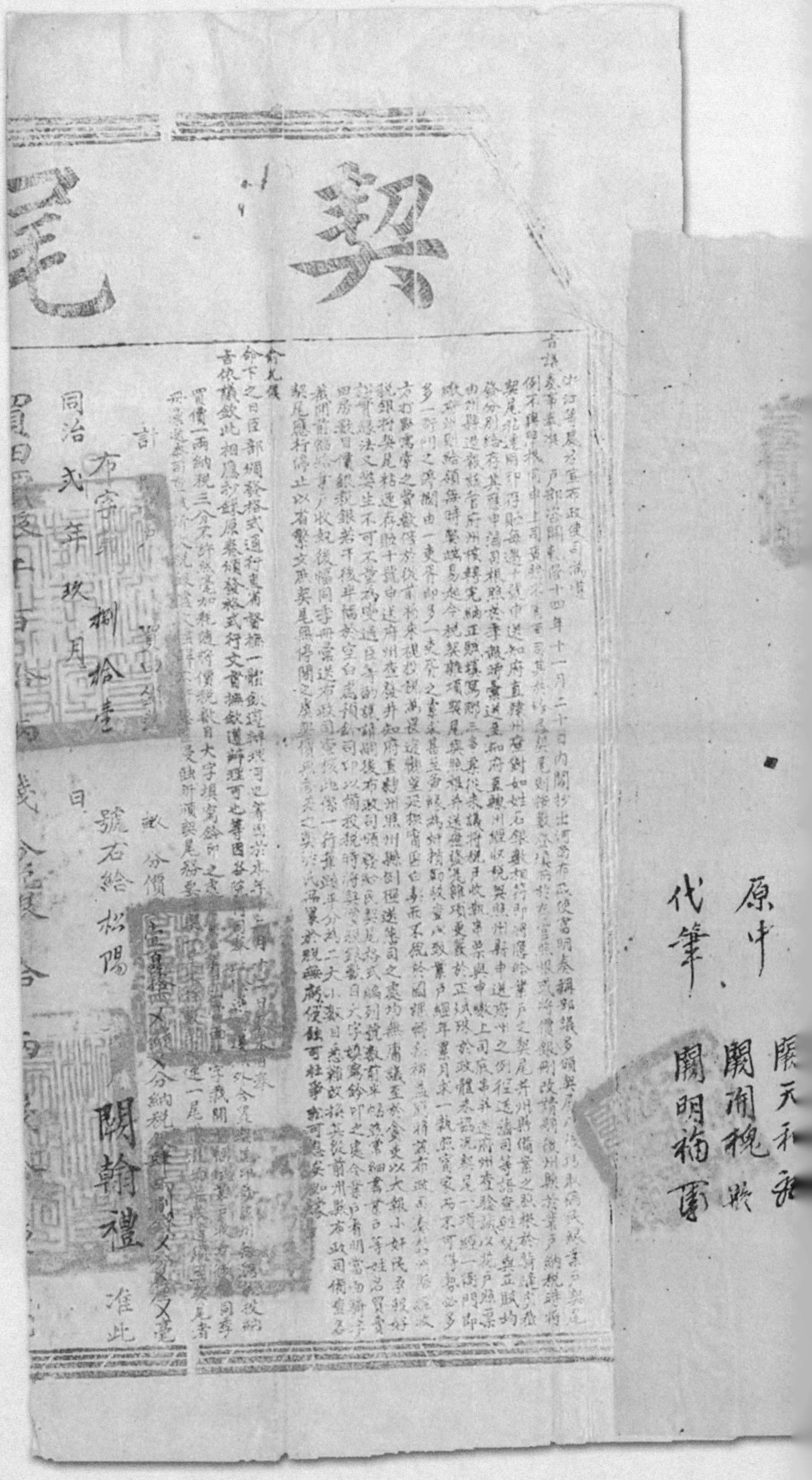
契
同治弍年玖月　日
布字第　號右給松陽闕翰禮　准此
原中　闕天和
闕湘槐
代筆　闕明禧

（前頁）>>>>>

立賣田契人闕麗楠，今因錢粮無办，自情愿将父手遺下自己鬮内民田壹處，土名坐落松邑念壹都茶排庄，小土名洋頭岗，安着其田，上至關仲秋田，下至闕姓田，左至路，右至坑為界，計額弍亩伍分正，今載四至分明，併及田頭地角椿木等項，一應在内，托中立契，出賣與闕翰禮邊人受承買為業，當日凴中面断，時值田價銅錢壹伯弍拾伍仟文正，其錢即日收訖，不少分文，其田自賣之后，任凴買主推收過户，完粮收租，永遠管業，賣人不敢異言，此係己分之業，與内（外）伯叔兄弟子侄人等無涉，若有上手来歷不明，賣人一力支當，不干買主之事，乃係正行交易，並無反悔，愿賣愿買，两相情愿，契明價足，永無找贖等情，恐口难信，故立賣田契永遠為據。

咸豐玖年拾壹月拾玖日　立賣田契人　闕麗楠

凴中　闕天和

闕㑊槐

代筆　闕明福

立杜找田契人闕麗楠，日前原與闕翰禮邊交易民田壹契，土名坐落松邑念一都茶排庄，小土名洋頭岗安着，其田界額，前契載明，今因缺錢迫用，再托愿［原］中向與買主邊劝找出契外銅錢叁拾伍千（文），其钱即日收訖，不少分文，其田自找之后，一找仟休，契找價足，永断割藤，日后子孫再不敢識認，無找無贖等情，恐口难信，故立杜找田契永遠為據。

咸豐玖年拾弍月拾玖日　立杜找田契人　闕麗楠

原中　闕天和

闕㑊槐

代筆　闕明福

（契尾，同治弍年玖月）

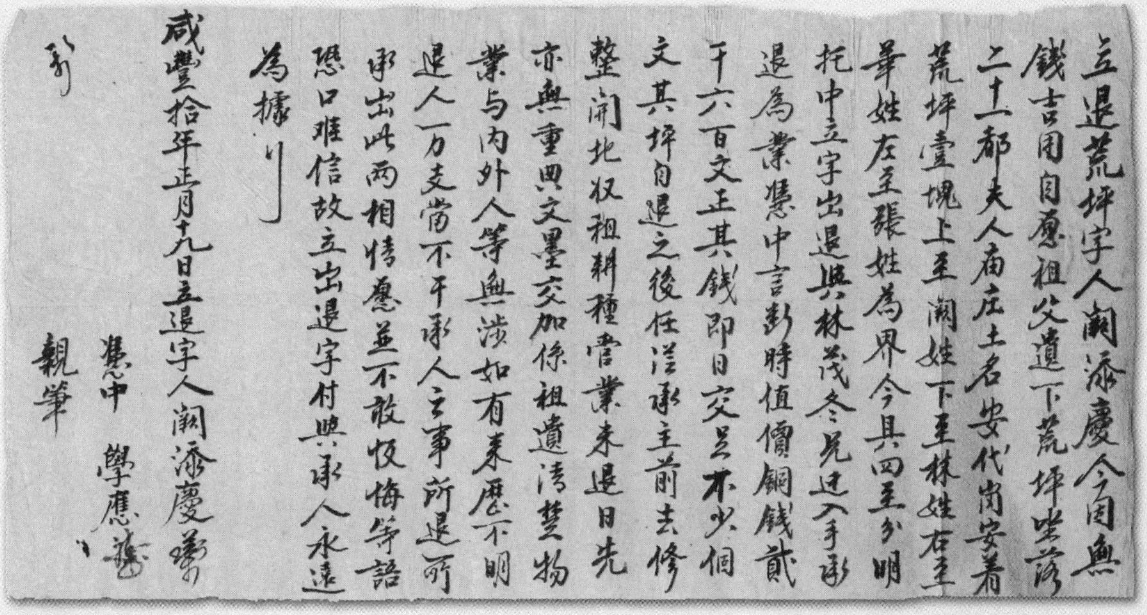

立退荒坪字人闕添慶，今因無
錢吉〔急〕用，自愿祖父遺下荒坪，坐落
二十一都夫人庙庄，土名安代岗，安着
荒坪壹塊，上至闕姓，下至林姓，右至
華姓，左至張姓為界，今具四至分明，
托中立字，出退與林茂冬兄边入手承
退為業，憑中言断，時值價銅錢貳
千六百文正，其錢即日交足，不少個
文，其坪自退之後，任從承主前去修
整開北〔辟〕，收租耕種管業，未退日先
亦無重典文墨交加，係祖遺清楚物
業，与內外人等無涉，如有来歷不明，
退人一力支當，不干承人之事，所退所
承，出此两相情愿，並不敢反悔等語，
恐口难信，故立出退字付與承人永遠
為據。

咸豐拾年正月十九日　立退字人　闕添慶

憑中　學應

親筆

立賣田契人林茂冬今因錢粮無亦自情愿将自置
開有新田壹坵坐落松邑二十一都夫人廟庄小土名安代
崗安着其田上至闞姓田下至林姓田左至張姓田右至
華姓田為界今俱四至明其田計額伍厘正其田自愿托中立
契出賣與鄭懸奎入手承買為業當日憑中面斷目值時
價銅錢壹拾叁仟文正其錢即日隨契交訖不短個文
其田自賣之後任憑買主過户完粮收租管業賣人日後
並無找續永遠割斷限付與買主永遠子孫管業
自出兩相情愿並無反悔等情今恐無信故立賣田契
永遠為據

咸豐拾年叁月拾叁日 立賣田契人林茂冬押

胞兄 茂華○

憑中 林樓生押

代筆 廖六滿押

（前頁）>>>>>

立賣田契人林茂冬，今因錢粮無办，自情愿将自置
闬有新田壹圵，坐落松邑二十一都夫人庙庄，小土名安代
岗，安着其田，上至阙姓田，下至林姓田，左至張姓田，右至
華姓田為界，今俱四至（分）明，其田計額伍厘正，其田自愿托中立
契，出賣與鄭聡奎入手承買為業，當日凴中面断，目直時
價銅錢壹拾叁仟文正，其錢即日隨契交訖，不短個文，
其田自賣之後，任凴買主過户完粮，收租管業，賣人日後
並無找續［贖］，永遠割藤断限，付與買主永遠子孫管業，
自出两相情愿，並無反悔等情，今恐难信，故立賣田契
永遠為據。
咸豐拾年弍月拾叁日　立賣田契人　林茂冬
胞兄　茂華
凴中　林接生
代筆　廖六滿

立賣山塲契人賴秉財，今因錢粮無办，自情愿將父手遺下山塲壹處，坐落松邑廿一都百步庄，土名西山黃神龔古廟背安着，東至古廟大崗直上分水曾姓山為界，南至山頂，西至中人三面埋石曾姓山，北至謝姓田為界，計額弍畝正，今俱四至分明，托中立契，山賣與闕翰禮兄手內承買為業，當日憑中三面言斷，時值山價銅錢叁拾叁千文正，其錢即日當中交足，不欠個文，自賣之後，任憑買推収過户入册办粮，籙養山擇，扦塟燒炭拳遷，賣人無得異言，如有內外伯叔兄弟人等並無干碍，日先亦無文墨典當他人，倘有上手來歷不明，不干買主之事，賣人一力承當。愿賣愿買，契明價足，割藤斷根，永無找贖，此山兩相情愿，各無悔，恐口难信，故立賣山塲契付與買主永遠為據。

同治弍年正月十八日立賣山塲契人賴秉財

憑中 闕永佩〇 羅秀忠

代筆 胡其松

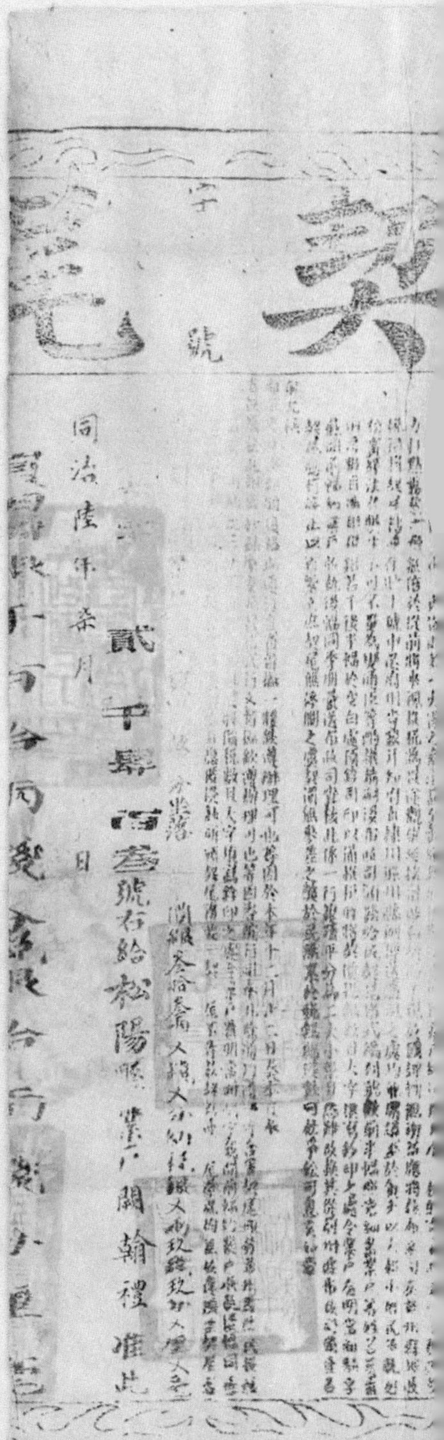

立賣山場契人賴来財，今因錢粮無办，自情愿将父手遺下山場壹處，坐落松邑廿一都百涉［步］庄，土名西山黄神龔古廟背安着，東至古廟大岗直上分水曾姓山為界，南至山頂，西至中人三面埋石曾姓山，北至謝姓田為界，計額弍畝正，今俱四至分明，托中立契出賣與闕翰禮兄手内承買為業，當日凴中三面言断，時值山價銅錢叁拾叁千文正，其錢即日當中交足，不少個文，自賣之後，任凴買主推收過户，入册办粮，籙養出拚，扦窑燒炭發運，賣人無得異言，如有内外伯叔兄弟人等，並無干碍，日先亦無文墨典當他人，倘有上手来歷不明，不干買主之事，賣人一力承當，愿賣愿買，契明價足，割藤断根，永無找贖，此出两相情愿，各無（反）悔，恐口难信，故立賣山場契付與買主永遠為據。

同治弍年正月十八日　立賣山場契人　賴来財

凴中　闕永佩

羅秀忠

代筆　胡其松

（契尾，同治陸年柒月）

立賣地基字人王國琴今因缺錢使用自愿
將父手遺下地基坐落廿一都夫人庙庄土名
山邊林店下已住屋下手左安着地基壹塊
内至陽墻為界外至大路上至止屋墻脚下至
闕姓基地為界今俱四至分明自托中筆立字賣
與闕翰玉親邊入受承買為業當日憑中面斷時
值地基價銅錢陸仟文正其錢即日隨字交清
足訖不少分文其地基自賣之後任從買主架造
未賣日先亦無重典文墨交加如有上手来歷不
明賣人一力之當不涉買主之事所賣所買出此兩
相甘愿並無逼迫抑準折債負之故一賣一十休割
藤斷根永無找無贖等情恐口难信故立賣
地基字付與買主永遠為據

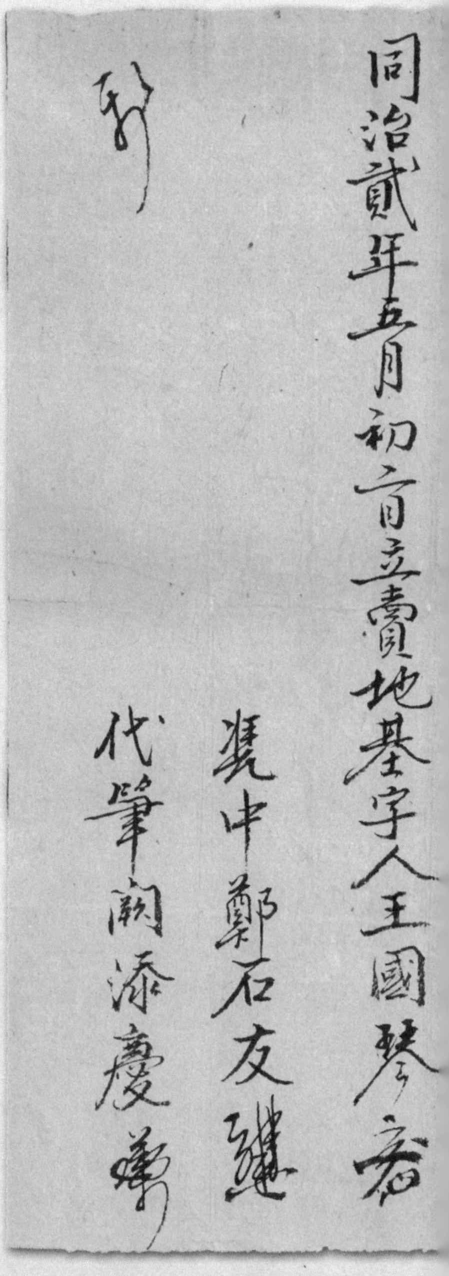

立賣地基字人王國琴，今因缺錢使用，自愿将父手遺下地基，坐落廿一都夫人庙庄，土名山邊林店下己住屋下手片，安着地基壹塊，内至隔墻為界，外至大路，上至正屋墻脚，下至闞姓基地為界，今俱四至分明，自托中筆立字賣與闞翰玉親邊入受承買為業，當日憑中面断，時值地基價銅錢陸仟文正，其錢即日隨字交清足訖，不少分文，其地基自賣之後，任從買主架造，未賣日先，亦無重典文墨交加，如有上手来歷不明，賣人一力之［支］當，不涉買主之事，所賣所買，出此两相甘愿，並無逼抑準折債負之故，一賣千休，割藤断根，永無找無贖等情，恐口难信，故立賣地基字付與買主永遠為據。

同治貳年五月初二日　立賣地基字人　王國琴

憑中　鄭石友

代筆　闞添慶

立賣田契人王增田仝弟侄等今因錢粮無办自情愿將伯父遺下民田土
民坐落松邑念壹都百步庄小土名趙圩與王姓門前安着民田弍大坵東
至闕姓地為界南至闕姓田西至水楝北至闕姓田為界今具四至分明計額
叁畝正併及桐樹雜木一應在內托中筆立契出賣與闕翰禮親邊入受承買
為業當日憑中面斷時值田價銅錢柒拾弍仟文正其錢即日隨契兩相交訖不少
分文其田自賣之後任憑買主推收過戶完粮起耕收租永遠管業賣人不得異言
此係自己清業與內外伯叔兄弟子侄人等無涉日先亦無典當在外若有來歷不明賣
人一力承當不干買主之事契明價足永無找贖愿賣愿買此乃正行交易並無債貨
準折逼抑之故恐口難憑故立賣田契付與買主子孫永遠為據

同治肆年四月初二日

立賣田契人　王增田
增洪
增富
增祥
樟福
憑中　徐炳林
江明榮
賴通良
代筆　王增榮

立找絕田契人王增田仝弟侄等因前原與闕翰禮親邊交易民田壹契坐落
念壹都百步庄小土名趙圩俱安着田壹契界至畝分前有正契載明今因口食不
給再托原中筆相勸買主找出契外銅錢拾弍仟文正其錢即日收訖不少分文
其田自找之後盡找干休永遠割藤斷根日後子孫不得找□□□□言反立找

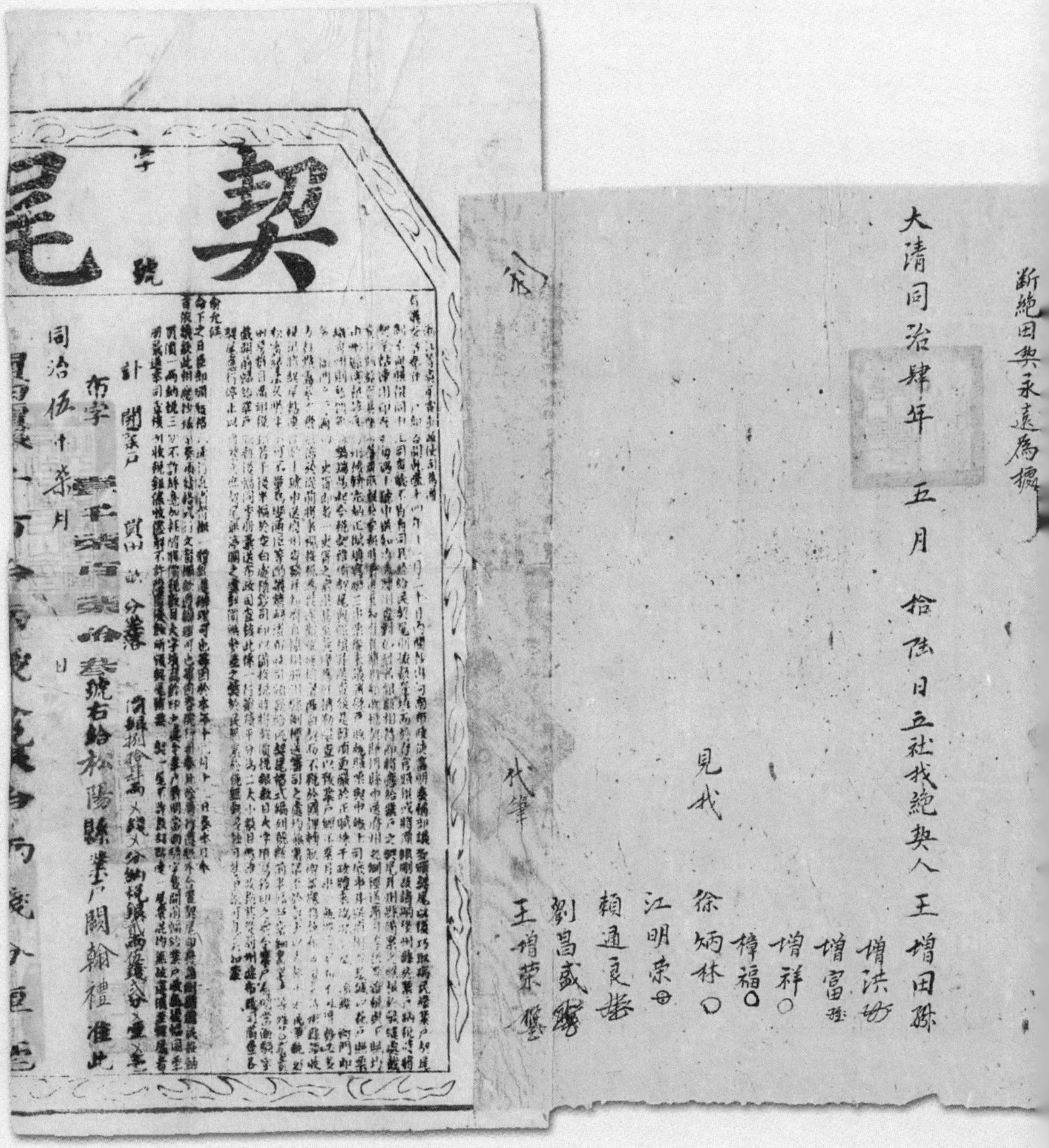
斷絕田契永遠爲據
大清同治肆年五月拾陸日立社找絕契人王增田
增洪
增富
增祥
樟福
徐炳林
見找
江明宗
賴通良
劉昌盛
代筆
王增榮
契尾
字
號
同治伍年柒月
日
布字
號右給松陽縣業戶闕翰禮准此
計開業戶
買田

（前頁）>>>>>

立賣田契人王增田仝弟侄等，今因錢粮無办，自情愿将伯父遺下民田，土民［名］坐落松邑念壹都百步庄，小土名趙圩垻王姓門前，安着民田弍大坵，東至闕姓地為界，南至闕姓田，西至水楝，北至闕姓田為界，今具四至分明，計額叁畝正，併及柏樹雜木，一應在內，托中筆立契，出賣與闕翰禮親邊入受承買為業，當日凴中面断，時值田價銅錢柒拾弍仟文正，其錢即日隨契两相交訖，不少分文，其田自賣之後，任凴買主推收過户，完粮起耕收租，永遠管業，賣人不得異言，此係自己清業，與内外伯叔兄弟子侄人等無涉，日先亦無典當在外，若有来歷不明，賣人一力承當，不干買主之事，契明價足，永無找贖，愿賣愿買，此乃正行交易，並無債貨準折逼抑之故，恐口難凴，故立賣田契付與買主子孫永遠為據。

同治肆年四月初二日　立賣田契人　王增田

增洪

增富

增祥

樟福

凴中　徐炳林

江明荣

賴通良

代筆　王增荣

（前頁）>>>>>

立杜找絕田契人王增田仝弟侄等，日前原與闕翰禮親邊交易民田壹契，坐落念壹都百步庄，小土名趙圩垻，安着田壹契，界至畝分，前有正契載明，今因口食不給，再托原中筆相勸買主，找出契外銅錢拾弍仟文正，其錢即日收訖，不少分文，其田自找之後，壹找千休，永遠割藤断根，日後子孫不得識認，恐口難信，故立杜找断絕田契永遠為據。

大清同治肆年五月拾陆日　立杜找絕契人　王增田

增洪

增富

增祥

樟福

見找　徐炳林

江明荣

賴通良

劉昌盛

代筆　王增荣

（契尾，同治伍年柒月）

立退收工本字侄孫關衛賢原上年無業生理曾將
翰禮叔公粮田田骨坐落松邑廿壹都夫人廟庄土名
安岱崗安着開田壹坵上至李姓田為界下至叔公
田骨為界左至叔公田為界右至侄孫山骨為界四
至界内開成水田情愿親立收字向與叔公遜收過
工本銅錢壹拾叁千文正親收足訖其田退還叔公
永遠管業收租完粮此係叔公自己田業侄孫工
本今已收足日後毋不敢復向叔公討取工本如違甘受
疊騙之咎恐口難信故立退收工本字為據
同治四年五月廿日立退收工本字侄孫關衛賢

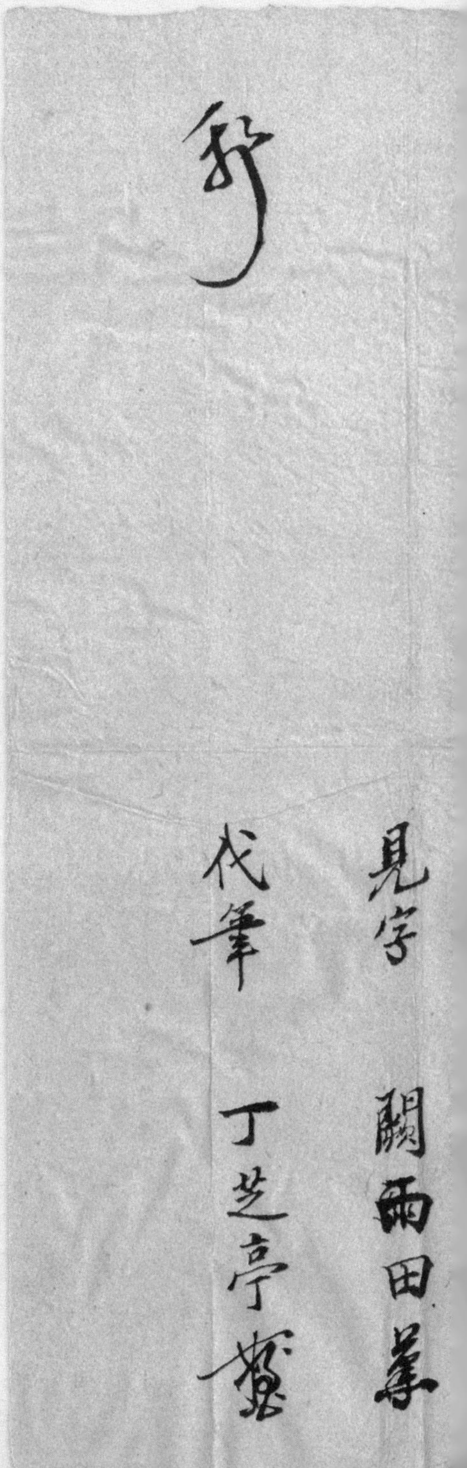

立退收工本字侄孫闕衛賢，原（因）上年無業生理，曾將翰禮叔公粮田田骨，坐落松邑廿壹都夫人廟庄，土名安岱崗安着，闸田壹坵，上至李姓田為界，下至叔公田骨為界，左至叔公田為界，右至侄孫山骨為界，四至界内闸成水田，情愿親立收字向與叔公边收過工本銅錢壹拾叁千文正，親收足訖，其田退還叔公永遠管業，收租完粮，此係叔公自己田業，侄孫工本今已收足，日後再不敢復向叔公討取工本，如違，甘受叠騙之咎，恐口難信，故立退收工本字為據。

同治四年五月弍十日　立退收工本字　侄孫　闕衛賢

見字　闕雨田

代筆　丁芝亭

立賣田契人闕玉善，今因錢粮無办，自情愿将祖父遺下民田壹處，坐落松邑廿一都夫人庙庄，土名季山頭，安着四大横，其田上至闕姓田，下至賣人嘗田，東、南两至，左至坑，右至路為界，又毗連坳項田壹處，其田東、南两至路，西、北两至闕姓田，計額四畝正，田頭地角柏樹雜木尽處，今俱四至分明，托中立契，出賣與本家叔翰禮手內入受承買為業，當日凴中三面言断，時值田價銅錢壹伯叁拾千文正，其錢即日當中交足，不少個文，其田自賣之後，任凴買主推收過户，入册办粮，起耕改佃，收租管業，賣人無得異言，如有內外伯叔兄弟人等並無干碍，日先亦無文墨典當他人，倘有上手来歷不明，不涉買主之事，賣人一力承當，愿賣愿買，契明價足，两無逼勒，其田契載割截断根，無找無贖，此出两相情愿，各無反悔，恐口难信，故立賣田契付與買主永遠為據。

同治捌年十月廿八日　立賣田契人　闕玉善

在塲伯　翰培

叔　翰餘

凴中　闕玉秀

玉田

邱砿斌

代筆　胡其松

立賣田契人闕玉善今因錢粮無办自情愿將祖父遺下民田壹處
坐落松邑廿都夫人廟庄土名季山頭安着四大壇其田上至闕姓田下至
賣人當田東南兩至左至坑右至路為界又毗連坳頭田壹處其田東南兩至
路西北兩至闕姓田計額四畝正田頭地墳柏樹雜木在處今俱四至分明在
中立契出賣與本家叔翰禮手內入受承買為業當日憑中三面言斷
時值田價銅錢壹伯叁拾千文正其錢即日當中交足不少個文其田自賣之後
任憑買主推收過戶入冊办糧起耕改佃收租壹業賣人無得異言如有
內外伯叔兄弟人等並無干碍日先亦無文墨典當他人倘有上手來歷
不明不涉買主之事賣人一力承當愿賣愿買契明價足兩無逼勒
其田契載割截斷根無找無贖此出兩相情愿各無悔恐口難信故
立賣田契付與買主永遠為據

同治捌年十月廿八日立賣田契人闕玉善（押）

在場伯　翰培（押）

叔　翰餘（押）

玉秀（押）

憑中闕玉田（押）

邱碳斌　○

代筆胡其松（押）

大吉

立找断截田契人闕玉善原因粮食給迫請托原中日先與闕
翰禮叔業主交易民田壹契坐落松邑廿一都夫人廟庄土名季山
頭安着畝分界至前有正契載明今因請托原中找出契外銅錢
弍拾柒千文正其錢即日當中交足不少個文其田自找之後壹
找千休永遠割截断根此出两相情愿各無悔恐口难信故立找
断截田契付與業主永遠為據

一批契内諸一千字再照 押

同治捌年十冬月十七日立找断截田契人 闕玉善 押

胞伯 翰培 押
胞叔 翰餘 押

原中 玉田 押
胡其松 押
邱鉉斌 押

代筆 闕玉秀 押

（前頁）>>>>>

立找断截田契人闕玉善，原因粮食给迫，請托原中日先與闕翰禮叔業主交易民田壹契，坐落松邑廿一都夫人廟庄，土名季山頭安着，畝分界至，前有正契載明，今因請托原中找出契外銅錢弍拾柒千文正，其錢即日當中交足，不少個文，其田自找之後，壹找千休，永遠割截断根，此出两相情愿，各無反悔，恐口难信，故立找断截田契付與業主永遠為據。

一批契内諸〔註〕一千字，再照。

同治捌年十弍月十七日　立找断截田契人　闕玉善

胞伯　翰培

叔　翰餘

原中　玉田

胡其松

邱破斌

代筆　闕玉秀

叁拾

立退田字人鄭懇奎今因口食無办自愿将自置民田壹坵坐落松邑廿都夫人廟庄小土名安代崗安着上至闕姓田下至自己田左至自己田右至華姓田為界今俱四至分明托中出退與闕翰理親邊入手承退為業 憑中言斷時值價銅錢捌仟文正其錢即日隨退文清不少個文其田自退之後任憑承主收租管業退人日後並無找續等情恐口難信故立退田字為據

同治九年四月廿日 立退田字人鄭懇奎(押)

憑中 廖石主 ○

林開運(押)

代筆 廖六滿(押)

（前頁）>>>>>

立退田字人鄭聡奎，今因口食無办，自愿将自置民田壹坵，坐落松邑廿一都夫人廟庄，小土名安代崗安着，上至阙姓田，下至自己田，左至自己田，右至華姓田為界，今俱四至分明，托中出退與阙翰理［禮］親边入手承退為業，凴中言断，時值價銅錢捌仟文正，其錢即日隨退交清，不少個文，其田自退之後，任凴承主收租管業，退人日後並無找續［贖］等情，恐口难信，故立退田字為據。

同治九年四月廿日　立退田字人　鄭聡奎

凴中　廖石主

林佣運

代筆　廖六滿

立賣田契人羅秀忠，今因錢粮無办，自情愿将自己清業置民田，坐落松邑念壹都百步庄趙圩垻楓樹下下手，安着大小弍坵，其田左至買主自己田為界，右至雷姓荒地為界，內至山脚為界，外至水圳路為界，又田壹坵，坐落社公殿前，安着其田，內至謝姓田為界，外至水圳，左至路，右至買主自己田為界，大小共叁坵，今俱四至分明，四至之內，并及荒頭地角，茶頭柏樹雜木，壹應在內，計額粮壹畝伍分正，自愿託中立賣契與茶排村闕翰禮叔邊入受承買為業，當日凴中三面言断，時值田價銅錢伍拾貳千文正，其錢即日當中交兑足訖，不少分文，其田自賣之後，任凴買主推收投稅過户，入册完粮，起耕管業，其田乃係自己清業，與內外伯叔兄弟子侄人等無涉，日先並無重（復）典當文墨交加在外，倘有上手來歷不明，皆係賣人壹力承耽［擔］，不干買主之事，此係正行交易，不是準折負債之故，此出两家心愿，並無反悔逼抑等情，恐口無凴，故立賣田契付與買主永遠為據行。

大清同治玖年拾壹月拾壹日　立賣田契人　羅秀忠

凴中人　藍天有

闕翰柳

陳來發

賴開琳

自己親筆

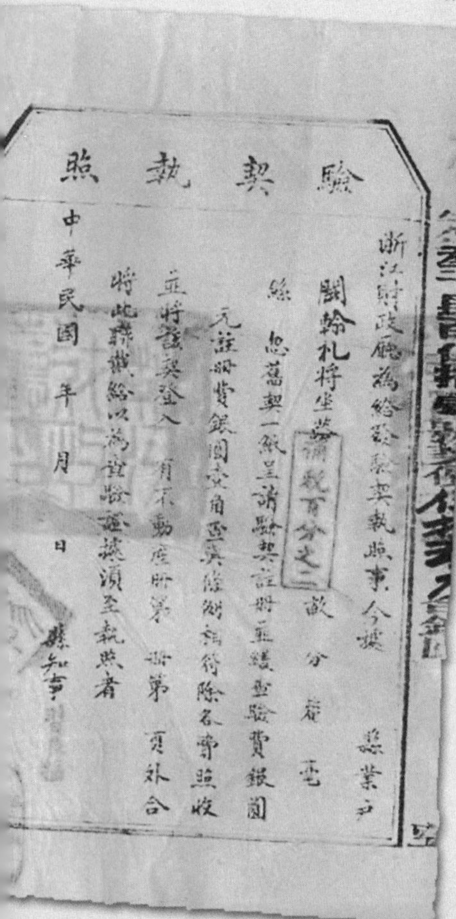
驗契執照

浙江財政廳為給發驗契執照事，今據　縣業戶

闕翰札將坐落

中華民國　年　月　日

縣知事

外批七　四字第丁號

立賣田契人羅秀忠今因錢粮無办自情愿將自己續業置民田坐落
松邑念壹都吉安庄趙圩塅楓樹下下手安著大小弍坵其田左至自己（買主押）田為界
右至雷姓荒地為界內至山脚為界外至水圳路為界又田壹坵坐落社公巖
前安著其田內至謝姓田為界外至水圳左至路右至自己（買主押）田為界大小共叁坵
今俱四至分明四至之內并及荒頭地埔茶頭松樹雜木壹應在內計額粮壹畝
伍分正自愿託中立賣契與茶排村闕輪禮叔邊入受承買為業當日憑
中三面言斷時值田價銅錢伍拾貳千文正其錢即日當中交兑足訖不少
分文其田自賣之後任憑買主推收投稅過戶入册完粮起耕管業
其田乃係自己清業與內外伯叔兄弟子侄人等無涉日先並無重典當文墨交
加在外倘有上手來歷不明皆係賣人壹力承躭不干買主之事此係正
行文易不是準折負債之故此出兩家心愿並無反悔逼抑等情恐口無
憑故立賣田契付與買主永遠為據行

大清同治玖年拾壹月拾壹日立賣田契人羅秀忠（押）

憑中人　藍天有（押）
　　　　闕輪柳（押）
　　　　陳來發（押）
　　　　賴開琳（押）

自己親筆（押）

立杜找絕田契人羅秀忠，日先原典與蔡排村闕翰禮叔邊交易民田壹契，坐落松邑念壹都百英莊趙圩塅楓樹下下手安着，又并社公殿前田壹坵，計共民田共叁坵正，四至界限融額前有正契載明。今因年冬逼迫，急用無措，再託原中相勸業主找出契外銅錢叁千文正，其錢即日交足，不短分文。其田乃係契明價足，日後永遠管業，壹找千休，與同截木割藤斷根，此出兩家心愿，並無找贖之理，等情恐口無憑，故立找字為照。

大清同治玖年拾弍月念五日立杜找絕田契人羅秀忠

憑中人　藍天有　闕翰榔　陳來發　賴開琳　鍾金發○

自己親筆

（前頁）>>>>>

立杜找絕田契人羅秀忠，日先原與茶排村闕翰禮叔邊交易民田壹契，坐落松邑念壹都百步庄趙圩垻楓樹下下手安着，又并社公殿前田壹坵，計共民田『共』叁坵正，四至界限畝額，前有正契載明，今因年冬逼迫，急用無措，再託原中相勸業主，找出契外銅錢叁千文正，其錢即日交足，不短分文，其田乃係契明價足，日後永遠管業，壹找千休，與［如］同截木，割藤断根，此出两家心愿，並無找贖之理等情，恐口無凴，故立找字為照。

大清同治玖年拾弍月念五日　立杜找絕田契人　羅秀忠

凴中人　藍天有

闕翰柳

陳來發

賴開琳

鍾金發

自己親筆

立賣田契人潘扶風今因管業不便愿將祖父手遺下関内民田
土名生岩廿一都百步庄土名趙圩塡田大小叁坵額貳畝又底連
棟外田壹處東至棟為界南至潘葉兩姓田為界西至大溪為界并雜
木柏樹一應在內北至買主田為界又土名趙圩塡鳳舞江田大小叁坵
額貳畝托中踏明親立文契出賣與闕翰禮叔邊為業三面言定
時值價淨光洋銀壹伯肆拾元正此田自賣之後任憑闕邊過
户完粮收租耕種管業日前並無典當重賣文墨交加如有此色自
己一力承當不干買主之事此係自己物業与內外伯叔兄弟子侄人等
無涉原係兩家心愿並無返悔逼抑等情欲後有憑故立賣契存
照

同治九年拾壹月拾壹日立賣田契人潘扶風（押）

在見　張石富（押）
王積聚（押）
潘益成（押）

親筆（押）

合

立找絕契人潘扶風原因日前與闕翰禮叔邊交易廿一都百步
庄趙圩塡民田大小共陸坵正共計額肆畝正前契四至并樹木俱已載明
理本不找但年近欠少銀洋應用再托原中向闕翰禮邊找過正契

契

外銀洋陸元正此田自找之後永絕割斷女仝耆才任凭闕邊入册完
粮易佃耕種收租管業此係愿賣愿買日後不致言找言贖亦無反
悔等因欲後有凭故立找絕契存據川
同治九年拾貳月念伍日立找絕契人潘扶風押
外批如有原聯作廢紙再照押
見找　張石富押
王積聚押
潘益成押
乾筆　押

（前頁）>>>>>

立賣田契人潘扶風，今因管業不便，愿将祖父手遺下關内民田，土名坐落廿一都百步庄，（小）土名趙圩垻，田大小叁坵，額貳畝，又庇［毗］連棟外田壹處，東至棟为界，南至潘、葉两姓田為界，西至大溪为界，并雜木柏樹，一應在內，北至買主田為界，又土名趙圩垻亂葬江，田大小叁坵，額貳畝，托中踏明，親立文契，出賣與闕翰禮叔邊為業，三面言定，時值價净光洋銀壹伯肆拾元正，此田自賣之後，任凴闕邊過户完粮，收租耕種管業，日前並無典當重賣文墨交加，如有此色，自己一力承當，不干買主之事，此係自己物業，与内外伯叔兄弟子侄人等無涉，原係两家心愿，並無反悔逼抑等情，欲後有凴，故立賣契存照。

同治九年拾壹月拾壹日　立賣田契人　潘扶風

在見　張石富

王積聚

潘益成

親筆

（前頁）>>>>>

立找絶契人潘扶風，原因日前與闞翰禮叔邊交易廿一都百步
庄趙圩垻民田大小共陸坵正，共計額肆畝正，前契四至并樹木俱已載明，
理本不找，但年近欠少銀洋應用，再托原中向闞翰禮邊找過正契
外銀洋陸元正，此田自找之後，永绝割断，如仝截木，任凴闞邊入册完
粮，昜佃耕種，收租管業，此係愿賣愿買，日後不致言找言贖，亦無反
悔等（情），因欲後有凴，故立找绝契為據。
同治九年拾贰月念伍日　立找绝契人　潘扶風
外批如有原联，以作廢纸，再照。　張石富
見找　王積聚
潘益成
親筆

（契尾，同治拾年拾月）

立賣田契人阙翰吉，今因錢粮無办，自情愿将父手遺下分己阄内民田壹處，坐落松邑二十一都茶排庄，小土名水崗塆安着，上至阙姓田，下至阙姓田，左至買主田，右至阙姓田為界，又上手田一横，上至阙姓田，下至阙姓田，左至買主田，右至阙姓田為界，今具四至分明，共計實額叁畝正，併及田頭地角，壹應在内，自情托中立契出賣與翰禮兄边入手承買為業，當日凴中三面言断，時直田價銅錢壹佰捌拾仟文正，其錢即日隨契两相交付足訖，不少分文，其田自賣之後，任凴買主推收過户，起耕改佃，完粮收租管業，未賣之先，上手並無文墨重（典），既賣之後，以［與］内外伯叔並無干碍，如有上手来歷不明，賣人一力承當，不涉買主之事，愿賣愿買，两相情愿，各無反悔，一賣千休，並無逼抑之理，恐口难凴，故立賣田契付與買主永遠管業為據。

同治玖年拾壹月拾壹日　立賣田契人　阙翰吉

在場胞弟　翰仁

凴中　翰兆

玉秀

代筆　翰柳

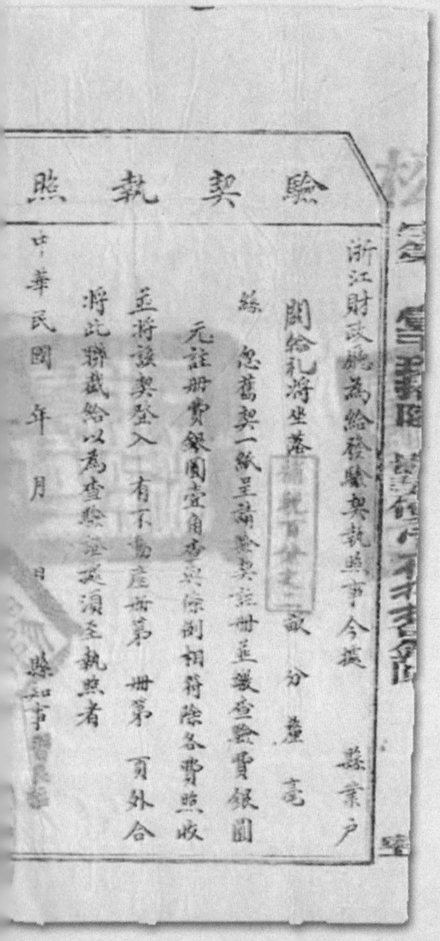

驗契執照

浙江財政廳為給發驗契執照事今據　縣業户

闕給礼將坐落　畝分釐毫

繳驗舊契一紙呈請驗契註册並繳查驗費銀圓

元註册費銀圓壹角亦與條例相符除各費照收

並將該契登入　有不動産第　冊第　頁外合

將此聯截給以為查驗並準須至執照者

中華民國　年　月　日　縣知事

西字弟一號

立賣田契人闕翰吉今因錢粮無办自情愿將父手遺下分己闕内民田壹處坐落松邑二十一都茶排庄小土名水崗垮安着上至闕姓田下至闕姓田左至買主田右至闕姓田為界又上手田壹横上至闕姓田下至闕姓田左至買主田右至闕姓田為界今具四至分明共計實額叁畝正併及田頭地埆壹應在内自情托中立契出賣與翰禮兄邊入手承買為業當日憑中三面言斷時直田價銅錢壹佰捌拾仟文正其錢即日随契兩相交付足訖不少分文其田自賣之後任憑買主推收過户起耕改佃完粮收租管業未賣之先上手並無文墨重疊既賣之後以内外伯叔並無干碍如有上手來歷不明賣人一力承當不涉買主之事愿賣愿買兩相情愿各無反悔一賣千休並無逼抑之理恐口难憑故立賣田契付與買主永遠管業為據

同治玖年拾壹月拾壹日　立賣田契人闕翰吉

在場胞弟　翰仁

翰兆

憑中　玉秀

代筆　翰榔

立賣田契人劉玉基今因錢粮無办自情愿將父手遺下分已闸内民田壹處
坐落松邑二十一都夫人廟庄小土名烏林脚梧桐崀安着田壹處上至劉姓田下至
劉姓田左至路右至劉姓田為界又内手排裏安着田壹處四至劉姓田為界又外手窩
裏安着田壹處上至劉姓田下至劉姓田左至坑右至山為界又田壹處上至劉姓田下至劉姓
田左至坑右至山為界共田四處今俱四至分明計額壹畝貳分五厘正共田四處併及田頭地
角松樹雜木一應在内其田四至界内賣田壹半托中立契出賣與本家堂侄培芹衆入
手承買為業當日憑中三面言斷時值田價銅錢伍拾壹仟文正其錢即日隨契兩
相交付足訖不少分文其田自賣之後任憑買主推收過户起耕改佃完粮收租管
業其田未賣之先上手並無文墨重典既賣之後以内外兄弟並無干碍如有上
手來歷不明賣人一力承當不涉買主之事愿賣愿買兩相情愿各無反悔一賣千
休並無遄之理恐口難憑故立賣田契付與買主永遠管業為照

同治拾壹年拾貳月十二日

立賣田契人劉玉基（押）

在場胞兄 玉輝（押）

憑中 德璣（押）

代筆 翰卿（押）

（前頁）>>>>>

立賣田契人阙玉基，今因錢粮無办，自情愿将父手遺下分己阄内民田壹處，坐落松邑二十一都夫人庙庄，小土名烏林脚梧桐艮，安着田壹處，上至阙姓田，下至阙姓田，左至路，右至阙姓田為界，又内手排裏安着田壹處，四至阙姓田為界，又外手窝裏安着田壹處，上至阙姓田，下至阙姓田，左至坑，右至山為界，又田壹處，上至阙姓田，下至阙姓田，左至坑，右至山為界，共田四處，今俱四至分明，計額壹畝弍分五厘正，『共田四處，』併及田頭地角，柏樹雜木，一應在内，其田四至界内，賣田壹半，托中立契，出賣與本家堂侄培芹衆入手承買為業，當日凴中三面言断，時直田價銅錢伍拾壹仟文正，其錢即日隨契两相交付足訖，不少分文，其田自賣之後，任凴買主推收過户，起耕改佃，完粮收租管業，其田未賣之先，上手並無文墨重典，既賣之後，以［與］内外兄弟並無干碍，如有上手来歷不明，賣人一力承當，不涉買主之事，愿賣愿買，两相情愿，各無反悔，一賣千休，並無逼抑之理，恐口难凴，故立賣田契付與買主永遠管業為據。

同治拾壹年拾弍月十二日　立賣田契人　闕玉基

在塲胞兄　玉輝

凴中　德璣

代筆　翰柳

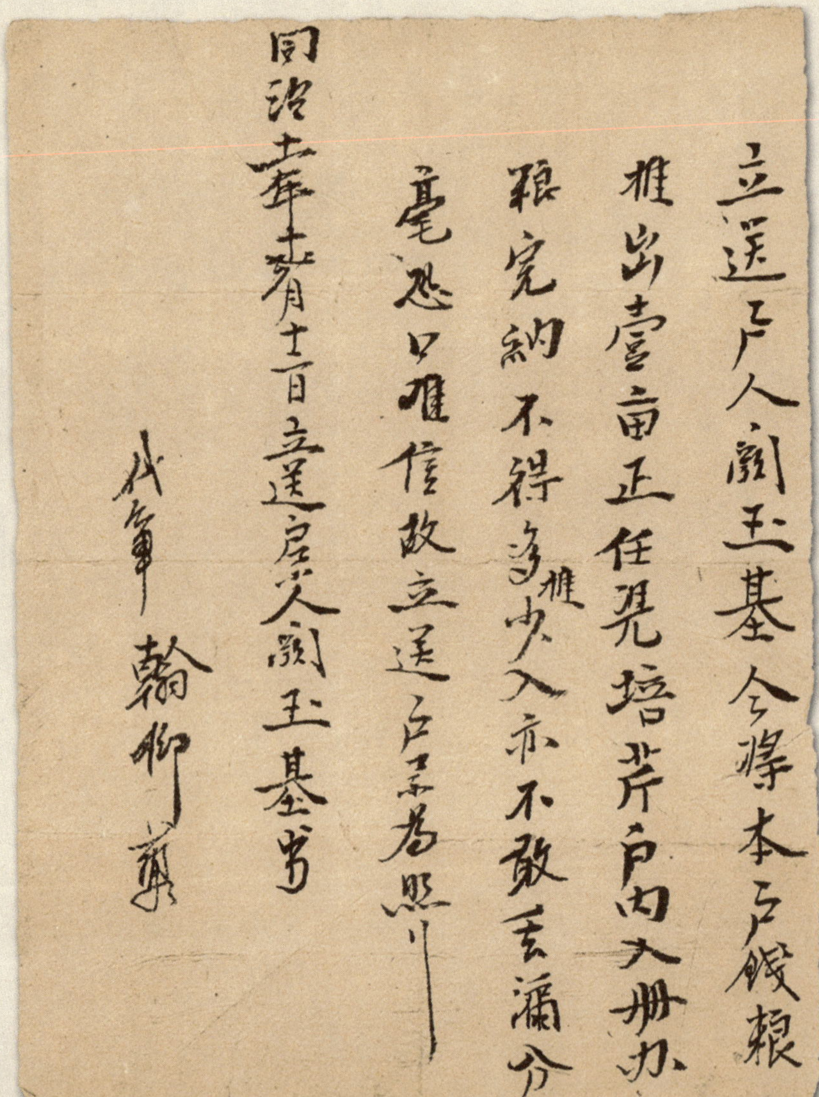

立送户人阙玉基，今将本户钱粮
推出壹亩正，任滉培芹户内入册办
粮完纳，不得多推少入，亦不敢丢漏分
毫，恐口难信，故立送户票為照。
同治十一年十弍月十二日　立送户票人　阙玉基
代筆　翰柳

立杜找斷截田契人劉玉基日前與培芹衆文有民田壹契坐落松邑二十一都夫人廟庄小土名烏林脚梧桐崀安着田壹處又內手排裏安着田壹處又外手窩裏安着田壹處又田壹處共田四處該分明界至前有正契載明今因艱迫請託原中前來向勸業主找過契外銅錢玖仟文正其錢即日隨找契兩相交付足訖不少分文其田自找之後契明價足愿找愿斷兩相情愿一找千休割藤斷根日後永遠無找無贖並無返悔之理恐口难憑故立杜找斷截田契付與買主永遠管業為據

同治拾二年三月十二日　立杜找斷截田契人劉玉基

在場兄　玉輝

原中　翰申

代筆　翰鄉

(前頁)>>>>>

立杜找断截田契人闕玉基，日前與培芹衆交有民田壹契，坐落松邑二十一都夫人庙庄，小土名烏林脚梧桐良，安着田壹處，又内手排裏安着田壹處，又外手窝裏安着田壹處，又田壹處，共田四處，畝分『明』界至，前有正契載明，今因粮迫，請託原中前来向勸業主找過契外銅錢玖仟文正，其錢即日隨找契两相交付足訖，不少分文，其田自找之後，契明價足，愿找愿断，两相情愿，一找千休，割藤断根，日後永遠無找無贖，並無逼抑之理，恐口难凴，故立杜找断截田契付與買主永遠管業為據。

同治拾二年三月十二日　立杜找断截田契人　闕玉基

在場兄　玉輝

原中　翰申

代筆　翰柳

立換田契人胡其吉，今因管業不便，自情愿將父手遺下兄弟均分阄分自己股下水田壹處，坐落松邑念壹都夫人廟庄，土名墩子下，安着其田，上至天后宫田，下至闕姓田，左至坑，右至闕姓田為界，併及田頭地角，一應在內，托中立契，出換與闕翰禮親邊永遠管業，換得闕翰禮田，坐落本邑本都茶排庄，土名楊梅樹塆，安着其田，上至山脚，下至換人田，左至山，右至山為界，併及田頭地角，一應在內，另又貼入洋銀式拾肆員正，酌換公平，田粮各自完納，永無反悔等情，恐口難憑，故立換田契付與闕姓永遠為據。

大清同治拾式年拾月二十九日　立換田契字人　胡其吉

姪　胡秉裕

見換　闕玉秀

闕翰柳

代筆　闕翰信

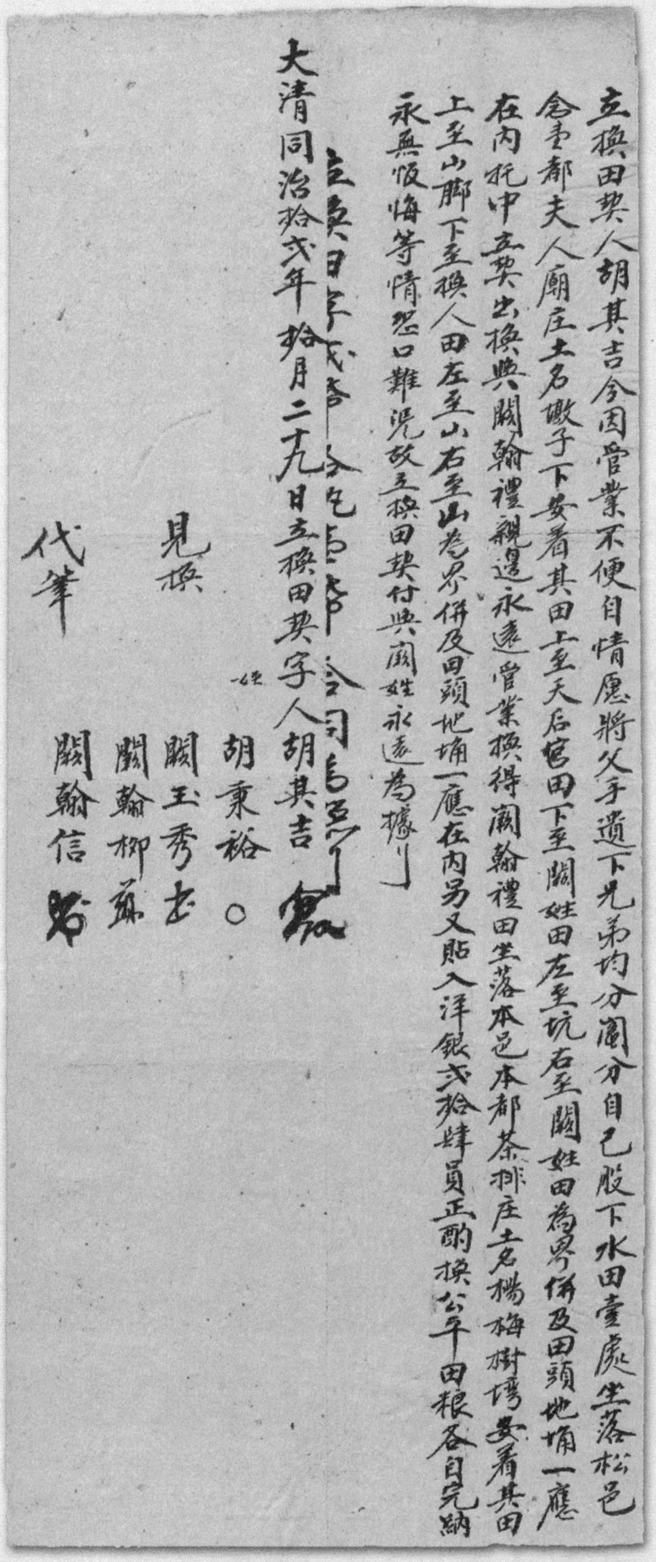

立賣田契人闕玉基今因錢糧無辦自情愿將父手遺下兄弟均分鬮分自己股下水田坐落松邑二十一都夫人廟庄小土名烏林脚梧桐崀安着民田壹處上下二至俱闕姓田左至路右至闕姓田為界又內手排裏田壹處四至俱闕姓田為界又外手窩裏田壹處上下俱闕姓田為界左至坑右至山為界又田壹處上下二至俱闕姓田為界左至坑右至山為界共田四處計額壹畝弍分五厘正其田四至界內日先原與培芹姪邊先行交易對股一半自今寸土不留請托凭中親立文契盡處出賣與培芹姪邊入受承買為業當日凭中三面言斷目值時價契內銅錢伍拾壹千文正其錢即日當中隨契交付足訖不短分文其田自賣之後任從姪邊改佃起耕過户完糧收租管業此係自己股內清楚物業如有來歷不明賣人一力支當一賣一買兩相情愿各無反悔等情恐口難信故立賣田契付與姪邊永遠為據

一批契內註有田字壹個再照

大清同治拾叁年拾月二十一日立賣田契人闕玉基

在場兄 玉輝

凭中 德璣

代筆 闕翰信

立杜找截田契人闕玉基原因日先與本家培芹姪邊安易民壹契其田生落松邑二十一都
夫人廟庄土名烏林腳梧桐崀安着其田四至畝額前有正契載明今因糧迫請托原中向
與培芹姪邊找過契外田價銅錢玖千文其錢即日隨契交付足訖自找之後契明價
足一找千休再不得言找語贖等情恐口難信故立杜找截田契付與姪邊永為存照據

大清同治拾叁年十二月弍拾壹日立杜找截田契闕玉基押

在場兄　玉輝
原中　德璣　押
代筆　闕翰信　押

（前頁）>>>>>

立賣田契人闞玉基，今因錢糧無辦，自情愿將父手遺下兄弟均分鬮分自己股下水田，坐落松邑二十一都夫人廟庄，小土名烏林脚梧桐良，安着民田壹處，上、下二至俱闞姓田，左至路，右至闞姓田為界，又内手排裏田壹處，四至俱闞姓田為界，又外手窩裏田壹處，上下俱闞姓田為界，左至坑，右至山為界，又田壹處，上、下二至俱闞姓田為界，左至坑，右至山為界，共田肆處，計額壹畝弍分五厘正，其田四至界内，日先原與培芹姪邊先行交易，對股一半，自今寸土不留，請托凂中親立文契，盡處出賣與培芹姪邊入受承買為業，當日凂中三面言断，目值時價契内銅錢伍拾壹千文正，其錢即日當中隨契交付足訖，不短分文，其田自賣之後，任從姪邊改佃起耕，過户完糧，收租管業，此係自己股内清楚物業，如有来歷不明，賣人一力支當，一賣一買，兩相情愿，各無反悔等情，恐口難信，故立賣田契付與姪邊永遠為據。

一批契内註有田字壹個，再照。

大清同治拾叁年拾月二十一日　立賣田契人　闞玉基

在場兄　玉輝

凂中　德璣

代筆　闞翰信

（前頁）>>>>>

立杜找截田契人闕玉基，原因日先與本家培芹姪邊交易民（田）壹契，其田坐落松邑二十一都夫人廟庄，土名烏林脚梧桐㟷安着，其田四至畝額，前有正契載明，今因糧迫，請托原中向與培芹姪邊找過契外田價銅錢玖千文，其錢即日隨契交付足訖，自找之後，契明價足，一找千休，再不得言找语贖等情，恐口難信，故立杜找截田契付與姪邊永為後照據。

大清同治拾叁年十二月式拾壹日　立杜找截田契　闕玉基

在場兄　玉輝

原中　德璣

代筆　闕翰信

立賣田契人闕玉基今因钱糧無辦自情愿將父手遺下兄弟均分鬮拈自己
股下水田坐落松邑二十一都夫人廟庄小土名烏林脚梧桐崀安着民田壹處上下二至俱
闕姓田左至路右至闕姓田為界又内手排裏田壹處四至俱闕姓為界又外手寫裏
田壹處上下俱闕姓田為界左至坑右至山為界又田壹處上下二至俱闕姓田為界左至坑右
至山為界共田肆處共計田額壹畝弍分五厘正其田四至界内日先原與培芹姪邊交易對股
均分今因粮迫請托凭中踏明界址寸分不留盡處在内親立文契出賣與培芹姪邊入受
承買為業當日凭中三面言定日值時價契内銅錢伍拾壹千文正其錢即日當中随契交
付足訖不短分文其田自賣之後任凭姪邊起耕改佃過户完粮收租管業此係自己股内
清楚物業並無兄弟子姪人等干碍如有來歷不明賣人一力承當不涉買主之事愿
賣愿買兩相情愿各無反悔等情恐口難信故立賣田契付與姪邊永遠為據」

大清同治拾叁年拾月二十壹日立賣田契　闕玉基（押）

凭中　闕德璣（押）

代筆　闕翰信（押）

（前頁）>>>>>

立賣田契人闕玉基，今因錢糧無辦，自情愿將父手遺下兄弟均分鬮拈自己股下水田，坐落松邑二十一都夫人廟庄，小土名烏林脚梧桐岗，安着民田壹處，上、下二至俱闕姓田，左至路，右至闕姓田為界，又内手排裏田壹處，四至俱闕姓為界，又外手窝裏田壹處，上下俱闕姓田為界，左至坑，右至山為界，又田壹處，上、下二至俱闕姓田為界，左至坑，右至山為界，共田肆處，共計田額壹畝弍分五厘正，其田四至界内，日先原與培芹姪邊交易，對股均分，今因粮迫，請托凴中踏明界坵，寸分不留，盡處在内，親立文契，出賣與培芹姪邊入受承買為業，當日凴中三面言定，目值時價契内銅錢伍拾壹千文正，其錢即日當中隨契交付足訖，不短分文，其田自賣之後，任凴姪邊起耕改佃，過户完粮，收租管業，此係自己股内清楚物業，並無兄弟子姪人等干碍，如有来歷不明，賣人一力承當，不涉買主之事，愿賣愿買，兩相情愿，各無反悔等情，恐口難信，故立賣田契付與姪邊永遠為據。

大清同治拾叁年拾月二十壹日　立賣田契　闕玉基

凴中　闕德璣

代筆　闕翰信

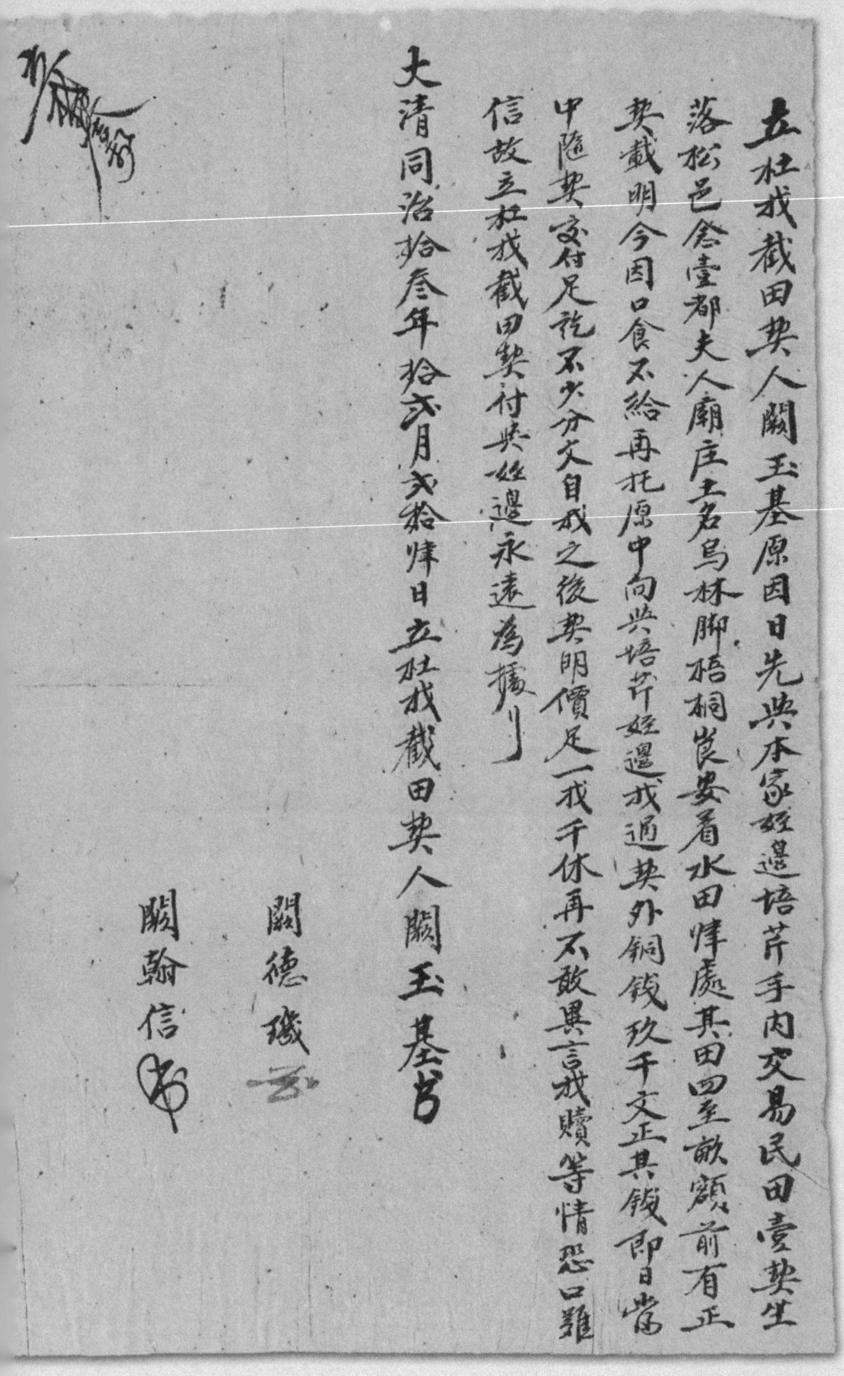

立杜找截田契人闞玉基，原因日先與本家姪邊培芹手内交易民田壹契，坐落松邑念壹都夫人廟庄，土名烏林脚梧桐良，安着水田肆處，其田四至畝額，前有正契載明，今因口食不給，再托原中向與培芹姪邊找過契外銅錢玖千文正，其錢即日當中隨契交付足訖，不少分文，自找之後，契明價足，一找千休，再不敢異言找贖等情，恐口難信，故立杜找截田契付與姪邊永遠為據。

大清同治拾叁年拾弍月弍拾肆日　立杜找截田契人　闞玉基

闞德璣

闞翰信

立討批約民山合仝字人劉水琳今因無山耕種自行向到闕翰禮親
邊手内討出民山壹處坐落松邑廿一都五合圩庄小土名里内坑烟蘩
崀下横田面山安着湯向壹向上至横岩眉為界下至茶子山田塝為界
左至隨窩合水為界右至隨崀直上分水為界四至界内分明當日面言
斷定山租銅錢叁仟文正其錢即日交付收清楚其山任凭承批人耕種苞
蘿粟荳蕃薯等項收成之日壹概無分山主日後種有松杉樹木照法
物分耕種人坐陆分山主坐肆分不得争多較少其山内前皮無杉木批有
松木几枝此出兩相情愿各無悔悔等情恐口难凭故立合仝批字人
為據了

光緒癸年三月廿十日敬立討苞蘿山批字人劉水琳（押）
在見人闕玉標（○）
依口代筆人劉裕雲（押）

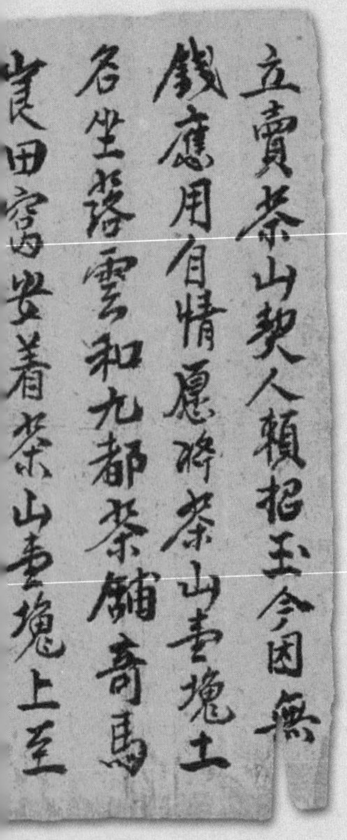
立賣茶山契人賴招玉今因無
錢應用自情愿將茶山壹塊土
名坐落雲和九都茶舖奇馬
崀田窩安着茶山壹塊上至

（前頁）>>>>>

立討批約民山合仝字人劉水琳，今因無山耕種，自行问到闕翰禮親邊手內，討出民山壹處，坐落松邑廿一都五合圩庄，小土名里內坑烟寮崀下接田面山，安着湯向壹向，上至横石眉為界，下至茶子山田塝為界，左至隨窝合水為界，右至隨崀直上分水為界，四至界内分明，當日面言断定山租銅錢叁仟文正，其錢即日交付收清楚，其山任凴承批人耕種苞蘿、粟荳、蕃〔番〕薯等項，收成之日，壹概無分山主，日後種有松杉樹木，肆陆均分，耕種人坐陆分，山主坐肆分，不得争多敢少，其山内前皮無杉木，执〔只〕有松木几枝，此出两相情愿，各無反悔等情，恐口难凴，故立合仝批字『人』為據。

光緒弍年三月初十日　『故』立討苞蘿山批字人　劉水琳

在見人　闕玉標

依口代筆人　劉裕雲

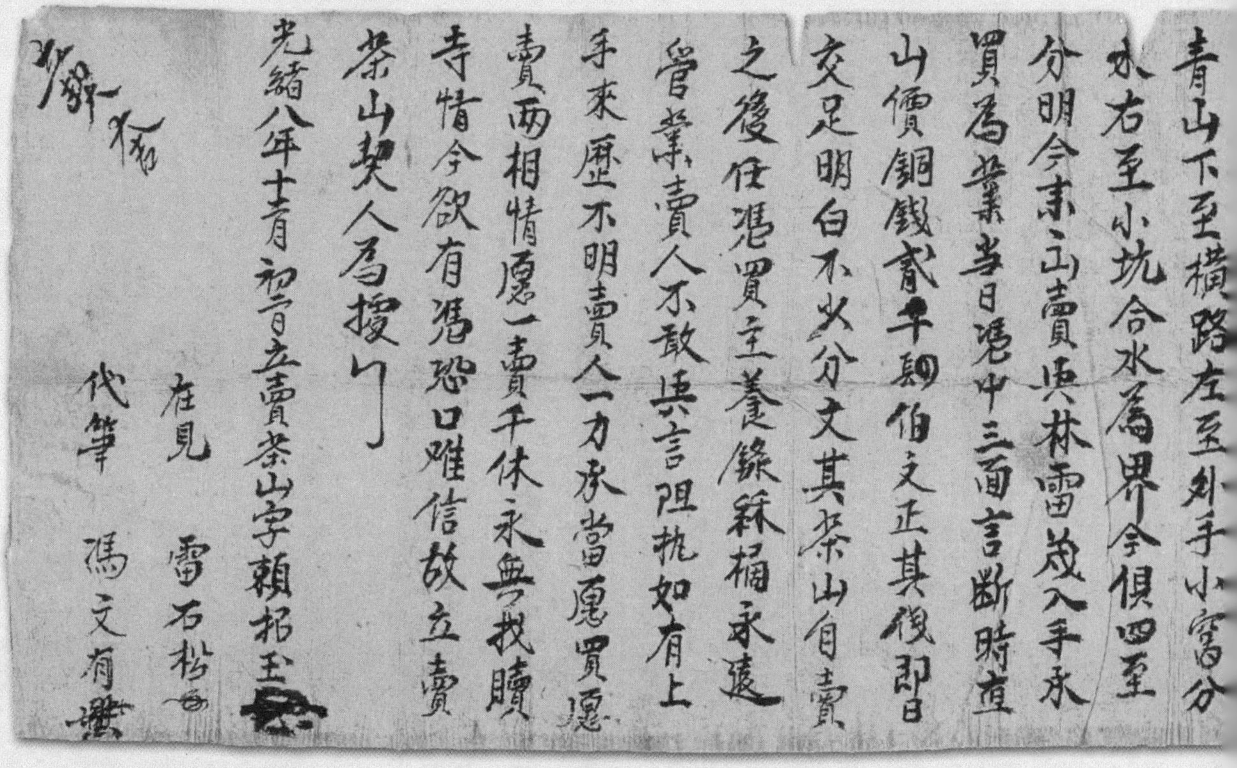

立賣茶山契人賴招玉，今因無
錢應用，自情愿将茶山壹塊，土
名坐落雲和九都茶鋪奇馬
良田窝，安着茶山壹塊，上至
青山，下至横路，左至外手小窝分
水，右至小坑合水為界，今俱四至
分明，今来出賣與林雷茂入手承
買為業，当日凴中三面言断，時直
山價銅錢貳千肆伯文正，其錢即日
交足明白，不少分文，其茶山自賣
之後，任凴買主養録〔籙〕採摘，永遠
管業，賣人不敢異言阻执，如有上
手來歷不明，賣人一力承當，愿買愿
賣，两相情愿，一賣千休，永無找贖
寺〔等〕情，今欲有凴，恐口难信，故立賣
茶山契『人』為據。
光緒八年十二月初二日　立賣茶山字　賴招玉
在見　雷石松
代筆　馮文有

立退田字人闕起旺，今因錢粮無办，自情愿將祖父遺下分己闕内民田，坐落二
十一都茶排庄，拙土名水崗彎殺青塘坳下安着，田主大坵，又透出坑瀧邊田一小
坵。其田上至墳禮田為界，下至玉馨田併玉凱田為界，左至殺青塘為界，右至玉
馨田併坑佬為界。今俱四至分明，計額粮陆分正。自愿托中立字出退与本家
翰昌叔邊承退為業。當日憑中三面言断，時值田價洋银肆拾四圓正，其洋即
日當中交足，足訖不少分文。其田自退之后，任從推收過户完粮，叔邊收租管業。原係
分己清楚闕内物業，与内外房親伯叔兄弟人等並無干涉，未賣日先並無典當文墨。
如有上手来歷不明，退人一力承當，不干叔邊之事。恩承恩退，兩相情愿，各無悔
悔，並無逼勒準折債貨之故。一退千休，寸土不畱，田至界内田頭地角竹樹雜木等項一概
在内，割藤断根，日后永無找價取贖等情之理，並無異言等語。今欲有凭，恐口難信，
故立退字文与翰昌叔邊永遠子孫管業為據。——

光緒玖年　拾一月廿七日　立退田字人　闕起旺（押）

胞弟　起鑑（押）

憑中　玉孫福

代筆　闕玉成（押）

見中　起標（押）

[illegible]

（前頁）>>>>>

立退田字人闕起旺，今因錢粮無办，自情愿将祖父遺下分己阄内民田，坐落二十一都茶排庄，總土名水崗塆靛青塘坳下，安着田壹大坵，又透出坑壠邊田一小坵，其田上至漢禮[1]田為界，下至玉馨[2]田併玉几田為界，左至靛青塘為界，右至玉馨田併坑壠為界，今俱四至分明，計額粮陆分正，自愿托中立字出退与本家翰昌叔邊承退為業，當日凂中三面言断，時值田價洋銀肆拾四圓正，其洋即日當中交兑足訖，不少分文，其田自退之后，任從推收過户完粮，叔邊收租管業，原係分己清楚阄内物業，与内外房親伯叔兄弟人等並無干涉，未賣日先，並無典當文墨，如有上手来歷不明，退人一力承當，不干叔邊之事，愿承愿退，两相情愿，各無反悔，並無逼勒準折債貨之故，一退千休，寸土不留，四至界内田頭地各［角］柏樹雜木等項一概在内，割藤断根，日后永無找價取贖等情之理，並無異言等語，今欲有凂，恐口难信，故立退字交与漢［翰］昌叔邊永遠子孫管業為據。

光緒玖年拾一月廿七日　立退田字人　闕起旺

胞弟　起進

凂中　玉珠

代筆　闕玉成

見中　起標

1 據光緒《闕氏宗譜》，『漢禮』實為『翰禮』之誤寫。

2 據光緒《闕氏宗譜》，『玉馨』實為『玉磬』之誤寫。

立賣山契人闕佳賢仝侄德球，今因缺錢應用，自情愿將祖手遺下山場，坐落松邑廿一都茶排庄，土名水碓嶺豬頭嶺，安着山場壹處，其山上至横路到坳為界，下至正富公坟地門口田為界，左至隨窝直下胡姓坟地坪田直下為界，右至白文公坟地后隨窝直下為界，俱出四至分明，計額壹畝正，自愿立契出賣與翰禮叔公承買為業，當日凴中面断，時值山價洋銀貳拾員正，其洋即日隨契親收足訖，無短分厘，其山未賣之先，並無文墨交加，既賣之後，任凴叔公推收過户，完粮養籙，永遠管業，併及四至界內松杉茶頭雜木一應在內，如有房親伯叔子侄内外人等並無干涉，上手來歷不明，皆係自能賣人一力承當，不涉叔公之事等情，一賣千休，無找無贖，愿賣愿買，两相情愿，並無逼勒之理，恐口难信，故立賣山契為據。

光緒九年拾弍月初四日　立賣山契人　闕佳賢

在見侄　德球

叔　懋慶

兄　右賢

凴中弟　德明

弟　亮賢

代筆　江日興

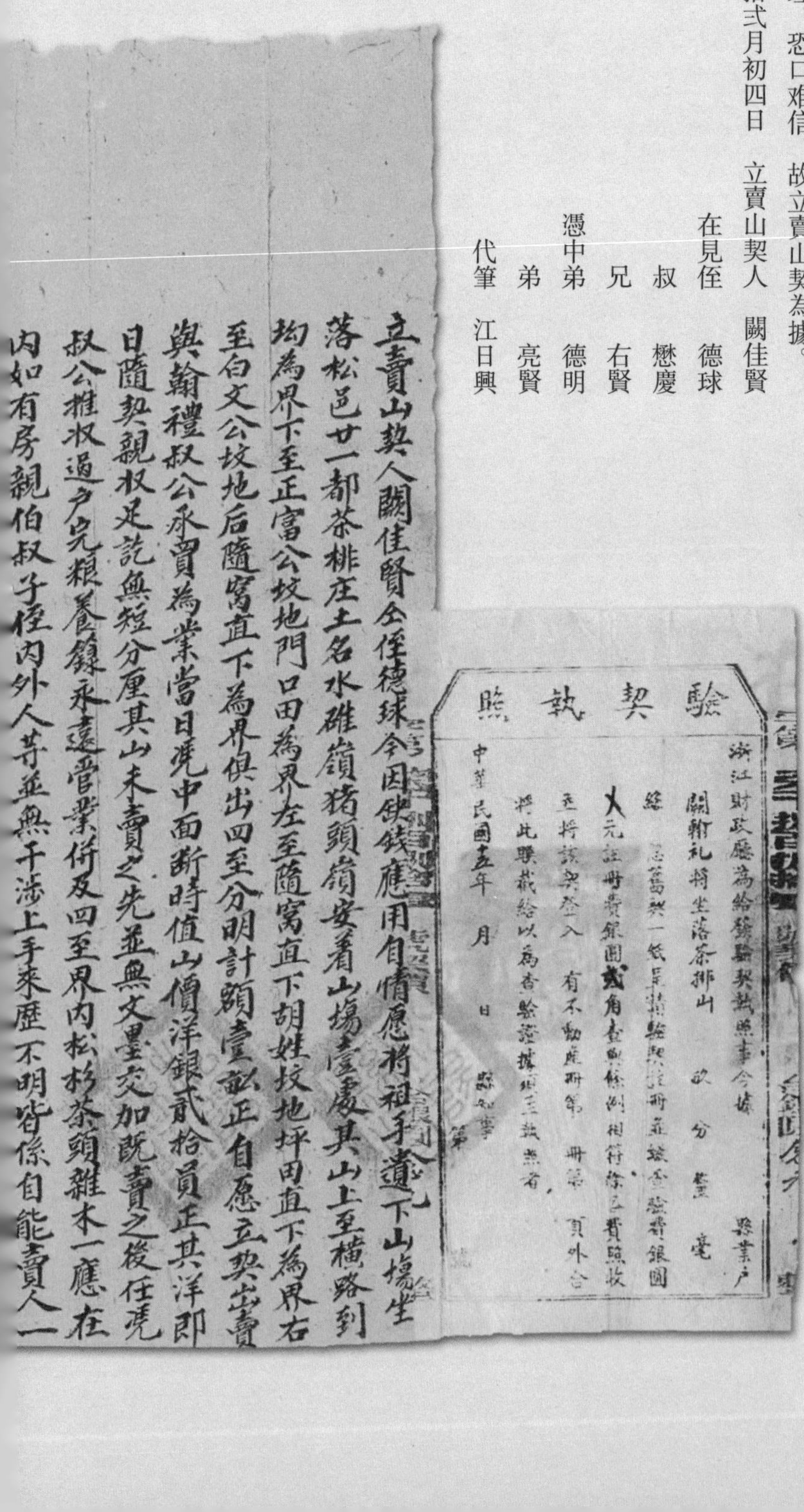

補稅執照

浙江財政廳　為給發補稅執照事，案奉
部頒契稅章程第十二條□本章程施行前訂立之舊契，未經報稅者，應於本章程施行後六個月內照第三條補納契稅等語，遵經通飭各縣催徵在案，惟上年此項補稅，由各縣於驗契案內加戳徵收，現奉
財政部通飭驗契與契稅係屬兩事等因，亟應另頒補稅執照，以清款項，而重執業，茲據後開業户檢契補稅，前來合行給照，為此仰該業户，即便遵照，永遠執業，須至執照者。

計　開

承買人姓名　闞翰礼　　中證人姓名　闞德明

出賣人姓名　佳賢　　不動産種類　山

坐落　茶排　　面積

四至　東至　　南至　　西至　　北至

買價值洋念元　　應納税額壹元弍角

立契年月　光緒九年二月　　此照不取分文

中華民國十五年　　月　　日

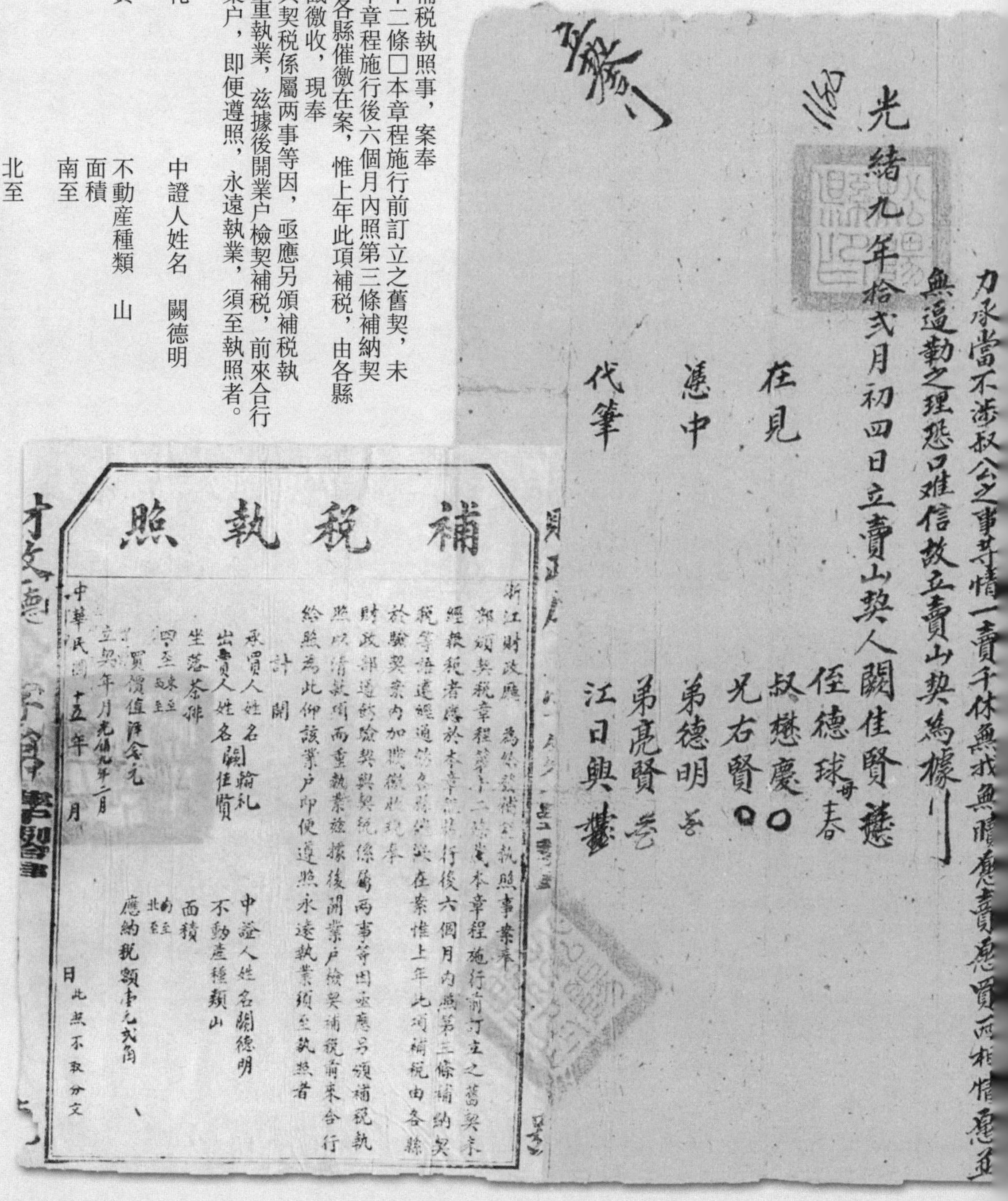
力承當不涉叔公之事寺情一賣千休無找無贖愿賣愿買兩相情愿並
無逼勒之理恐口難信故立賣山契為據
光緒九年拾弍月初四日立賣山契人闞佳賢
在見　侄德球春　叔懋慶　兄右賢
憑中　弟德明　弟亮賢
代筆　江日興

立領屋價字人王國元原因日前房兄國琴所賣住屋壹契出賣
與瀏翰禮親邊尚存有屋價銅錢伍仟文正以領香火支付祖係
國琴亡故已無嗣裔又無親屋僅有祖宗香火春秋並無祭掃余乃
并祖同宗雖疏猶親念及國琴雖死香火尚存故向瀏翰禮親邊領
出所存屋價銅錢伍仟并領國琴股下香火以續禋祀其屋價自領之
後任憑瀏邊祖人受劉開田架造王姓並不敢异言阻挑等情此出兩
相情愿與內外房親伯叔子侄人等無涉恐口難憑故立領屋價字
付與瀏邊爲據

光緒拾年十二月二十八日立領香火字人王國元（押）

在見　葉起文（押）　張培信（押）

代筆　張盛暉（押）

（前頁）>>>>>

立領屋價字人王國元，原因日前房兄國琴所賣住屋壹契，出賣與闕翰禮親邊，尚存有屋價銅錢伍仟文正，以領香火支付，但係國琴亡故，已無嗣裔，又無親屋，僅有祖宗香火，春秋並無祭掃，余乃异祖同宗，虽疎猶親，念及國琴虽死，香火尚存，故向闕翰禮親邊領出所存屋價銅錢伍仟，并領國琴股下香火以續禋祀，其屋價自領之後，任憑闕邊租人受劄，闸田架造，王姓並不敢异言阻执等情，此出两相情愿，與内外房親伯叔子侄人等無涉，恐口难憑，故立領屋價字付與闕邊為據。

光緒拾年二月二十八日　立領香火字人　王國元

在　葉起文

見　張培信

代筆　張成暉

立賣灰糞基契字人闕裕慶仝弟全慶今因叔父亡故喪費
無办自情愿将祖父遺下灰糞基壹塊坐落松邑廿壹都夫
人廟庄土名山邊安着上至闕姓田下至大路左至闕姓田右至
買主屋基為界真俱四至分明自愿託中立契出賣與本家
翰礼叔公承買為業當日憑中面斷目值時價銅錢肆仟貳伯文正
其錢即日隨契付清不少刪文地基自賣之後任憑買主起耕管
業乃係清楚相業與内外房親伯叔兄弟子侄人等無涉如有上
手来歷不明賣人壹力承當不礙買主之事壹賣千休無找無
贖愿賣愿買兩相情愿各無反悔恐口難信故立賣灰糞基字付
與買主子孫永遠為據

一批契内四至界内柏樹茶頭雜木一概在内日後

光緒拾年閏五月十九日立賣灰糞基字人闕裕慶
全慶○
憑中王安發○
代筆王安康

(前頁)>>>>>

立賣灰寮基契字人闕裕慶仝第［弟］全慶，今因叔父亡故，喪費無办，自情愿将祖父遺下灰寮基壹塊，坐落松邑廿壹都夫人廟庄，土名山邊安着，上至闕姓田，下至大路，左至闕姓田，右至買主屋基為界，真俱肆至分明，自愿託中立契，出賣與本家翰礼叔公承買為業，當日憑中面断，目值時買［價］銅錢肆仟貳伯文正，其錢即日隨契付清，不少個文，地基自賣之後，任憑買主起耕管業，乃係清楚物業，與内外房親伯叔兄弟子侄人等無涉，如有上手来歷不明，賣人壹力承當，不碍買主之事，壹賣千休，無找無贖，愿賣愿買，两相情愿，各無反悔，恐口难信，故立賣灰寮基字付與買主子孫永遠為據。

一批契内四至界内柏樹茶頭雜木一概在内，日後。

光绪拾年闰五月十九日　立賣灰寮基字人　闕裕慶

全慶

憑中　王安發

代筆　王安康

立賣契人潘昌明今因錢粮無办情愿將父手遺下民田一處土名廿一都百步庄梨樹坪上至李姓山并謝姓荒坪為界右至潘姓謝姓田為界又曾姓山為界左至謝姓田為界寮在内下至嚴姓屋後為界荒坪地角一應在内又田壹處牛岸嶋上至山下至山右至山左至路為界今具四至分明計額壹畝陆分正託中三面踏明親立文契出賣與闕翰禮姻叔邊為業時值價銀洋貳拾陸圓當日收足其田任憑闕邊永遠執契完粮管業此係自己田産與内外伯叔兄弟無涉日前亦無典當重賣等情如有此事賣主一力承當不干買主之事亦並無逼抑反悔等情恐口無憑故立賣契為據 行

光緒十年十二月初十日立賣契人潘昌明 押

見中 闕永高 押

張石富 押

親筆 押

利

立找契人潘昌明今因日前與闕翰禮姻叔邊交易民田一契本已契明價足奈因家用不敷又向買主找出銀洋叁元即日收清此田任憑闕邊永遠管業不得再行言找恐口無憑故立找契為據行

光緒十年十二月十六日立找契人潘昌明（押）

見中　張石富（押）

親筆（押）

（前頁）>>>>>

立賣契人潘昌明，今因錢粮無办，情愿将父手遺下民田一處，土名廿一都百步庄梨樹坪，上至李姓山并謝姓荒坪為界，右至潘姓、謝姓田為界，又曾姓山為界，左至謝姓田為界，寮在內，下至嚴姓屋後為界，荒坪地角一應在內，又田壹處，牛岸隝，上至山，下至山，右至山，左至路為界，今具四至分明，計額壹畝陆分正，託中三面踏明，親立文契，出賣與闕翰禮姻叔邊為業，時值價銀洋貳拾陆圓，當日收足，其田任憑闕邊永遠執契完粮管業，此係自己田產，與內外伯叔兄弟無涉，日前亦無典當重賣等情，如有此事，賣主一力承當，不干買主之事，亦並無逼抑反悔等情，恐口無憑，故立賣契為據行。

光緒十年十一月初十日　立賣契人　潘昌明

見中　闕永高

親筆　張石富

立找契人潘昌明，今因日前與闕翰禮姻叔邊交易民田一契，本已契明價足，奈因家用不敷，又向買主找出銀洋叁元，即日收清，此田任憑闕邊永遠管業，不得再行言找，恐口無憑，故立找契為據行。

光緒十年十二月十六日　立找契人　潘昌明

見中　張石富

親筆

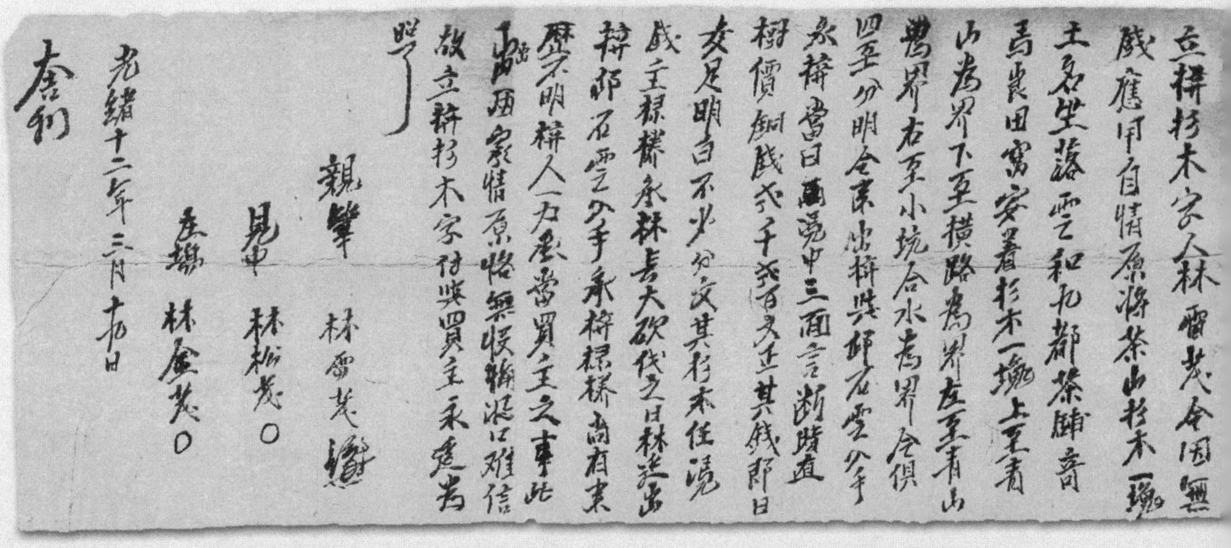

立拚杉木字人林雷茂，今因無
錢應用，自情原〔愿〕将茶山杉木一塊，
土名坐落雲和九都茶鋪奇
馬良田窩安着杉木一塊，上至青
山為界，下至横路為界，左至青山
為界，右至小坑合水為界，今俱
四至分明，今来出拚與邱石雲入手
承拚，當日凴中三面言断，時直
樹價銅錢弍千弍百文正，其錢即日
交足明白，不少分文，其杉木任凴
錢主禄〔籙〕養承〔成〕林，長大砍伐之日，林边出
拚，邱石雲入手承拚禄〔籙〕養，尚〔倘〕有来
歷不明，拚人一力承當，（不涉）買主之事，此
出两家情原〔愿〕，恪〔各〕無反悔，恐口难信，
故立拚杉木字付與買主永遠為
照。

親筆　林雷茂
見中　林松茂
在塲　林金茂

光緒十二年三月十九日

一 立賣田斷截契人李盛連今因無錢應用情愿將自置民田坐落松邑二十一都石倉源夫人亩土名小湖坑安着田壹處上至劉姓田下至山邊社會田為界左至山骨右至劉姓田為界今俱四至分明併及田頭地塝荒坪樹木茶水路一應在内計額大分正自愿托中親立文契出賣與茶排劉翰禮叔邊入受承買為業當日憑中三面言斷目直時價洋銀拾叁元正其洋銀即日隨契交付清楚不少分厘其田自賣之後任憑買主推收過户起耕改佃完粮耕種收租管業未賣之先上手並無文墨重典交加既賣之後以內外親房伯叔兄弟子侄並無干碍如有上手来歷不清賣人自己一力承當不干買主之事愿賣愿買兩家心愿各無悔悔一賣千休割藤斷根日後永遠無找無贖並無通郝之理恐口難憑故立賣斷截田契付與買主永遠管業為照

立賣田斷截契人 李盛連(押)

在場 李盛宗 〇

代筆 劉翰柳(押)

光緒拾叁年拾二月十五日

（前頁）>>>>>

立賣田断截契人李盛連，今因無錢應用，情愿将自置民田，坐落松邑二十一都石倉源夫人庙庄，土名小湖坑，安着田壹處，上至闕姓田，下至山邊社會田為界，左至山骨，右至闕姓田為界，今俱四至分明，併及田頭地角，荒坪柏樹，食茶水路一應在內，計額弍分正，自愿托中親立文契，出賣與茶排闕翰禮叔邊入受承買為業，當日凴中三面言断，目直時價洋銀拾叁元正，其洋銀即日随契交付清楚，不少分厘，其田自賣之後，任凴買主推收過户，起耕改佃，完粮耕種，收租管業，未賣之先，上手並無文黑〔墨〕重典交加，既賣之後，以〔與〕内外房親伯叔兄弟子侄並無干碍，如有上手来歷不清，賣人自己一力承當，不干買主之事，愿賣愿買，两家心愿，各無反悔，一賣千休，割藤断根，日後永遠無找無贖，並無逼抑之理，恐口難凴，故立賣断截田契付與買主永遠管業為據。

光緒拾叁年拾二月十五日　立賣田断截契人　李盛連

在場　李盛宗

代筆　闕翰柳

立賣茶山松杉樹木字人林雷茂今因無錢使用自情愿將自己分鬮自置茶
山等項並應在內山壹處坐落雲邑九都茶舖奇馬崀土名田窩安着山壹處
其上至青山下至橫路左至外手小窩分水右至小坑合水為界今具四至分明界內濟
處不留自愿托中立字出賣與鄭石雲親边入手承買為業當日憑中三面言斷
定目值時山價銅錢弍仟四百文正其錢即日收付足訖不少文其山自賣之後任憑鄭
邊載種養錄收置管業如有上手來歷不明賣人一力承當不涉買主之事異有
內外房親伯叔子侄人等並無干碍乃係自己清楚物業愿賣愿買兩相情愿各
無反悔日後不敢異言阻執不敢找贖等情一賣千休恐口難信故立付與買主
永遠管業為據 行

光緒拾叁年拾弍月十日 立賣茶山字人林雷茂（押）
仝兄 林金茂 〇
代筆 林顯桂（押）

合約

（前頁）>>>>>

立賣茶山松杉樹木字人林雷茂，今因無錢使用，自情愿将自己阄分自置茶山等項壹應在内，山壹處，坐落雲邑九都茶鋪奇馬崀，小土名田窝安着山壹處，其上至青山，下至横路，左至外手小窝分水，右至小坑合水為界，今具四至分明，界内凈處不留，自愿托中立字，出賣與邱石雲親边入手承買為業，当日凴中三面言断，定目值時山價銅錢弍仟四百文正，其錢即日交付足訖，不少（分）文，其山自賣之後，任凴邱邊栽種養録［籙］，收置管業，如有上手来歷不明，賣人一力承当，不涉買主之事，異［如］有内外房親伯叔子侄人等並無干碍，乃係自己清楚物業，愿賣愿買，两相情愿，各無反悔，日後不敢異言阻执，不敢找贖等情，一賣千休，恐口难信，故立（字）付與買主永遠管業為據行。

光緒拾叁年拾弍月廿日　立賣茶山字人　林雷茂

堂兄　林全茂

代筆　林顕桂

立賣断截找田契字人阙起佳，今因無錢应用，自情愿将父手遺下分已阄内民田，坐落松邑弍拾壹都石倉源夫人廟庄，小土名癸山頭安着，田大小共叁坵，其田上至阙姓田，下至阙姓田，左至阙姓田，右至阙姓田為界，今俱肆至分明，并及田頭地角，如有雜木，一概在内，计額陆分正，托中立契，出賣于阙起柱兄边入受承買为業，叁面言断，目值時價英洋弍拾肆元正，其洋即日随字付清足乞［訖］，不少分厘，自賣之後，任凴錢主起耕改佃，完粮收租，执契管業，与房親兄弟人等無得異言阻执，如有上手来歷不明，賣人一力承当，不干買主之事，愿賣愿買，如仝截木等情，两相情愿，各無反悔之理，此業原依清净之業，割藤断根，日後永無找贖，恐口难信，故立賣断截找田契永遠為據。

一批今将本都本庄新和户内推出粮額陆分正。

光緒弍拾肆年拾月念叁日　立賣断截找田契人　闕起佳

在場　起隆

　　　起能

中人　玉对

　　　王安發

代筆　阙玉騰

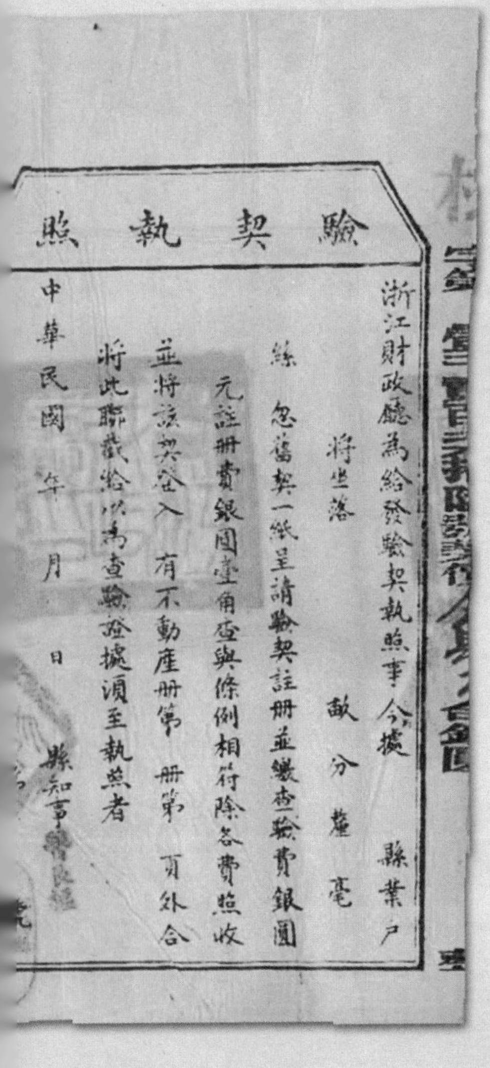
驗契執照

浙江財政廳為給發驗契執照事今據　　縣業戶

將坐落　　畝　分　釐　毫

絲　忽舊契一紙呈請驗契註冊並繳查驗費銀圓

元註冊費銀圓壹角查與條例相符除各費照收

並將該契登入　有不動產冊第　冊第　頁外合

將此聯截給以為查驗憑據須至執照者

中華民國　年　月　日　縣知事

立賣斷截找田契字人闕起佳，今因無錢應用，自情愿將父手遺下分己闔內民田，坐落松邑弍拾壹都石倉源夫人廟庄，小土名癸山頭安着，田大小共叁坵。其田上至闕姓田，下至闕姓田，左至闕姓田，右至闕姓田為界，今俱肆至分明，并及田頭地坪亦有雜木一概在內，計額陸分正，托中立契出賣于闕起柱兄边入受承買為業。叁面言斷目值時價英洋弍拾肆元正，其洋即日隨字付清足乞，不少分厘。自賣之後，任憑錢主起耕改佃，完粮收租，執契管業，毋房親兄弟人等無得異言阻執。亦有上手來歷不明，賣人一力承當，不干買主之事。愿賣愿買，亦全截木等情，兩相情愿，各無飯悔之理。此業原係清净之業，割藤斷根，日後永無找無贖。恐口難信，故立賣斷截找田契永遠為據。

一批：今將本都本庄新和户內推出粮額陸分正。

光緒弍拾肆年拾月念叁日立賣斷截找田契人闕起佳（押）

在場　起隆（押）

　　　起能（押）

中人　王玉对（押）

　　　王安發（押）

代筆　闕玉騰（押）

立賣斷截田契人闕門林氏今因錢粮無力自情愿將祖父遺下自己阄内
民田壹處土名坐落松邑念壹都石八源后宅庄小土名揹元頭水碓坑上
手田壹處上至蔡姓田下至蔡姓田左至坑右至蔡田為界併及田頭地塝椿
茶雜木頂項一應在内計額捌分正今具四至分明托中立契出與林順慶親边
入受承買為業當日憑中三面斷定時值田價洋銀伍拾元正其洋銀即日交
付不少分厘其田自賣之後任憑買主推收過户起耕改佃收租完粮管業此係
已分之業與内外伯叔兄弟子侄人等無涉自先亦無重典若有上手來歷不明
賣人一力承當不干買主之事契明足價愿賣愿買兩家心愿永斷割藤一賣千休
日後子孫永無找贖等情恐口無憑故立賣斷截田契永遠為據行

光緒念肆年十二月初九日立賣斷截田契人闕門林氏〇

長男 闕炳芳 〇

在場 闕炳昌 〇

憑中 李佑武 〇

雷石豐 〇

代筆 闕乃發 〇

（前頁）>>>>>

立賣断截田契人闕門林氏，今因錢粮無办，自情愿将祖父遺下自己阄内
民田壹處，土名坐落松邑念壹都石倉源后宅庄，小土名狀元頭水碓坑上
手田壹處，上至蔡姓田，下至蔡姓田，左至坑，右至蔡（姓）田為界，併及田頭地角，椿
茶雜木頂［等］項，一應在内，計額捌分正，今具四至分明，托中立契出與林順慶親边
入受承買為業，當日憑中三面断定，時值田價洋銀伍拾元正，其洋銀即日交
付，不少分厘，其田自賣之後，任憑買主推收過户，起耕改佃，收租完粮管業，此係
己分之業，與内外伯叔兄弟子侄人等無涉，日先亦無重典，若有上手来歷不明，
賣人一力承當，不干買主之事，契明足價，愿賣愿買，两家心愿，永断割藤，一賣千休，
日後子孫永無找贖等情，恐口無憑，故立賣断截田契永遠為據行。

光緒念肆年十二月初九日　立賣断截田契人　闕門林氏
長男　闕炳芳
在塲　闕炳昌
憑中　李佑武
雷石豐
代筆　闕乃發

立出批約民山合仝字人闕玉麒仝弟、侄等，今因耕種不便，自行问到刘仁松親边批去民山壹處，坐落松邑廿一都五合圩庄，小土名烟寮崀下接田面山，安着陽向壹向，上至横石眉為界，下至茶子山田墈為界，左至随窝合水為界，右至随崀直上分水為界，四至界内分明，当日面言断定山租洋银壹元捌角正，其洋即日交付收清，不少分厘，其山任憑承批人耕種苞蘿、粟荳、蕃［番］著［薯］等項，收成之日，壹概無分，日後種有杉松樹木，肆陆均分，種人陆分，山主肆分，不得爭多敢少，其山内前皮水琳種有樹木，仍照前陆肆均分，此出两相情愿，各無反悔，恐口無憑，故立出批約民山合仝字為據。

光绪廿九年八月廿九日　立出批約民山合仝人　闕玉麒

胞弟　玉几

仝侄　培芹

在見　起琳

代筆　起棟

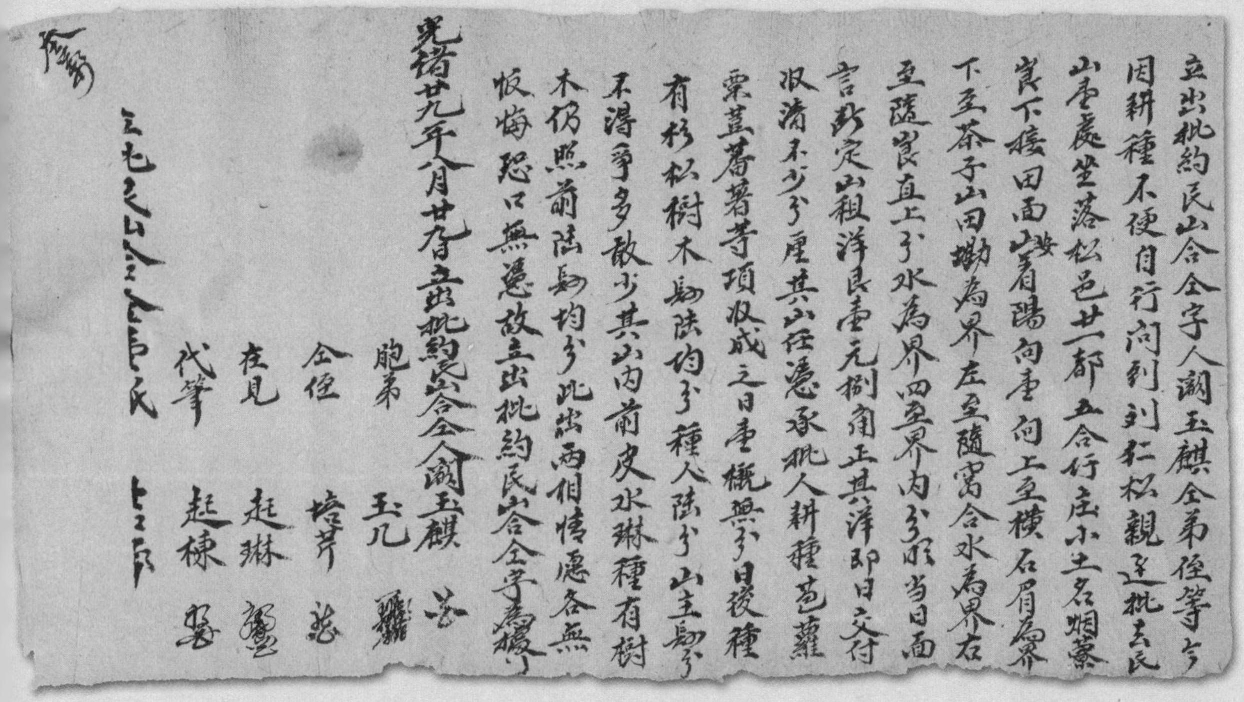
立出批約民山合仝字人闕玉麒仝弟侄等今因耕種不便自行问到刘仁松親边批去民山壹處坐落松邑廿一都五合圩庄小土名烟寮崀下接田面山安着陽向壹向上至横石眉為界下至茶子山田墈為界左至随窝合水為界右至随崀直上分水為界四至界内分明当日面言断定山租洋银壹元捌角正其洋即日交付收清不少分厘其山任憑承批人耕種苞蘿粟荳蕃著等項收成之日壹概無分日後種有杉松樹木肆陆均分種人陆分山主肆分不得爭多敢少其山内前皮水琳種有樹木仍照前陆肆均分此出两相情愿各無反悔恐口無憑故立出批約民山合仝字為據
光绪廿九年八月廿九日立出批約民山合仝人闕玉麒
胞弟 玉几
仝侄 培芹
在見 起琳
代筆 起棟

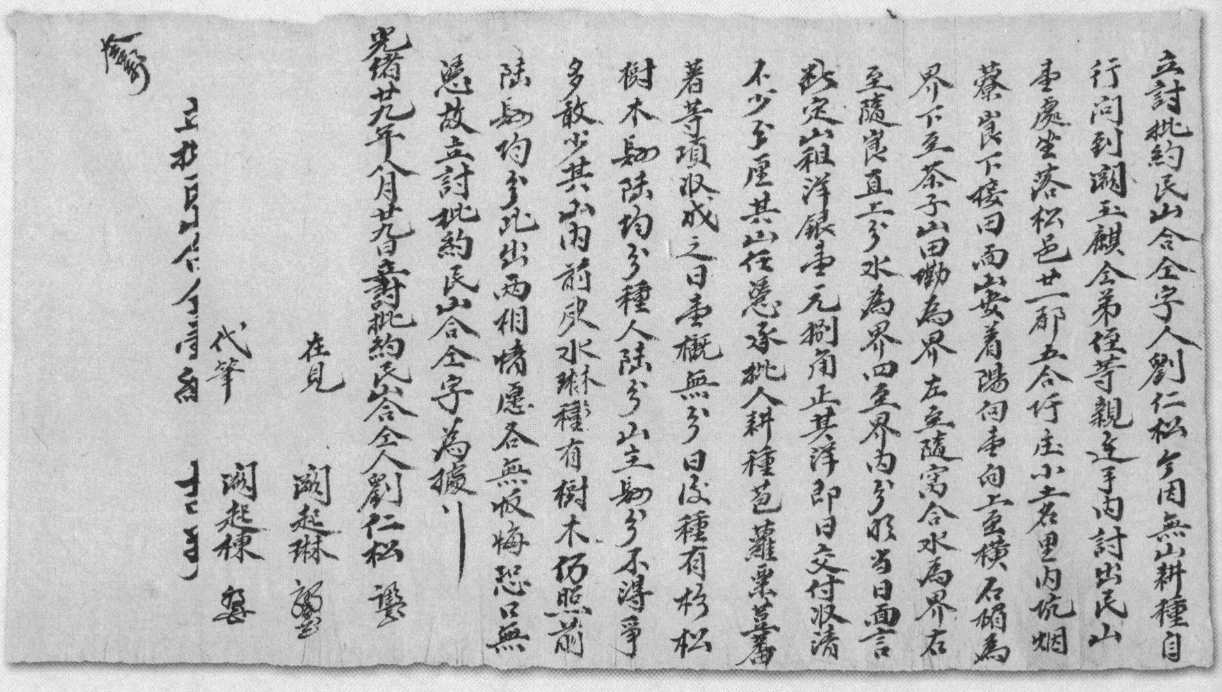

立討批約民山合仝字人劉仁松，今因無山耕種，自行问到闕玉麒仝弟侄等親邊手内討出民山壹處，坐落松邑廿一都五合圩庄，小土名里内坑烟寮良下接田面山，安着陽向壹向，上至横石楣為界，下至茶子山田塝為界，左至隨窝合水為界，右至隨良直上分水為界，四至界内分明，当日面言，断定山租洋銀壹元捌角正，其洋即日交付收清，不少分厘，其山任憑承批人耕種苞蘿、粟荳、蕃〔番〕著〔薯〕等項，收成之日，壹概無分，日後種有杉松樹木，肆陆均分，種人陆分，山主肆分，不得爭多敢少，其山内前皮水琳種有樹木，仍照前陆肆均分，此出两相情愿，各無反悔，恐口無憑，故立討批約民山合仝字為據。

光绪廿九年八月廿九日　立討批約民山合仝人　劉仁松

在見　闕起琳

代筆　闕起棟

立賣斷絶田字人闕培藻今因無錢應用自情愿將父手遺下閹内民田
一處坐落廿一都夫人廟小土名安岱崗烏嶺脚安着其田上至賣主
田為界下至賣主田為界左至小坑為界右至山為界今俱四至分明計
額粮壹畝正自情托中立契出賣與闕起美手内當日三面斷定出
價洋五拾弍元正其洋即日隨契付清不少分文其田自賣之後任
憑買主撥粮過户收租管業賣主無得異言並無找贖恐口難信
故立斷絶田契字人為據

光緒念九年十一月十六日立賣田字人闕培藻（押）

在見 吉謙（押）

憑中 王安發（押）
闕玉對（押）
玉碧（押）

代筆 吉伸（押）

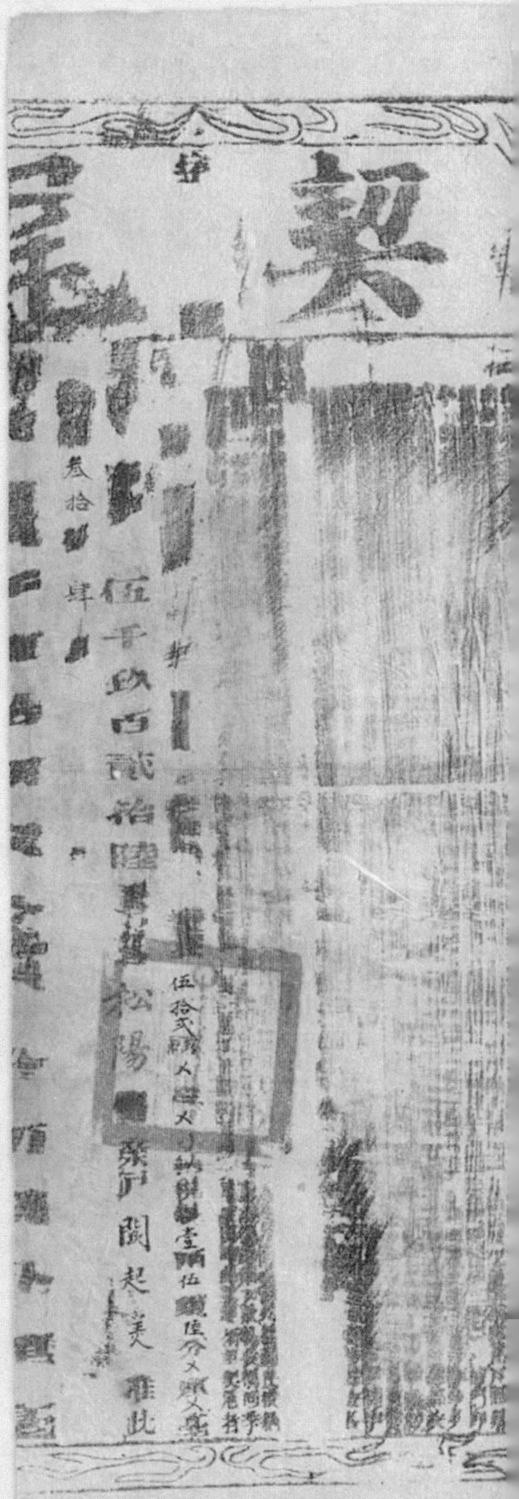

立賣斷絕田字人闕培藻，今因無錢應用，自情愿將父手遺下閣内民田一處，坐落廿一都夫人廟，小土名安岱崗烏嶺脚，安着其田，上至賣主田為界，下至賣主田為界，左至小坑為界，右至山為界，今俱四至分明，計額粮壹畝正，自情托中立契，出賣與闕起美手内，當日三面斷定，出價洋五拾弍元正，其洋即日隨契付清，不少分文，其田自賣之後，任憑買主完粮過户，收租管業，賣主無得異言，並無找贖，恐口难信，故立斷绝田契字『人』為據。

光绪念九年十一月十六日　立賣田字人　闕培藻

在見　吉謙

憑中　王安發

闕玉對

玉碧

代筆　吉伸

（契尾，光緒叁拾年肆月）

立寫換字人闕玉麒、玉熊、玉鑣等，今因天润公名下有基地一片，坐落松邑念壹都石倉源茶排庄水碓店下手，安着民基地壹片，其地上至天润公庄屋墻脚，下至闕帝會田，内至大路，外至大河為界，今俱四至分明。邀仝三房人等，托中立字，出換與房侄起芳建造耕種管業。當日面斷，換来起芳名下民田壹處，坐落松邑本都本庄，小土名黄坭嶺大段裏，安着民田壹横，上至起照田，下至玉香田，左至山，右至坑；又毗連面上坑邊田壹坵，上至壹貝主衆田，左至起照田，右至坑為界，今俱四至分明。其田併及雜木一應在内，歸與天润公名下管業，其粮各人自己完納。自換之後，其基地任憑起芳管業，其田任憑天润公管業，一換千休，比及兩相情愿，各無反悔等情。恐口無憑，故立換字為據。

一批界内雜木在内，再照。（押）

光緒叁拾年　拾月初弍日

立寫換字人　闕玉麒（押）
　　　　　　　　玉熊（押）
　　　　　　　　玉鑣（押）

在見

憑中　蔡永榮（押）

代筆　闕玉璜（押）

（前頁）>>>>>

立寫换字人闕玉麒、玉熊、玉鑣等，今因天㘳公名下有基地一片，坐落松邑念壹都石倉源茶排庄水碓店下手，安着民基地壹片，其地上至天㘳公店屋墻脚，下至關帝會田，内至大路，外至大河為界，今俱四至分明，邀仝三房人等托中立字，出换與房侄起芳建造耕種管業，當日面断，换来起芳名下民田壹處，坐落松邑本都本庄，小土名横垊嶺大段裏，安着民田壹横，上至起罷田，下至玉香田，左至山，右至坑，又毗連面上坑邊田壹坵，上至賣主衆田，左至起罷田，右至坑為界，今俱四至分明，其田併及雜木一應在内，歸與天㘳公名下管業，其粮各人自己完納，自换之後，其基地任憑起芳管業，其田任憑天㘳公管業，一换千休，此及兩相情愿，各無反悔等情，恐口無憑，故立换字為據。

一批界内雜木在内，再照。

光绪叁拾年拾月初弍日　立寫换字人　闕玉麒

在見　玉熊

玉鑣

憑中　蔡永荣

代筆　闕玉璜

立當杉木字人劉仁松今因無錢應
用自情愿將自批民山壹處坐落松邑廿
一都五合圩内坑山薟下田塈上安着其山上
至石眉為界下至田塈為界右至隨良分
水為界左至合水為界今俱の至分明四至界
内如有杉木雜柴一並在内自愿托中向與本
家劉長元兄边入受承當為業当日三面
言斷英洋艮伍元正其洋即日隨契交足
不少分厘其山場自当之後任憑錢主管業
出当人無得異言愿当愿受此出兩家情ㄇ各無
悔悔恐口難憑故立当杉木雜柴字為據
一批每年完納艮利息長年大分
光緒叁拾貳年十三月十八日故立当杉木字 劉仁松
一批花甲洋八卜　在見 刘樟清
全批杉樹苗出洋艮叁元捌角正 出字人朱志賢〇
山坐西種全六日後歸與銀主出排
無得異言
親筆 刘仁松
宣統叁年十二月廿三日

（前頁）>>>>>

立當杉木字人劉仁松，今因無錢應用，自情愿将自批民山壹處，坐落松邑廿一都五合圩内坑山寮下田塝上安着，其山上至石眉為界，下至田塝為界，右至隨良分水為界，左至合水為界，今俱四至分明，四至界内如有杉木雜柴，一應在内，自愿托中向與本家劉長元兄边入受承當為業，当日三面言断英洋银伍元正，其洋即日隨契交足，不少分厘，其山塲自当之後，任凴錢主管業，出当人無得異言，愿当愿受，此出两家情（愿），各無反悔，恐口难凴，故立当杉木雜柴字為據。

一批每年充納银利息長年弍分。

光绪叁拾弍年三月十八日　故立当杉木字　劉仁松

在見　刘樟清

出字人　朱志賢

親笔　刘仁松

一批花甲洋八分。

仝批杉樹苗甲羊［洋］銀叁元捌角正。

山主坐四，種人坐六，日後歸與銀主出拚，無得異言。

宣统叁年十二月廿三日

立賣田契字人闕培建今因無銀應用自情愿將父手遺下分
已閻内民田坐落松邑二十一都土名（夫人廟莊處）下山邊安着田壹處計
額七分五厘正其田上至闕姓田下至嘗田左至買主荒坪右
至培菁田為界今俱四至分明自情托中立契出賣與培義兄
邊入受承買為業當日憑中三面言斷時值田價英洋叁拾伍元正
其洋即日隨契交付清楚其田自賣之後任憑買主收租管業
其粮賣人自己完納不干買主之事愿賣愿買兩相情愿恐
口無憑故立賣田契字為據

一批其田賣人備办原價取贖

一批錢粮自已完納

一批花押洋壹元正

光緒叁拾弍年十二月十二日立賣田契字人闕培建（押）

在見兄 培章（押）

代笔 培松（押）

（前頁）>>>>>

立賣田契字人闕培建，今因無銀應用，自情愿将父手遺下分已閹内民田，坐落松邑二十一都夫人庙庄，土名下山邊，安着田壹處，計額七分五厘正，其田上至闕姓田，下至尝田，左至買主荒坪，右至培菁田為界，今俱四至分明，自情托中立契，出賣與培莪兄邊入受承買為業，當日憑中三面言断，時值田價英洋叁拾伍元正，其洋即日随契交付清楚，其田自賣之後，任憑買主收租管業，其粮賣人自己完納，不干買主之事，愿賣愿買，两相情愿，恐口無憑，故立賣田契字為據。

一批錢粮自己完纳。　一批其田賣人備办原價取贖。

一批花押洋壹元正。

光緒叁拾弍年十二月十一日　立賣田契字人　闕培建

在見兄　培章

代筆　培松

立賣斷截田契人闕培建今因錢粮無办自情愿将父手遗下分己阄内民田坐落松邑念壹都石倉源夫人廟左土名下山邊大路上安着民田壹處其田上至培著田下至玿公忌田左至買主茶坪右至培著田為界今俱四至分明計額伍分正其界内田頭地埆種茶雜木一概在内其田自愿托中立契出賣與培莪兄邊入受承買為業當日憑中三面言斷時值田價英洋伍拾叁員正其洋即日交付清楚不少分厘其田自賣之後任憑買主起耕易佃挑契完粮收租管業如有上手來歷不明賣人一力支當不涉買主之事一賣千休如同截木永遠無找無贖愿賣愿買此出兩相情愿各無反悔恐口難信故立賣斷截田契為据

光緒叁拾叁年　拾月　二十五日立賣斷截田契人闕培建

見　培章　书

培松

培英

代筆　玉璜

（前頁）>>>>>

立賣断截田契人闞培建，今因錢粮無办，自情愿将父手遺下分己阄内民田，坐落松邑念壹都石倉源夫人廟庄，土名下山邊大路上，安着民田壹處，其田上至培菁田，下至玿公忌田，左至買主茶坪，右至培菁田為界，今俱四至分明，計額伍分正，其界内田頭地角，槿茶雜木，一概在内，其田自愿托中立契，出賣與培莪兄邊入受承買為業，当日憑中三面言断，時值田價英洋伍拾叁員正，其洋即日交付清楚，不少分厘，其田自賣之後，任憑買主起耕易佃，执契完粮，收租管業，如有上手来歷不明，賣人一力支当，不涉買主之事，一賣千休，如同截木，永遠無找無贖，愿賣愿買，此出两相情愿，各無反悔，恐口難信，故立賣断截田契為據。

光緒叁拾叁年拾月二十五日　立賣断截田契人　闞培建

在見　培章

培松

培兴

代筆　玉璜

立當杉木字人邱能發，今因無
錢应用，自情愿将杉木壹塊，
坐落雲邑九都，小土名田窩
裏安着，上至青（山），下至横路為界，
左至賴姓山為界，右至合水為界，
自愿立字出當與闕關配入手，
承當過英洋伍元正，其洋利
息每年弍分，日後砍發［伐］，本利
不清，任憑銀主過号發賣，
當人不得異言阻执，恐口难
信，故立字為據。
一批花押洋七分五厘正。
民國三年四月廿五日　『故』立当字人　邱能發
在見　邱能起
代筆　闕吉仁

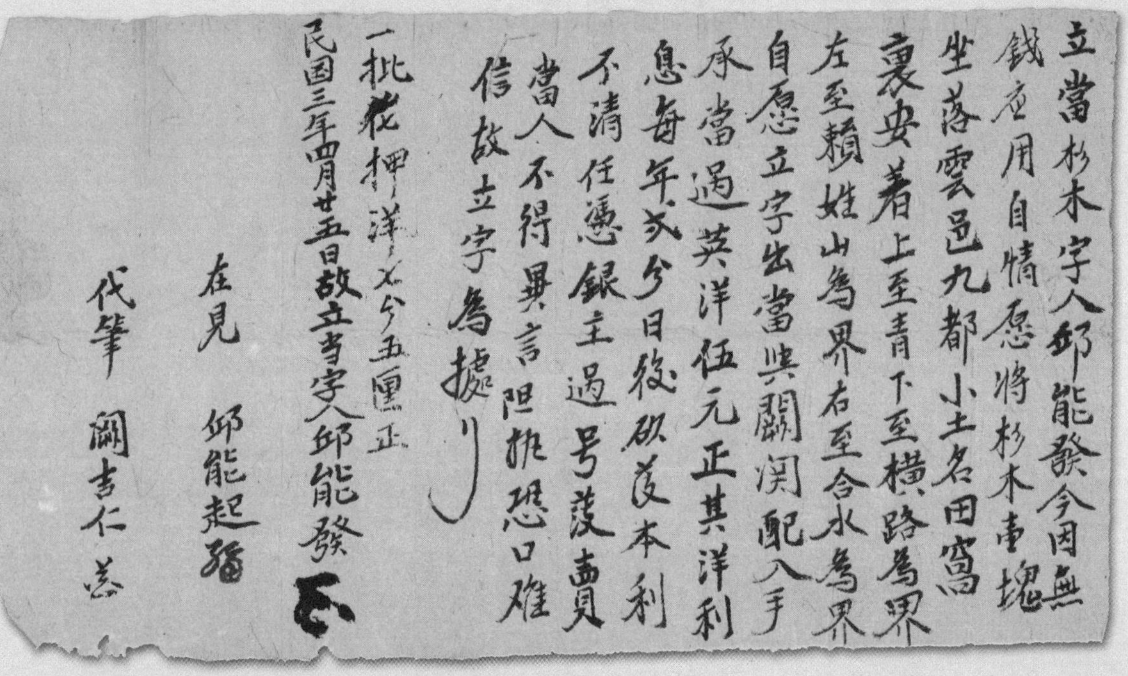

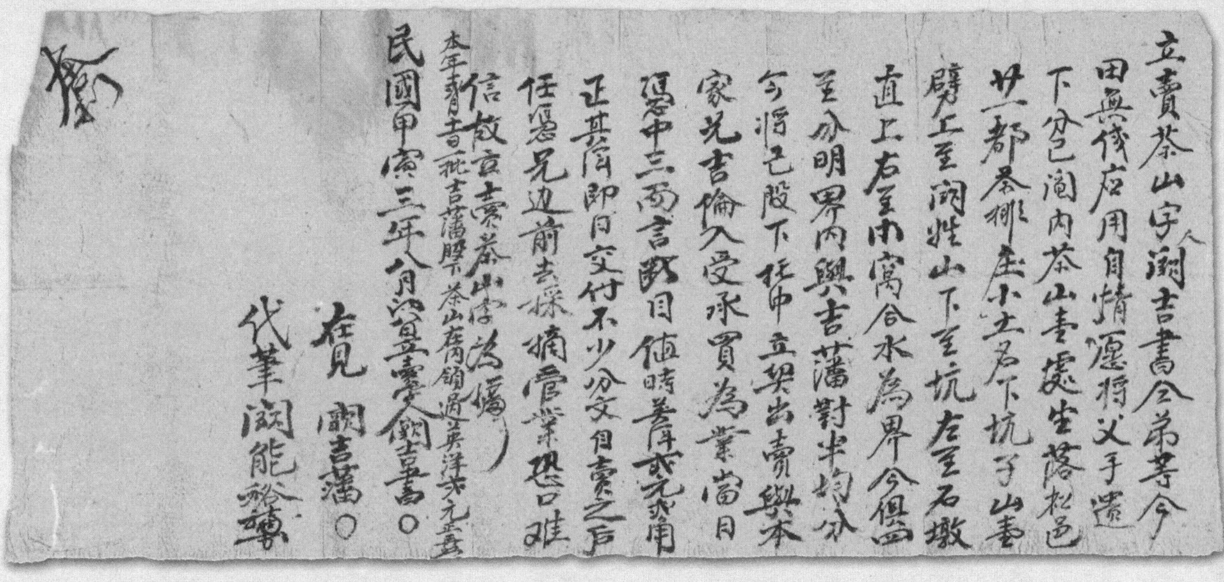

立賣茶山字人闕吉書仝弟等，今
田［因］無钱应用，自情愿将父手遺
下分己阄内茶山壹處，坐落松邑
廿一都茶排庄，小土名下坑子，山壹
劈，上至闕姓山，下至坑，左至石墩
直上，右至小窝合水為界，今俱四
至分明，界内與吉藩對半均分，
今将己股下托中立契，出賣與本
家兄吉倫入受承買為業，當日
憑中三面言断，目值時（價）英洋弍元弍角
正，其洋即日交付，不少分文，自賣之后，
任憑兄边前去採摘管業，恐口难
信，故立賣茶山字為據。
本年十弍月十一日，一批吉藩股下茶山在内，領過英洋弍元正。
民國甲寅三年八月初八日　立賣字人　闕吉書
在見　闕吉藩
代筆　闕能裕

立抽田字人闕李氏因前來用不敷與次子吉伸名下支借英洋本利共該
洋銀四拾叁元正爰請族公堂侄等酌議愿將坐落本邑廿一都夫人
廟庄小土名細湖子田弍延計水租叁罷正低償吉伸借款面議價洋叁
拾玖元正又找吉伸英洋弍元正其洋本利兩訖其田自抽之後任憑伸邊
完粮收租管業日後子侄人等無得異言各無反悔恐口难信故立抽
田字为據

中華民國七年二月初一立抽田字人

闕李氏 ○
長子 闕吉佷
三子 闕吉倬 ◎
叔公 闕玉凡
侄 闕吉謙
于婿 華其仁
代筆 闕吉貞

（前頁）>>>>>

立抽田字人闕李氏，因前衆用不敷，與次子吉伸名下支借英洋本利共該洋銀四拾壹元正，爰請叔公堂侄等酌議，愿将坐落本邑廿一都夫人廟庄，小土名細湖子田弍处，計水租叁籮正，低［抵］償吉伸借款，面議價洋叁拾玖元正，又找吉伸英洋弍元正，其洋本利两訖，其田自抽之後，任憑伸邊完粮收租管業，日後子侄人等無得異言，各無反悔，恐口难信，故立抽田字为據。

中華民國七年二月初一　立抽田字人　闕李氏

長子　闕吉俍

三子　闕吉倬

叔公　闕玉几

侄　闕吉謙

子婿　華其仁

代筆　闕吉貞

立賣杉木並山場字人邱周氏今因子亡孫幼口食不
敷自情愿將夫手自置杉木山場一塊坐底雲邑九都
小土名茶鋪騎馬崀田窩安着其山上至青山下至橫
路左至外手小窩合水右至小坑合水為界今俱四至
分明自愿托中立契出賣與闕吉謙吉伸入手承買
為業其山自賣之後四至界內松杉雜木並及山場一概
在內任憑買主錄養砍伐墾種管業面斷日值時
價洋銀壹拾柒元正其洋即日隨契付清不少分厘
此係自己清楚物業與房親伯叔子侄人等並無
干涉如有來歷不明賣人一力承當不干買主之事
愿買愿賣無找無贖此出兩相情愿各無反悔恐
口無憑故立賣杉木山場字為據

中華民國七年六月十二日立賣杉木山場人邱周氏（押）

經見　邱石能（押）

立賣杉木並山塲字人邱周氏，今因子亡孫幼，口食不敷，自情愿将夫手自置杉木山塲一塊，坐落雲邑九都，小土名茶鋪騎馬良田窝，安着其山，上至青山，下至横路，左至外手小窝合水，右至小坑合水为界，今俱四至分明，自愿托中立契，出賣與闕吉谦、吉伸入手承買为業，其山自賣之後，四至界內，松杉雜木並及山塲一概在內，任憑買主籙养砍伐，墾種管業，面断目值时價洋銀壹拾柒元正，其洋即日隨契付清，不少分厘，此係自己清楚物業，與房親伯叔子侄人等並無干涉，如有来歷不明，賣人一力承當，不干買主之事，愿買愿賣，無找無贖，此出兩相情愿，各無反悔，恐口無憑，故立賣杉木山塲字为據。

中華民國七年六月十二日　立賣杉木山塲人　邱周氏

在見　邱石能

邱全喜

憑中　闕起熊

代筆　闕呈祥

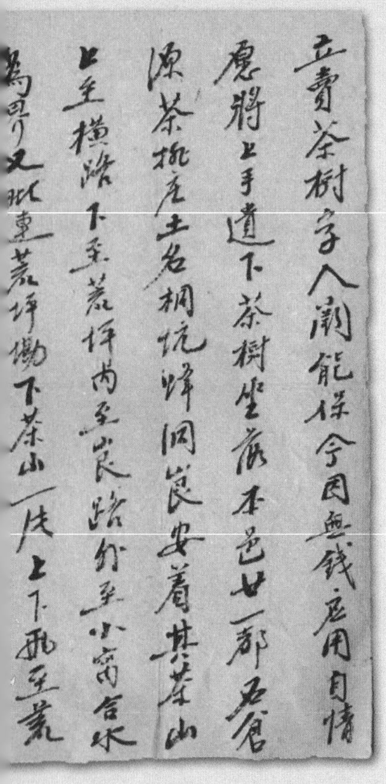
立賣茶樹字人闕能保，今因無錢應用，自情
愿將上手遺下茶樹，坐落本邑廿一都石倉
源茶排庄，土名桐坑蜂洞良安着，其茶山
上至横路，下至荒坪，内至良路，外至小窩合水
為界，又北東荒坪墈下茶山一片，上下兩至荒

立討田劄字人王文儀，今因無田耕
種，愿将问到闕吉良、吉川仝等忌
田，坐落松邑廿一都百步庄，小土名趙圩塓，民
田式坵正，田頭地角，柏桐棕茶雜木，一应在内，
討得前來耕種，面断每年八月秋收之日，充
納燥租谷陆担肆桶正，其租不敢拖欠，如
有升合拖欠，租谷不清，任凂業主起耕追
租易佃，討人無得異言霸耕，愿討愿
租，並無逼抑等情，恐口难信，故立田劄
為據。

民國己未年陽曆弍月十一日　立討田劄人　王文儀

在見　王文来

代筆　王財生

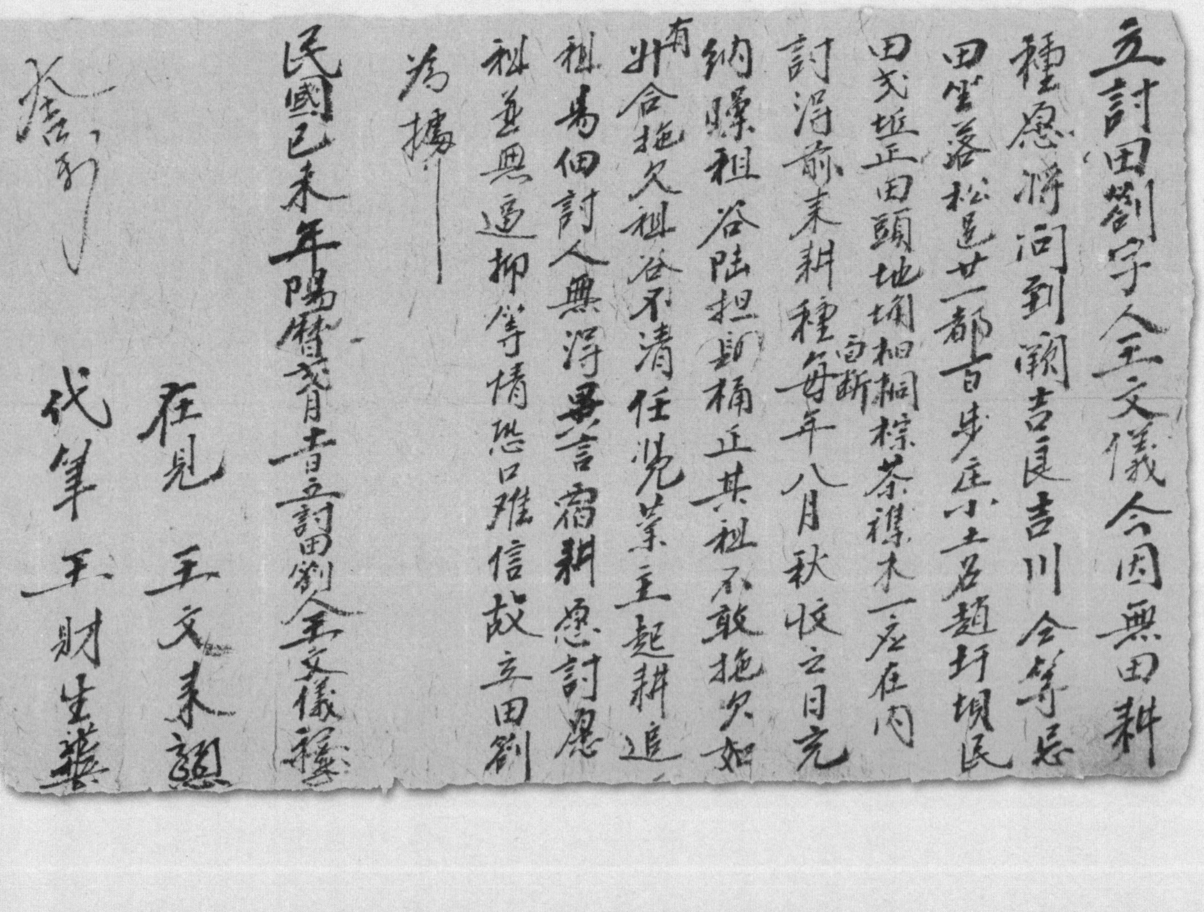
立討田劄字人王文儀，今因無田耕
種，愿將问到闕吉良、吉川仝等忌
田，坐落松邑廿一都百步庄，小土名趙圩塓，民
田式坵正，田頭地角，柏桐棕茶雜木，一应在内，
討得前來耕種，面断每年八月秋收之日，充
納燥租谷陆担肆桶正，其租不敢拖欠，如
有升合拖欠，租谷不清，任凂業主起耕追
租易佃，討人無得異言霸耕，愿討愿
租，並無逼抑等情，恐口难信，故立田劄
為據。
民國己未年陽曆弍月十一日立討田劄人王文儀
在見　王文来
代筆　王財生

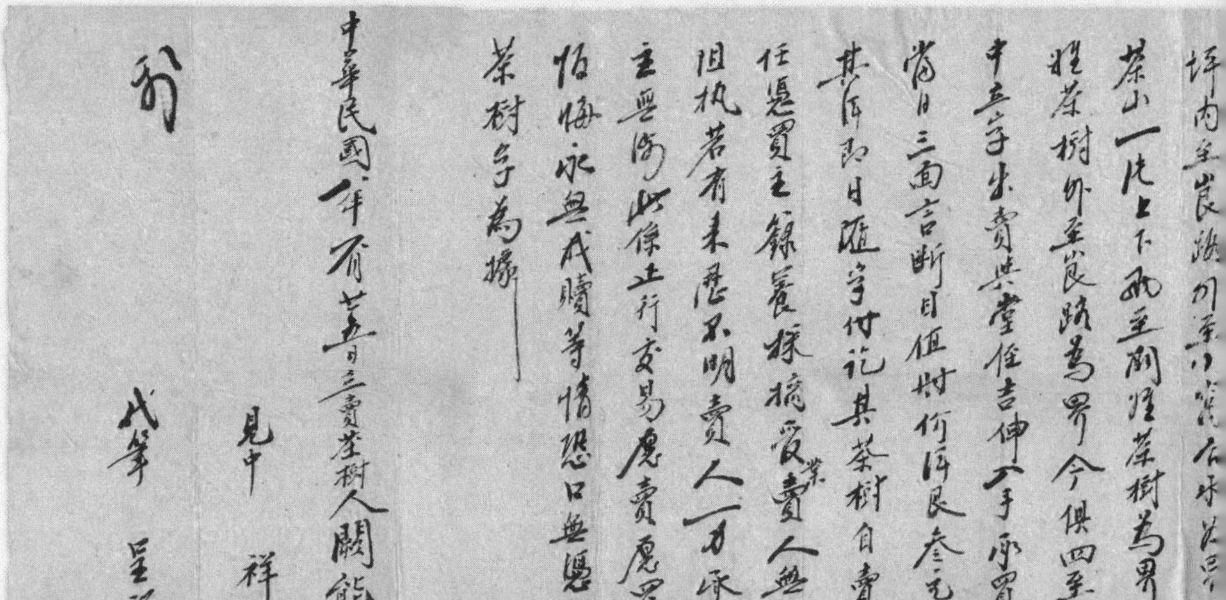

立賣茶樹字人闞能保，今因無錢应用，自情愿將上手遺下茶樹，坐落本邑廿一都石倉源茶排庄，土名桐坑蜂洞崀，安着其茶山，上至横路，下至荒坪，内至崀路，外至小窝合水為界，又毗連荒坪墈下，茶山一片，上、下兩至荒坪，内至崀路，外至小窝合水为界，又内手茶山一片，上、下兩至闞姓茶樹為界，内至闞姓茶樹，外至崀路為界，今俱四至分明，托中立字，出賣與堂侄吉伸入手承買為業，當日三面言断，目值时价洋银叁元五角正，其洋即日隨字付讫，其茶樹自賣之後，任憑買主籙養採摘管業，賣人無得异言阻执，若有来歷不明，賣人一力承當，與買主無涉，此係正行交易，愿賣愿買，各無反悔，永無找無贖等情，恐口無憑，故立賣茶樹字為據。

中華民國八年六月廿五日　立賣茶樹人　闞能保

見中　祥雲

代筆　呈祥

大吉

立退田契字人闕吉佷今因無銀應用自情愿將祖父遺下分
己閫內民田一處坐落本邑廿一都夫人廟庄小土名烏林脚安着
其田上至闕姓田下至闕姓田左至坑右至墈地為界今俱四至
分明田頭地墻柏樹雜木一概內在計粮額五分正自愿托中立
字出退與胞弟吉仲入受承退為業三面断定目值時價英
洋念九元正其洋即日隨契交付清楚其田自退之後任憑承
退人收租管業起耕易佃推收入册過户完粮出退人無得
異言此乃兩相情愿各無反悔愿退愿受無找無贖恐口信
难憑故立退田字付與銀主永遠為據

中華民國己未八年十二月十四日立退田字人闕吉佷（押）

在見 闕吉謀（押）

憑中 蔡永福（押）

代筆 闕吉貞（押）

（前頁）>>>>>

立退田契字人闕吉佷，今因無銀應用，自情愿將祖父遺下分己阄内民田一處，坐落本邑廿一都夫人廟庄，小土名烏林脚，安着其田，上至闕姓田，下至闕姓田，左至坑，右至荒地為界，今俱四至分明，田頭地角，柏樹雜木，一概在内，計粮額五分正，自愿托中立字，出退與胞弟吉伸入受承退為業，三面断定，目值時價英洋念九元正，其洋即日隨契交付清楚，其田自退之後，任憑承退人收租管業，起耕易佃，推收入册，過户完粮，出退人無得異言，此乃两相情愿，各無反悔，愿退愿受，無找無贖，恐口信難憑，故立退田字付與銀主永遠為據。

中華民國己未八年十二月十四日　立退田字人　闕吉佷

在見　闕吉謙

憑中　蔡永福

代筆　闕吉貞

立承批耕種山場合約字人傅宗祥傅大輝等今因無山耕種自愿向闕玉滿玉熊
玉兆三房承佃坐落本邑念一都夫人庙庄小土名瓦窑坪透入横坑裏山場壹處其
山上至山頂下至山脚内至葉姓山分水外至德琛山合水為界四至界内一名為
自愿承来耕種苞蘿雜粟桐子等項當日面断每年納雜項租洋五拾元正其洋
本年上春付一半冬成時付讫不敢欠少其山自承批以後即日上山開墾松雜等
木准種人砍伐扦插杉木并及所遺老苗籙養刪枝看管成林以後邀仝山
主踏明議價出拚毋得私自砍伐所拚杉木洋數闕傅二边对半均分毋得異
言此山杉木的限卌拾年為止限满任憑山主另招别人開種山批檢還山主不得行闲恐
批愿承两相情愿各無反悔恐口难信故立承種山合約字為據
一批横坑口以内原有杉木限五年内山主自行砍伐出售以後再任種人開墾補種的限比前另
加五年满限此照

中華民国九年正月十九日

合同義约為憑

立承批山場字人 傅宗祥 押
傅大輝 ○
見中 林鴻章 押
傅吉祥 押
代筆闕星祥 押

（前頁）>>>>>

立承批耕種山塲合約字人傅宗祥、傅大輝等，今因無山耕種，自愿向闕玉滿、玉熊、玉兆三房承得坐落本邑念一都夫人庙庄，小土名瓦窑坪，透入横坑裏山塲壹處，其山上至山頂，下至山脚，内至葉姓山分水，外至德琈山合水為界，四至界内，一应在内，自愿承來耕種苞蘿、雜粟、桐子等項，當日面断，塾納雜項租洋五拾元正，其洋本年上春付一半，冬成付讫，不敢欠少，其山自承批以後，即日上山闲墾松雜等木，准種人砍伐扦插杉木，并及所遺老苗籙養劚枝，看管成林，以後邀仝山主踏明議價出拚，毋得私自砍伐，所拚杉木洋数，闕、傅二边对半均分，毋得異言，此山杉木的限肆拾年為止，限滿任憑山主另招别人闲種，山批檢還山主，不得行用，愿批愿承，两相情愿，各無反悔，恐口难信，故立承種山合約字為據。

一批横坑口以内，原有杉木限五年内山主自行砍伐出售，以後再任種人闲墾補種，的限比前另加五年滿限，此照。

中華民国九年正月十九日　立承批山塲字人　傅宗祥

傅大輝

見中　林鴻章

傅吉祥

代筆　闕呈祥

立出批山場合約字人劉玉滿玉熊玉兆三房等今因上手劉公買有山場坐落本邑念壹都夫人廟庄小土名瓦窯坪進入橫坑裏安着山場壹處其山上至山頂下至山脚内至葉姓山分水外至德璋山合水為界四至界内一應在内出批與傅宗祥傅大輝二人承種苞蘆雜粟桐子等項當日面斷整納雜項租洋五拾元正其洋本年上春付壹半冬成付訖不得欠少其山自批之後杉雜等木任憑種人上山砍伐開墾扦插杉木并及所遺老苗錄養剔枝看管成林出拚之日邀仝山主面明議價出拚毋得私行砍伐所拚杉木洋數劉傅二边对半均分毋得異言此山杉木的限䦉拾年為止限滿任憑山主另招別人開種山批撿還山主不得行用應批應承兩相情愿各無反悔恐口难信故立出批合約為據

一批橫坑口以内原有杉木限五年内山主自行砍伐出售以後再任種人開種補墾的限比前另加五年滿限此白

中華民國九年正月十九日立批山場字人 劉玉滿

玉熊

玉兆

見中 能裕

培鐸

林鴻章

代筆劉呈祥

合同言約為據

批

（前頁）>>>>>

立出批山場合約字人闕玉滿、玉熊、玉兆三房等，今因上手閅公置有山場，坐落本邑念一都夫人庙庄，小土名瓦窑坪，透入横坑裹，安着山場壹處，其山上至山頂，下至山脚，内至葉姓山分水，外至德琈山合水為界，四至界内，一应在内，出批與傅宗祥、傅大輝二人承種苞蘿、雜粟、桐子等項，當日面断，埶納雜項租洋五拾元正，其洋本年上春付壹半，冬成付讫，不得欠少，其山自批之後，松雜等木，任憑種人上山砍伐閅墾，扦插杉木，並及所遺老苗籙養剔枝，看管成林，出拚之日，邀仝山主踏明議價出拚，毋得私自砍伐，所拚杉木洋数，闕、傅二边对半均分，毋得異言，此山杉木的限肆拾年為止，限滿任憑山主另招别人閅種，山批檢還山主，不得行用，愿批愿承，两相情愿，各無反悔，恐口难信，故立出批合約為據。

一批横坑口以内，原有杉木限五年内山主自行砍伐出售，以後再任種人閅種補墾，的限比前另加五年滿限，此照。

中華民國九年正月十九日　立批山場字人　闕玉滿

玉熊

玉兆

見中　能裕

培鐸

林鴻章

代筆　闕呈祥

立換田字人王開琳，今因向與闕吉謙、吉伸等換出民田，坐落安岱崗山门邊安着，下一横田，大小弍坵，計租拾桶正，換来凑便淘洗鉄砂，議定價洋陆拾元正，燓昌爐承認付洋拾元，其餘洋数無銀抵付，自情愿将自置民田一處，坐落本都庄小土名西山崗，安着民田，其田上至葉姓田，下至石盤，左、右二至俱係石盤為界，今俱四至分明，四至界内，一概在内，估值田價洋銀伍拾元正，自愿托中立（契），出換與吉謙等人手管業，田價不足，酌限十一月初旬備办價洋伍拾元送交抵付闕边田價，不敢拖欠分厘，如若拖欠，任憑吉謙執字管業，收租易佃，王邊無得異言阻执等情，此出两家情愿，各無反悔，恐口無憑，故立換田字為據。

民國玖年五月叁拾日　立換田人　王開琳

李佑亮

在場　闕珠求

闕秀求

代筆　闕清芝

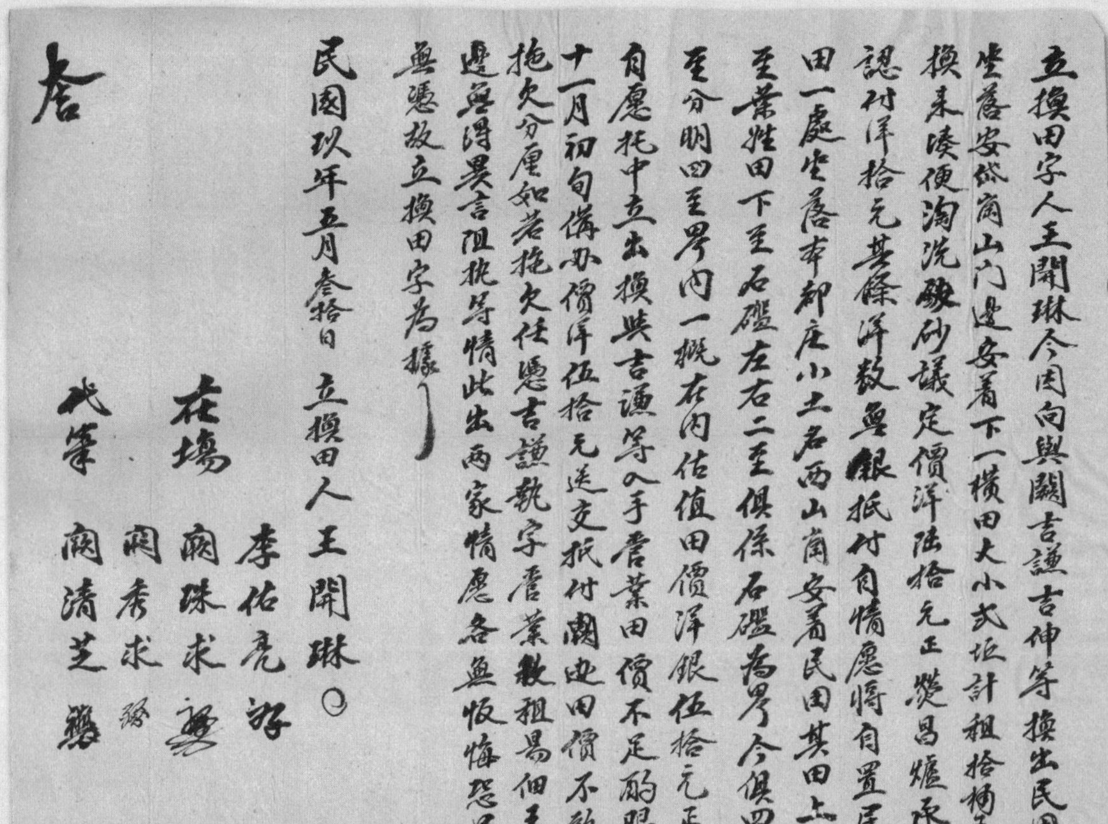

立承批山塲字人闕起惠仝侄貴求今因無山耕種自情向與本家玉璣二家山塲坐落松邑二十一都夫人廟庄小土名高坑白岩塅獅子岩安着山塲壹處其山上至山頂下至大坑內至玉璣山大岩下水外至坪坑口葉姓山大岩下水為界今俱四至分明自愿向與本家玉璣等處山承來開墾耕種當日憑中三面言断批山價洋銀叁拾陆元正其山價洋工山付一半末年冬成付清其山自種之後苞蘿桐子雜物归與種人採摘杆擇杉木與山主種人對半均分其山限至叁拾五年為滿限之後山骨山皮一並归还山主種人無得異言但執愿種愿批此出兩家心愿各無悔恠恐口難信故立承批山塲合同字為據

一批山內大松樹弍支另有杉木樹脚归还山主砍伐再照

民國庚申玖年　拾月初四日　立承批山塲字人闕起惠（押）
貴求（○）

見　起凌（押）
貴芝（書）

代筆　玉璣（押）

立批山塲合同存照

契

(前頁)>>>>>

立承批山塲字人闞起惠仝侄貴求，今因無山耕種，自情向與本家玉几、玉瑽二家山塲，坐落松邑二十一都夫人庙庄，小土名高坑白箬垻獅子岩，安着山塲壹處，其山上至山頂，下至大坑，内至玉蒼、玉瑽山大崀分水，外至坪坑口葉姓山大崀分水為界，今俱四至分明，自愿向與本家玉几、玉璇等衆山承来開墾耕種，当日憑中三面言断，批山價洋銀叁拾陆元正，其山價洋上山付一半，来年冬成付清，其山自種之後，苞蘿、桐子、雜物，归與種人採摘，扦插杉木，與山主種人對半均分，其山限至叁拾五年為滿限，之後山骨山皮一道归还山主，種人無得異言阻执，愿種愿批，此出两家心愿，各無反悔，恐口難信，故立承批山塲合同字為據。

一批山内大松樹弍支，如有杉木樹脚，归还山主砍伐，再照。

民國庚申玖年拾月初四日　立承批山塲字人　闞起惠

貴求

在見　起陵

貴兰

代筆　玉璜

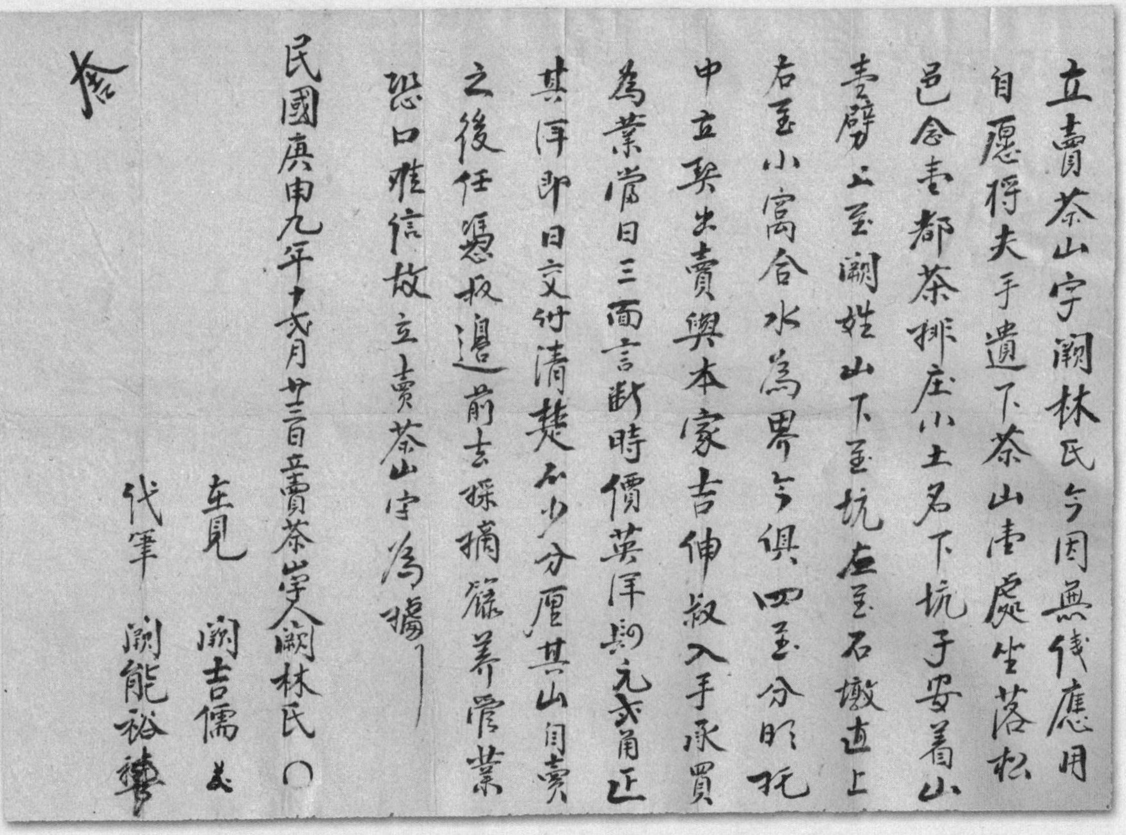

立賣茶山字闕林氏，今因無钱應用，
自愿将夫手遺下茶山壹處，坐落松
邑念壹都茶排庄，小土名下坑子，安着山
壹劈，上至闕姓山，下至坑，左至石墩直上，
右至小窝合水為界，今俱四至分明，托
中立契，出賣與本家吉伸叔入手承買
為業，當日三面言断，時價英洋肆元弍角正，
其洋即日交付清楚，不少分厘，其山自賣
之後，任憑叔邊前去採摘籙养管業，
恐口难信，故立賣茶山字為據。
民國庚申九年十弍月廿三日　立賣茶山字人　闕林氏
在見　闕吉儒
代筆　闕能裕

立賣斷截田契人闕起陵今因無錢使用自情愿將祖父遺下分已閹内民田坐落
松邑廿一都茶排庄小土名羊頭崗安着田六横其田上至闕起庚田下至闕起廷田外
至坑内至闕姓田為界今俱四至分明四至界内并及田頭地塪樘樹六株棕樹茶叶
等項一應在内計額一畝一分正自愿托中立契出賣與本家起敬兄邊入受承買為業當
日憑中三面言斷時值田價英洋壹伯念六元正其洋即日隨契付清不少分厘其田自
賣之後任憑買主起耕易佃過户完粮收租管業賣人無得異言如有來歷不明賣
人一力承當不涉買主之事契明價足愿賣愿買兩相情愿一賣千休永遠無找贖
各無反悔等情恐口難信故立賣斷截田契字為據

中華民國辛酉拾年拾壹月廿九日立賣斷截田契人闕起陵（押）

起莊（押）
起鰲（押）
馮茂昌
親筆（押）

今將闕正陵户粮額壹畝壹分入與闕起敬名下完納不得丟漏此照

合

（前頁）>>>>>

立賣断截田契人闕起陵，今因無錢使用，自情愿將祖父遺下分己閹内民田，坐落松邑廿一都茶排庄，小土名羊頭崗，安着田六横，其田上至闕起庚田，下至闕起廷田，外至坑，内至闕姓田為界，今俱四至分明，四至界内并及田頭地角，槿樹六株，棕樹茶叶等項，一應在内，計額一畝一分正，自愿托中立契，出賣與本家起敬兄邊入受承買為業，當日憑中三面言断，時值田價英洋壹伯念六元正，其洋即日隨契付清，不少分厘，其田自賣之後，任憑買主起耕易佃，過户完粮，收租管業，賣人無得異言，如有來歷不明，賣人一力承當，不涉買主之事，契明價足，愿賣愿買，兩相情愿，一賣千休，永遠無找贖，各無反悔等情，恐口難信，故立賣断截田契字為據。

中華民國辛酉拾年拾壹月廿九日　立賣断截田契人　闕起陵

起莊

起鰲

馮茂昌

親筆

今將闕正陵户粮額壹畝壹分，入與闕起敬名下完納，不得丟漏，此照。

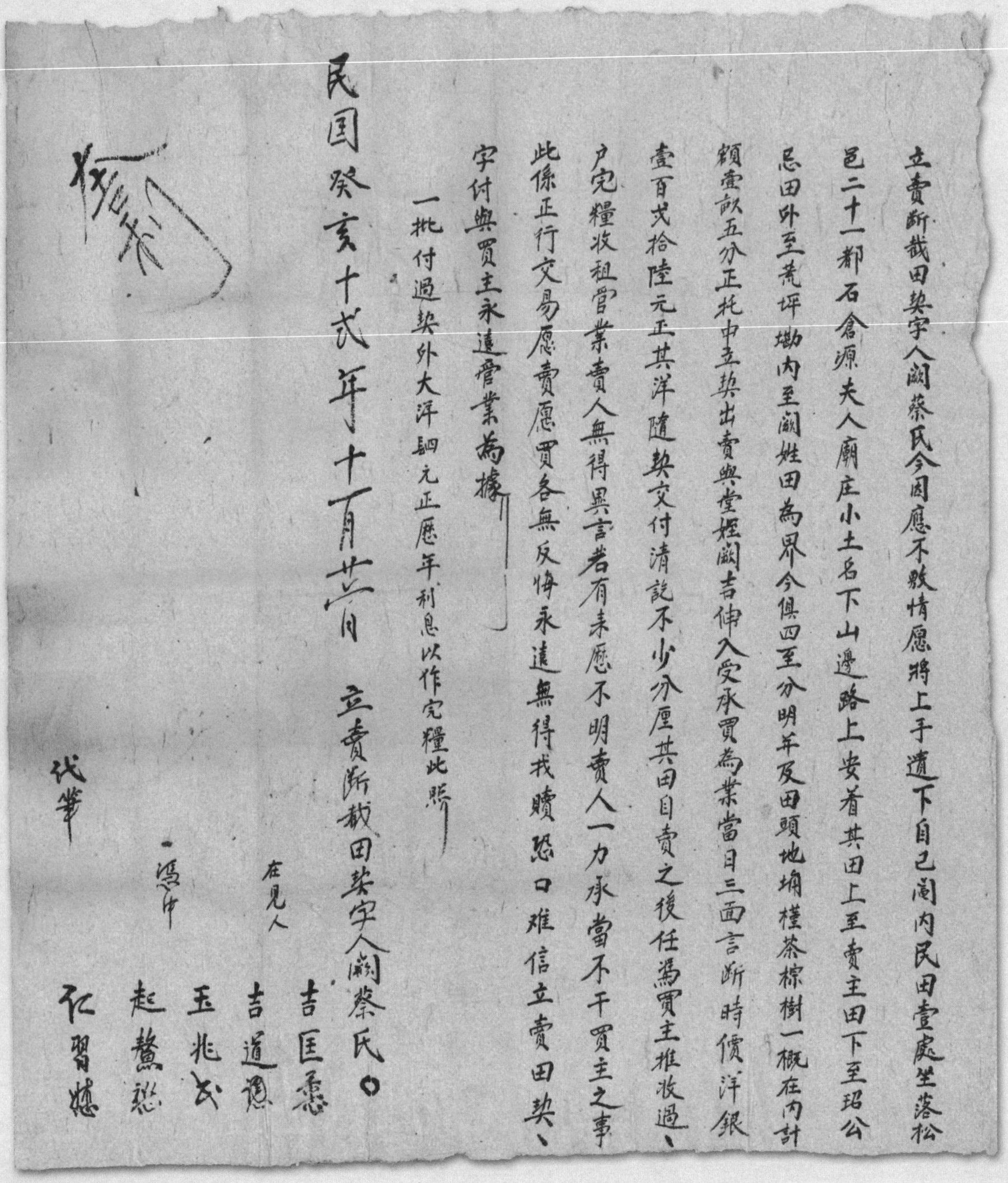
立賣斷截田契字人阙蔡氏今因應不敷情愿將上手遺下自己閫内民田壹處坐落松
邑二十一都石倉源夫人廟庄小土名下山邊路上安着其田上至賣主田下至玿公
𠯋田外至荒坪𡍼内至阙姓田為界今俱四至分明并及田頭地塝槿茶棕樹一概在内計
額壹畝五分正托中立契出賣與堂姪阙吉伸入受承買為業當日三面言斷時價洋銀
壹百弍拾陸元正其洋隨契交付清訖不少分厘其田自賣之後任憑買主推收過户
户完糧收租管業賣人無得異言若有来歷不明賣人一力承當不干買主之事
此係正行交易愿賣愿買各無反悔永遠無得找贖恐口难信立賣田契字付與買主永遠管業為據

一批付過契外大洋駟元正歷年利息以作完糧此照

民国癸亥十弍年十一月廿六日 立賣斷截田契字人阙蔡氏〇

在見人 吉匡悳 吉道遇 玉兆式

憑中 赵鰲懋

代筆 張習燧

（前頁）>>>>>

立賣断截田契字人闞蔡氏，今因應（用）不敷，情愿將上手遺下自己阄内民田壹處，坐落松邑二十一都石倉源夫人廟庄，小土名下山邊路上，安着其田，上至賣主田，下至珁公忌田，外至荒坪塝，内至闞姓田為界，今俱四至分明，并及田頭地角，槿茶棕樹，一概在内，計額壹畝五分正，托中立契出賣與堂姪闞吉伸入受承買為業，當日三面言断，時價洋銀壹百弍拾陸元正，其洋隨契交付清訖，不少分厘，其田自賣之後，任憑買主推收過户，完糧收租管業，賣人無得異言，若有来歷不明，賣人一力承當，不干買主之事，此係正行交易，愿賣愿買，各無反悔，永遠無得找贖，恐口难信，立賣田契字付與買主永遠管業為據。

一批付過契外大洋肆元正，歷年利息以作完糧，此照。

民国癸亥十弍年十一月廿六日　立賣断截田契字人　闞蔡氏

在見人　吉匡

吉道

憑中　玉兆

起鰲

代筆　仁習

立賣田契字人闕起恭今因家用不敷自情愿將祖父遺下分己閫内民田坐落松邑廿一都茶排莊小土名水缸灣安着田大小共式坵其田上下左右四至俱闕姓田為界計額壹畝計租穀式担式桶自愿托中立契出賣與本家培選兄邊入受承買為業當日憑中三面言斷時值價洋壹百壹拾元正其洋即日隨契付清不少分釐其田自賣之後任憑買主起耕易佃收租管業未賣之先並無文墨典當如有來歷不明賣人一力承當不干買主之事愿買愿賣兩相情愿日後不限年月任憑賣人原價取贖買主無得異言恐口無憑故立賣田契字為據

一批契外付過英洋式元以利貼粮

民國乙丑十四年十二月十五日　立賣田契字人闕起恭（押）

在見胞弟　闕起敏（押）

親筆

（前頁）>>>>>

立賣田契字人闕起恭，今因家用不敷，自情愿將祖父遺下分己鬮内民田，坐落松邑廿一都茶排莊，小土名水缸塆，安着田大小共弍坵，其田上下左右四至俱闕姓田為界，計額壹畝，計租穀弍担弍桶，自愿托中立契，出賣與本家培選兄邊入受承買為業，當日憑中三面言断，時值價洋壹百壹拾元正，其洋即日隨契付清，不少分釐，其田自賣之後，任憑買主起耕易佃，收租管業，未賣之先，並無文墨典當，如有來歷不明，賣人一力承當，不干買主之事，愿買愿賣，兩相情愿，日後不限年月，任憑賣人原價取贖，買主無得異言，恐口無憑，故立賣田契字為據。

一批契外付過英洋弍元，以利貼粮。

民國乙丑十四年十二月十五日　立賣田契字人　闕起恭

在見胞弟　闕起敏

親筆

立承管山場字人曾其智原因無山蓄養自情愿将㘵到茶排地坊闕輪禮公忌内討來承管山場壹處坐落松邑念壹都西山庄小土名横神弄老廟背安着民山上至山頂下至山脚内至曾姓山大塢直上合水外至石崗直上曾姓山分水為界今俱四至分明四至界内松杉茶竹雜色一應在内向與房長培芬兄邊承耒雇管三面、言斷日後蓄養成林出拚之日二掛均分山主坐掛承管坐弍無得增多減少出拚邀仝闕邊諸價均分如有房親伯叔子侄人等無涉若有此色闕邊一力承耽此出兩家心愿各無反悔恐口難信故立承管山場字為照

中華民國丙寅拾五年二月廿九日

立承管山場字人曾其智

在見人嚴遠高 〇

親筆

（前頁）>>>>>

立承管山塲字人曾其智，原因無山籙養，自情愿将问到茶排地坊［方］闕翰禮公忌內，討來承管山塲壹處，坐落松邑念壹都西山庄，小土名横神弄老廟背，安着民山，上至山頂，下至山脚，內至曾姓山大塢直上合水，外至石崗直上曾姓山分水為界，今俱四至分明，四至界內，松杉茶竹雜色，一應在內，向與房長培芬兄邊承来雇管，三面言断，日後籙養成林出拚之日，二捌均分，山主坐捌，承管坐弍，無得增多減少，出拚邀仝闕邊請價均分，如有房親伯叔子侄人等無涉，若有此色，闕邊一力承耽［擔］，此出两家心愿，各無反悔，恐口難信，故立承管山塲字為照。

中華民國丙寅拾五年二月廿九日　立承管山塲字人　曾其智

在見人　嚴遠高

親筆

立賣田契字人闕祥水今因應用不敷情愿將祖父遺下自己閫内民田坐落松邑廿一都石倉源茶排上村小土名石倉頂安着民田壹處其田上至闕祥禎田下至山左至闕天貴忌田右至山併闕祥禎田為界今俱四至分明計額弍畝弍分五厘計租谷𠛬租壹籮抽出租谷弍租正立契賣與本家叔闕吉仲入受承買為業當日面斷時值田價大洋肆拾壹元正其洋即日隨契付訖其田自賣之后任憑買主易佃收租管業賣人無得異言阻執若有來歷不清賣人一力承當不干買主之事日後不限年月徃備办原價取贖此係正行交易愿買愿賣各無反悔恐口無憑故立賣契為據

一批契外貼過大洋叁元正每年利息坎作完粮

一批付過花押洋陸角正

立賣田契字人闕祥水（押）

在見 闕培菲（押）

代筆 闕培昇（押）

中華民國拾九年十一月二十二日

（前頁）>>>>>

立賣田契字人闞祥水，今因應用不敷，情愿将祖父遺下自己阄内民田，坐落松邑廿一都石倉源荼排上村，小土名石倉頂，安着民田壹處，其田上至闞祥禎田，下至山，左至闞天貴忌田，右至山併闞祥禎田為界，今俱四至分明，計額弍畝弍分五厘，計租谷肆担壹籮，抽出租谷弍担正，立契賣與本家叔闞吉仲入受承買為業，當日面断時值田價大洋肆拾壹元正，其洋即日随契付訖，其田自賣之后，任憑買主易佃收租管業，賣人無得異言阻执，若有来歷不清，賣人一力承當，不干買主之事，日後不限年月，准備办原價取贖，此係正行交易，愿買愿賣，各無反悔，恐口無憑，故立賣契為據。

一批契外貼過大洋叁元正，每年利息以作完粮。

一批付過花押洋陸角正。

中華民國拾九年十一月二十二日　立賣田契字人　闞祥水

在見　闞培菲

代筆　闞培昇

立當田契字人闕祥水今因粮食不敷自情愿將祖父遺下分己股下民田坐落松邑廿一都石倉源上茶排小土名石倉頂安着其田上至祥禎田下至自己山左至天開公山右至天貴公田為界四至界內共計租田租弍桶正自愿托中立契出當與闕吉豪兄邊入受承當為業當日面斷時價大洋弍拾弍元正其洋即日付清不少分厘其田自當之後每年秋收之日充納水谷捌桶正送到銀主家中扇淨交量不敢欠少如如有欠少任憑銀主追租起耕改佃出當人不得異言阻執等情此係愿當愿受各無抜悔恐口無憑故立當田契字為據

一批付花押洋陸角正

中華民國拾九年十二月十六日

立當田契字人闕祥水（押）

闕祥錢（押）

闕培昇 筆

承典人姓名 闕吉豪
不動產種類 田
座落 廿一都石倉源
典價 念弍元
出典年限 不論
應納稅額 陸角[illegible]

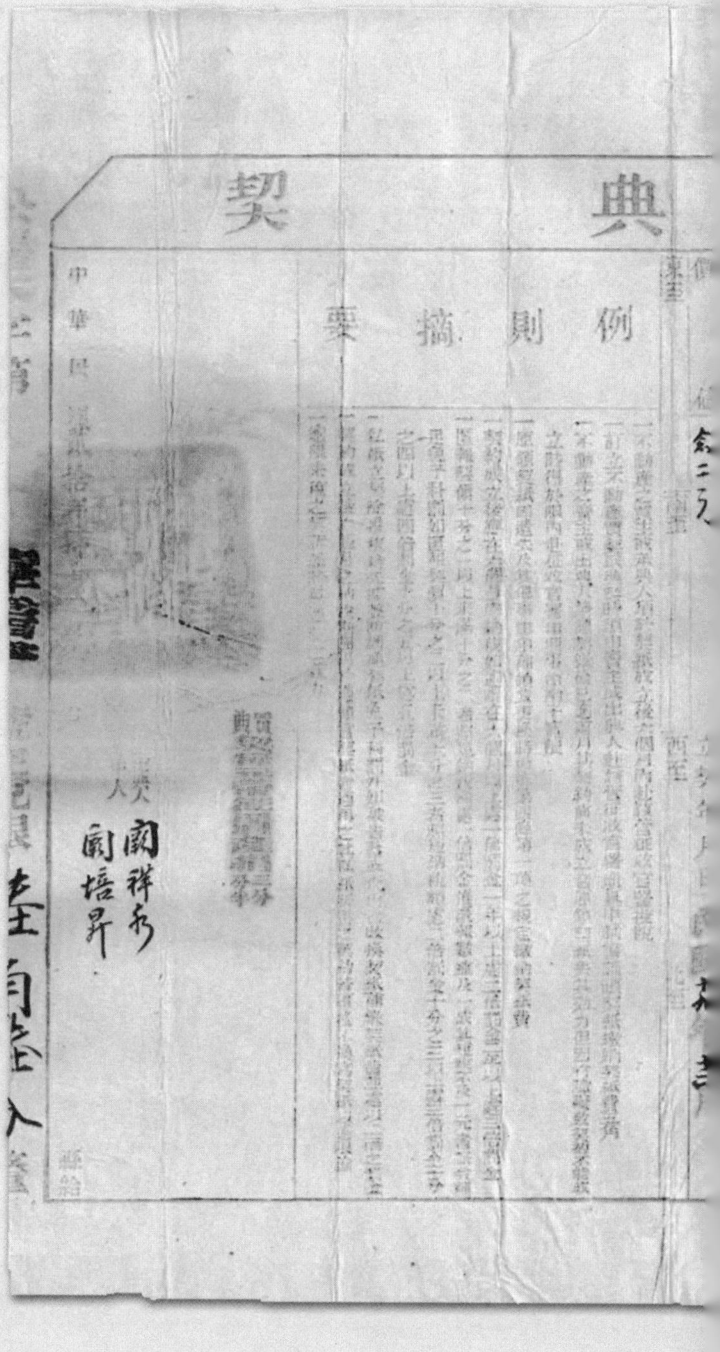
典契
例則摘要
中華民
闕祥永
闕培昇

（前頁）>>>>>

立當田契字人闕祥水，今因粮食不敷，自情愿将祖父遺下分己股下民田，坐落松邑廿一都石倉源上茶排，小土名石倉頂，安着其田，上至祥禎田，下至自己山，右至天開公山，左至天貴公田為界，四至界内，共計租四担弍桶正，自愿托中立契，出當與闕吉豪兄邊入受承當爲業，當日面断時價大洋弍拾弍元正，其洋即日付清，不少分厘，其田自當之後，每年秋收之日，充納水谷捌桶正，送到銀主家中，扇净交量，不敢欠少，如有欠少，任憑銀主追租起耕改佃，出當人不得異言阻执等情，此係愿當愿受，各無反悔，恐口無憑，故立當田契字為據。

一批付花押洋陸角正。

中華民國拾九年十二月十六日　立當田契字人　闕祥水

闕祥錢

闕培昇

（前頁）>>>>>

典契

承典人姓名	闕吉豪
不動產種類	田
座落	廿一都石倉源
面積	
價值	念二元
典價	念式元
出典年限	不論
應納稅額	陸角陸分
原契幾張	壹張
立契年月日	民国十九年十二月

東至　南至　西至　北至

例則摘要

一不動產之買主或承典人，須于契紙成立後六個月以內，赴該管徵收官署投稅。

一訂立不動產買契或典契時，須由買主或出典人赴該管徵收官署填具申請書，請領契紙，繳納契紙費五角。

一不動產之賣主或出典人請領契約後，已逾兩月其契約尚未成立者，原領契紙失其效力，但因有障礙致契約不能成立時，得於限內赴徵收官署申明事由，酌予寬限。

一原領契紙因遺失及其他事由須補領或更換時，仍依第四條第一項之規定，繳納契紙費。

一契約成立後應在六個月內納稅，如逾限在六個月以上，處一倍罰金；一年以上，處二倍罰金；二年以上，處三倍罰金。

一匿報契價十分之一以上未滿十分之二者，照短納稅額處一倍罰金，惟匿報數雖及一成，其短稅不及一元者，只令補足，免予科罰；如匿報契價十分之二以上未滿十分之三者，照短納稅額處二倍罰金；十分之三以上處三倍罰金；十分之四以上處四倍罰金；十分之五以上處五倍罰金。

一私紙立契，除投稅時先據聲明請換契紙免予科罰外，如被告發或查出者，改換契紙，補繳契紙費並處以二倍之罰金。

一契約成立後六個月之納稅期間，限於遵領官契紙者適用之，其私紙所書之契約，若事後不換寫契紙，以逾限論。

一逾限未稅之契，訴訟時無憑證之效力。

出典人　闕祥水

中人　闕培昇

中華民國貳拾年　月　日

縣給

立議分拘山字人傅大輝仝弟等今因民國乙未年向與石倉源茶排村
闕天開公手民山批来坐落松邑廿一都夫人廟庄小土名尾塆坪值入弄横
坑裏安着其山分拘界至以山圖載明收佐二人批来開種苞蘿桐子杄
栽杉木成林其山自種之後各種各管日後出拚之日收佐二人邀同山
主各半均分立議分拘之後收佐之人各管各種無得爭执等情恐口難
信故立議分拘字為界。

中華民國二拾年元月初十日　故立議分拘山字人　傅大輝

弟　傅大乾

中　雷奎旺

代筆　闕金聲

合

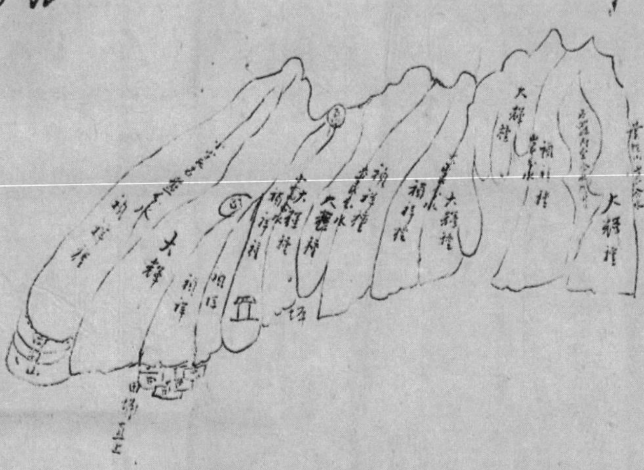

立義合同字

（前頁）>>>>>

立議分拍山字人傅大輝仝弟等，今因民國己未年向與石倉源茶排村闕天闬公众民山批来，坐落松邑廿一都夫人廟庄，小土名瓦窑坪值入并横坑裏安着其山，分拍界至，以山圖載明，叔侄二人批来闬種苞蘿、桐子，扦栽杉木成林，其山自種之後，各種各管，日後出拚之日，叔侄二人邀同山主各半均分，立議分拍之後，叔侄二人各管各種，無得争执等情，恐口难信，故立議分拍字為照。

中華民國二拾年元月初十日　故立議分拍山字人　傅大輝

弟　傅大乾

中　雷奎旺

代筆　闕金聲

立賣斷截田契字人闕祥水仝弟等今因先父喪故遺下洋欵無從柢償情原將父手週内民田坐落松邑二十壹都石倉源茶排上村小土名石倉項安着其田上至闕吉佳祭扫田下至天開公山左至闕天貴公忌田右至祥禎田併山為界今俱四至分明併及田頭地墈樣茶雜木一應在内又界外原有灰鋪壹間與祥禎各半均分將自己股内半間亦賣在數内計額壹畝柒分五厘正托中立契賣與本家叔闕吉伸入手承買為業當日三面言斷時值田價大洋肆拾元正其洋銀隨契收訖不少分厘其田自賣之后任憑買主推收過户完粮易佃收租管業賣人無得異言若有來歷不清賣人一力承當不干買主之事此係正行交易愿買愿賣各無反悔並無找贖等情恐口無憑故立賣契為據

中華民國二十年十一月廿日立賣斷截田契人闕祥水（押）

闕祥禎 ○

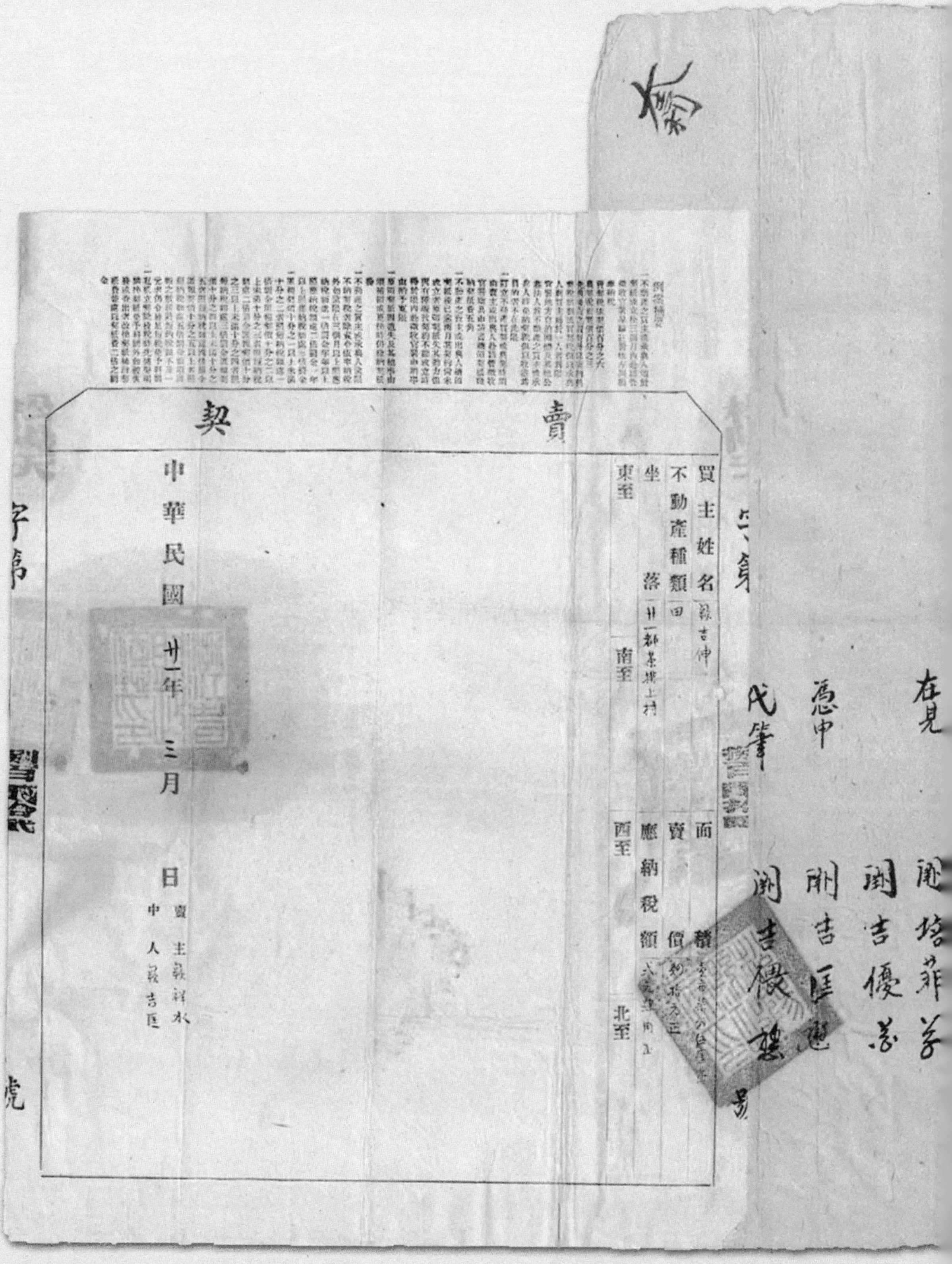
賣契

買主姓名　闕吉伸

不動產種類　田

坐落　廿一都茶排上村

面積

賣價

應納稅額

東至　南至　西至　北至

中華民國廿一年三月　日

賣　主　闕祥水

中　人　闕吉匡

在見　闕培菲　押

憑中　闕吉優　押

闕吉匡　押

代筆　闕吉優

（前頁）>>>>>

立賣断截田契字人闕祥水仝弟等，今因先父喪故，遺下洋款，無從抵償，情原［愿］將父手阄内民田，坐落松邑二十壹都石倉源茶排上村，小土名石倉頂，安着其田，上至闕吉佳祭掃田，下至天開公山，左至闕天貴公忌田，右至祥禎田併山為界，今俱四至分明，併及田頭地角，槿茶雜木，一應在内，又界外原有灰鋪壹间，與祥禎各半均分，將自己股内半间亦賣在数内，計額壹畝柒分五厘正，托中立契賣與本家叔闕吉伸入手承買為業，當日三面言断，時值田價大洋肆拾元正，其洋銀隨契收訖，不少分厘，其田自賣之后，任憑買主推收過户，完粮易佃，收租管業，賣人無得異言，若有來歷不清，賣人一力承當，不干買主之事，此係正行交易，愿買愿賣，各無反悔，並無找贖等情，恐口無憑，故立賣契為據。

中華民國二十年十一月廿日　立賣断截田契人　闕祥水

在見　闕祥禎

闕培菲

闕吉優

憑中　闕吉匡

代筆　闕吉偎

（賣契，中華民國廿一年三月）

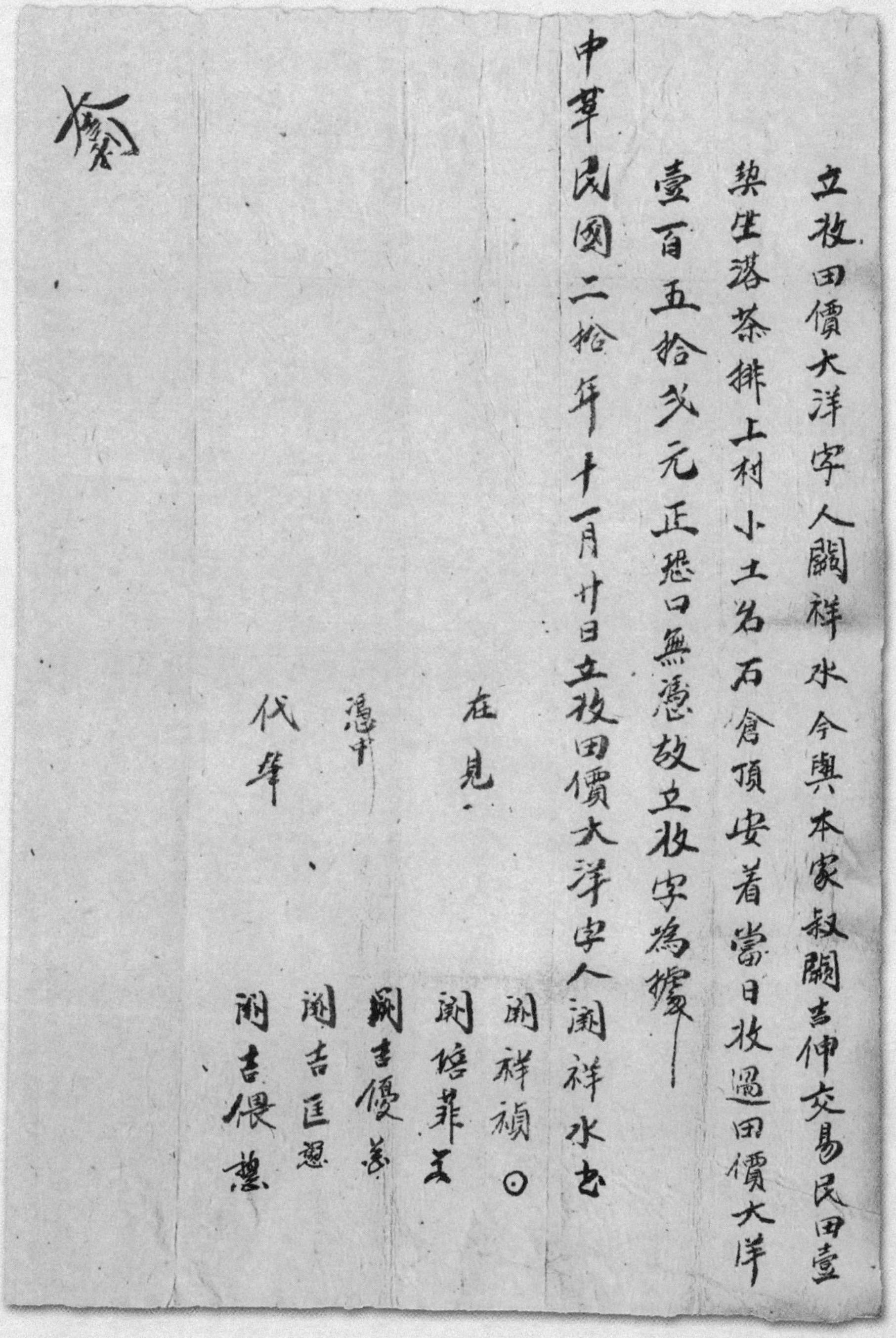

立收田價大洋字人闕祥水，今與本家叔闕吉伸交易民田壹契，坐落茶排上村，小土名石倉頂安着，當日收過田價大洋壹百五拾弍元正，恐口無憑，故立收字為據。

中華民國二拾年十一月廿日　立收田價大洋字人　闕祥水

在見　闕祥禎

闕培菲

憑中　闕吉優

闕吉匡

代筆　闕吉偎

249
松邑

立賣斷絕田契字人闕成舟今因無錢應用自情愿將父手遺下民田壹處坐落
廿一都夫人廟小土名安岱山岡烏嶺腳安着其田上至買主田為界下至買主
田為界左至小坑為界右至山為界今俱四至分明計粮額壹畝正自情托中
立契出賣與本家吉伸叔邊入受承買為業當日三面斷定時價洋式拾肆元
其洋即日隨契付清不少分文其田自賣之後任憑買主完粮過户收租管
業賣主無得異言並無找贖恐口难信故立賣斷絕田契字為據

立賣斷絕田契字人 闕成舟（押）
在見 成勇（押）
中 培漢（押）
起立〇
代筆 祥銘（押）

中華民國式拾弍年十一月十二日

賣

字第　號

買主姓名	闕吉伸
不動產種類	田
坐落	夫人廟
面積	壹畝
賣價	式拾肆元
應納稅額	壹元肆角肆分
東至	
南至	
西至	
北至	

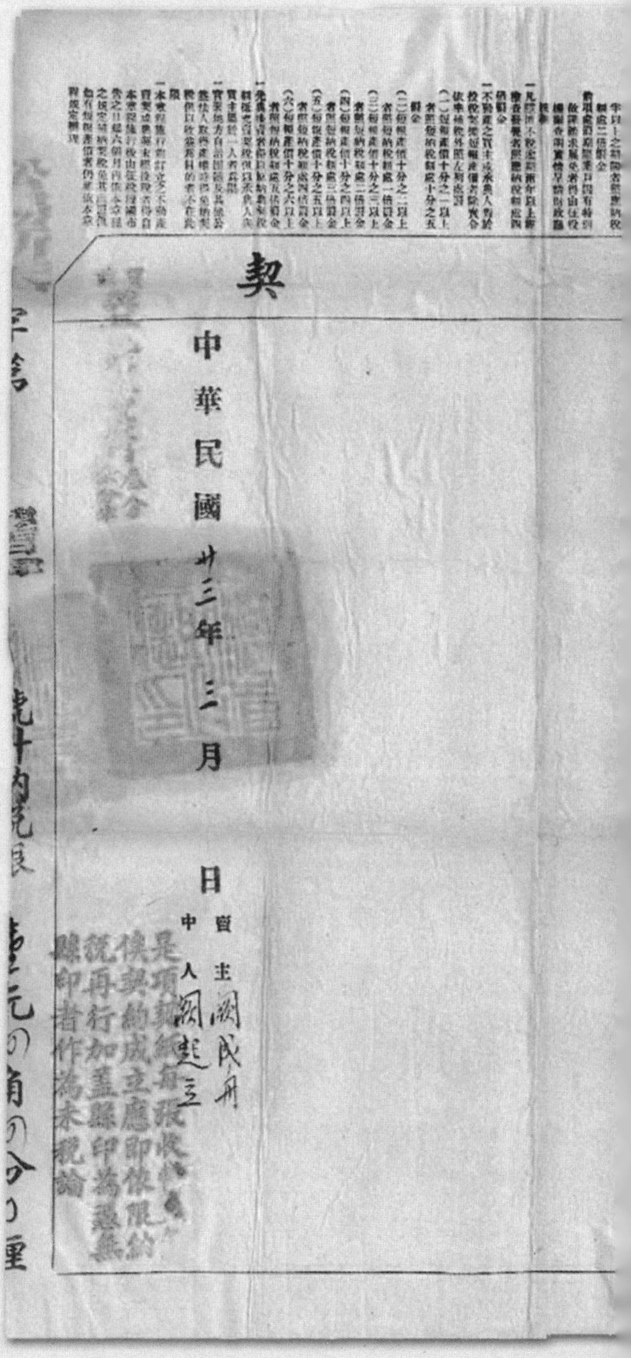

立賣断絕田契字人闕成舟，今因無錢應用，自情愿将父手遺下民田壹處，坐落松邑廿一都夫人廟庄，小土名安岱崗烏嶺脚，安着其田，上至買主田為界，下至買主田為界，左至小坑為界，右至山為界，今俱四至分明，計粮額壹畝正，自情托中立契，出賣與本家吉伸叔边入受承買為業，當日三面断定，時價洋弍拾肆元，其洋即日隨契付清，不少分文，其田自賣之後，任憑買主完粮過户，收租管業，賣主無得異言，並無找贖，恐口难信，故立賣断绝田契字為據。

中華民國弍拾弍年十一月十二日　立賣断絕田契字人　闕成舟

在見　成勇

中　培漢

起立

代筆　祥銘

（賣契，中華民國廿三年三月）

立收田價字人闞成舟今收过天人廟庄小土名安岱岗烏嶺脚田價大洋伍拾壹

元正其洋所收是实恐口难憑故立收田價字為據

中華民國弍拾弍年十二月十二日　立收田價大洋字人　闞成舟（押）

見　成勇　书

代　祥銘（押）

（前頁）>>>>>

立收田價字人闕成舟，今收过夫人廟庄小土名安岱崗烏嶺脚田價大洋伍拾壹元正，其洋所收是实，恐口难憑，故立收田價字為據。

中華民國弍拾弍年十一月十二日　立收田價大洋字人　闕成舟

見　成勇

代　祥銘

立賣田契字人闕吉俍今因無銀應用自情愿將祖父遺
下民田壹処坐落松邑廿一都夫人廟庄小土名山邊村塘子
裏安着其田上至闕姓田下至左至賣人忌田右至闕姓田為界
今俱四至分明田頭地角細樹雜木一概在內計額叁分正自愿托
中立字出賣與蔡永福入受承買為業三面定斷目值時價大
洋拾捌元正其洋即日隨字交付清楚不少分毫其田自賣之後
任憑買主起耕改佃收租管業賣人無異言若有來歷不明
賣人一力承當以房親伯叔無得干涉此係正行交易兩相情愿各
無反悔愿買愿賣恐口难憑故立賣田字為據
一批付过大洋弍元其息仍照完粮之資

中華民國念弍年拾壹月拾六日　立賣田契字人　闕吉俍（押）

在見人　闕祥德（押）

中人　闕吉滐　押

代筆　闕吉貞　押

大吉利市

（前頁）>>>>>

立賣田契字人闕吉俍，今因無銀應用，自情愿将祖父遺下民田壹处，坐落松邑廿一都夫人廟庄，小土名山邊村塘子裏，安着其田，上至阙姓田，下至、左至賣人忌田，右至阙姓田為界，今俱四至分明，田頭地角，柏樹雜木，一概在內，計額叁分正，自愿托中立字，出賣與蔡永福入受承買為業，三面定断，目值時價大洋拾捌元正，其洋即日隨字交付清楚，不少分毫，其田自賣之後，任憑買主起耕改佃，收租管業，賣人無異言，若有來歷不明，賣人一力承當，『以』房親伯叔無得干涉，此係正行交易，两相情愿，各無反悔，愿買愿賣，恐口难憑，故立賣田字為據。

一批付过大洋弍元，其息以貼完粮之資。

中華民國念弍年拾壹月拾六日　立賣田契字人　闕吉俍

在見人　闕祥德

中人　闕吉滌

代筆　阙吉貞

立賣田契字人闕祥水仝弟二人因無錢應用情愿將父手遺下閩内民田壹處坐落松邑二十一都石倉源茶排上村石倉項安着其田上至闕祥禎田下至闕吉伸田左至荒地右至山為界二号俱四至分明槿茶雜木田頭地角一概在内計額五分抽出弍分五厘批中立契賣與闕衆入受承買為業當日面断時價大洋拾叄元正其洋隨契付訖其田自賣之後任憑衆内收租易佃管業賣人無得異言若有來歷不清賣人一力承當不干衆内之事日後不限年月備還原價取贖此乃愿買愿賣各無反悔恐口無憑故立賣契為據

一批契外付過大洋壹元其利息以作完粮之資

中華民國二十叄年二月二十八日立賣田契字人闕祥水

弟 祥全

見中 能裕

代筆 闕吉伸

管

（前頁）>>>>>

立賣田契字人闕祥水仝弟，今因無錢应用，情愿将父手遺下阄内民田壹處，坐落松邑二十一都石倉源茶排上村石倉頂，安着其田，上至闕祥禎田，下至闕吉伸田，左至荒地，右至山為界，今俱四至分明，槿茶雜木，田頭地角，一概在内，计額五分，抽出弍分五厘，托中立契賣與開公衆入受承買為業，當日面断時價大洋拾柒元正，其洋隨契付讫，其田自賣之後，任憑衆内收租易佃管業，賣人無得異言，若有来歷不清，賣人一力承當，不干衆内之事，日後不限年月，備還原價取贖，此乃愿買愿賣，各無反悔，恐口無憑，故立賣契為據。

一批契外付過大洋壹元，其利息以作完粮之資。

中華民國二十叁年二月二十八日　立賣田契字人　闕祥水

弟　祥全

見中　能裕

代筆　闕吉伸

立退杉木字人闕祥風今因應用不敷情愿將先父與蒲叔同行栽種各半均分杉木坐落松邑五合圩村裡內坑野猪欄安着其杉木上至山頂下至石壁磜左至蓬山右至蓬山為界其杉木以作四股均分將自己壹股出退與叔闕吉伸入受承退為業當日面斷價洋〤元伍角正其洋即日收訖其杉木自退之后任憑叔邊錄養出拚賣業出退人無得異言若有來歷不清出退人一力承當不干承退之事愿退愿受各無𢙇悔恐口無憑故立退杉木為據

中華民国念叁年三月初十日立退杉木字人闕祥風（押）

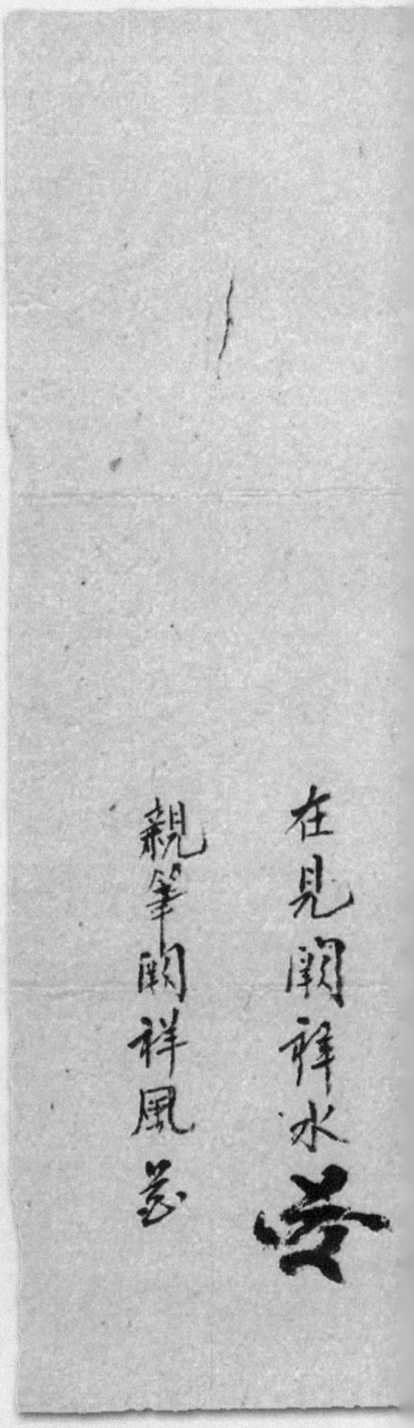

立退杉木字人闕祥風，今因應用不敷，情愿將先父與滿叔同行栽種各半均分杉木，坐落松邑五合圩村裡内坑野猪欄，安着其杉木，上至山頂，下至石壁磜，左至荒山，右至荒山為界，其杉木以作四股均分，將自己壹股出退與叔闕吉伸入受承退為業，當日面断價洋四元伍角正，其洋即日收訖，其杉木自退之后，任憑叔边籙養出拚管業，出退人無得異言，若有來歷不清，出退人一力承當，不干承退人之事，愿退愿受，各無反悔，恐口無憑，故立退杉木（字）為據。

中華民国念叁年三月初十日　立退杉木字人　闕祥風

在見　闕祥水

親筆　闕祥風

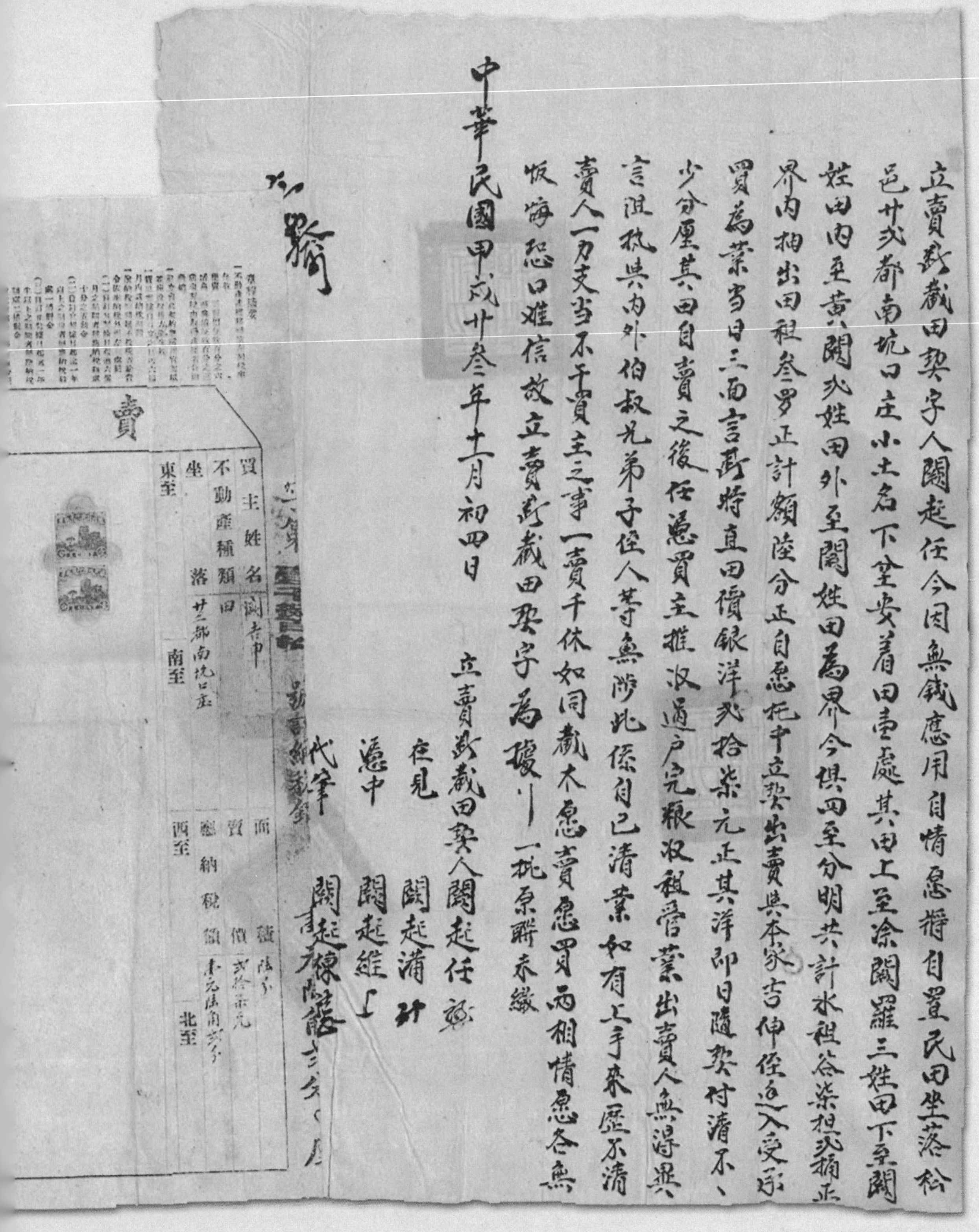

立賣斷截田契字人闕起任今因無錢應用自情愿將自置民田坐落松邑廿弍都南坑口庄小土名下堂安着田壹處其田上至涂闕羅三姓田下至闕姓田內至黄闕弍姓田外至闕姓田為界今俱四至分明共計水租谷柒担弍桶正界內抽出田租叁罗正計額陸分正自愿托中立契出賣與本家吉伸侄边入受承買為業當日三面言斷將直田價銀洋弍拾柒元正其洋即日隨契付清不少分厘其田自賣之後任憑買主推收過户完粮收租管業出賣人無得異言阻執與內外伯叔兄弟子侄人等無涉此係自己清業如有上手來歷不清賣人一力支当不干買主之事一賣千休如同截木急賣急買兩相情愿各無悔恐口难信故立賣斷截田契字為據

一批原聨未繳

中華民國甲戌廿叁年十二月初四日

立賣斷截田契人 闕起任（押）

在見 闕起浦（押）

憑中 闕起維（押）

代筆 闕起樑（押）

賣

買主姓名	闕吉申
不動產種類	田
坐落	廿二都南坑口庄
面積	
價值	弍拾柒元
應納稅額	

東至 南至 西至 北至

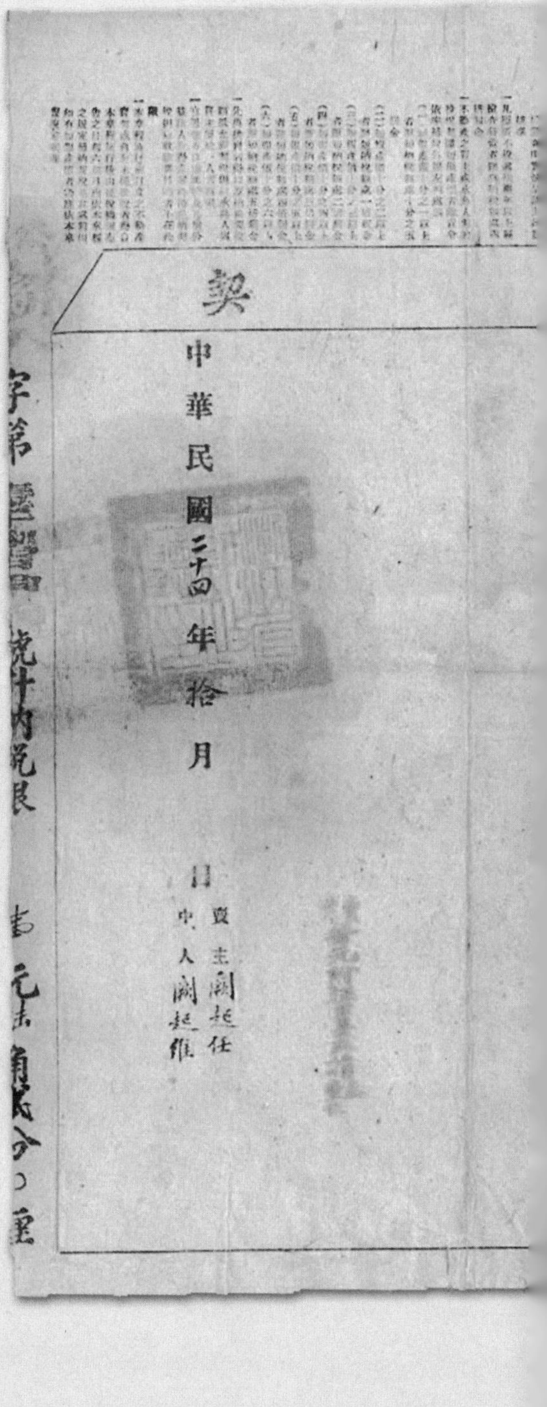

立賣断截田契字人闕起任，今因無錢應用，自情愿將自置民田，坐落松邑廿弍都南坑口庄，小土名下垄，安着田壹處，其田上至涂、闕、羅三姓田，下至闕姓田，内至黄、闕弍姓田，外至闕姓田為界，今俱四至分明，共計水租谷柒担弍桶正，界内抽出田租叁罗［籮］正，計額陸分正，自愿托中立契，出賣與本家吉伸侄边入受承買為業，当日三面言断，時直田價銀洋弍拾柒元正，其洋即日隨契付清，不少分厘，其田自賣之後，任憑買主推收過户，完粮收租管業，出賣人無得異言阻执，與内外伯叔兄弟子侄人等無陟［涉］，此係自己清業，如有上手來歷不清，賣人一力支当，不干買主之事，一賣千休，如同截木，愿賣愿買，兩相情愿，各無反悔，恐口难信，故立賣断截田契字為據。　一批原聯未繳。

中華民國甲戌廿叁年十一月初四日　立賣断截田契人　闕起任

在見　闕起滿

憑中　闕起維

代筆　闕起楝

（賣契，中華民國二十四年拾月）

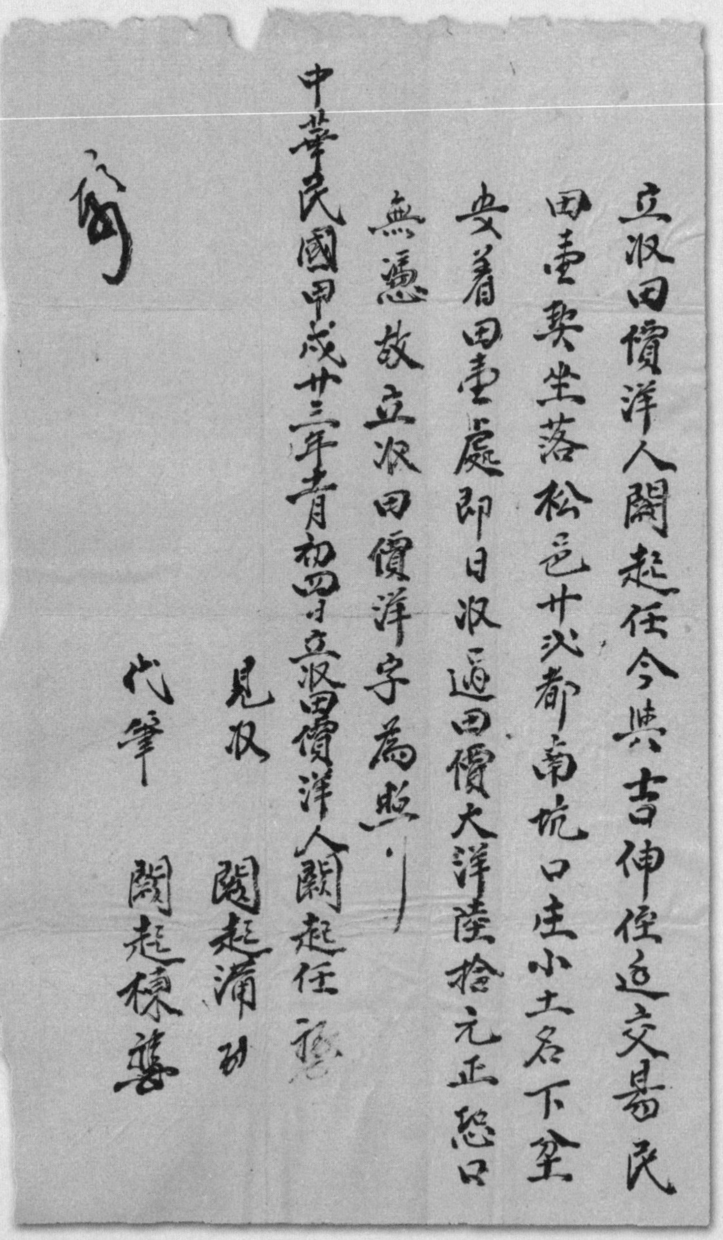

立收田價洋人闞起任，今與吉伸侄边交易民
田壹契，坐落松邑廿弍都南坑口庄，小土名下坌，
安着田壹處，即日收過田價大洋陸拾元正，恐口
無憑，故立收田價洋字為照。
中華民國甲戌廿三年十一月初四日　立收田價洋人　闞起任
見收　闞起滿
代筆　闞起棟

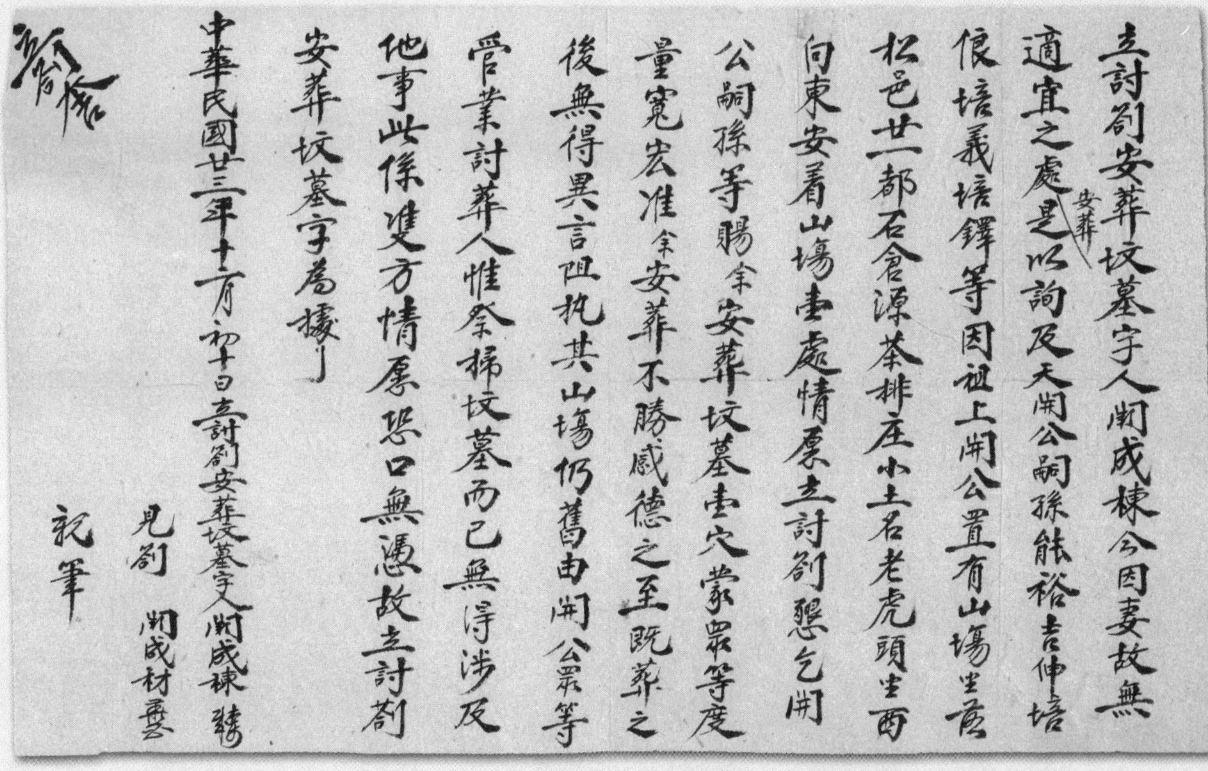

立討劄安葬坟墓字人闕成棟，今因妻故，無適宜之處安葬，是以詢及天闬公嗣孫能裕、吉仲、培倌、培義、培鐸等，因祖上闬公置有山塲，坐落松邑廿一都石倉源茶排庄，小土名老虎頭，坐西向東，安着山塲壹處，情愿立討劄懇乞闬公嗣孫等賜余安葬坟墓壹穴，蒙衆等度量寬宏，准余安葬，不勝感德之至，既葬之後，無得異言阻執，其山塲仍舊由闬公衆等管業，討葬人惟祭掃坟墓而已，無得涉及他事，此係雙方情愿，恐口無憑，故立討劄安葬坟墓字為據。

中華民國廿三年十二月初十日　立討劄安葬坟墓字人　闕成棟

見劄　闕成材

親筆

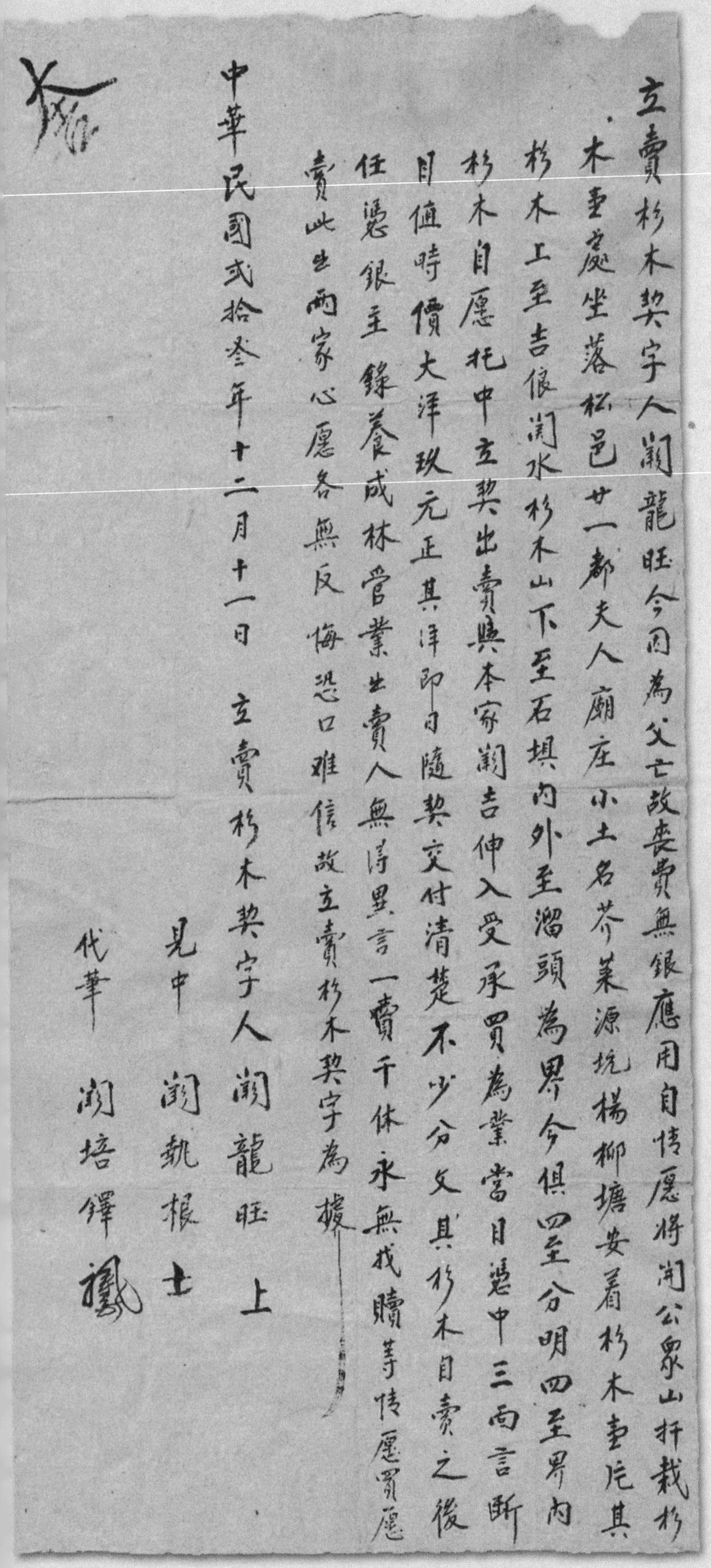

立賣杉木契字人闕龍旺，今因為父亡故，喪費無銀應用，自情愿將闕公衆山扦栽杉木壹處，坐落松邑廿一都夫人廟庄，小土名芥菜源坑楊柳塘，安着杉木壹片，其杉木上至吉佷關水杉木山，下至石垻，内外至溜頭為界，今俱四至分明，四至界内杉木，自愿托中立契，出賣與本家闕吉伸入受承買為業，當日憑中三面言断，目值時價大洋玖元正，其洋即日隨契交付清楚，不少分文，其杉木自賣之後，任憑銀主録〔籙〕養成林管業，出賣人無得異言，一賣千休，永無找贖等情，愿買愿賣，此出两家心愿，各無反悔，恐口难信，故立賣杉木契字為據。

中華民國弍拾叁年十二月十一日　立賣杉木契字人　闕龍旺

見中　闕執根

代筆　闕培鐸

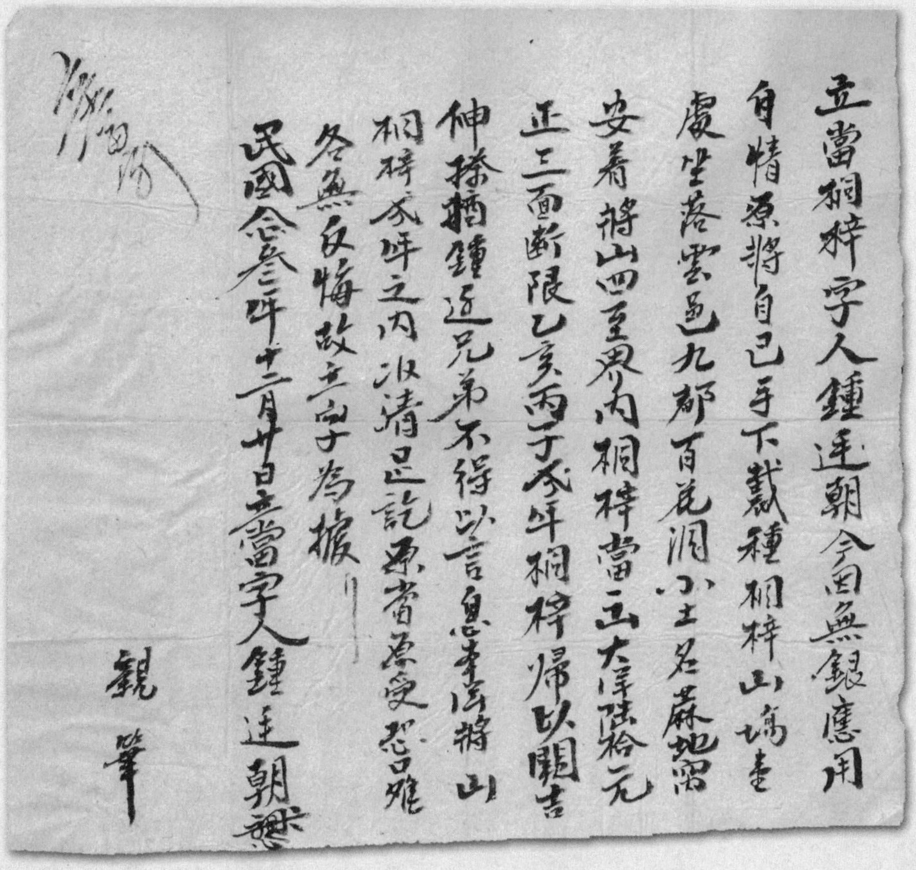

立當桐梓字人鍾廷朝，今因無銀應用，
自情愿將自己手下栽種桐梓山塲壹
處，坐落雲邑九都百花洞，小土名蔴地窝
安着，將山四至界內桐梓當出大洋陆拾元
正，三面断限，乙亥、丙子弍年桐梓歸以闕吉
伸採摘，鍾边兄弟不得以言息本洋，將山
桐梓弍年之內收清足訖，原［愿］當原［愿］受，恐口难（憑），
各無反悔，故立字為據。
民國念叁年十二月廿日　立當字人　鍾廷朝
親筆

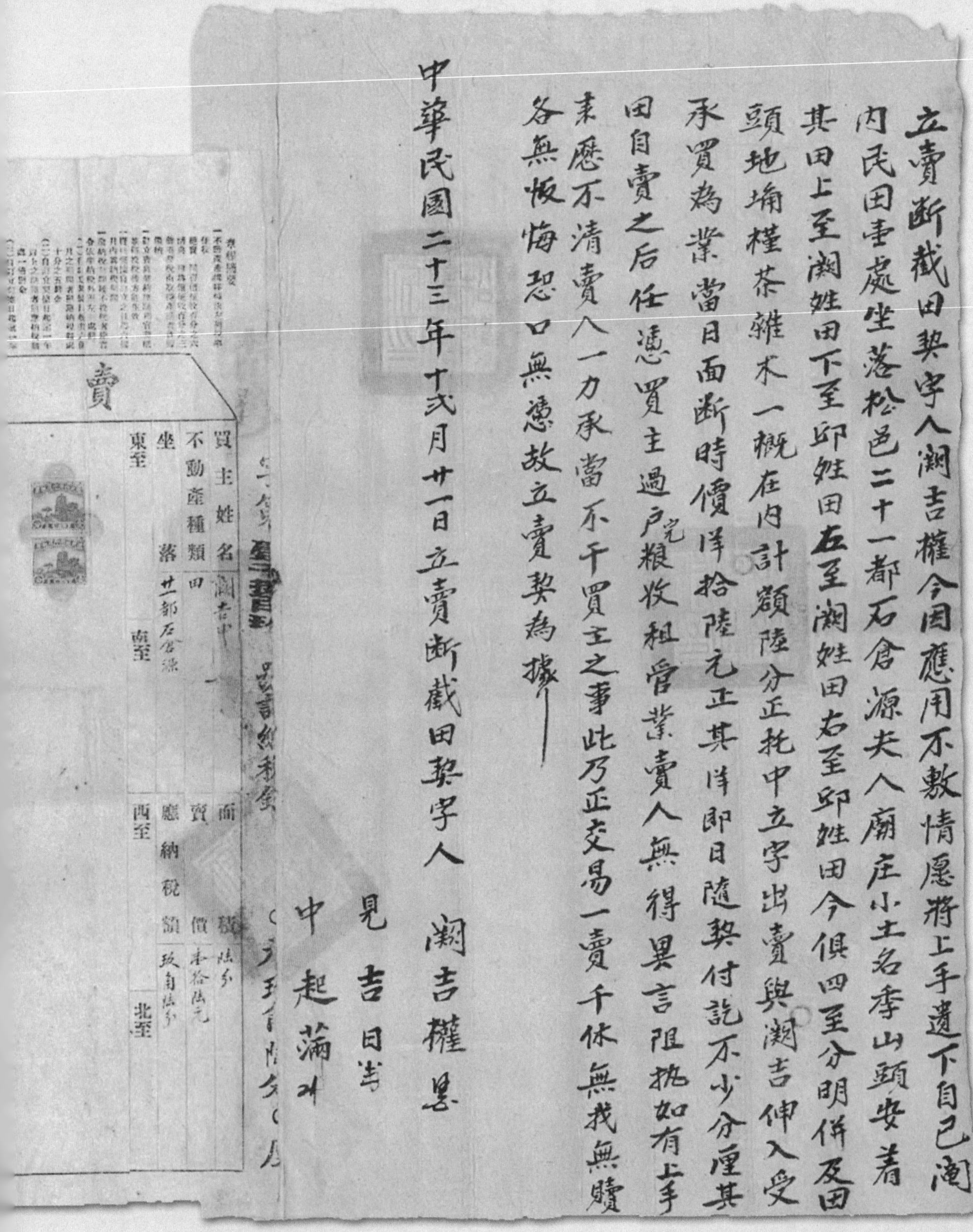
立賣断截田契字人瀏吉權今因應用不敷情愿將上手遺下自己阉
内民田壹處坐落松邑二十一都石倉源夫人廟庄小土名季山頭安着
其田上至瀏姓田下至邱姓田左至瀏姓田右至邱姓田今俱四至分明併及田
頭地墒柽茶雜木一概在内計額陸分正托中立字岀賣與瀏吉伸入受
承買為業當日面断時價洋拾陸元正其洋即日隨契付訖不少分厘其
田自賣之后任憑買主過户完粮收租管業賣人無得異言阻执如有上手
來歷不清賣人一力承當不干買主之事此乃正交易一賣千休無找無贖
各無悔悔恐口無憑故立賣契為據

中華民國二十三年十弍月廿一日立賣断截田契字人 瀏吉權 㫾

見 吉日 押

中 起滿 押

賣

買主姓名	瀏吉伸
不動產種類	田
坐落	廿一都石倉源
面積	陸分
賣價	拾陸元
應納稅額	玖角陸分
東至	
南至	
西至	
北至	

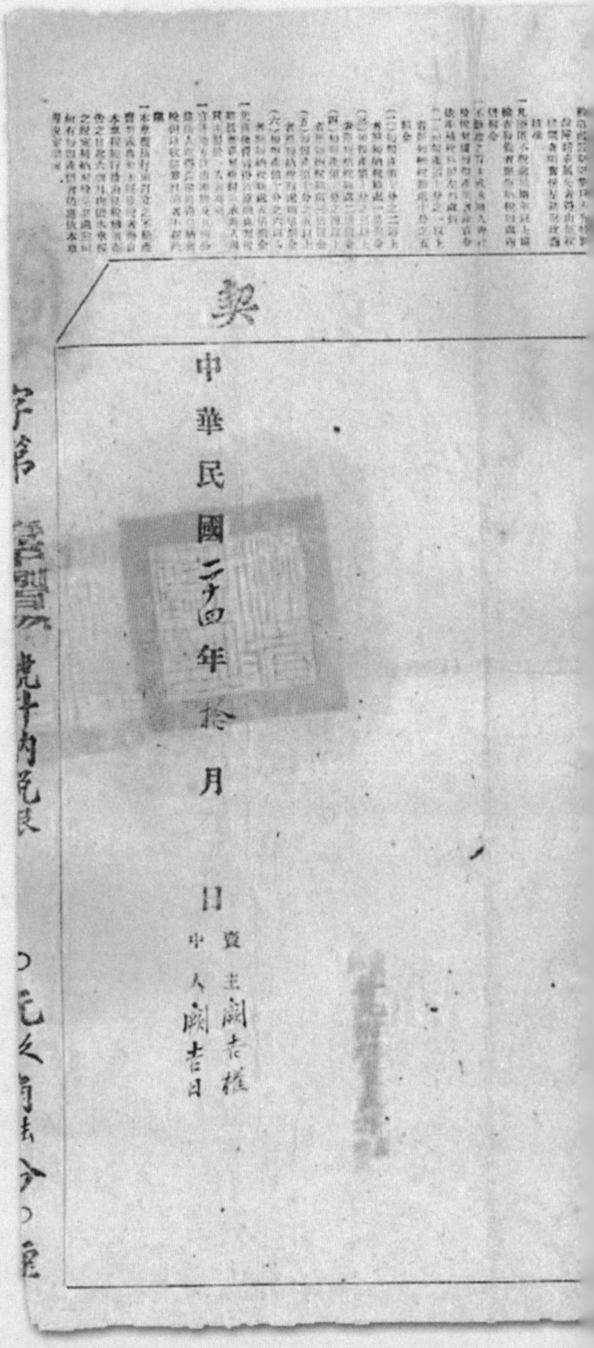

立賣断截田契字人闞吉權，今因應用不敷，情愿將上手遺下自己阄内民田壹處，坐落松邑二十一都石倉源夫人廟庄，小土名季山頭，安着其田，上至闞姓田，下至邱姓田，左至闞姓田，右至邱姓田，今俱四至分明，併及田頭地角，槿茶雜木，一概在内，計額陸分正，托中立字出賣與闞吉伸入受承買為業，當日面断時價洋拾陸元正，其洋即日隨契付訖，不少分厘，其田自賣之后，任憑買主過户完粮，收租管業，賣人無得異言阻执，如有上手来歷不清，賣人一力承當，不干買主之事，此乃正（行）交易，一賣千休，無找無贖，各無反悔，恐口無憑，故立賣契為據。

中華民國二十三年十弍月廿一日　立賣断截田契字人　闞吉權

見　吉日

中　起滿

（賣契，中華民國二十四年拾月）

立收田價大洋字人阙吉權今與阙吉仲交易民田壹契土坐夫人廟
庄季山頭安着田當日收過田價大洋叁拾陸元正所收是實故立
收字為據

中華民國廿十三年十弍月廿一日故立收字人 阙吉權 押

見 吉日 押

中 起滿 押

親筆 押

（前頁）>>>>>

立收田價大洋字人闕吉權，今與闕吉仲交易民田壹契，土坐夫人廟庄季山頭，安着田，當日收過田價大洋叁拾陸元正，所收是實，故立收字為據。

中華民國廿『十』三年十弍月廿一日　故立收字人　闕吉權

見　吉日

中　起滿

親筆

立當田契字人闕起陵今因粮食不敷自情愿將父手遺下分己股内民田壹處坐落松邑廿一都石倉源夫人庙庄小土名西山崗凉亭外手安着其田上至闕姓田下至闕姓田左至闕姓田右至闕姓田為界四至界内計田式坵計租拾駟桶正自愿托中立契出當与闕吉豪侄邊入受承當為業當日經中三面言斷時價大洋念玖元正其洋即日付清不少分文其田自當之後每年秋收之日充納水租谷拾桶正送到銀主家中扇净交量不敢欠少如有欠少任憑銀主追租易佃管業出當人毋得異言阻执愿當愿受各無悔恐口無憑故立當田契字為據

一批不限年月任憑備原價取贖此照

一批内註字三个

中華民國二十四年五月廿四日　立當田契字人闕起陵（押）

闕祥福（押）

親筆（押）

（前頁）>>>>>

立當田契字人闕起陵，今因粮食不敷，自情愿將父手遺下分己股内民田壹處，坐落松邑廿一都石倉源夫人庙庄，小土名西山崗凉亭外手，安着其田，上至闕姓田，下至闕姓田，左至闕姓田，右至闕姓田為界，四至界内，計田弍坵，計租拾肆桶正，自愿托中立契，出當与闕吉豪侄邊入受承當為業，當日經中三面言断時價大洋念玖元正，其洋即日付清，不少分文，其田自當之後，每年秋收之日，充納水租谷拾桶正，送到銀主家中扇净交量，不敢欠少，如有欠少，任憑銀主追租易佃管業，出當人毋得異言阻执，愿當愿受，各無反悔，恐口無憑，故立當田契字為據。

一批不限年月，任憑倫原價取贖，此照。

一批内註字三个。

中華民國二十四年五月廿四日　立當田契字人　闕起陵

闕祥福

親筆

立賣田契字人闕祥水仝弟等今因應用不敷情愿將父手遺下民田坐落松邑二十一都石倉源上茶排村小土名石倉頂安着其田上至祥禎田下至買主田左至祥禎并買主田右至開公山為界今俱四至分明計額弍分五厘正立契出賣與族闕吉仲入受承買為業當日面斷田價洋玖元正其洋即日當眾付訖免立收字其田自賣之后任憑買主易佃收租管業賣人無得異言阻執日後不限年月任憑備办原價取贖此乃正行交易愿賣愿買各無反悔恐口無憑故立賣契為據

一批契外貼過大洋壹元正每年利息以作完粮

一批付過花押洋叁角正

中華民國弍拾肆年拾壹月廿日立賣田契字人闕祥水

仝弟見中 闕祥錢

闕培菲

代筆 闕祥風

合

（前頁）>>>>>

立賣田契字人闕祥水仝弟等，今因應用不敷，情原［愿］將父手遺下民田，坐落松邑二十一都石倉源上茶排村，小土名石倉頂，安着其田，上至祥禎田，下至買主田，左至祥禎并買主田，右至冴公山為界，今俱四至分明，計額弍分五厘正，立契出賣與叔闕吉仲入受承買為業，當日面断田價洋玖元正，其洋即日當衆付訖，免立收字，其田自賣之后，任憑買主易佃收租管業，賣人無得異言阻執，日後不限年月，任憑備办原價取贖，此乃正行交易，愿賣愿買，各無反悔，恐口無憑，故立賣契為據。

一批契外貼過大洋壹元正，每年利息以作完粮。

一批付過花押洋叁角正。

中華民國弍拾肆年拾壹月廿日　立賣田契字人　闕祥水

仝弟　闕祥錢

見中　闕培菲

代筆　闕祥風

立賣田契字人闕祥風、水仝等今因無銀應用自情愿将先祖父忌田壹處坐落松邑廿一都
茶排庄小土名水缸塆安着其田東南西三至闕姓田北至大路并坑為界又壹處小土名石岩下安着
工下弍至周姓田内至荒坪外至象山為界今俱弍處四至分明共計実水租谷四担七桶正自情愿将
二人自己名下撥出弍担正自愿托中立契出賣與先祖闕公衆内入受承買為業當日憑中三
面言斷目值時價大洋肆拾玖元正其洋即日隨契交付清訖不少分文其田自賣之後任憑
衆内經理人收租執契管業出賣人無得異言阻執日後不限年月備办原價取贖此出兩
家心愿各無反悔恐口難信故立賣田契字為據
一批契外付過大洋叁元正其洋利息每年完納完粮之資為照

中華民國弍拾四年十二月初五日　立賣田契字人闕祥風（押）水（押）
在見　闕培菲（押）
代筆　闕培鐸（押）
憑中　闕能紳（押）

一批契外付過花押大洋壹元正此照
丙子年十弍月初五日祥、水名下一半贖回

（前頁）>>>>>

立賣田契字人闕祥風、祥水仝等，今因無銀應用，自情愿将先祖父忌田壹處，坐落松邑廿一都茶排庄，小土名水缸塆，安着其田，東、南、西三至闕姓田，北至大路并坑為界，又壹處，小土名石岩下安着，上、下弍至闕姓田，内至荒坪，外至衆山為界，今俱弍處，四至分明，共計实水租谷四担七桶正，自情愿将二人自己名下撥出弍担正，自愿托中立契，出賣與先祖冋公衆内人受承買為業，当日憑中三面言断，目值時價大洋肆拾玖元正，其洋即日随契交付清讫，不少分文，其田自賣之後，任憑衆内经理人收租执契管業，出賣人無得異言阻执，日後不限年月，備办原價取贖，此出两家心愿，各無反悔，愿賣愿買，恐口難信，故立賣田契字為據。

一批契外付過大洋叁元正，其洋利息每年充纳完粮之資為照。

中華民國弍拾四年十二月初五日　立賣田契字人　闕祥風
　　　　　　　　　　　　　　　　　　　　　　　水
　　　　　　　　　　　　　在見　闕培菲
　　　　　　　　　　　　　代筆　闕培鐸
　　　　　　　　　　　　　憑中　闕能紳

一批契外付過花押大洋壹元正，此照。

丙子年十弍月初五日，祥水名下一半贖回。

立賣斷絕田契字人闕祥禎祥風 今因應用不敷情愿將父手阄內民田坐落松邑二十一都石倉源夫人廟庄小土名塘寸裏安着 其田上至闕姓田并廖姓山下至闕姓田并路 左至坑 右至廖姓田為界 又田一處 其田上至廖姓田下至闕姓田左至路右至闕姓田為界 并及田頭坳塝𡊨茶雜木一概在內 弍處共計額壹畝正 托中立契出賣與叔闕吉仲入受承買為業 當日三面言斷時值田價洋弍拾五元正 其洋即日隨契付訖不少分厘 其田自賣之後任憑買主推收過戶完粮收租管業 賣人無得異言阻執 若有來歷不清 賣人一力承當 不干買主之事 並無找贖等情 此乃正行交易 愿買愿賣 各無恢悔 恐口無憑 故立賣契為據

中華民國二十四年 拾弍月初五 立賣斷絕田契字人闕祥禎 上

闕祥風 押

在見 闕吉有 押

中 闕能紳 押

執筆 闕祥風 押

字第 號 計繳稅銀 [illegible]

章程摘要

買主姓名	闕吉仲
不動產種類	田
坐落	廿一都
面積	[illegible]畝
賣價	弍拾五元
應納稅額	[illegible]
東至	
南至	
西至	
北至	

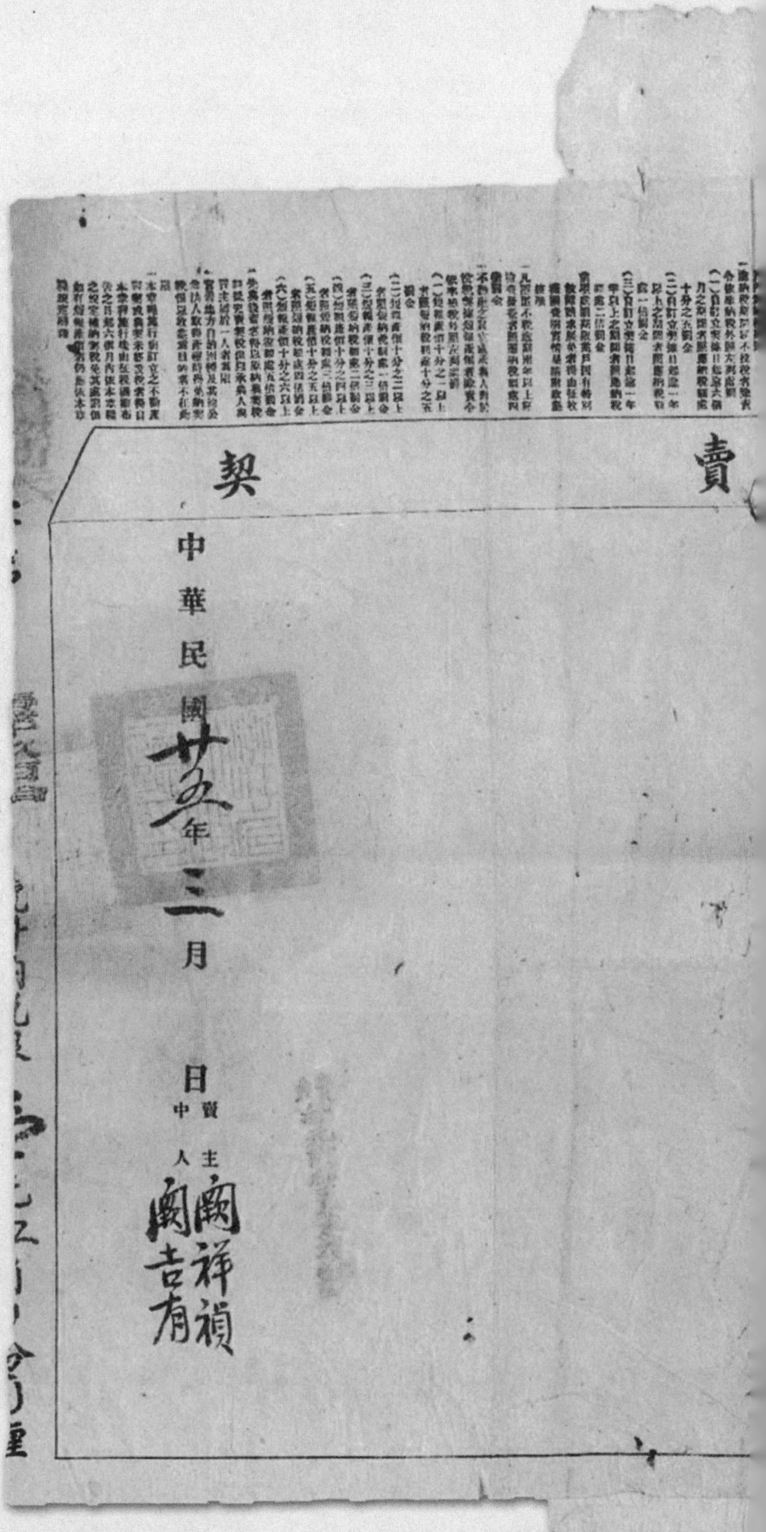

賣契

中華民國廿五年三月　日

賣主　闕祥禎

中人　闕吉有

（前頁）>>>>>

立賣斷絕田契字人闕祥禎、祥風，今因應用不敷，情愿將父手阄内民田，坐落松邑二十一都石倉源夫人廟庄，小土名塘子裹，安着其田，上至闕姓田并廖姓山，下至闕姓田并路，左至坑，右至廖姓田為界，又田一處，其田上至廖姓田，下至闕姓田，左至路，右至闕姓田為界，并及田頭地角，槿茶雜木，一概在内，弍處共計額壹畝正，托中立契出賣與叔闕吉伸入受承買為業，當日三面言斷，時值田價洋弍拾五元正，其洋即日隨契付訖，不少分厘，其田自賣之後，任憑買主推收過户，完粮收租管業，賣人無得異言阻執，若有來歷不清，賣人一力承當，不干買主之事，並無找贖等情，此乃正行交易，愿買愿賣，各無反悔，恐口無憑，故立賣契為據。

中華民國二十四年拾弍月初五日　立賣斷絕田契字人　闕祥禎

闕祥風

在見　闕吉有

中　闕能紳

執筆　闕祥風

（賣契，中華民國廿五年三月）

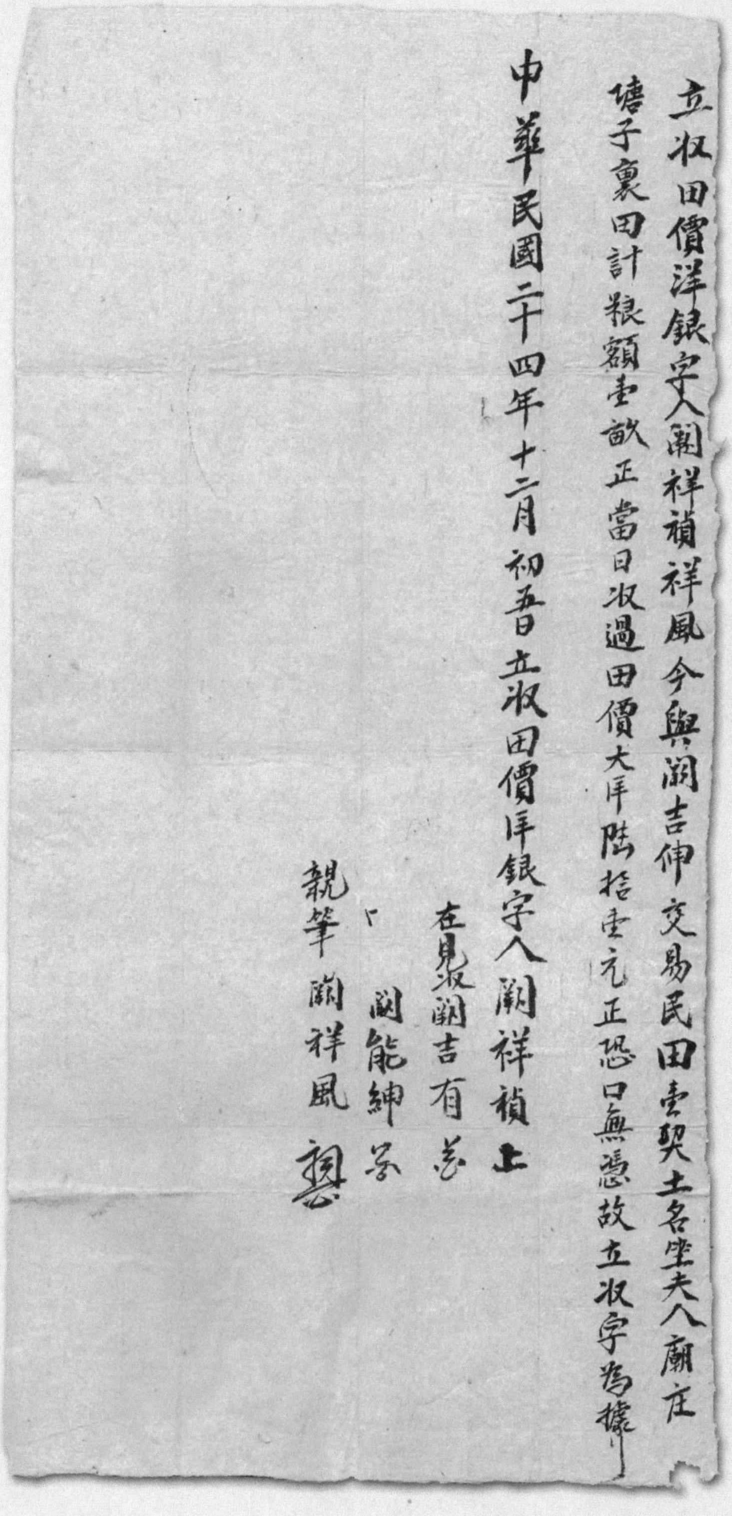

立收田價洋銀字人闕祥禎、祥風，今與闕吉伸交易民田壹契，土名坐落夫人廟庄
塘子裏，田計粮額壹畝正，當日收過田價大洋陸拾壹元正，恐口無憑，故立收字為據。
中華民國二十四年十二月初五日　立收田價洋銀字人　闕祥禎
在見收　闕吉有
闕能紳
親筆　闕祥風

立賣斷截田契人闕起陵今因無銀應用自情愿將父手遺下分已股内民田坐落松邑二十一都石倉源夫人廟庄土名西山崗涼亭對面安着計田弍坵上至葉闕二姓田下至闕姓田左至闕姓田右至闕姓田為界計額柒分五釐正の至界内併及田頭地塝槿茶雜木一應在内自愿托中立契出賣與乩仙壇元宵會首闕起海培佷八股會友入受承買為業當日憑中面斷時值田價大洋念捌元正其洋即日隨契付訖不少分釐其田自賣之後任憑會内過户完粮收租管業賣人無得異言阻執若有來歷不清賣人一力承當不干買主之事愿賣愿買各無反悔永無找贖恐口難信故立賣斷截田契字為據

一批原連來驗此照

中華民國二十四年十二月二十五日立賣斷截田契人闕起陵（押）

在見 起敏（押）

憑中 能緒（押）

親筆 憑

一買主姓名

元四角四分〇厘

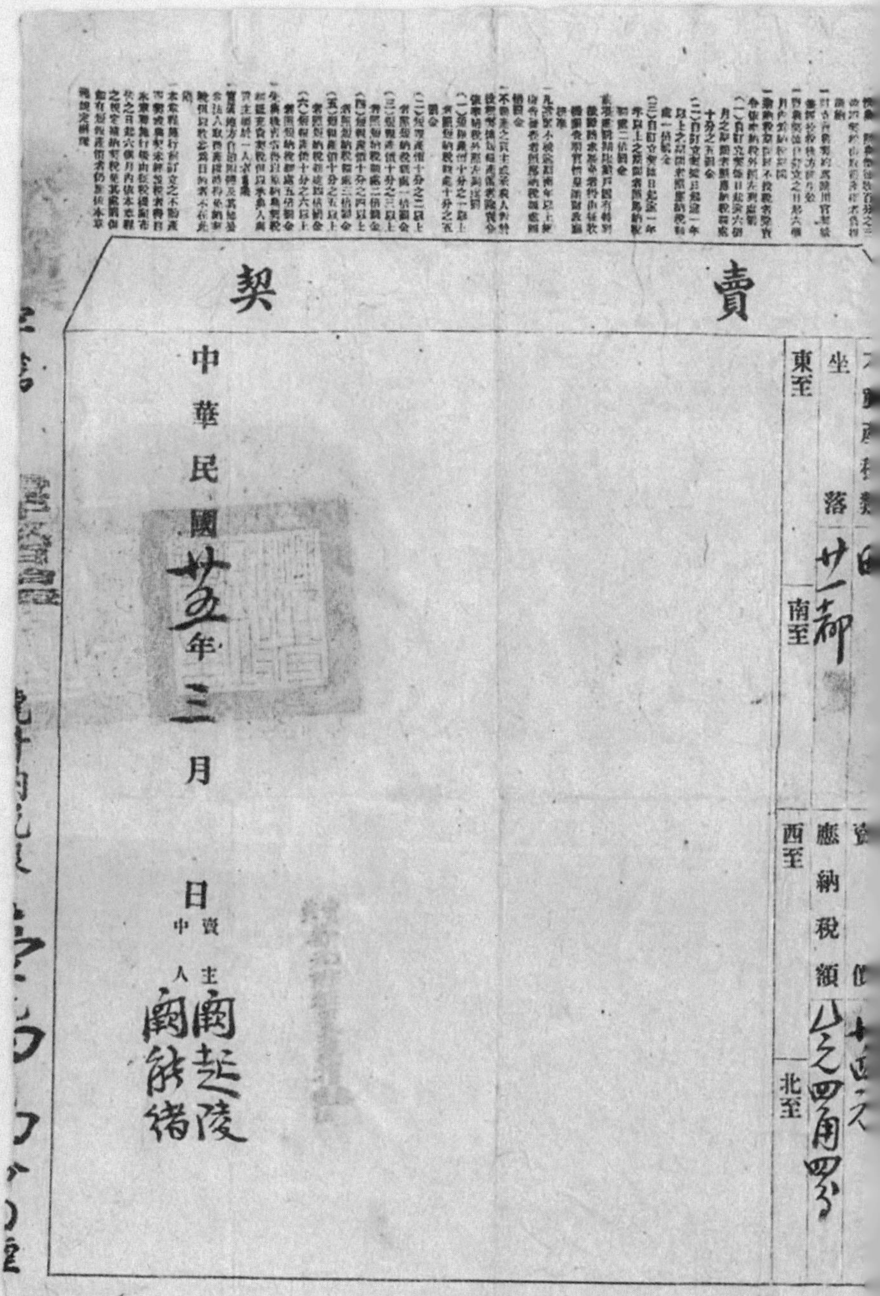

賣契

不動產種類　田

坐落　廿一都

東至

南至

西至

北至

賣價　十四元

應納稅額　八之四角四分

中華民國廿五年三月　日

賣主　闕起陵

中人　闕能楮

（前頁）>>>>>

立賣断截田契字人闕起陵，今因無銀應用，自情愿將父手遺下分己股内民田，坐落松邑二十一都石倉源夫人廟庄，土名西山崗涼亭對面安着，計田式坵，上至葉、闕二姓田，下至闕姓田，左至闕姓田，右至闕姓田為界，計額柒分五釐正，四至界内併及田頭地角，槿茶雜木，一應在内，自愿托中立契，出賣與乩仙壇元宵會首闕起海、培俍八股會友入受承買為業，當日憑中面断，時值田價大洋念肆元正，其洋即日隨契付訖，不少分釐，其田自賣之後，任憑會内過户完粮，收租管業，賣人無得異言阻執，若有來歷不清，賣人一力承當，不干買主之事，愿賣愿買，各無反悔，永無找贖，恐口難信，故立賣断截田契字為據。

一批原連未驗，此照。

中華民國二十四年十二月二十五日　立賣断截田契人　闕起陵

在見　起敏

憑中　能緒

親筆

（賣契，中華民國廿五年三月）

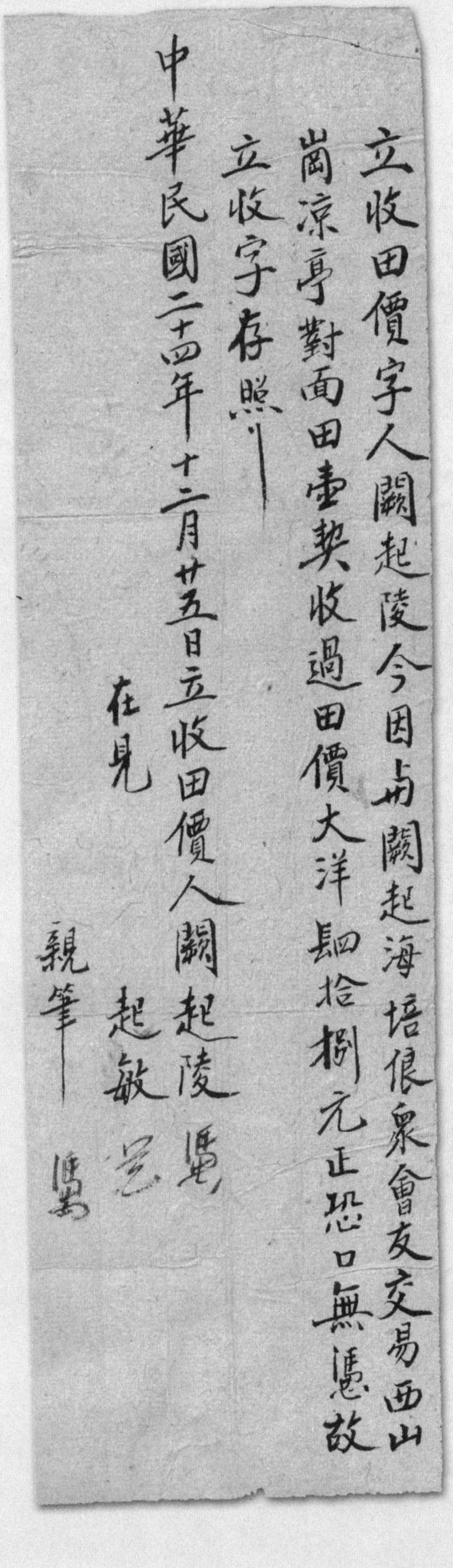

立收田價字人闕起陵，今因与闕起海、培俍衆會友交易西山崗涼亭對面田壹契，收過田價大洋肆拾捌元正，恐口無憑，故立收字存照。

中華民國二十四年十二月廿五日　立收田價人　闕起陵

在見　起敏

親筆

立賣茶山字人闕祥水仝弟今因口食不給情愿将先祖遺下阉内茶山坐落松邑二十一都石倉源茶排村小土名石倉頂安着其茶山上至買[買憩]主并祥禎田下至石盤、横過井路左至闕姓田右至山骨為界又毗連灰鋪后茶坪一片上下左至至田為界右至灰鋪為界并屋及田頭地塝茶頭以及四至界内杉木一概在内托中立字出賣與本家叔闕吉伸入受承買為業當日面斷時值價洋柒元五角正[其洋即日隨契付訖]其茶頭與杉木自賣之後任憑買主採摘錄養管業賣人無得异言若有來歷不清賣人一力承當與買主無涉日後並無找贖等情愿賣愿買各無悔悔恐口無憑故賣茶山為據

中華民國念五年四月廿六日　立賣茶山字人　闕祥水

見中　闕祥錢

代筆　闕執鐸

（前頁）>>>>>

立賣茶山字人闕祥水仝弟，今因口食不給，情愿將先祖遺下阄内茶山，坐落松邑二十一都石倉源茶排村，小土名石倉頂，安着其茶山，上至買主并祥禎田，下至石盤横過并路，左至闕姓田，右至山骨為界，又毗連灰鋪后茶坪一片，上、下、左三至田為界，右至灰鋪為界，并及田頭地角，茶頭以及四至界内杉木，一概在内，托中立字出賣與本家叔闕吉伸入受承買為業，當日面断時值價洋柒元五角正，其洋即日隨契付訖，其茶頭與杉木自賣之後，任憑買主採摘籙養管業，賣人無得异言，若有來歷不清，賣人一力承當，與買主無涉，日後並無找贖等情，愿賣愿買，各無反悔，恐口無憑，故（立）賣茶山（字）為據。

中華民國念五年四月廿六日　立賣茶山字人　闕祥水

見中　闕祥錢

代筆　闕執鐸

立賣田契字人闕吉臧、闕吉加等，今因無錢應用，自願將上手遺下民田貳處，一土坐松邑念壹都石倉源茶排村，小土名洋頭岡石岩窩安着，其田上至闕吉樟田，下至闕成桂田，左至坑，右至闕成勇田爲界。又田壹處亦坐落本邑念壹都石倉源茶排村洋頭岡石岩窩安着，其田上下左右四至概是闕姓田。其兩處田各處四至界内，無論荒熟各地以及雜木等項，一應在内，共計額壹畝壹分整。自願託中立契出賣與本家兄邊吉伸入受承買爲業，當日經中三面斷定，目值時價國幣壹佰念伍圓整，其幣即日隨契收清足訖，並未欠少分文。其田未賣之先，並無重叠典当等情；既賣之后，任憑買主執契收租管業，並起耕易佃，賣人無得異議。此係自己清業，与房親伯叔人等無干。如有來歷不清，賣人一力承当，不干買主之事。此出兩相情願，並無逼勒等情。惟異日不限年月，任憑賣人備办原價贖回。恐口無憑，故立賣契字爲據。

一批：契外收过法幣伍圓正，其利息以作完粮。此照。

中華民國念伍年拾月初四日立賣田契字人 闕吉臧

在見 闕吉加 義

闕吉彦

憑中 闕吉仁 总

闕吉倉

代書 闕吉庭

（前頁）>>>>>

立賣田契字人闕吉臧、闕吉加等，今因無錢應用，自願將上手遺下民田貳處，一土坐松邑念壹都石倉源茶排村，小土名洋頭岡石良窩，安着其田，上至闕吉樟田，下至闕成桂田，左至坑，右至闕成勇田為界，又田壹處，亦坐落本邑念壹都石倉源茶排村洋頭岡石良窩，安着其田，上下左右四至概是闕姓田，其兩處田各處四至界內，無論荒熟各地以及雜木等項，一應在內，共計額壹畝壹分整，自願託中立契，出賣與本家兄邊吉伸入受承買為業，當日經中三面断定，目值時價國幣壹佰念伍圓整，其幣即日隨契收清足訖，並未欠少分文，其田未卖之先，並無重叠典当等情，既卖之后，任憑買主执契收租管業，並起耕易佃，卖人無得異議，此係自己清業，与房親伯叔人等無干，如有来歷不清，卖人一力承当，不干買主之事，此出两相情願，並無逼勒等情，惟異日不限年月，任憑卖人備办原價贖回，恐口無憑，故立卖契字為據。

一批契外收过法幣伍圓正，其利息以作完粮，此照。

中華民國念伍年拾月初四日　立賣田契字人　闕吉臧

在見　闕吉加

闕吉彦

憑中　闕吉仁

闕吉倉

代書　闕吉庭

立賣斷截田契字人闕吉臧闕吉加等今因無銀應用自願將上手遺下民田貳處土坐松邑念壹都石倉源茶排村小土名洋頭岡石崀窩安着其田上至闕吉樟田下至闕成桂田左至坑右至闕成勇田爲界又田壹處上至闕姓田下至闕姓田左至闕姓田右至闕姓田爲界其兩處田各處四至界内無論荒熟各地以及雜木等項一應在内共計額壹畝壹分整自願託中立契出賣與本家兄邊闕吉伸入受承買爲業當日經中三面斷定目值時價國幣念圓整其幣即日隨契收清足訖並未短少絲毫其田未賣之先並無重叠當賣等情既賣之後任憑買主執契推收過户完粮管業收租並起耕易佃賣人無得異議此係自己清業於房親伯叔人等無干如有來歷不清賣人一力承當不干買主之事此出兩造情願並無逼勒等情一賣千休永無找贖恐口無憑故立賣斷截田契字爲據」

一批又田壹處原聯未繳此照

中華民國念伍年十一月初三日立賣斷截田契字人 闕吉臧（押）

闕吉加 義

在見 闕吉彥（押）

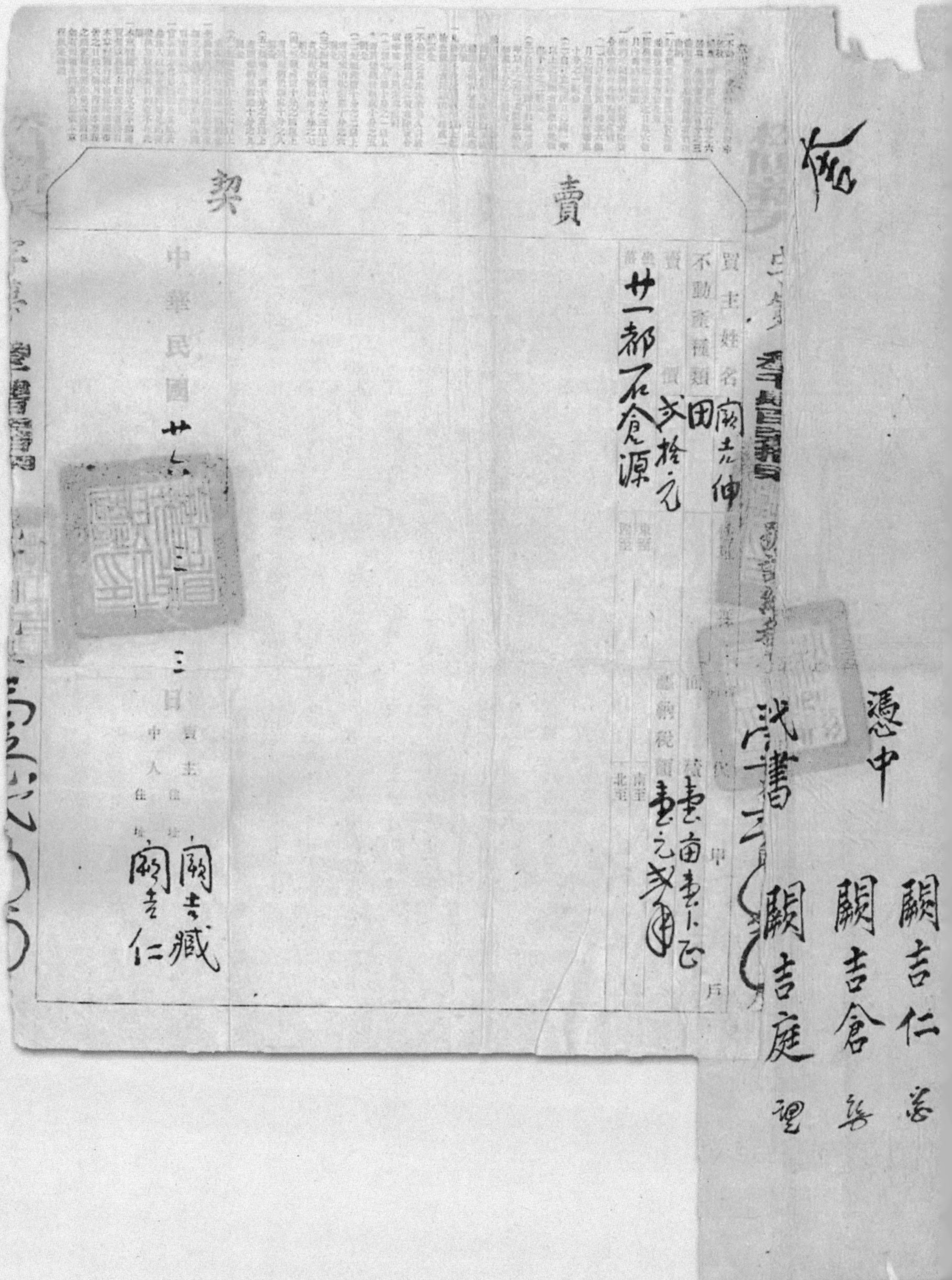

賣契

買主姓名 闕老仲

不動產種類 田

賣價 弍拾元

坐落 廿一都石倉源

面積 壹畝壹卜乙

應納稅額 壹元弍角

中華民國廿六年三月三日

賣主 闕吉藏

中人 闕吉仁

憑中 闕吉仁 簽

闕吉倉 簽

代書 闕吉庭 理

（前頁）>>>>>

立賣斷截田契字人闕吉臧、闕吉加等，今因無銀應用，自願將上手遺下民田貳處，土坐松邑念壹都石倉源茶排村，小土名洋頭岡石良窩，安着其田，上至闕吉樟田，下至闕成桂田，左至坑，右至闕成勇田為界，又田壹處，上至闕姓田，下至闕姓田，左至闕姓田，右至闕姓田為界，其兩處田各處四至界內，無論荒熟，各地以及雜木等項，一應在內，共計額壹畝壹分整，自願託中立契，出賣與本家兄邊闕吉伸入受承買為業，當日經中三面斷定，目值時價國幣念圓整，其幣即日隨契收清足訖，並未短少絲毫，其田未賣之先，並無重叠當賣等情，既賣之後，任憑買主執契推收過户，完粮管業收租，並起耕易佃，賣人無得異議，此係自己清業，於房親伯叔人等無干，如有來歷不清，賣人一力承當，不干買主之事，此出两造情願，並無逼勒等情，一賣千休，永無找贖，恐口無憑，故立賣斷截田契字為據。　一批又田壹處，原聯未繳，此照。

中華民國念伍年十一月初三日　立賣斷截田契字人　闕吉臧

在見　闕吉加

闕吉彥

憑中　闕吉仁

闕吉倉

代書　闕吉庭

（賣契，中華民國廿六年三月三日）

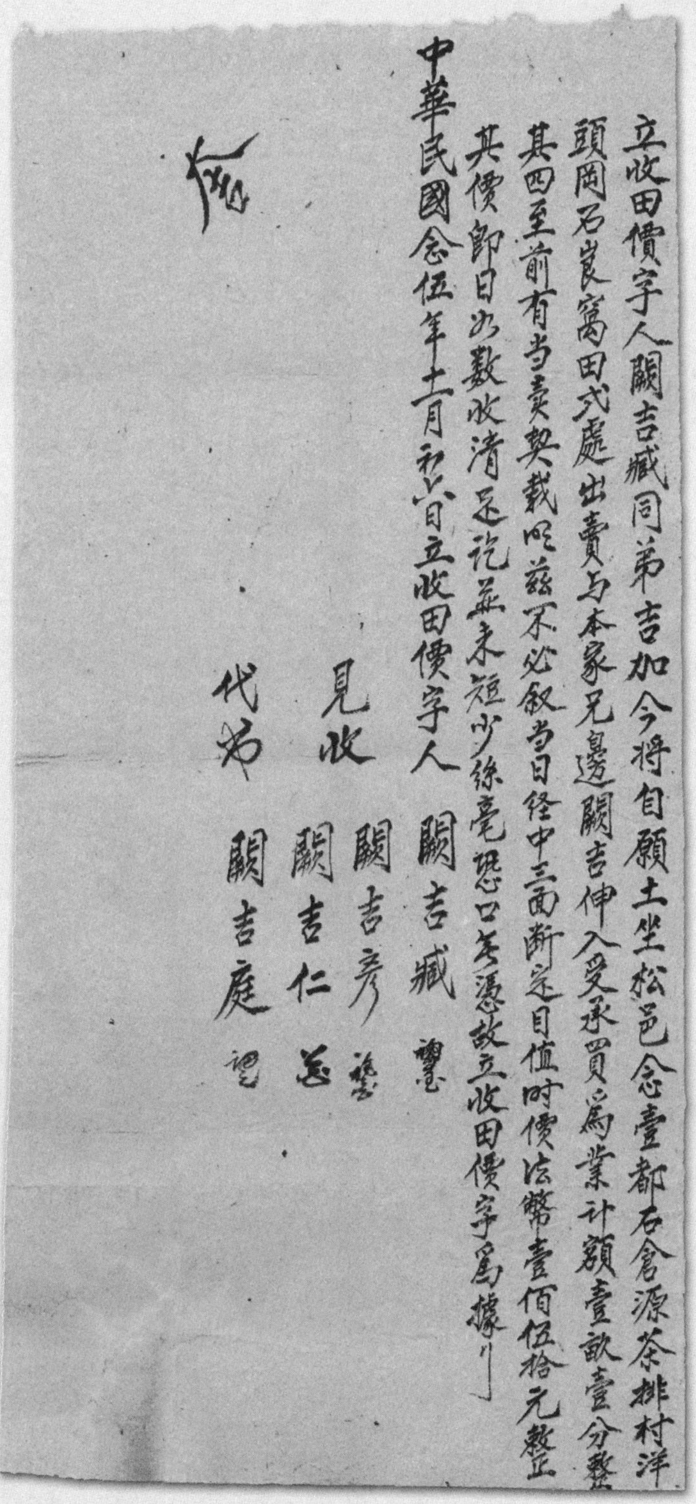

立收田價字人闕吉臧同弟吉加，今将自願土坐松邑念壹都石倉源茶排村洋頭岡石崀窩田弍處，出賣与本家兄邊闕吉伸入受承買為業，计額壹畝壹分整，其四至，前有当卖契载明，兹不必敘，当日经中三面断定，目值时價法幣壹佰伍拾元整，其價即日如數收清足讫，並未短少絲毫，恐口無憑，故立收田價字為據。

中華民國念伍年十一月初六日　立收田價字人　闕吉臧

見收　闕吉彥

闕吉仁

代书　闕吉庭

姓田下至祥禎併吉優田左至大路右至闕姓田為界又小土名石倉頂安着田壹處
其田上至闕姓田下至買主田左至闕姓田右至山為界今俱四至分明併及荒坪地㘭
棰茶雜木等項一概在内弍處共計額壹畝弍分五厘正托中立契出賣與叔吉伸
入受承買為業當日經中面断時價洋銀柒拾捌元正其洋即日付訖不少分厘
其田自賣之後任憑買主完粮易佃收租管業賣人無得異言阻執若有来歷不
清賣人力承當不干買主之事日後不限年月任憑備办原價取贖此乃正行
交易愿賣愿買各無反悔恐口無憑故立賣字為據

一批錢粮賣人自己完納

中華民國廿五年十月初六日立賣田契字人闕祥水（押）

仝弟闕祥錢（押）

在見 闕祥禎 〇

憑中 闕吉蔚（押）

代筆 闕祥風（押）

（前頁）>>>>>

……

姓田，下至祥禎併吉優田，左至大路，右至闕姓田為界，又小土名石倉頂，安着田壹處，
其田上至闕姓田，下至買主田，左至闕姓田，右至山為界，今俱四至分明，併及荒坪地角，
槿茶雜木等項，一概在内，弍處共計額壹畝弍分五厘正，托中立契出賣與叔吉伸
人受承買為業，當日經中面断時價洋銀柒拾捌元正，其洋即日付訖，不少分厘，
其田自賣之後，任憑買主完粮易佃，收租管業，賣人無得異言阻執，若有来歷不
清，賣人一力承當，不干買主之事，日後不限年月，任憑備办原價取贖，此乃正行
交易，愿賣愿買，各無反悔，恐口無憑，故立賣字為據。

一批錢粮賣人自己完納。

中華民國二十五年十一月初三日　立賣田契字人　闕祥水

仝弟　闕祥錢

在見　闕祥禎

憑中　闕吉蔚

代筆　闕祥風

立當田契字人闕張氏今因無錢便用自願將上手遺下民田壹處坐落
松邑廿一都石倉源茶排庄小土名洋頭崗安着其田上至闕姓田下至
闕姓田左至坑右至坑為界今俱四至分明四至界內田頭地墈雜木等
項一概在內計額壹畝伍分正自願托中立契出當與本家吉仲叔边
入受承當為業當日經中面斷當過時價大洋壹佰叁拾九元正其
洋即日付清足訖不少分文其田自當之後任憑受主收租易佃其出當人
無得異言阻执此係自己清業與房親伯叔人等無涉願當願受各
無恨悔惟日後出當人備办銀洋不限年月取贖恐口無憑故立當田
契字為據

中華民國二十五年十一月初九日　立當田契字人　闕張氏

見　祥銘

中　吉琛

培漢

代筆　祥銘

（前頁）>>>>>

立當田契字人闕張氏，今因無錢便用，自願將上手遺下民田壹處，坐落松邑廿一都石倉源茶排庄，小土名洋頭崗，安着其田，上至闕姓田，下至闕姓田，左至坑，右至坑為界，今俱四至分明，四至界內，田頭地角雜木等項，一概在内，計額壹畝伍分正，自願托中立契，出當與本家吉伸叔边入受承當為業，當日經中面断，當過時價大洋壹佰叁拾九元正，其洋即日付清足訖，不少分文，其田自當之後，任憑受主收租易佃，出當人無得異言阻执，此係自己清業，與房親伯叔人等無涉，願當願受，各無反悔，惟日後出當人備办銀洋，不限年月取贖，恐口無憑，故立當田契字為據。

中華民國二十五年十一月初九日　立當田契字人　闕張氏

見　祥銘

中　吉琜[1]

培漢

代筆　祥銘

1　據一九九五年《闕氏宗譜》改正。

立賣斷绝田契字人闕吉俍今因無錢應用自情愿將父遺
下分己闡內民田壹処坐落松邑廿都夫人廟底小土名塘子裏
安着其田上至闕姓田為界下至麟禮公田為界左至翰禮公
田為界右至闕姓田為界今俱四至分明計額三分正四至界內
椿茶雜木荒坪地併一應在內自愿托中立契出賣與胞弟（吉伸）
入受承買為業當日三面言斷目值田價洋銀貳拾陸元正其洋即日
隨契交付清訖不少分文其田自賣之後任憑買主過户完粮
收租管業未賣之先並無文墨典當如有来歷不明賣人一
力承當愿買愿賣永無找贖恐口無憑故立斷绝字為據

中華民國二十五年十二月初六日立賣斷绝田契字人闕吉俍

在見闕祥德 押

憑中闕吉滦

代筆闕鳳翔

捡

（前頁）>>>>>

立賣断绝田契字人闕吉俍，今因無錢应用，自情愿将祖父遺下分己閹内民田壹处，坐落松邑廿一都夫人廟庄，小土名塘子裏，安着其田，上至阙姓田為界，下至翰禮公忌田為界，左至翰禮公忌田為界，右至闕姓田為界，今俱四至分明，計額三分正，四至界内，椿茶雜木，荒坪地角，一应在内，自愿托中立契，出賣與胞弟（吉伸）[1]人受承買為業，當日三面言断，目值田價洋銀貳拾陸元正，其洋即日随契交付清訖，不少分文，其田自賣之後，任憑買主過户完粮，收租管業，未賣之先，並無文墨典當，如有來歷不明，賣人一力承當，愿買愿賣，永無找贖，恐口無憑，故立断绝字為據。

中華民國二十五年十二月初六日　立賣断绝田契字人　闕吉俍

在見　闕祥德

憑中　闕吉滐

代筆　闕鳳翔

1 此括號係原契所有。

立賣斷絕田契字人闕張氏今因無錢便用自願將上手遺下民田壹處坐落松邑廿一都石倉源茶排庄小土名洋頭崗安着其田上至闕姓田下至闕姓田左至坑右至坑為界今俱四至分明四至界内田頭地墈雜木等項一概在内計額壹畝伍分正自願托中立契出賣與本家吉伸叔边入受承買為業當日經中面斷賣過時價大洋叁拾元正其洋即日付清足訖不少分文其田自賣之後任憑買主起耕易佃過戶完粮收租管業出賣人無得異言阻执此係自己清業與房親伯叔人等無涉如有上手來歷不清出賣人無得異言自能一力承當不干受主之事此係契明價足永遠無找無贖願賣願買各無反悔恐口無憑故立賣斷絕田契字為據

中華民國二十五年十二月初六日　立賣斷絕田契字人　闕張氏（押）

見　祥銘（押）

中　吉琛（押）

培漢（押）

代筆　祥銘（押）

賣契

買主姓名　闕孝佳

不動產種類　田

賣價　叁拾元

坐落　廿一都石倉源

東至　西至　南至　北至

畝

應納稅額　壹畝五分已　壹元捌角

中華民國廿六年三月　日

賣主住址　闕張氏

中人住址　闕孝琜

（前頁）>>>>>

立賣断絕田契字人闕張氏，今因無錢便用，自願將上手遺下民田壹處，坐落松邑廿一都石倉源茶排庄，小土名洋頭崗，安着其田，上至闕姓田，下至闕姓田，左至坑，右至坑為界，今俱四至分明，四至界內，田頭地角雜木等項，一概在內，計額壹畝伍分正，自願托中立契，出當與本家吉仲叔边入受承買為業，當日經中面断，當過時價大洋叁拾元正，其洋即日付清足訖，不少分文，其田自賣之後，任憑買主起耕易佃，過户完粮，收租管業，出賣人無得異言阻执，此係自己清業，與房親伯叔人等無涉，如有上手來歷不清，出賣人無得異言，自能一力承當，不干受主之事，此係契明價足，永遠無找無贖，願賣願買，各無反悔，恐口無憑，故立賣断絕田契字為據。

中華民國二十五年十二月初六日　立賣断絕田契字人　闕張氏

見　祥銘

中　吉璨

培漢

代筆　祥銘

（賣契，中華民國廿六年三月三日）

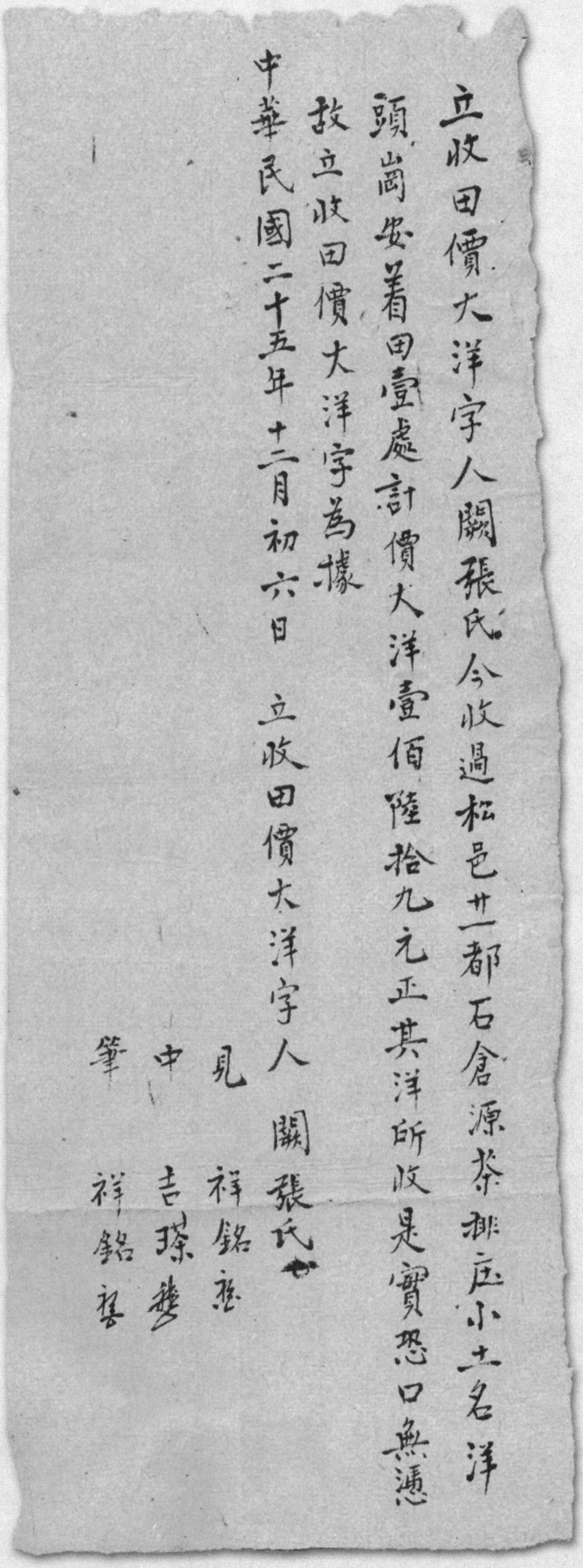

立收田價大洋字人闕張氏，今收過松邑廿一都石倉源茶排庄，小土名洋頭崗，安着田壹處，計價大洋壹佰陸拾九元正，其洋所收是實，恐口無憑，故立收田價大洋字為據。

中華民國二十五年十二月初六日　立收田價大洋字人　闕張氏

見　祥銘

中　吉瑹

筆　祥銘

立賣断截田契字人闕祥水祥錢等今因錢粮莫办議将先祖培芝公嘗田坐落水缸塆安着於灰舖边遶入田弍坵分與祥禎祥風股内自灰舖遶上第二横田壹坵分與祥水兄弟股内兹因協議分定情愿將自己股内民田壹坵坐落松邑二十一都石倉源茶排村小土名水缸塆安着其田上至闕姓田下至祥禎併吉優田左至大路右至闕姓田（吉甲）又小土名石倉頂安着田壹處其田上至闕姓田下買主田左闕姓田右至山為界今俱四至分明併及荒坪地塝槿茶雜木等項一概在内弍處共計額壹畝弍分五厘正托中立契出賣與叔闕吉伸入受承買為業當日經中面断目值時價洋銀弍拾捌元正其洋即日隨契付訖不少分厘其田自賣之後任憑買主過户完粮易佃收租管業賣人無得異言阻执者有上手来歷不清賣人一力承當不干買主之事此係自己清業與伯叔兄弟等無涉愿賣愿買無找無贖各無反悔等情恐口無憑故立賣断截字為據

中華民國二十五年十二月十二日立賣断截田契字人闕祥水

賣

買主姓名 闕吉伸

不動產種類 田

價 弍拾捌元

坐落 廿一都石倉源源

應納稅額 壹元陆角八卜

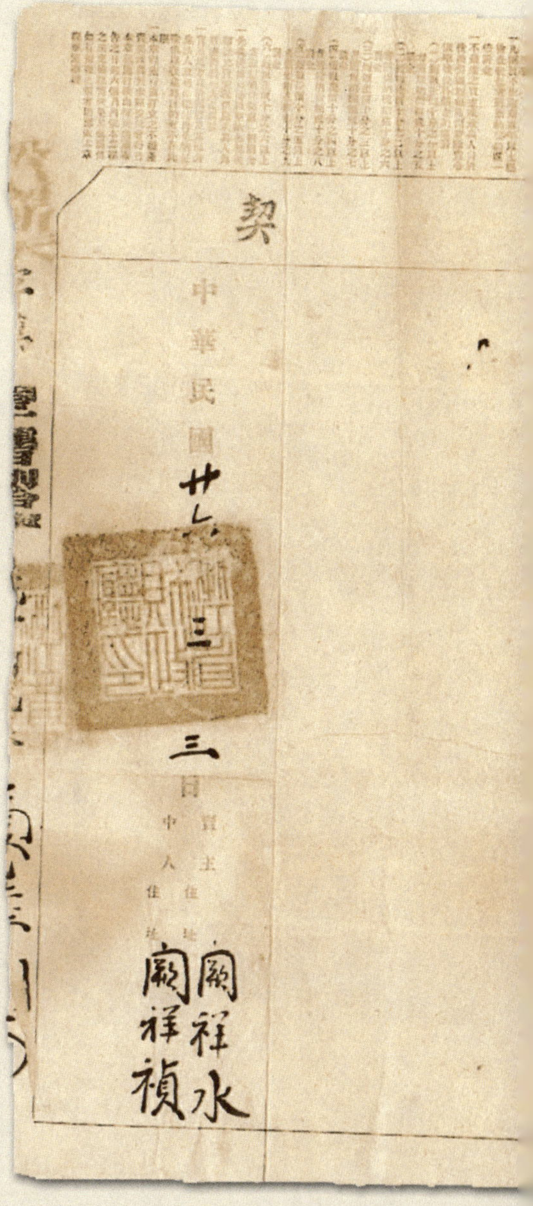

立賣断截田契字人闞祥水、祥錢等，今因錢粮莫办，議將先祖培芝公尝田坐落水缸塆安着，於灰鋪边透入田弍坵，分與祥禎、祥風股內，自灰鋪透上弟［第］二横田壹坵，分與祥水兄弟股內，茲因協議分定，情愿將自己股內民田壹坵，坐落松邑二十一都石倉源茶排村，小土名水缸塆，安着其田，上至闞姓田，下至祥禎併吉優田，左至大路，右至闞姓田為界，又小土名石倉頂，安着田壹處，其田上至闞姓田，下（至）買主田，左（至）闞姓田，右至山為界，今俱四至分明，併及荒坪地角，槿茶雜木等項，一概在內，弍處共計額壹畝弍分五厘正，托中立契出賣與叔闞吉仲入受承買為業，當日經中面断，目值時價洋銀弍拾捌元正，其洋即日隨契付訖，不少分厘，其田自賣之後，任憑買主過户完粮，易佃收租管業，賣人無得異言阻执，若有上手来歷不清，賣人一力承當，不干買主之事，此係自己清業，與伯叔兄弟等無涉，愿賣愿買，無找無贖，各無反悔等情，恐口無憑，故立賣断截字為據。

中華民國二十五年十二月十二日　立賣断截田契字人　闞祥水

（賣契，中華民國廿六年三月三日）

立收田價大洋字人闕祥水等今向買主闕吉伸收過小土名水缸塆石倉頂弍處田價大洋壹百另陆元正所收價洋是實

中華民國廿五年十二月十二日立收田價字人闕祥水

仝弟 闕祥錢

在見 闕祥禎

憑中 闕吉蔚

代筆 闕祥鳳

（前頁）>>>>>

立收田價大洋字人闕祥水等，今向買主闕吉伸收過小土名水缸垮、石倉頂弍處田價大洋壹百另陆元正，所收價洋是實。

中華民國二十五年十二月十二日　立收田價字人　闕祥水

仝弟　闕祥錢

在見　闕祥禎

憑中　闕吉蔚

代筆　闕祥風

立賣田契字人葉紹祥今因無錢應用自情愿將父手遺下分己
阄內民田壹處坐落松邑廿一都石倉源山下鄉山頭村小土名大湖坑安
着其田上至賣主下至石礁左至石礁右至葉姓田為界今俱四至
分明四至界內並及田頭地角壹概在內共計額壹畝五分正共計水谷実
租叁担正二五除淨自愿托中立契出賣與闕樟發入受承買為業當
日憑中三面言斷田價國幣銀玖拾弍圓正其國幣即日隨契交清
楚不欠分文其田自賣之後任憑買主起耕易佃收租管業出賣
人無異言阻執此係自己清業與內外伯叔兄弟子侄人等無涉如
有上手來曆不明賣人一力承當不干買主之事愿賣愿買兩相心愿
其國幣即日是实收清不故另用收據其田日後任憑賣人不限年月
備办原價取贖恐口無憑故立賣田契為據

內註叁個字

中華民國廿五年拾二月念壹日　立賣田契字人葉紹祥（押）

一批契外付過國幣拾圓正利息以作完粮之資　在見　紹洋（押）

一批付過花押國幣壹圓五角正　中　闕光求（押）

乙卯十二月並日贖回

代筆　吉堂（押）

（前頁）>>>>>

立賣田契字人葉紹祥，今因無錢應用，自情愿将父手遺下分己阄内民田壹處，坐落松邑廿一都石倉源山下鄉山頭村，小土名大湖坑，安着其田，上至賣主（田），下至石盤，左至石盤，右至葉姓田為界，今俱四至分明，四至界内並及田頭地角，壹概在内，共計額壹畝五分正，共計水谷实租叁担正，二五除净，自愿托中立契，出賣與闕樟發入受承買為業，當日憑中三面言断，田價國幣銀玖拾弍圓正，其國幣即日随契交清楚，不欠分文，其田自賣之後，任憑買主起耕易佃，收租管業，出賣人無異言阻执，此係自己清業，與内外伯叔兄弟子侄人等無涉，如有上手來歷不明，賣人一力承當，不干買主之事，愿賣愿買，两相心愿，其國幣即日是实收清，故不另用收據，其田日後任憑賣人不限年月備办原價取贖，恐口無憑，故立賣田契為據。

内註叁個字。

中華民國廿五年拾二月念壹日　立賣田契字人　葉紹祥

在見　紹洋

中　闕光求

代筆　吉堂

一批契外付過國幣拾圓正，利息以作完粮之資。

一批付過花押國幣壹圓五角正。

己卯十二月初七日贖回。

立退杉木當字人闕吉润今因無銀應用自情愿將父手遺下載種杉木壹處坐落本邑二十一都夫人廟庄芥菜源小土名獅子岩安着其杉木上至崀下至坑能绪杉木左至崀青山右至窩為界今俱四至分明四至界内雜木等項一概在内當日三面断定目值時價大洋念四元正其洋即日隨交付清楚不少分厘其杉木當日托中立字出退與本家堂兄闕吉仲入受承退為業自退之後任憑承退人蓚養成林砍伐出售出退人無得異言一退千休永遠無找無贖正行交易兩相情愿各無悔悔愿退愿受恐口难憑故立退杉木字為據

中華民國念五年拾二月念五日　立退杉木字人闕吉润

在見人闕吉麗

憑中人闕能漳

代筆人闕吉貞书

大吉

（前頁）>>>>>

立退杉木苗字人阙吉润，今因無銀應用，自情愿将父手遺下載［栽］種杉木壹處，坐落本邑二十一都夫人廟庄芥菜源，小土名獅子岩安着。其杉木上至㞜，下至坑能绪杉木，左至㞜青山，右至窝為界，今俱四至分明，四至界内，雜木等項，一概在内，当日三面断定，目值時價大洋念四元正，其洋即日随字交付清楚，不少分厘，其杉木当日托中立字，出退與本家堂兄阙吉仲入受承退為業，自退之後，任憑承退人簶養成林，砍伐出售，出退人無得異言，一退千休，永遠無找無贖，正行交易，两相情愿，各無反悔，愿退愿受，恐口难憑，故立退杉木字为據。

中華民國念五年拾二月念五日　立退杉木字人　闕吉润

在見人　闕吉麗

憑中人　闕能漳

代筆人　闕吉貞

立退桐子杉木字人阙祥明今因無錢應用自情愿將自己栽種
祖公山塲壹處坐落松邑念四都山邊鄉芥菜源小土名獅子岩安着
其山上至横路下至能漳茶頭爲界左至吉求桐子分水爲界右至
炭窯外直下能漳茶頭爲界今俱四至分明自愿托中立字出退与
胞叔阙吉伸入受承退爲業當日三面断目值時價國幣壹拾四元
正其洋即日交付收清不少分厘自退之後任憑承退人桐子入山
採摘管業杉木籙養成林砍伐發運出售出退人無得異言愿退愿
無找無贖此乃正行交易兩相情愿各無扳悔恐口难信故立
桐子杉木字爲據

中華民國念七年拾弍月初四日

立退桐子字人阙祥明 押
見中阙吉滦 押
代筆阙吉貞 书

大吉

（前頁）>>>>>

立退桐子杉木苗字人闕祥明，今因無錢應用，自情愿将自己栽種祖公山塲壹处，坐落松邑念壹都山邊鄉芥菜源，小土名獅子岩，安着其山，上至横路，下至能漳茶頭為界，左至吉求桐子分水為界，右至炭窑外直下能漳茶頭為界，今俱四至分明，自愿托中立字，出退与胞叔闕吉伸入受承退為業，当日三面（言）断，目值時價國幣壹拾四元正，其洋即日交付收清，不少分厘，自退之後，任憑承退人桐子入山採摘管業，杉木録養成林，砍伐發運出售，出退人無得異言，愿退愿（受），無找無贖，此乃正行交易，两相情愿，各無反悔，恐口难信，故立桐子杉木字為據。

中華民國念七年拾弍月初四日　立退桐子字人　闕祥明

見中　闕吉灤

代筆　闕吉貞

立賣斷截田契字人林景明今因無錢應用自情愿將父
手遺下民田壹處坐落松邑廿一都石倉源后蔡鄉小土名坎
元頭屋後水碓坑安着其田上至劉姓田下至邱姓田左至坑右
至蔡姓田并山為界今俱四至分明併及田頭地塝茶棕雜木壹
應在内計額捌分正自愿托中立契出賣與劉三德入受承買為
業當日憑中三面言斷目值時價國幣叁拾陸元正其國幣即
日隨契付清不少分厘其田自賣之後任憑買主過户完粮執
契收租管業賣人無得異言阻執一賣千休永遠無找無贖此
出兩想情愿如有上手來不明賣人一力承當不干買主之事此係
自己清業與内外房親伯叔兄弟人等無涉愿賣愿買恐口難
信故立賣斷截田契字為據

民國己卯貳拾捌年十二月二十九日

立賣斷截田契字人林景明

保長　闕志忠

在見　林根樹

憑中　林景富

代筆　劉執鐸

買主姓名　劉三德　住址　縣　保　甲　戶

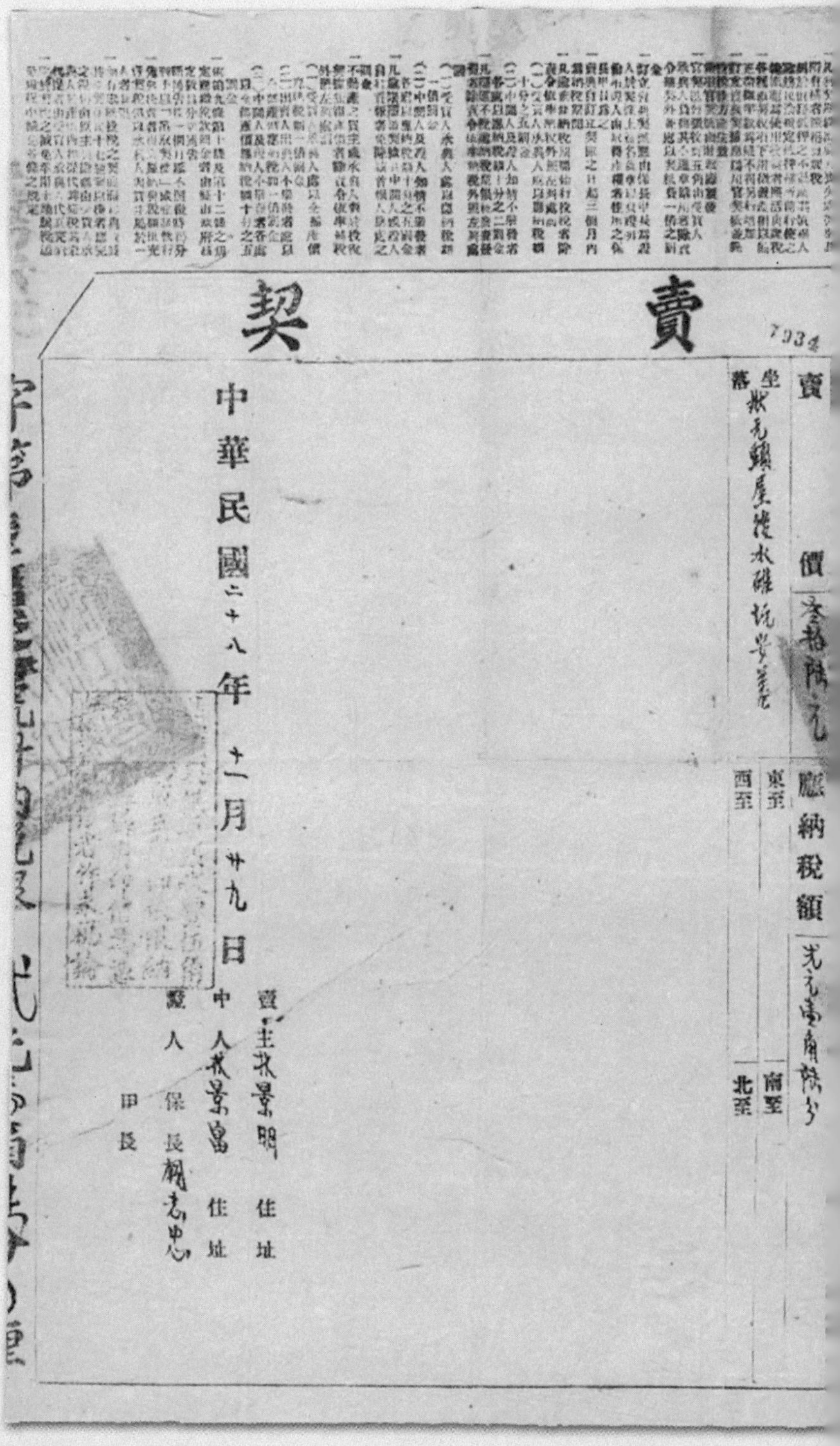

賣契

7934

賣價　叁拾陆元

應納稅額　弍元壹角陆分

坐落　湫元鎮屋後水碓坑兴基

東至　南至　西至　北至

中華民國二十八年十一月廿九日

賣主　林景明　住址

中人　林景富　住址

證人　保長　闕志忠

甲長

（前頁）>>>>>

立賣断截田契字人林景明，今因無錢應用，自情愿将父手遺下民田壹處，坐落松邑廿一都石倉源后蔡鄉，小土名狀元頭屋後水碓坑，安着其田，上至闕姓田，下至邱姓田，左至坑，右至蔡姓田并山為界，今俱四至分明，併及田頭地角，茶棕雜木，壹應在內，計額捌分正，自愿托中立契，出賣與闕三德人受承買為業，當日憑中三面言断，目值時價國幣叁拾陆元正，其國幣即日隨契付清，不少分厘，其田自賣之後，任憑買主過户完粮，执契收租管業，賣人無得異言阻执，一賣千休，永遠無找無贖，此出兩想［相］情愿，如有上手来（歷）不明，賣人一力承當，不干買主之事，此係自己清業，與內外房親伯叔兄弟人等不涉，愿賣愿買，恐口难信，故立賣断截田契字為據。

保長　闕志忠

民國己卯式拾捌年十一月二十九日　立賣断截田契字人　林景明

在見　林根樹

憑中　林景富

代筆　闕执鐸

（賣契，中華民國二十八年十一月廿九日）

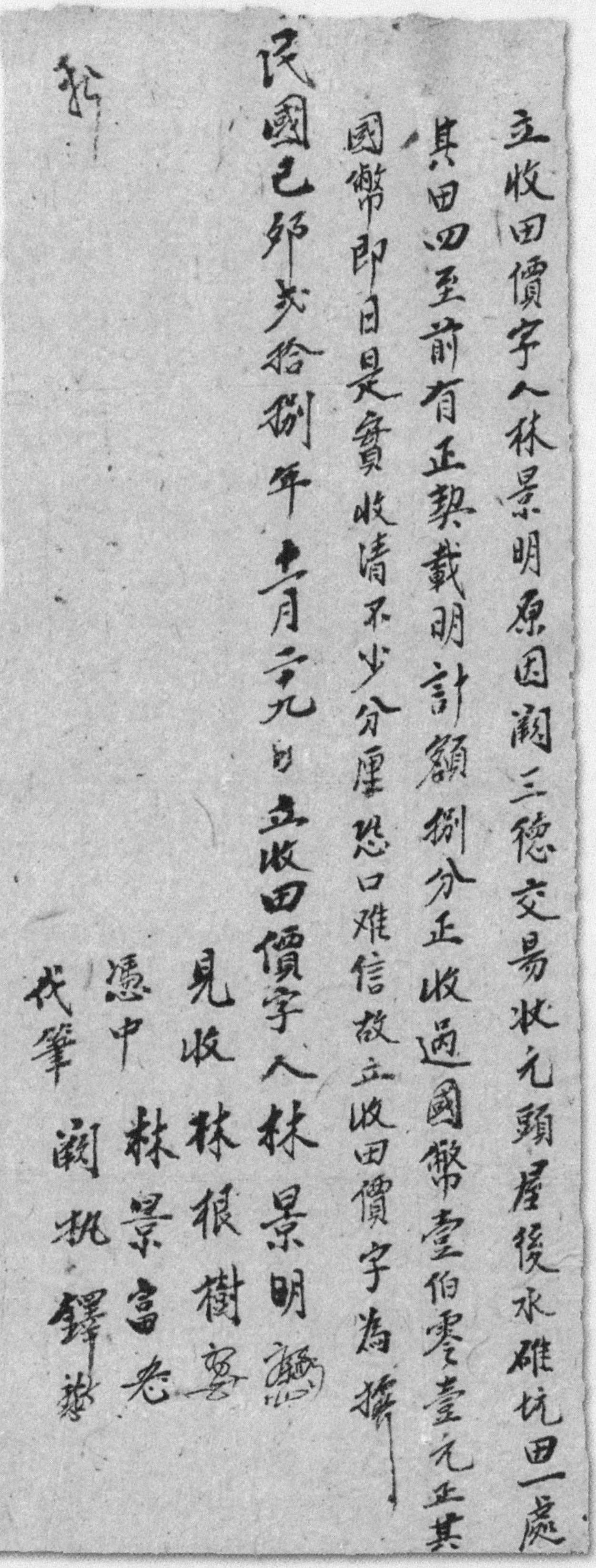

立收田價字人林景明，原因〔與〕闕三德交易狀元頭屋後水碓坑田一處，
其田四至，前有正契載明，計額捌分正，收過國幣壹佰零壹元正，其
國幣即日是實收清，不少分厘，恐口难信，故立收田價字為據。
民國己卯式拾捌年十一月二十九日　立收田價字人　林景明
見收　林根樹
憑中　林景富
代筆　闕执鐸

立賣断截田契字人闕何氏今因應用不敷自情愿將自己閣内民田坐落松邑二十都石倉源茶排鄉小土名水崗塆安着田壹大坵又透出坑壟邊田一小坵其田上至闕姓田下至闕姓田左至闕姓田右至闕姓田併坑壟為界今俱四至分明併及田頭地塝柏茶雜等項一概在内計額陸分正托中立契出賣與本家闕吉仲入受承買為業當日三面言断時值價國幣叁拾陸元正其洋即日隨契交付清訖不少分厘其田自賣之後任憑買主過户完粮収租管業賣人無得異言若有上手來歷不清賣人一力承當不干買主之事此乃正行交易愿買愿賣各無反悔並無找贖等情恐口無憑故立賣断截田契字為據

故立賣断截田契字人闕何氏

在見 闕戍斌

茶排鄉保長闕吉綱

憑中 闕成雲

代筆 闕祥風

中華民國二十九年月十日

賣 7937

買主姓名	闕吉仲
住址	縣 鄉 保 甲 戶
不動產種類	田
面積	陸分
賣價	叁拾陸元
應納税額	[illegible]
坐落	水崗塆安着
東至	
西至	
南至	
北至	

立賣断截田契字人闕何氏，今因應用不敷，自情愿將自己閹内民田，坐落松邑二十一都石倉源茶排鄉，小土名水崗壪，安着田壹大坵，又透出坑壟邊田一小坵，其田上至闕姓田，下至闕姓田，左至闕姓田，右至闕姓田，併坑壟為界，今俱四至分明，併及田頭地角，桕茶雜（木）等項，一概在内，計額陸分正，托中立契出賣與本家闕吉伸入受承買為業，當日三面言断，時值價國幣叁拾陸元正，其洋即日隨契交付清訖，不少分厘，其田自賣之後，任憑買主過户完粮，收租管業，賣人無得異言，若有上手來歷不清，賣人一力承當，不干買主之事，此乃正行交易，愿買愿賣，各無反悔，並無找贖等情，恐口無憑，故立賣断截田契字為據。

中華民國二十九年一月十日　『故』立賣断截田契字人　闕何氏

在見　闕成斌

茶排鄉（第）一保長　闕吉綱

憑中　闕成雲

代筆　闕祥風

（賣契，中華民國二十九年一月十日）

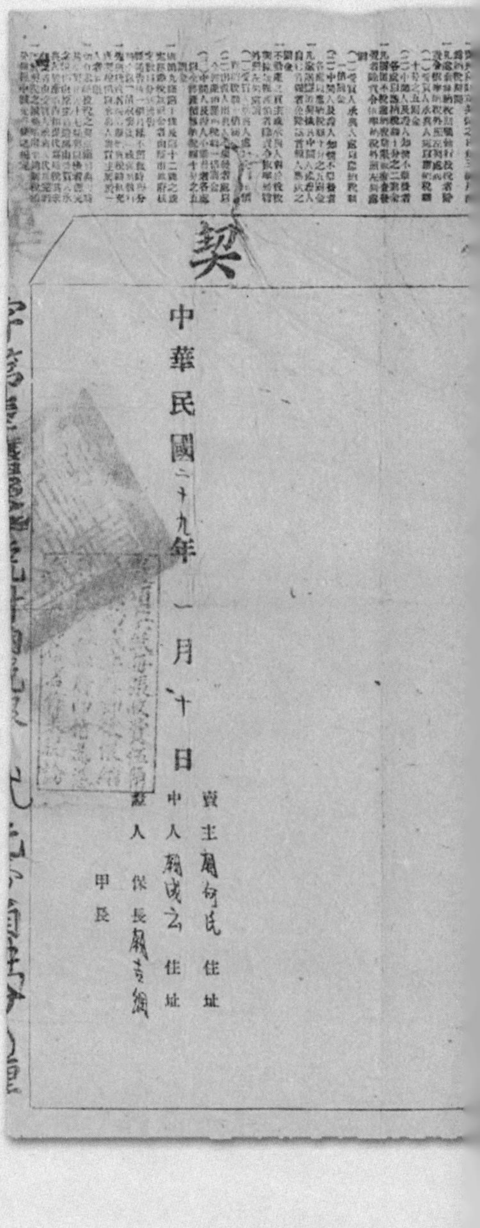

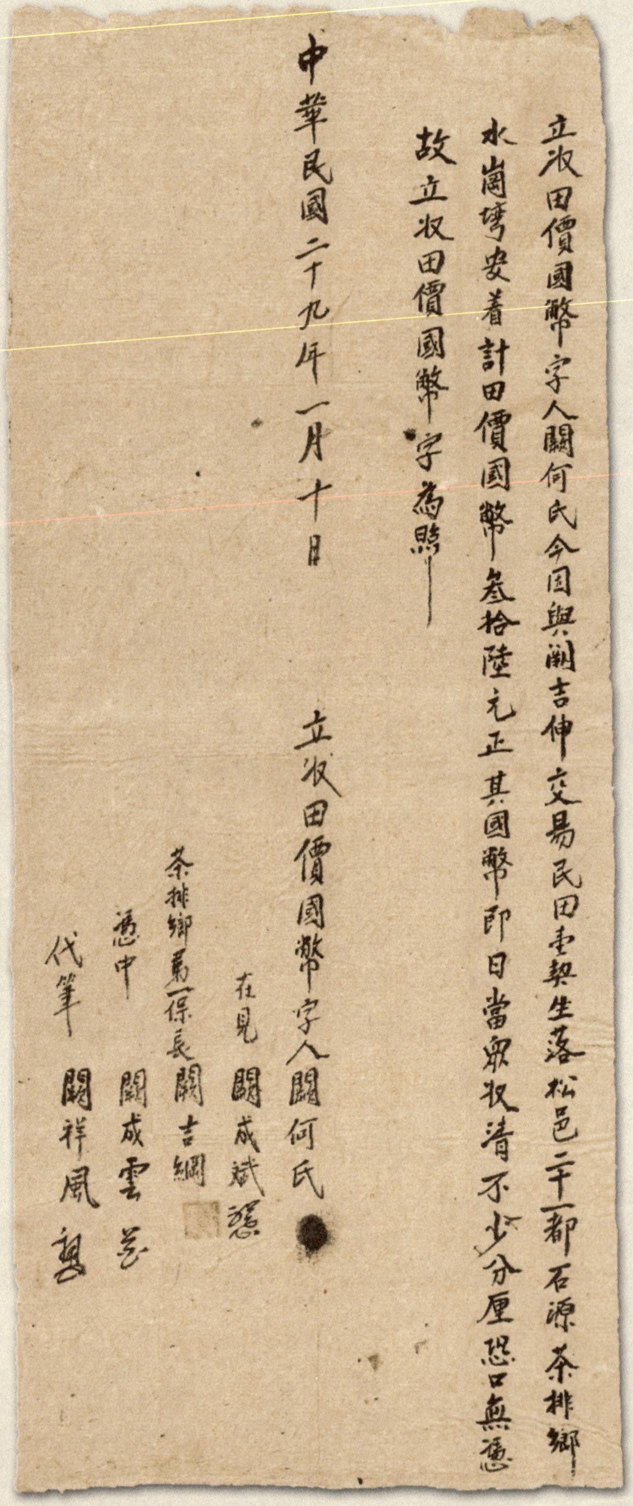
立收田價國幣字人闕何氏今因與闕吉仲交易民田壹契坐落松邑二十一都石源茶排鄉
水崗墱安着計田價國幣叁拾陸元正其國幣即日當衆收清不少分厘恐口無憑
故立收田價國幣字為照
中華民國二十九年一月十日
立收田價國幣字人闕何氏
在見　闕成斌
茶排鄉第一保長闕吉綱
憑中　闕成雲
代筆　闕祥風

立收田價國幣字人闕何氏，今因與闕吉仲交易民田壹契，坐落松邑二十一都石（倉）源茶排鄉水崗墱安着，計田價國幣叁拾陸元正，其國幣即日當衆收清，不少分厘，恐口無憑，故立收田價國幣字為照。

中華民國二十九年一月十日　立收田價國幣字人　闕何氏

在見　闕成斌

茶排鄉第一保長　闕吉綱

憑中　闕成雲

代筆　闕祥風

立收田價國幣字人闕何氏，今因與闕吉伸交易民田壹契，坐落松邑二十一都石倉源茶排鄉水崗塆安着，其田價國幣壹百念肆元正，即日當衆收清，不少分厘，恐口無憑，故立收田價國幣字為照。

中華民國二十九年一月十一日　立收田價國幣字人　闕何氏

在見　闕成斌

茶排鄉第一保長　闕吉綱

憑中　闕成雲

代筆　闕祥風

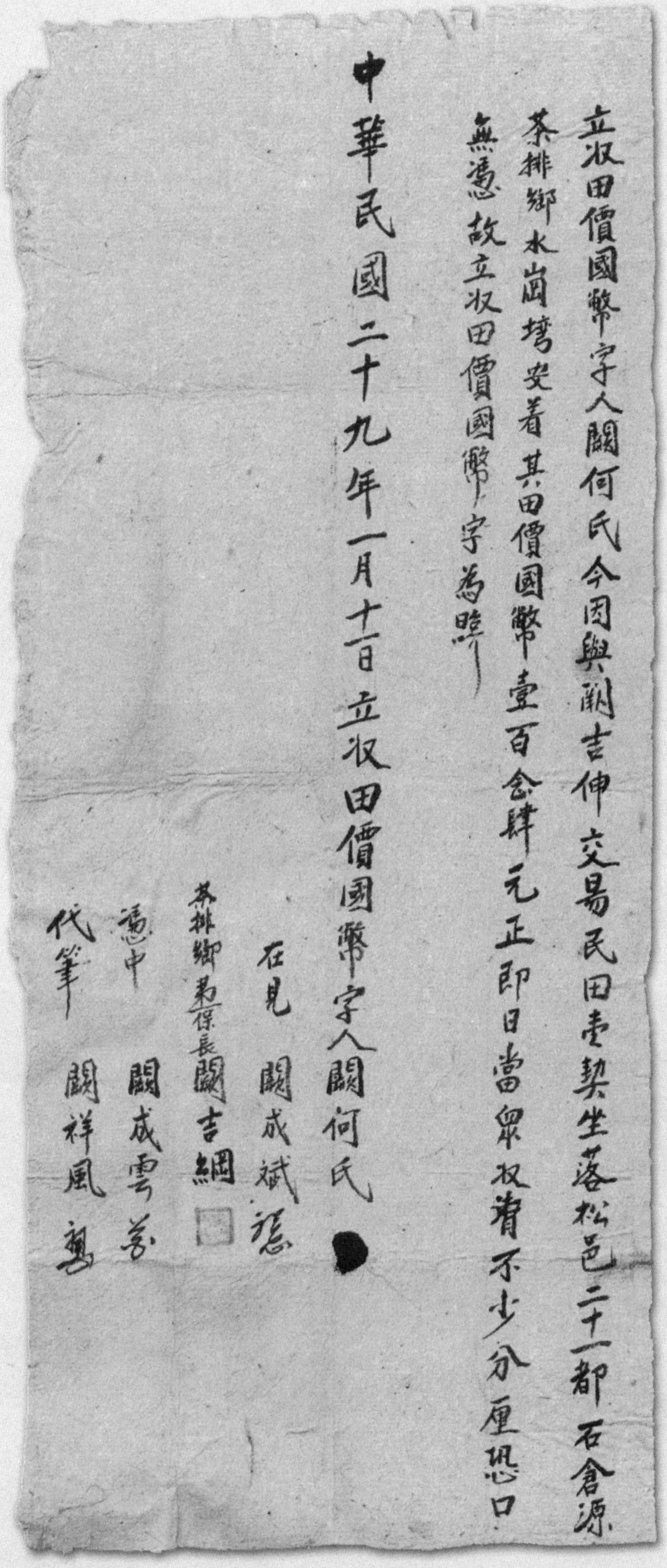

立賣斷絶田契字人闕吉貞今因無錢應用自情愿
將祖父遺下分己阄内民田壹處坐落松邑二十一都
夫人廟庄小土名安岱崗安着其田上至賣人田為
界下至王姓田坪為界左至王姓田為界右至路為界
今俱四至分明四至界内茶頭雜木一應在内計額壹
畝正自愿托中立契出賣與闕三德入受承買為業當
日三面言斷目值時價國幣叁拾捌圓正其國幣即日
隨契交付清訖不少分文其田自賣之後任憑買主收租
過户完粮管業此係自己清業與内外房親伯叔兄弟
叔侄等並無干涉如有來歷不明賣人一力承當不干買
主之事愿賣愿買兩想情愿永無找贖恐口無憑故立賣
斷絶田契字為據

中華民國二十九年一月十一日立賣斷絶田契字人闕吉貞（押）

在見　闕吉淙（押）

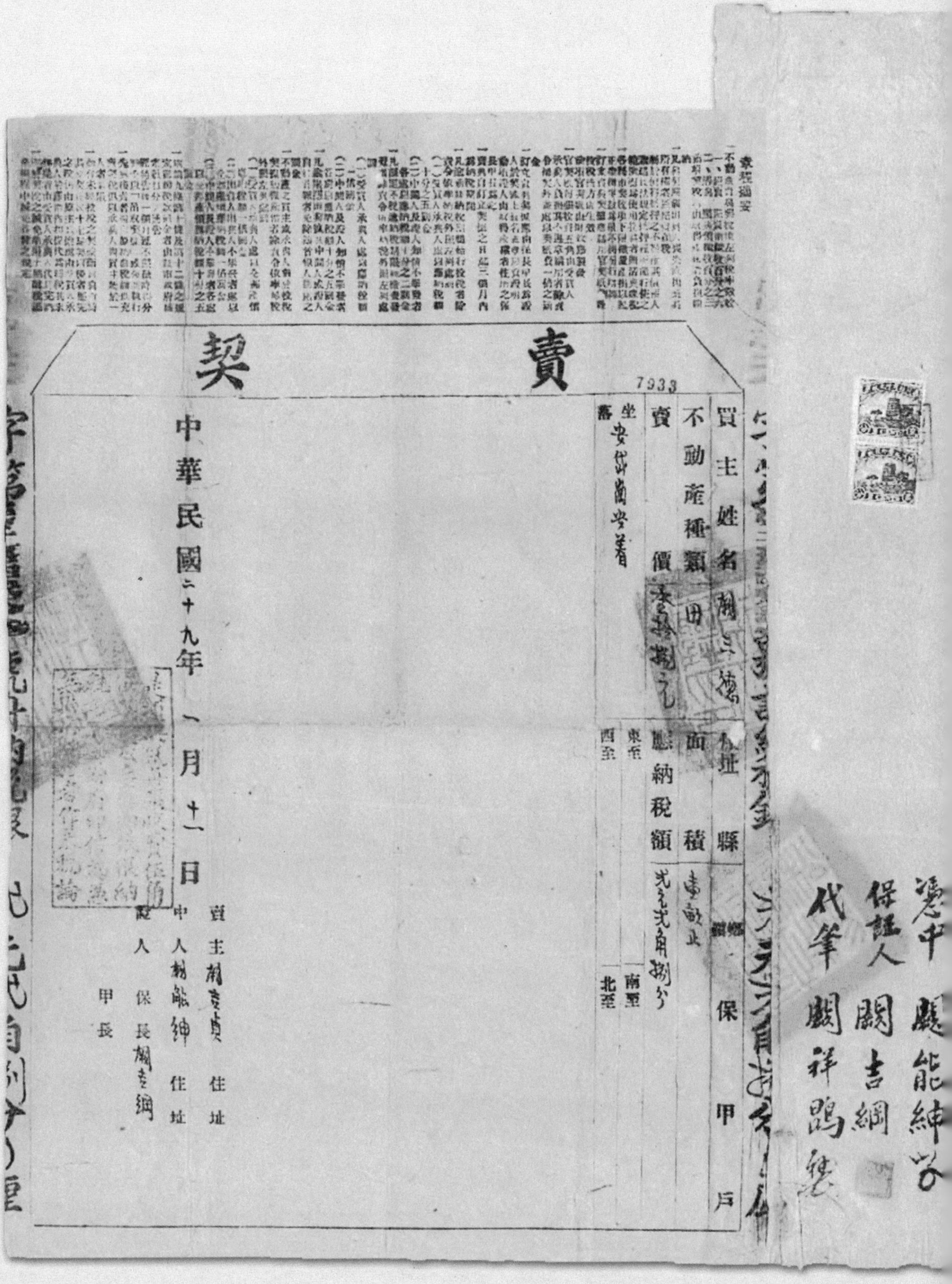

賣契

7933

買主姓名 闕三德 住址 縣 鄉鎮 保 甲 戶

不動產種類 田 面積 壹畝正

賣價 叁拾捌元 應納稅額 弍元弍角捌分

坐落 安岱南安着

東至　南至　西至　北至

中華民國二十九年一月十一日

賣主 闕吉貞 住址

中人 闕能紳 住址

筆人 保長 闕吉綱

甲長

憑中 闕能紳 押

保証人 闕吉綱

代筆 闕祥鵬 押

（前頁）>>>>>

立賣断絕田契字人闕吉貞，今因無錢應用，自情愿將祖父遺下分己閹内民田壹處，坐落松邑二十一都夫人廟庄，小土名安岱崗，安着其田，上至賣人田為界，下至王姓田坪為界，左至王姓田為界，右至路為界，今俱四至分明，四至界内，茶頭雜木，一應在内，計額壹畝正，自愿托中立契，出賣與闕三德入受承買為業，當日三面言断，目值時價國幣叁拾捌圓正，其國幣即日隨契交付清訖，不少分文，其田自賣之後，任憑買主收租過户，完粮管業，此係自己清業，與内外房親伯〔伯〕叔兄弟叔〔子〕侄等並無干涉，如有來歷不明，賣人一力承當，不干買主之事，愿賣愿買，两想〔相〕情愿，永無找贖，恐口無憑，故立賣断絕田契字為據。

中華民國二十九年一月十一日　立賣断絕田契字人　闕吉貞

在見　闕吉滐

憑中　闕能紳

保証人　闕吉綱

代筆　闕祥鹍

（賣契，中華民國二十九年一月十一日）

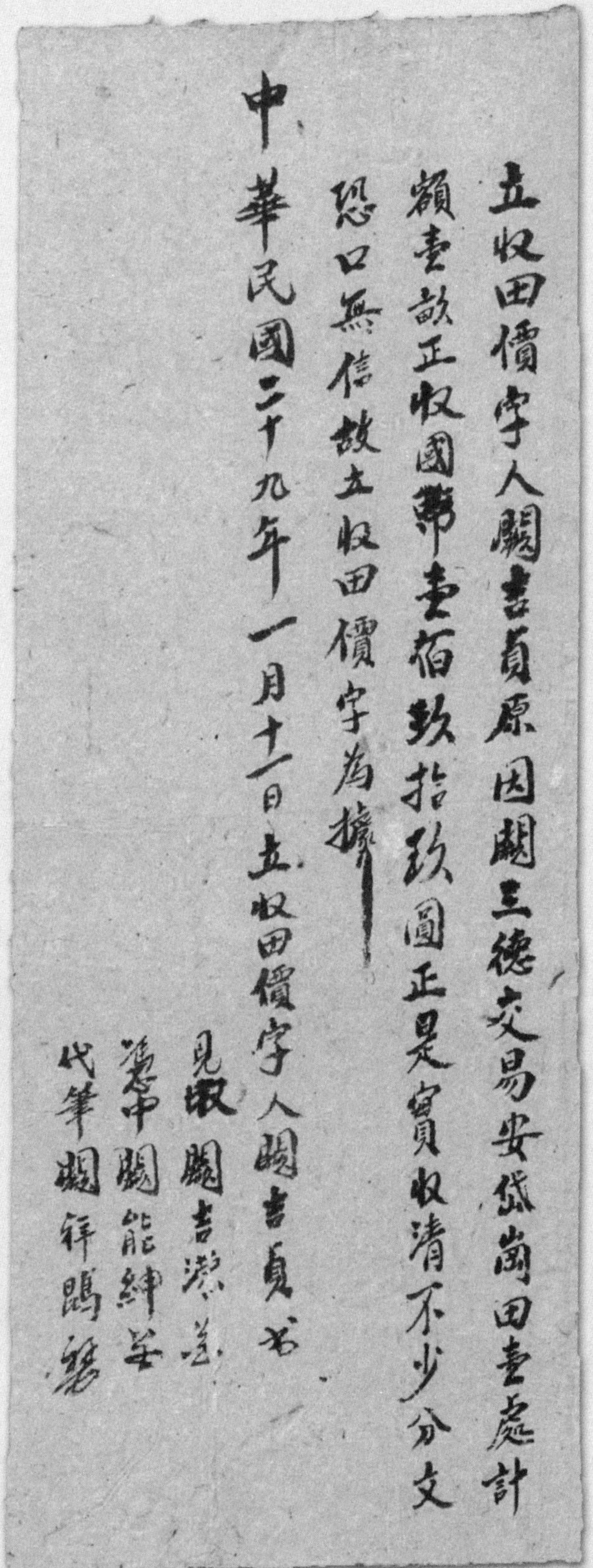

立收田價字人闕吉貞，原因［與］闕三德交易安岱崗田壹處，計
額壹畝正，收國幣壹佰玖拾玖圓正，是實收清，不少分文，
恐口無信，故立收田價字為據。
中華民國二十九年一月十一日　立收田價字人　闕吉貞
見收　闕吉渫
憑中　闕能紳
代筆　闕祥鵰

立賣田契斷絕字人葉紹祥今因無錢應用自情愿將父手遺下分
己閹内民田坐落松邑廿一都石倉源夫人廟庄小土名大湖坑安着民田
一處其田上至賣主田下至石磡左至石磡右至葉姓田為界四至界
内田頭地墈杣茶雜木一概在内計額壹畝五分正自愿託中立契出賣
與闕三德入受承買為業當日憑中三面言斷目值時價國幣柒拾式
圓正其幣即日隨契付清不少分厘其田自賣之後任憑買主過户完粮
收租執契永遠管業出賣人不敢異言阻執此係自己股下清業與内外房
親伯叔兄弟子侄人等並無干涉上手如有來歷不明出賣人一力承當不
干買主之事愿賣愿買兩相情愿永遠無找無贖各無返悔恐口難信故
立賣田契字為據

中華民國二十九年一月二十七日 立賣田契斷絕字人葉紹祥

在見 瑞巨 紹有

憑中 闕吉堂

保長 闕成達 闕志忠

代筆 林進能

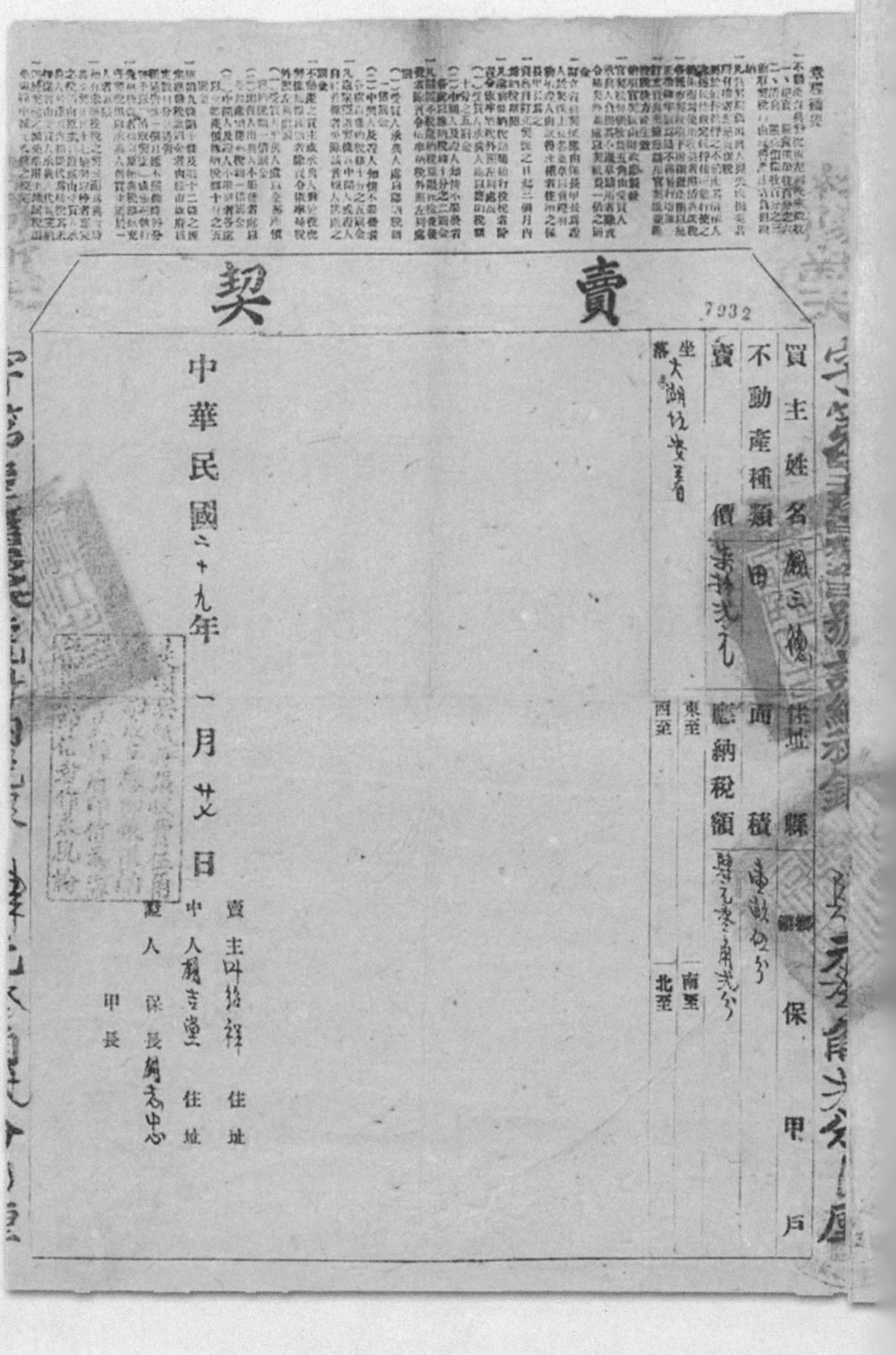

賣契

7932

買主姓名　闕三德　住址　縣　鄉鎮　保　甲　戶

不動產種類　田　面積　壹畝伍分

賣價　壹拾弍元　應納稅額　壹元零角弍分

坐落　大湖坑安著

東至　南至

西至　北至

中華民國二十九年一月廿七日

賣主　叶紹祥　住址

中人　闕吉堂　住址

證人　保長　闕壽忠　甲長

(前頁)>>>>>

立賣田契断絕字人葉紹祥，今因無錢應用，自情愿将父手遺下分己阄内民田，坐落松邑廿一都石倉源夫人廟庄，小土名大湖坑，安着民田一處，其田上至賣主田，下至石盤，左至石盤，右至葉姓田為界，四至界内，田頭地角，柏茶雜木，一概在内，計額壹畝五分正，自愿託中立契，出賣與闕三德人受承買為業，當日憑中三面言断，目值時價國幣柒拾弍圓正，其幣即日隨契付清，不少分厘，其田自賣之後，任憑買主過户完粮，收租执契，永遠管業，出賣人不敢異言阻执，此係自己股下清業，與内外房親伯叔兄弟子侄人等並無干涉，上手如有來歷不明，出賣人一力承當，不干買主之事，愿賣愿買，两相情愿，永遠無找無贖，各無反悔，恐口难信，故立賣田契字為據。

中華民國二十九年一月二十七日　立賣田契断絕字人　葉紹祥

在見　瑞巨

紹有

憑中　闕吉堂

闕成達

保長　闕志忠

代筆　林進能

(賣契，中华民国二十九年一月廿七日)

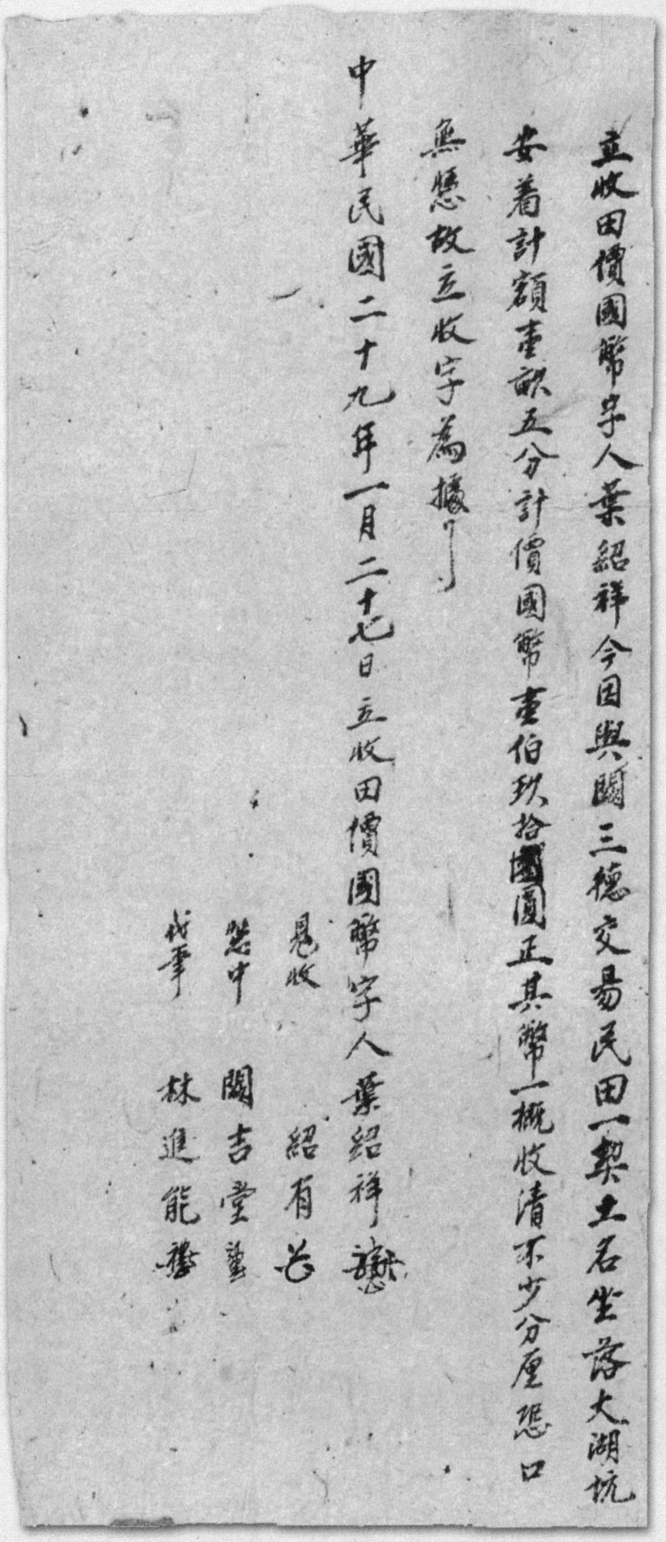

立收田價國幣字人葉紹祥，今因與闕三德交易民田一契，土名坐落大湖坑安着，計額壹畝五分，計價國幣壹伯玖拾圓正，其幣一概收清，不少分厘，恐口無憑，故立收字為據。

中華民國二十九年一月二十七日　立收田價國幣字人　葉紹祥

見收　紹有

憑中　闕吉堂

代筆　林進能

立賣斷絕田契字人闕吉淦仝侄等今因父債無錢償还自情愿將上祖遺下
民田一處坐坐松邑廿一都夫人廟庄小土名季山頭安着其田上至闕德瑛儒祖
田下至闕德瑛儒祖田左至坑右至闕姓田為界四至界内荒坪他脩茶柏等
木一概在内計額一畝正畝額界至今俱分明自愿托中立契出賣與闕元慶
入受承買為業三面言斷時價國幣壹佰伍拾式元正其洋即日付訖不分文
其田自賣之後任憑買主过户完粮收租管業出賣人不敢異言阻执此
係自己清業與房親伯叔兄弟人等並無干涉上手如有来歷不清賣人
一力承當不干買主之事愿賣愿買各無反悔永遠無找無贖恐口难信故
立賣斷絕田契字為據
一批契外付過國幣陸元正利息以作完粮之資此照
中華民國廿九年二月初八日 立賣田契斷絕字人闕吉淦
侄 闕祥霞押
在見 闕培逑
憑中 闕能紳
保長 闕吉綱
代筆 闕祥鳳書

（前頁）>>>>>

立賣断絕田契字人闕吉淦仝侄等，今因父債無錢償还，自情愿将上祖遺下民田一處，坐坐［落］松邑廿一都夫人廟庄，小土名季山頭，安着其田，上至闕德瑛儒租田，下至闕德瑛儒租田，左至坑，右至闕姓田為界，四至界内，荒坪地角，茶柏等木，一概在内，計額一畝正，畝額界至，今俱分明，自愿托中立契，出賣與闕元慶入受承買為業，三面言断，時價國幣壹佰伍拾弍元正，其洋即日付訖，不（少）分文，其田自賣之後，任憑買主过户完粮，收租管業，出賣人不敢異言阻执，此係自己清業，與房親伯叔兄弟人等並無干涉，上手如有来歷不清，賣人一力承當，不干買主之事，愿賣愿買，各無反悔，永遠無找無贖，恐口难信，故立賣断絕田契字為據。

一批契外付過國幣陸元正，利息以作完粮之資，此照。

中華民國廿九年二月初八日　立賣田契断絕字人　闕吉淦

侄　闕祥霞

在見　闕培逑

憑中　闕能紳

保長　闕吉綱

代筆　闕祥風

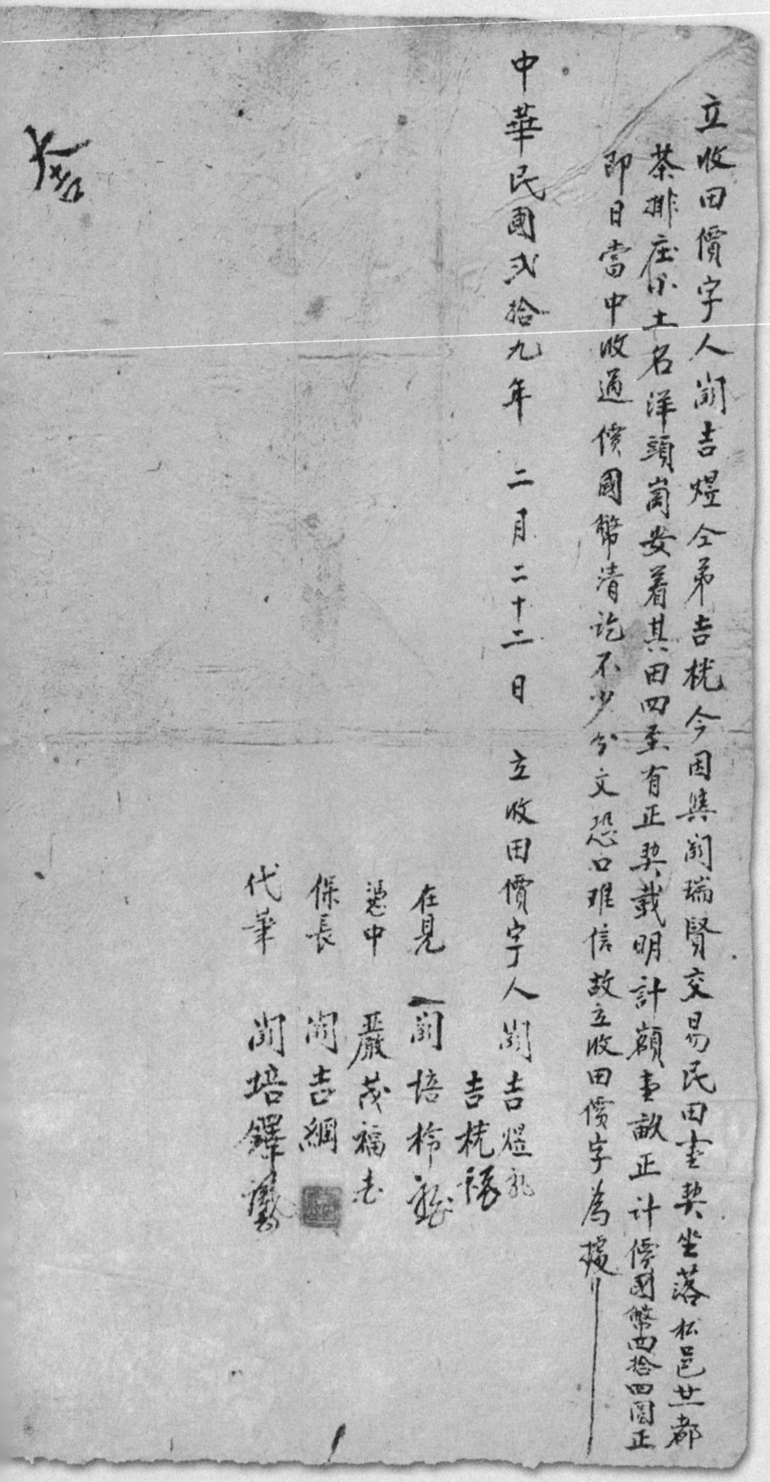

立收田價字人闞吉煜仝弟吉桄，今因與闞瑞賢交易民田壹契，坐落松邑廿一都

茶排庄，小土名洋頭崗安着，其田四至有正契載明，计額壹畝正，计價國幣四拾四圓正，

即日當中收過價國幣清讫，不少分文，恐口难信，故立收田價字為據。

中華民國弎拾九年二月二十二日　立收田價字人　闞吉煜

吉桄

在見　闞培柃

憑中　嚴茂福

保長　闞吉綱

代筆　闞培鐸

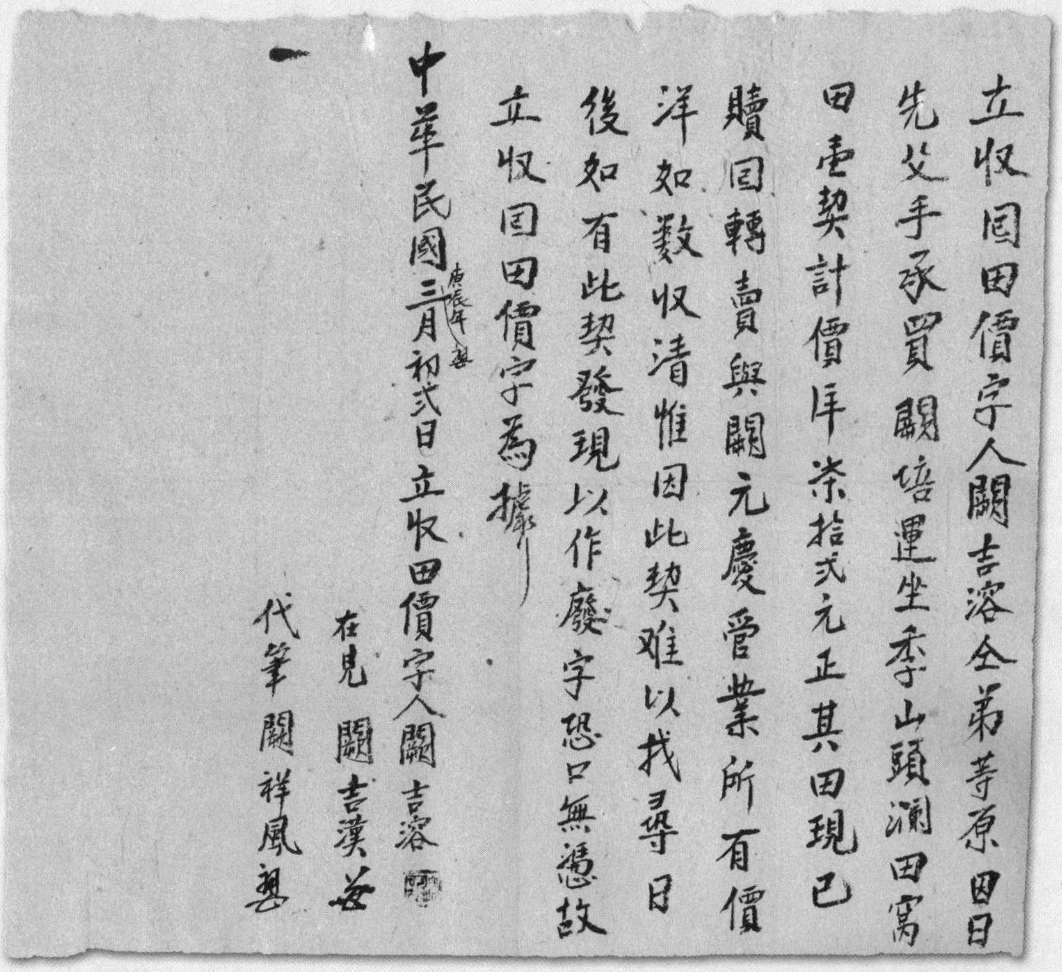

立收回田價字人闕吉溶仝弟等，原因日
先父手承買闕培運坐季山頭瀾田窩
田壹契，計價洋柒拾弍元正，其田現已
贖回，轉賣與闕元慶管業，所有價
洋如数收清，惟因此契难以找尋，日
後如有此契發現，以作廢字，恐口無憑，故
立收回田價字為據。
中華民國庚辰年三月初弍日　立收田價字人　闕吉溶
在見　闕吉漢
代筆　闕祥風

立賣厨房字人阙吉佷今因口食不给自情愿將祖父遺下分已阙内民房半间坐落
松邑廿一都茶排庄小土名坪頭崗安着其房西至賣人厨房柱壁東至祥房厨房南至
牆外滴水北至祥章厨房为界今俱四至分明四至界内上連瓦角下並地基一概在内自愿
托中立字出賣與胞弟吉伸入受承買为業当日三面言斷目值时價國幣弍伯念陸圓正
其國幣即日隨字交付清楚不少分毫自賣之後任憑承買人放物作灶管業無得異
言此係正行交易兩相情愿無找無贖各無仮悔恐口难信故立賣厨房字付與買主
永遠为據

立賣厨房字人 阙吉佷

在見人 阙祥明

阙祥德

憑中 阙吉滌书

代筆 阙吉貞书

中華民國叁拾壹年四月念五日

大吉

（前頁）>>>>>

立賣厨房字人闕吉俍，今因口食不給，自情愿将祖父遺下分己阄内民房半间，坐落松邑廿一都茶排庄，小土名洋頭崗安着，其房西至賣人廚房柱壁，東至祥彥厨房，南至墻外滴水，北至祥章厨房为界，今俱四至分明，四至界内，上連瓦角［桷］，下並地基，一概在内，自愿托中立字，出賣與胞弟吉伸人受承買为業，当日三面言断，目值時價國幣弍伯念陸圓正，其國幣即日隨字交付清楚，不少分毫，自賣之後，任憑承買人放物作灶管業，無得異言，此係正行交易，两相情愿，無找無贖，各無反悔，恐口难信，故立賣厨房字付與買主永遠为據。

中華民國叁拾壹年四月念五日　立賣厨房字人　闕吉俍

在見人　闕祥明

闕祥德

憑中　闕吉渫

代筆　闕吉貞

立掉換基地字人闞能裕、培佷、培義三房等，今因两公遺下坐落松邑二十一都茶排村水碓嶺脚路外基地，西至大路，東至大坑，南至三房油車屋横墻脚，北至闞姓田為界，又路内糞缸壹间在内，又路内荒坪一片，界至照依老契，惟南至自油車屋横墻脚直入為界，上截基地，抽作衆產，以便經管水碓人受用，除抽出路内上截基地壹间外，其餘路内外基地併石壁糞缸換與闞吉仲架造或種植，三房無得異言阻执，闞吉仲情愿将自手承買坐落松邑茶排村水缸塆田壹坵，上、下两至闞姓田，左至大路，右至闞姓田為界，毗連荒坪壹塊，計租式担正，拍出左手路边壹段田，右至田塍埋石為界，計實水租谷肆桶正，換归衆内收租管業，自掉換後，錢粮各自完納，其基地的限叁拾年内，不准販賣居奇，如有轉售與他房人所增契外價洋或田，任凴衆内歸收，向換人無得異言，恐口無凴，故立掉換字為據。

一批此基地永遠不准轉售他房人，如有轉售他房所有增價款及田，应归三房共有，此批。

中華民國三拾弍年七月初一日　立掉換基地字人　闞能裕

闞培佷

見　闞培義

中　闞培英

代筆　闞培鐸

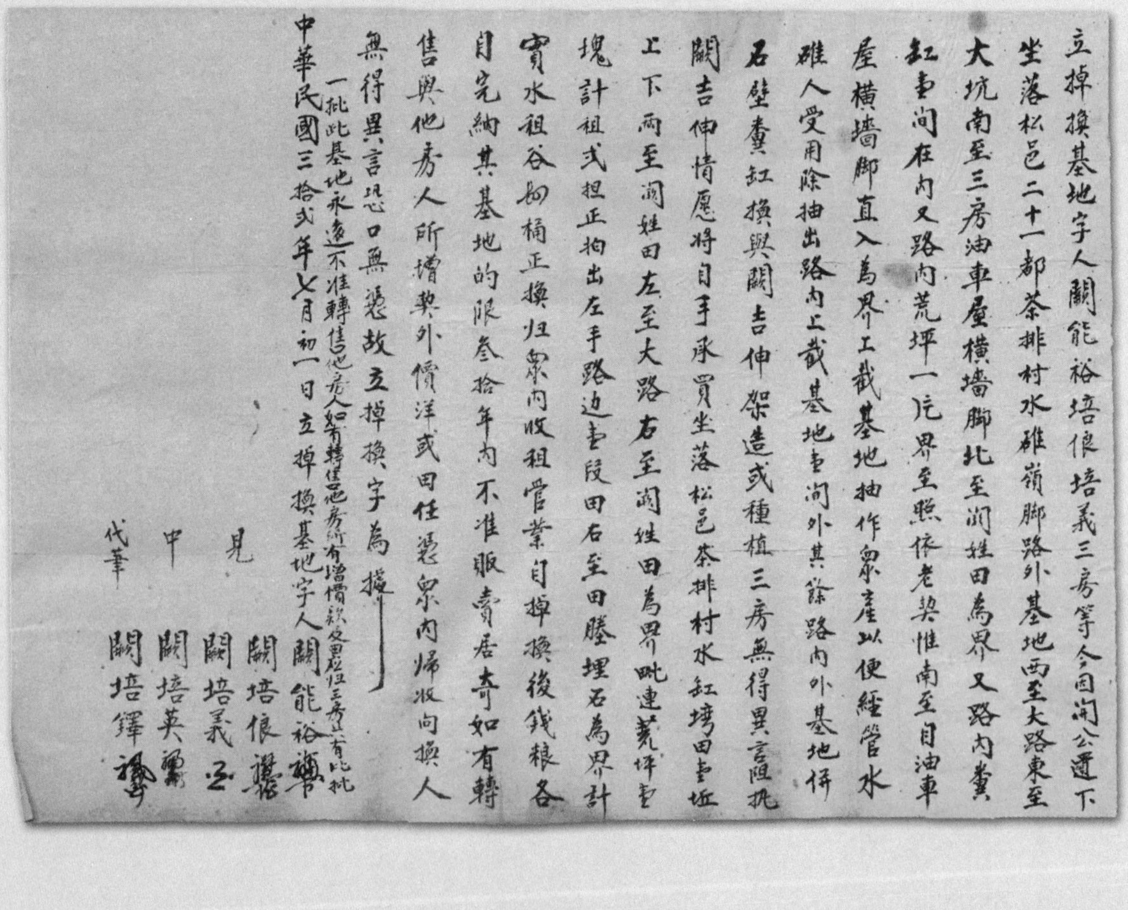

立收契價字人闞祥珠，今因父故，所欠債款無從抵償，胞兄将坐落石倉頂壹契，田字水缸塆田壹契，石倉頂茶山壹處，野猪欄杉木壹處，出賣與闞吉伸叔边償債款，祥珠以年幼未曾列押，本無異言，兹與胞兄分炊，時運欠利，托中向闞吉伸叔边另找過契價國幣壹萬元正，即日當衆收訖，自收價洋以後，凡胞兄日前所賣業產，任憑叔边管業，無得異言，恐口無憑，故立收契價字為據。

中華民國叁拾二年十二月初九日　立收契價字人　闞祥珠

見中　祥風

代筆　成達

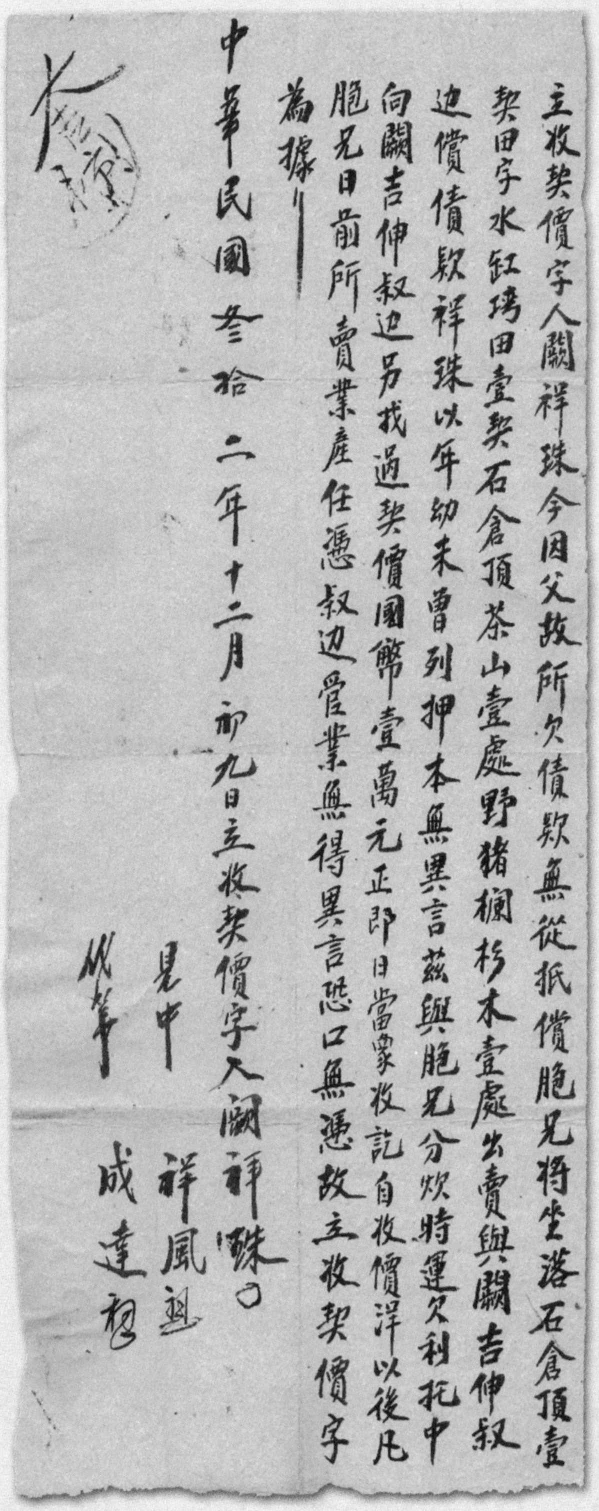
立收契價字人闞祥珠今因父故所欠債款無從抵償胞兄将坐落石倉頂壹契田字水缸塆田壹契石倉頂茶山壹處野猪欄杉木壹處出賣與闞吉伸叔边償債款祥珠以年幼未曾列押本無異言兹與胞兄分炊時運欠利托中向闞吉伸叔边另找過契價國幣壹萬元正即日當衆收訖自收價洋以後凡胞兄日前所賣業產任憑叔边管業無得異言恐口無憑故立收契價字為據
中華民國叁拾二年十二月初九日立收契價字人闞祥珠
見中　祥風
代筆　成達

章程摘要

不動產賣賣典賣契稅依左列稅率徵收：

一、絕賣　照賣價徵收百分之六。

二、活賣　照典價徵收百分之三。

前項契稅應由取得產權者負擔繳納。

一　凡典賣期滿，出典人喪失或拋棄其所有權者，照絕賣課稅。

一　屬於債權之抵押權之不動產，其債權人逾越民法規定抵押權所能行使之範圍，而為使用收益者照活典課稅。

一　各縣市契稅項下，開徵置產捐以隨正帶徵半數為限，不得另行增加。

一　訂立賣典契據者，應用官契紙，並經投稅後方能生效。前項官契紙由財政廳製發。

一　官契紙每張收資五角，由買人、承典人負擔，其不遵章購用者，除責令補算外，並處於契紙費一倍之罰金。

一　訂立賣典契據，應由保長、甲長為證人，於契尾上簽名蓋章，以資證明。

繳　核

中華民國　年　月　日

買主姓名　闕玉德　住址松陽縣石倉鄉

不動產種類　田

落坐　溫妙崗

賣價　壹萬柒仟元

應納稅額　七分五厘

字第　　號　計納稅銀　元　角　分　厘

賣　契

中華民國三十四年十二月十四日

立賣斷絕田契字人闕吉員，今因無錢應用，自情愿將上祖遺下分己股內民田一坵，坐落小土名溫妙崗，開門背面看，其田上至左右至闕三棟田，四至界內一應在內計田五壹畝，額界至今俱分明，自願批中立字出賣，典三棟泉，內為業，面對時價國幣貳仟元正，其田憑中賣主收祖易佃过户，完粮出賣人……

保長甲長中人闕吉員書

在見闕吉漆筆

賣主闕吉員　住址

中、人闕培漢呆　住址

代筆闕道興筆

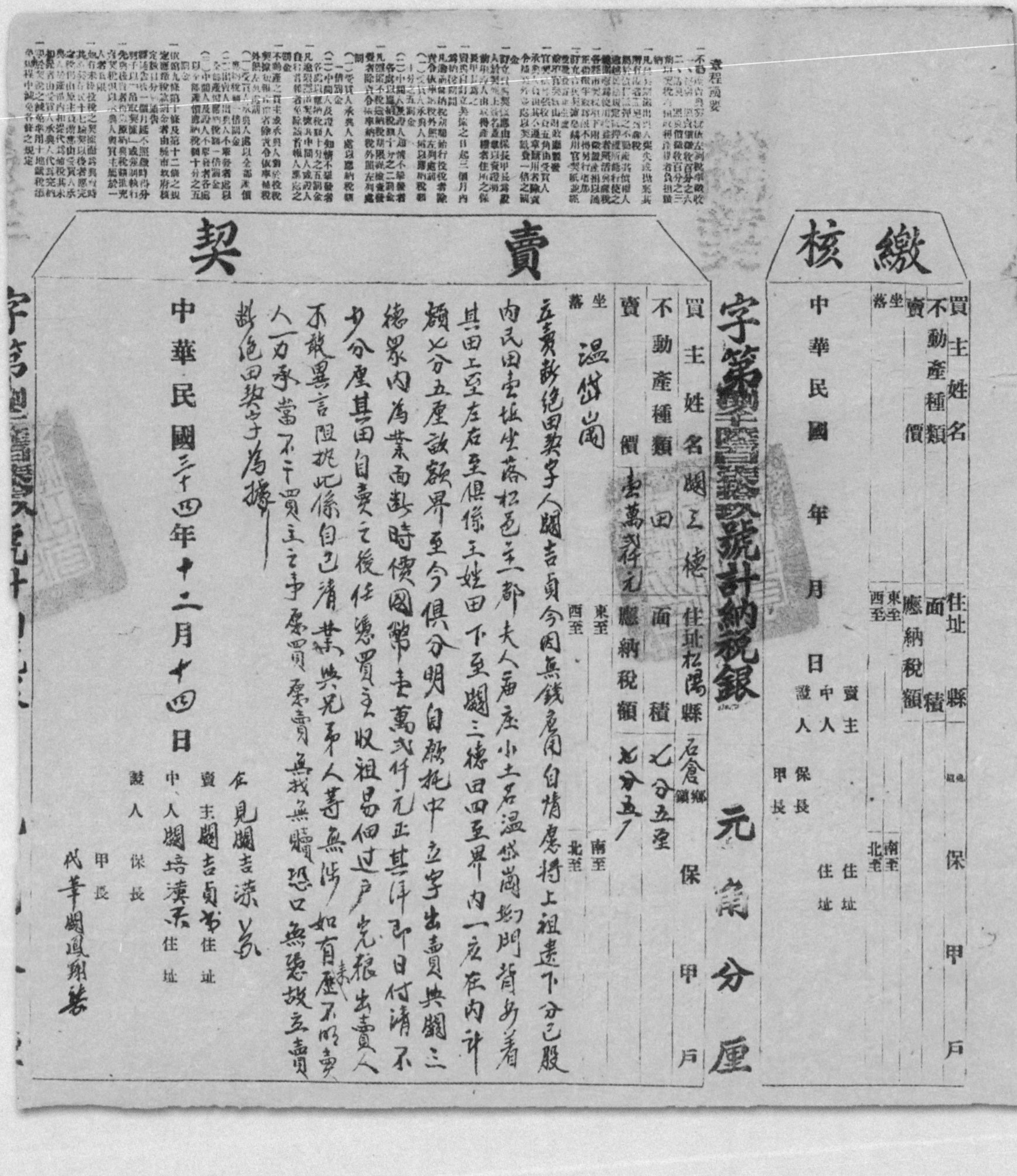

一　前項證人由取得產權者住所之保長、甲長為之。

一　賣典自訂立契據之日起，三個月內為納稅期間。

一　凡逾前條納稅期間始行投稅者，除責令依率投稅外，照左列處罰：
（一）典買人、承典人處以應納稅額十分之五罰金。
（二）中間人及證人知情不舉發者，各處以應納稅額十分之二罰金。

一　凡隱匿不稅逾納稅期限，經檢查發覺者，除責令依率納稅外，照左列處罰：
（一）受買人、承典人處以應納稅額一倍罰金。
（二）中間人及證人知情不舉發者，各處以應納稅額十分之五罰金。

一　不動產之買主或承典人，對於投稅契據□報產價者，除責令依率補稅外，照左列處罰：
（一）出賣人、出典人處以全部產價應納稅額一倍罰金。
（二）出賣人、出典人不舉發者，處以全部產價應納稅額一倍罰金。
（三）中間人及證人不舉發者，各處以全部產價應納稅額十分之五罰金。

一　依第九條、第十條及第十二條之規定，應繳稅款罰金者，由縣市政府核定數目，分別通告。經通告後一個月延不照繳時，得分別予以「吊取契據」或強制執行。

一　先典後賣者，得以原納典稅額抵充賣契稅，但以出典人與買主屬於一人者為限。

一　如有未經投稅之契據而為典賣時，其原契在民十七驗契以後者，應完之稅，仍由原主負擔，應由受買人承典人□產價內扣提，代為補稅，其未扣稅者，由受買人、承典人代為完納。

一　關於契稅之減免，準用土地賦稅添免規程中減免各條之規定。

繳核

買主姓名		住址	縣　鄉鎮　保　甲　户
不動產種類		面積	
賣價		應納稅額	
坐落		東至	南至
		西至	北至

中華民國　年　月　日　賣主　住址
中人
證人　保長　住址
甲長

松陽新天字第捌千陸百柒拾玖號計納稅銀　元　角　分　厘

賣契

買主姓名	闕三德	住址松陽縣	石倉鄉鎮　保　甲　户
不動產種類	田	面積	七分五厘
賣價	壹萬弍仟元	應納稅額	七分五厘
坐落	温岱崗	東至	南至
		西至	北至

立賣断绝田契字人闕吉貞，今因無錢应用，自情愿将上祖遺下分己股内民田壹坵，坐落松邑二十一都夫人庙庄，小土名温岱崗坳門背，安着其田，上至左右至俱係王姓田，下至闕三德田，四至界内，一应在内，计額七分五厘，畝額界至，今俱分明，自願托中立字，出賣與闕三德衆内為業，面断時價國幣壹萬弍仟元正，其洋即日付清，不少分厘，其田自賣之後，任憑買主收租易佃，过户完粮，出賣人不敢異言阻执，此係自己清業，與兄弟人等無涉，如有来歷不明，賣人一力承當，不干買主之事，愿買愿賣，無找無贖，恐口無憑，故立賣断绝田契字為據。

在見　闕吉渫
賣主　闕吉貞　住址
中人　闕培漢　住址
證人　保長
甲長
代筆　闕鳳翔

中華民國三十四年十二月十四日

立收田價字人闕吉員今因與闕三德交易民田坐落溫岱崗坳背田壹坵計價弍萬捌仟元折計谷陸担正其谷即日如數收訖恐口無憑故立收字為據

中華民國三十四年十二月十四日立收田價字人闕吉員 书

見收人闕吉深 筆

代筆闕鳳翔 筆

（前頁）>>>>>

立收田價字人闕吉貞，今因與闕三德交易民田，坐落温岱崗坳門背，田壹坵，计價弍萬肆仟元，折计谷陆担正，其谷即日如数收訖，恐口無憑，故立收字為據。

中華民國三十四年十二月十四日　立收田價字人　闕吉貞

見收人　闕吉深

代筆　闕鳳翔

立退管水碓字人闕關沂，今將所管闸公衆水碓一座，交付與闕祥明承手接管，其水碓日前修築横堰與直堰，工資併買檑肱箍一個，資本當由接管人貼出燥谷叁担正，以抵償闕沂闸費，其谷自五月廿一日付叁籮，即归祥明接管，其叁籮自本年八月付讫，各無反悔，故立管字為照。

中華民國三十六年五月廿一日　立退管水碓字人　闕關沂

代筆　闕吉伸

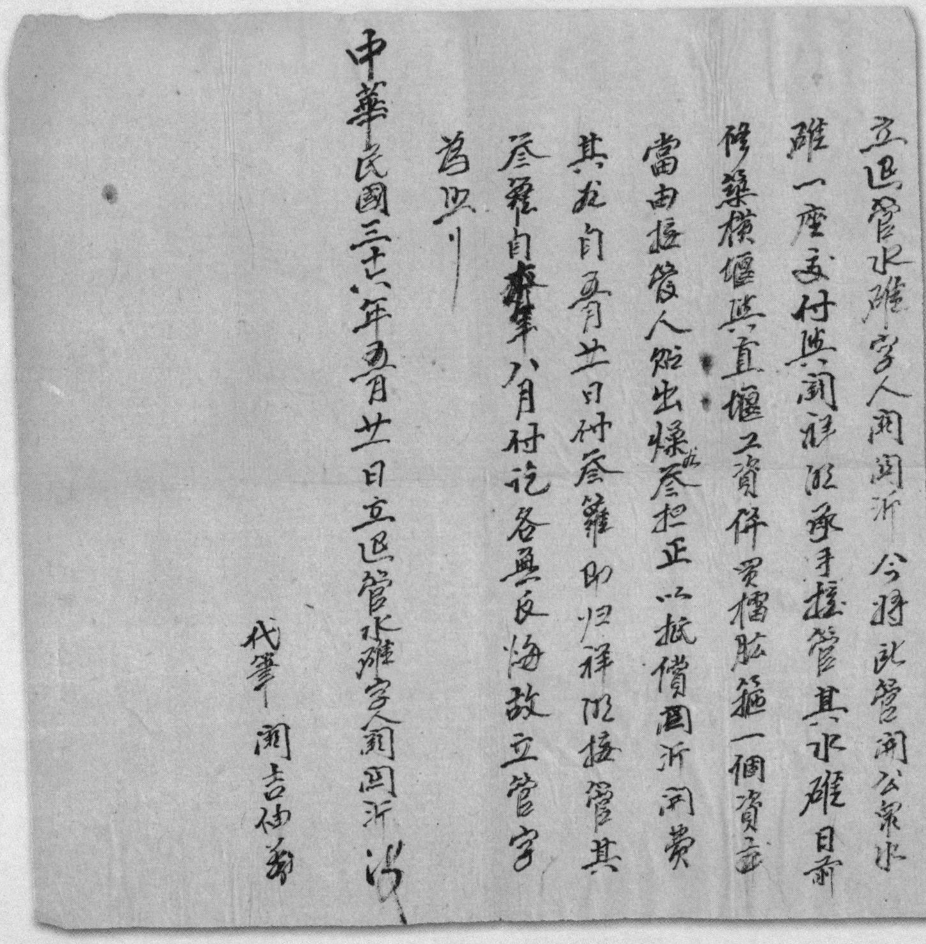
立退管水碓字人闕關沂，今將所管闸公衆水碓一座，交付與闕祥明承手接管，其水碓日前修築横堰與直堰，工資併買檑肱箍一個，資本當由接管人貼出燥谷叁担正，以抵償闕沂闸費，其谷自五月廿一日付叁籮，即归祥明接管，其叁籮自本年八月付讫，各無反悔，故立管字為照。
中華民國三十六年五月廿一日　立退管水碓字人　闕關沂
代筆　闕吉伸

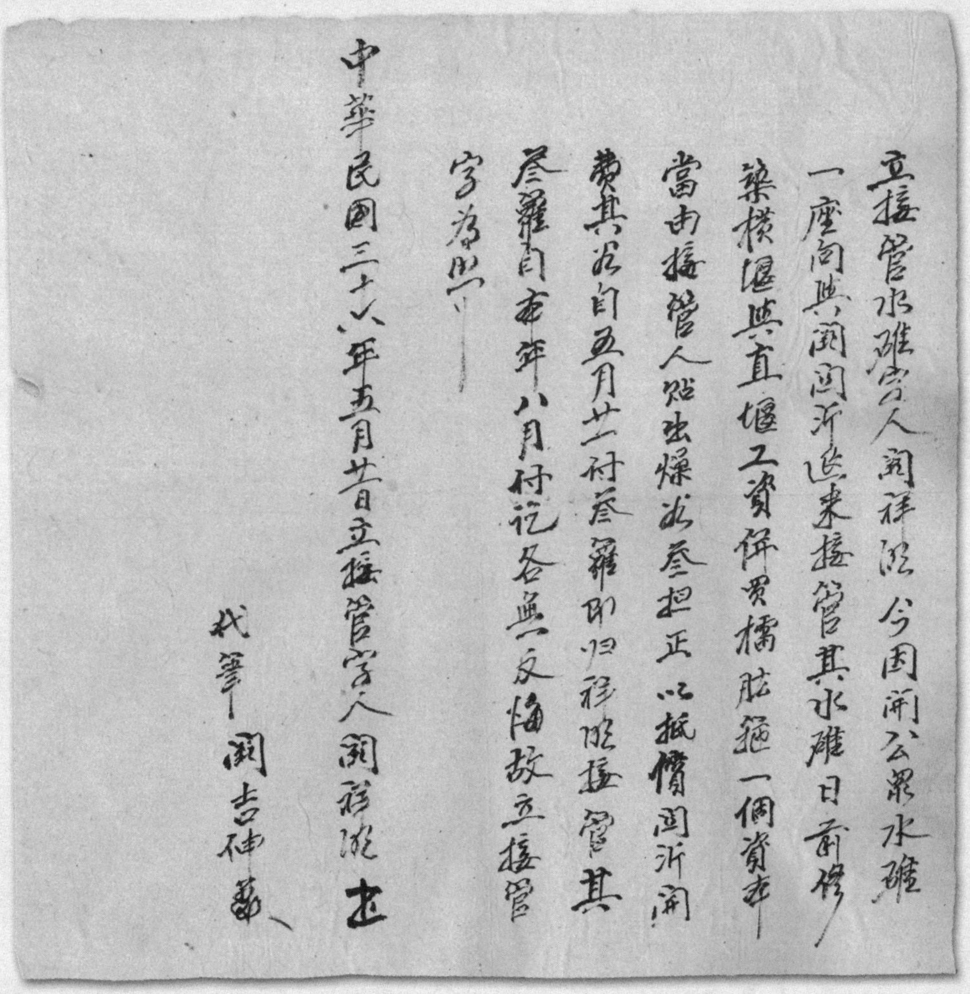

立接管水碓字人闕祥明，今因闬公衆水碓
一座，向與闕關沂退來接管，其水碓日前修
築横堰與直堰，工資併買檑肱箍一個，資本
當由接管人貼出燥谷叁担正，以抵償關沂闬
費，其谷自五月廿一日付叁籮，即归祥明接管，其
叁籮自本年八月付讫，各無反悔，故立接管
字為照。

中華民國三十六年五月廿一日　立接管字人　闕祥明

代筆　闕吉伸

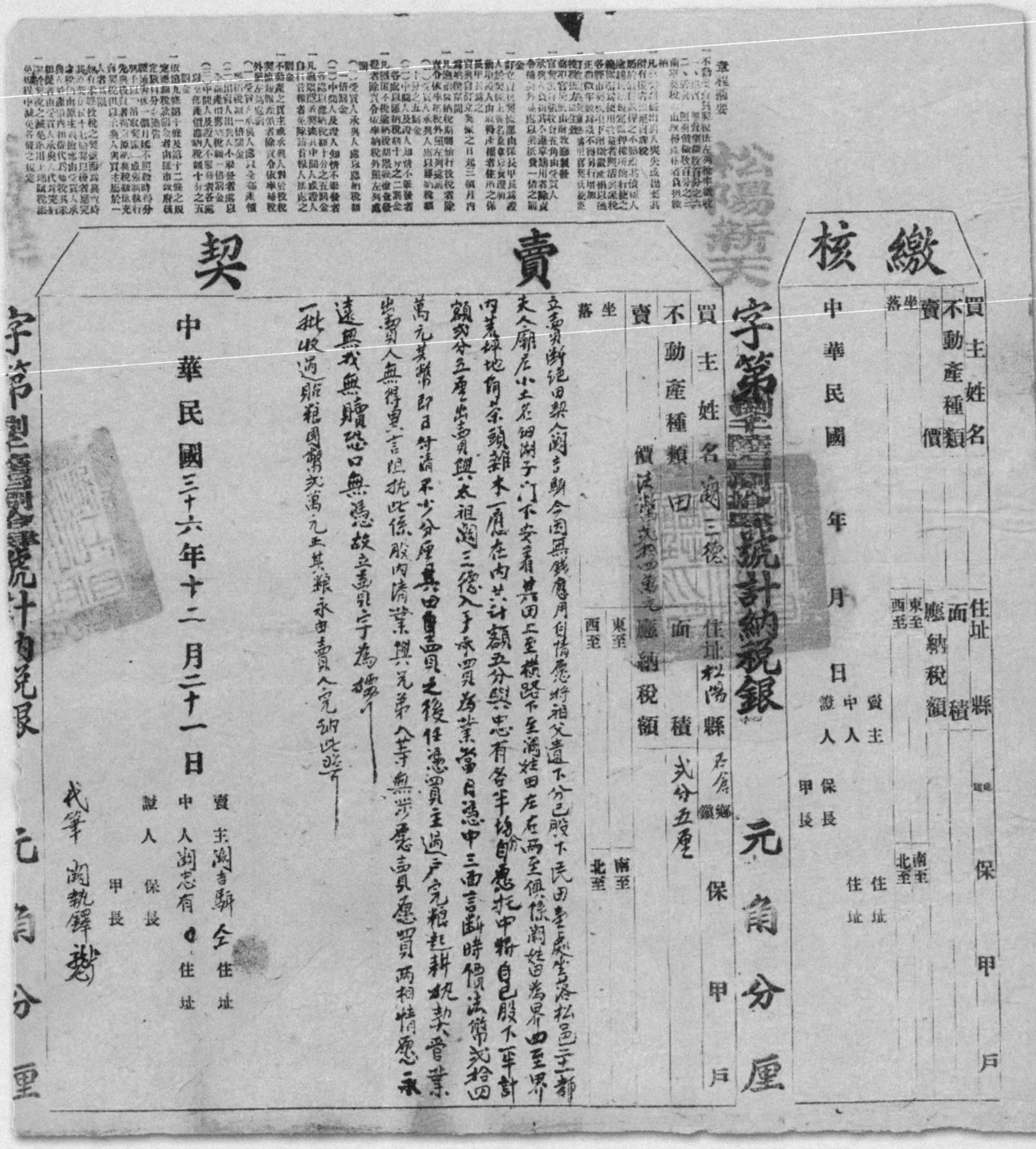

賣契

立賣斷絶田契人闕吉駢，今因無錢應用，自情愿將祖父遺下分己股下民田壹處，坐落松邑二十一都夫人廟庄，小土名佃湖子门下安着。其田上至横路，下至闕姓田，左右兩至俱係闕姓田為界。四至界內荒坪地俱茶頭雜木一應在內，共計額五分，與忠有各半均，自愿托中將自己股下一半，計額弍分五厘，出賣與本祖闕三德入手承買為業。當日憑中三面言斷，時價法幣弍拾四萬元，其幣即日付清，不少分厘。其田自賣之後，任憑買主過户完粮，起耕收契管業，出賣人無得異言阻執。此係股內清業，與兄弟人等無涉。愿賣愿買，兩相情愿，永遠無找無贖。恐口無憑，故立賣契字為據。

一批收過所粮國幣弍萬元正，其粮永由賣人完納。此照。

中華民國三十六年十二月二十一日

賣主 闕吉駢 住址

中人 闕忠有 住址

證人

保長

甲長

代筆 闕執鐸

買主姓名 闕三德 住址 松陽縣 石倉鄉 保 甲 戶

不動產種類 田 面積 弍分五厘

賣價 法幣弍拾四萬元 應納稅額

坐落 東至 西至 南至 北至

字第 號 計納稅銀 元 角 分 厘

繳核

買主姓名 住址 縣 鄉 保 甲 戶

不動產種類 面積

賣價 應納稅額

坐落 東至 西至 南至 北至

中華民國 年 月 日

賣主 住址

中人 住址

證人

保長

甲長

繳核

買主姓名		住址　縣　鄉鎮　保　甲　户
不動產種類		面積
賣價		應納稅額
坐落		東至　南至 西至　北至

中華民國　年　月　日

賣主　住址
中人　住址
證人　保長
甲長

松陽新天字第捌千陸百捌拾肆號計納稅銀　元　角　分　厘

賣契

買主姓名	闕三德	住址松陽縣石倉鄉鎮　保　甲　户
不動產種類	田	面積　弍分五厘
賣價	法幣弍拾四萬元	應納稅額
坐落		東至　南至 西至　北至

立賣断绝田契人闕吉騆，今因無錢應用，自情愿將祖父遺下分己股下民田壹處，坐落松邑二十一都夫人廟庄，小土名細湖子门下，安着其田，上至横路，下至闕姓田，左右两至俱係闕姓田為界，四至界內，荒坪地角，茶頭雜木，一應在內，共计額五分，與忠有各半均分，自愿托中將自己股下一半，計額弍分五厘，出賣與太祖闕三德入手承買為業，當日憑中三面言断，時價法幣弍拾四萬元，其幣即日付清，不少分厘，其田自賣之後，任憑買主過户完粮，起耕执契管業，出賣人無得異言阻执，此係股内清業，與兄弟人等無涉，愿賣愿買，两相情愿，永遠無找無贖，恐口無憑，故立賣字為據。

一批收過貼粮國幣弍萬元正，其粮永由賣人完纳，此照。

中華民國三十六年十二月二十一日

賣主　闕吉騆　住址
中人　闕忠有　住址
證人　保長
甲長
代筆　闕執鐸

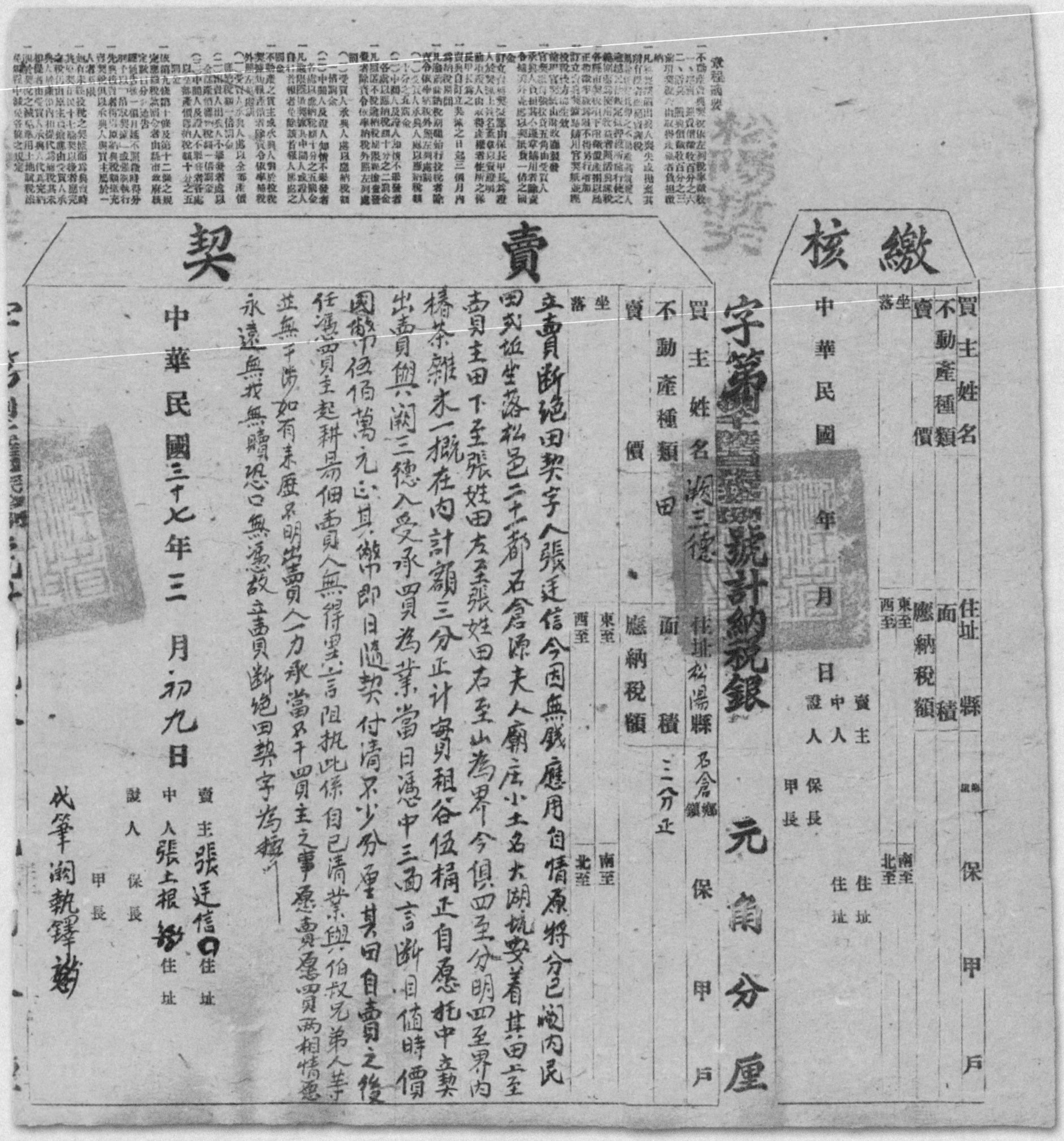

契稅摘要

賣契

立賣斷絕田契字人張廷信，今因無錢應用，自情願將分己鬮內民田式坵，坐落松邑二十一都石倉源夫人廟庄小土名大湖坑安着，其田上至賣主田，下至張姓田，左至張姓田，右至山為界，今俱四至分明，四至界內椿茶雜木一概在內，計額三分正，計實租谷伍桶正，自愿托中立契出賣與闕三德入受承買為業，當日憑中三面言斷，目值時價國幣伍佰萬元正，其幣即日隨契付清，不少分釐，其田自賣之後，任憑買主起耕易佃，賣人無得異言阻執，此係自己清業，與伯叔兄弟人等並無干涉，如有來歷不明，出賣人一力承當，不干買主之事，愿賣愿買，兩相情愿，永遠無找無贖，恐口無憑，故立賣斷絕田契字為據。

中華民國三十七年三月初九日

賣主 張廷信 住址

中人 張土根 住址

證人 保長 甲長

代筆 闕執鐸

買主姓名 闕三德 住址 松陽縣 石倉鄉(鎮) 保 甲 戶

不動產種類 田 面積 三分正

賣價 應納稅額

坐落 東至 南至 西至 北至

字第 號計納稅銀 元 角 分 釐

繳核

買主姓名 住址 縣 鄉(鎮) 保 甲 戶

不動產種類 面積

賣價 應納稅額

坐落 東至 南至 西至 北至

中華民國 年 月 日

賣主 住址

中人 住址

證人 保長 甲長

繳核

買主姓名
住址　縣　鄉鎮　保　甲　户
不動產種類
面　積
賣　價
應納税額
坐落
東至　南至
西至　北至

中華民國　年　月　日
賣主　住址
中人　住址
證人　保長
甲長

松陽新天字第捌千陸百柒拾捌號計納税銀　元　角　分　厘

賣契

買主姓名　闕三德
住址松陽　縣　石倉　鄉鎮　保　甲　户
不動產種類　田
面　積　三分正
賣　價
應納税額
坐落
東至　南至
西至　北至

立賣斷絶田契字人張廷信，今因無錢應用，自情原［愿］將分己阄内民田弍坵，坐落松邑二十一都石倉源夫人廟庄，小土名大湖坑，安着其田，上至賣主田，下至張姓田，左至張姓田，右至山為界，今俱四至分明，四至界内，椿茶雜木，一概在内，計額三分正，计實租谷伍桶正，自愿托中立契，出賣與闕三德入受承買為業，當日憑中三面言斷，目值時價國幣伍佰萬元正，其幣即日隨契付清，不少分厘，其田自賣之後，任憑買主起耕易佃，賣人無得異言阻执，此係自己清業，與伯叔兄弟人等並無干涉，如有来歷不明，出賣人一力承當，不干買主之事，愿賣愿買，两相情愿，永遠無找無贖，恐口無憑，故立賣断绝田契字為據。

中華民國三十七年三月初九日
賣主　張廷信　住址
中人　張土根　住址
證人　保長
甲長
代筆　闕執鐸

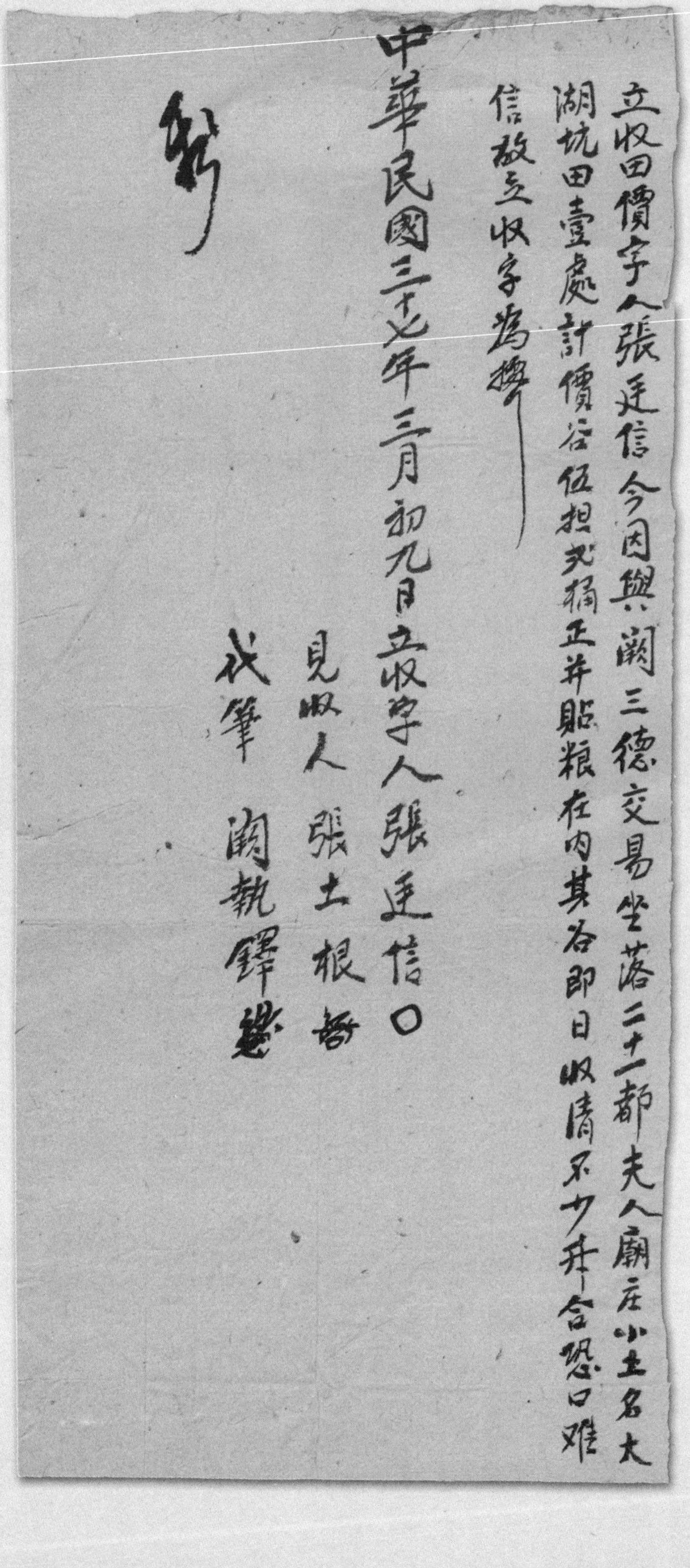

立收田價字人張廷信，今因與阙三德交易坐落二十一都夫人廟庄，小土名大湖坑，田壹處，計價谷伍担弍桶正，并貼粮在內，其谷即日收清，不少升合，恐口难信，故立收字為據。

中華民國三十七年三月初九日　立收字人　張廷信

見收人　張土根

代筆　阙執鐸

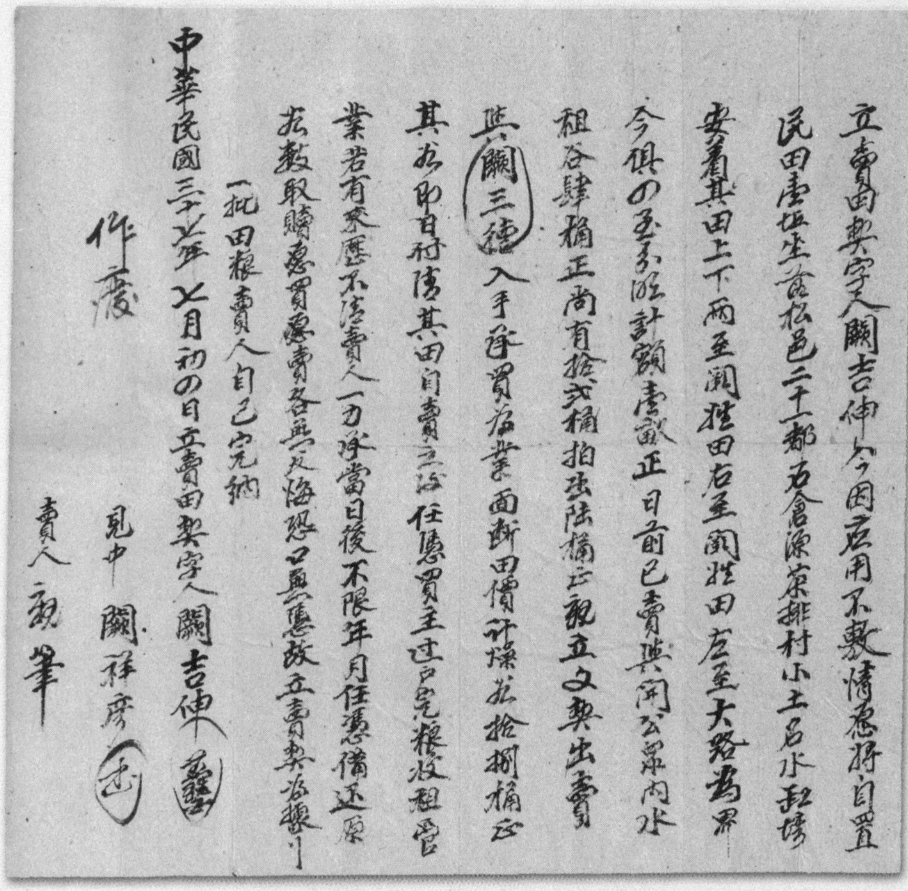

立賣田契字人闕吉伸，今因应用不敷，情愿将自置
民田壹坵，坐落松邑二十一都石倉源茶排村，小土名水缸塆，
安着其田，上、下两至闕姓田，右至闕姓田，左至大路為界，
今俱四至分明，計額壹畝正，日前已賣與闲公衆内，水
租谷肆桶正，尚有拾式桶，拍出陆桶正，親立文契出賣
與闕三德入手承買為業，面断田價计燥谷拾捌桶正，
其谷即日付清，其田自賣之後，任憑買主过户完粮，收租管
業，若有來歷不清，賣人一力承當，日後不限年月，任憑備还原
谷数取贖，愿買愿賣，各無反悔，恐口無憑，故立賣契為據。

一批田粮賣人自己完纳。

中華民國三十七年七月初四日　立賣田契字人　闕吉伸

見中　闕祥彦

作廢

賣人　親筆

立賣田契字人劉培華今因無錢應用自情原將父手遺下分己闕内民田壹處坐落松邑二十一都石倉源夫人廟后小土名山頭龍神廟背安着其田上至文昌会田下至文昌会田左至坑壠右至文昌会田今俱四至分明四至界内茶頭雜木一概在内計租谷叁担四桶正自愿托中立契出賣與三德公入受承買為業當日憑中三面言斷目值時價𥺁谷拾四担正其谷即日隨契付清不少升合其田自賣之後任憑買主收租管業出賣人無得異言阻挽此係自己清業與内外房親伯叔兄弟子侄人等並無干涉如有上手來歷不明賣人一力承當不干買主之事日後任憑賣主備办原谷不限年月取贖兩想情愿愿賣愿買恐口無憑各無反悔故立賣田契字為據

一批每年完納实租叁担四桶正不敢欠少再照

中華民國三十七年拾月二十六日立賣田契字人劉培華（押）

見中 劉培英（押）

劉培俍（押）

代筆 劉執鐸（押）

新

（前頁）>>>>>

立賣田契字人闕培華，今因無錢應用，自情原〔愿〕將父手遺下分己阄内民田壹處，坐落松邑二十一都石倉源夫人廟庄，小土名山頭龍神廟背，安着其田，上至文昌会田，下至文昌会田，左地坑壠，右至文昌会田，今俱四至分明，四至界内，茶頭雜木，一概在内，计租谷叁担四桶正，自愿托中立契，出賣與三德公入受承買為業，當日憑中三面言断，目值時價燥谷拾四担正，其谷即日隨契付清，不少升合，其田自賣之後，任憑買主收租管業，出賣人無得異言阻执，此係自己清業，與内外房親伯叔兄弟子侄人等並無干涉，如有上手来歷不明，賣人一力承當，不干買主之事，日後任憑賣主備办原谷，不限年月取贖，两想〔相〕情愿，愿賣愿買，恐口無憑，各無反悔，故立賣田契字為據。

一批每年充纳实租叁担四桶正，不敢欠少，再照。

中華民國三十七年拾月二十六日　立賣田契字人　闕培華

見中　闕培英

闕培俍

代筆　闕執鐸

立賣斷绝田契人阙吉駢仝忠有等今因無錢應用自情愿將祖父遺下民田壹坵坐落松邑二十一都上茶排庄住屋門口安着其田上至路下至阙姓田外至大路内至路并菜園為界四至界内田頭地塝檔茶雜木一應在内計額法分正自愿托中立契出賣與三德戶衆内為業當日三面言斷目値時價金圓劵式佰四拾元正其劵即日隨契付清不少分厘其田自賣之後任憑衆内過戶完粮收租易佃執契管業出賣人毋得異言阻挽此係自己清業與房親伯叔兄弟人等並無干涉上手如有来歷不明賣人一力承當不干買主之事愿賣愿買兩相情愿永遠無找無贖恐口無憑故立賣斷绝契為據

中華民國三十七年十二月二十六日立賣斷绝田契人阙吉駢

仝 阙忠有

在見 阙聰旺

憑中 阙執永

代筆 阙執鐸

（前頁）>>>>>

立賣断绝田契人闞吉駢仝忠有等，今因無錢應用，自情愿將祖父遺下民田壹坵，坐落松邑二十一都上茶排庄住屋門口，安着其田，上至路，下至闞姓田，外至大路，内至路并菜園為界，四至界内，田頭地角，槿茶雜木，一應在内，計額陆分正，自愿托中立契，出賣與三德户衆内為業，當日三面言断，目值時價金圓券弍佰四拾元正，其劵即日隨契付清，不少分厘，其田自賣之後，任憑衆内過户完粮，收租易佃，执契管業，出賣人毋得異言阻执，此係自己清業，與房親伯叔兄弟人等並無干涉，上手如有来歷不明，賣人一力承當，不干買主之事，愿賣愿買，两相情愿，永遠無找無贖，恐口無憑，故立賣断绝契為據。

中華民國三十七年十一月二十六日　立賣断绝田契人　闞吉駢

仝　闞忠有

在見　闞聰旺

憑中　闞執承

代筆　闞執鐸

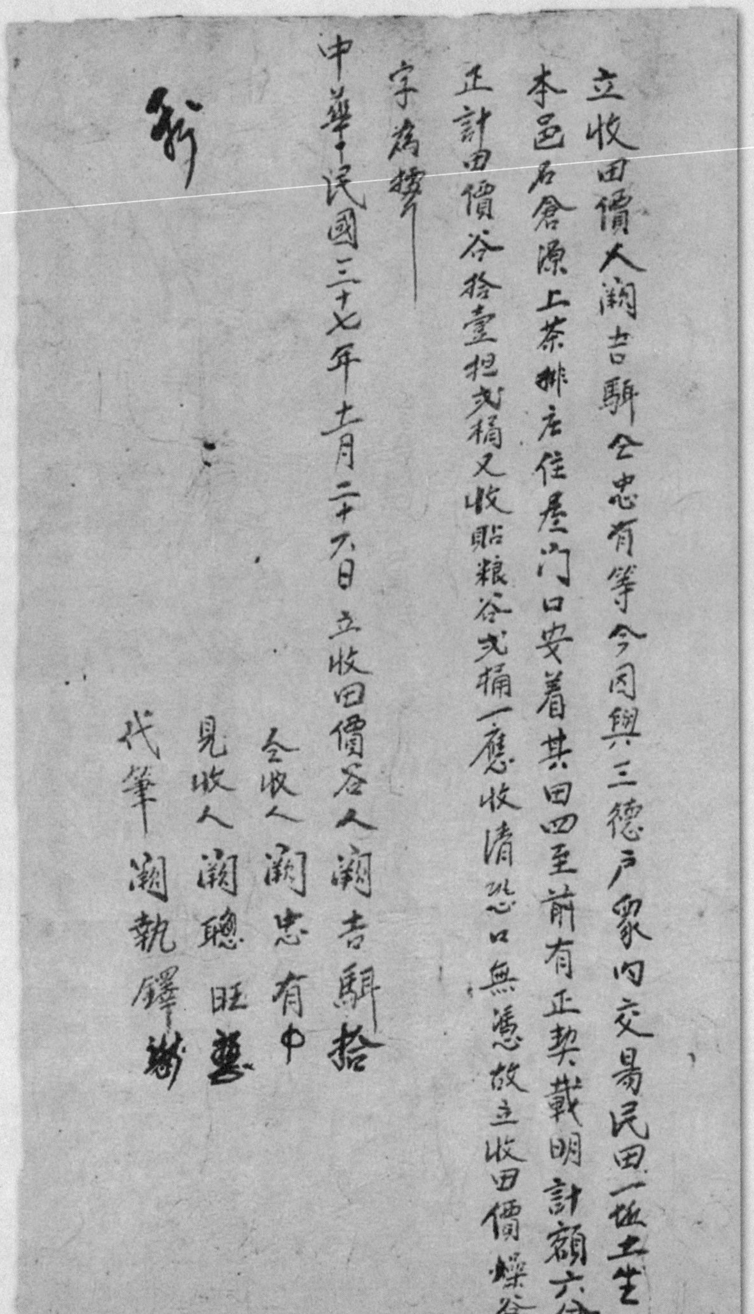

立收田價人闞吉駉仝忠有等，今因與三德户衆内交易民田一坵，土坐本邑石倉源上茶排庄住屋门口安着，其田四至，前有正契載明，計額六分正，計田價谷拾壹担弍桶，又收貼粮谷弍桶，一應收清，恐口無憑，故立收田價燥谷字為據。

中華民國三十七年十一月二十六日　立收田價谷人　闞吉駉

仝收人　闞忠有

見收人　闞聰旺

代筆　闞執鐸

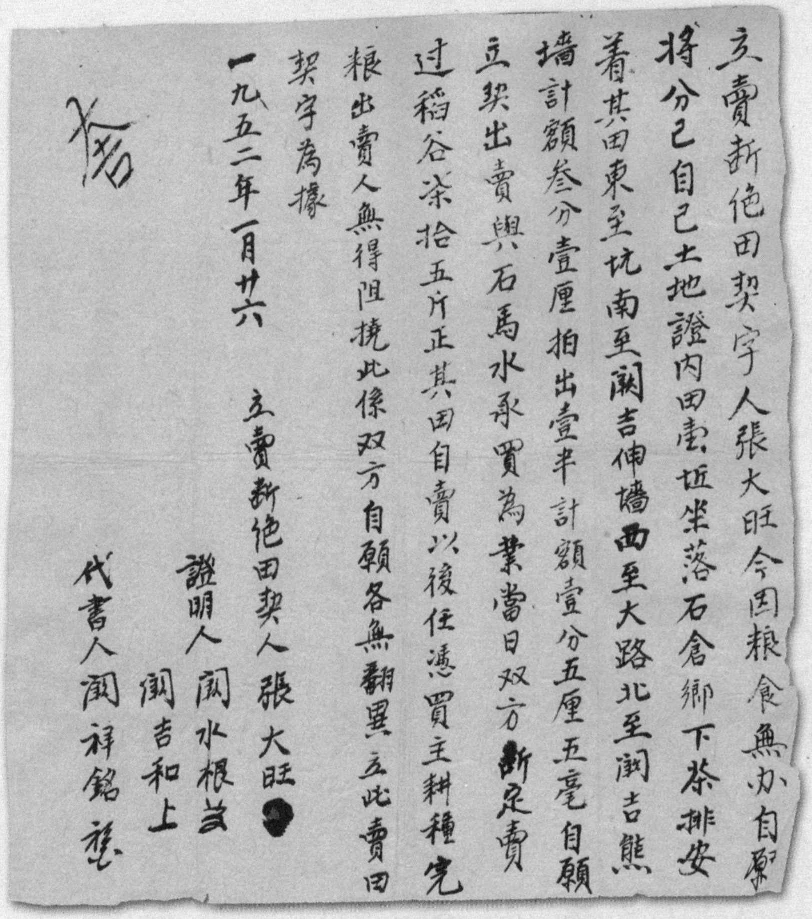

立賣断绝田契字人張大旺，今因粮食無办，自願
将分己自己土地證内田壹坵，坐落石倉鄉下茶排，安
着其田，東至坑，南至闕吉伸墻，西至大路，北至闕吉熊
墻，計額叁分壹厘，拍出壹半，計額壹分五厘五毫，自願
立契出賣與石馬水承買為業，當日双方断定，賣
过稻谷柒拾五斤正，其田自賣以後，任憑買主耕種完
粮，出賣人無得阻撓，此係双方自願，各無翻異，立此賣田
契字為據。

一九五二年一月廿六（日）　立賣断绝田契人　張大旺
證明人　闕水根
闕吉和
代書人　闕祥銘

立賣斷截田契字人張大旺今因粮食無出
自願將分自己土地證內田壹坵坐落石倉鄉
下茶排安着其田東至坑南至買主墻西至大路
北至闕吉瑩墻計額叁八分壹厘柏坐產畢壹
分肆厘五毫自願立契出契賣與闕吉坤
入受承買為業當日双方斷定賣过稻谷
柒拾伍斤其谷即日付訖兑立收字其田自賣
之後任憑買主耕種完粮出賣人無得阻撓
此田依照時價已足双方願意並無找贖各無
翻異兹立賣田契字為據

一九五二年二月三日　立賣斷截田契字人　張大旺
證明人　闕水根
闕祥明
代書人　闕吉燮

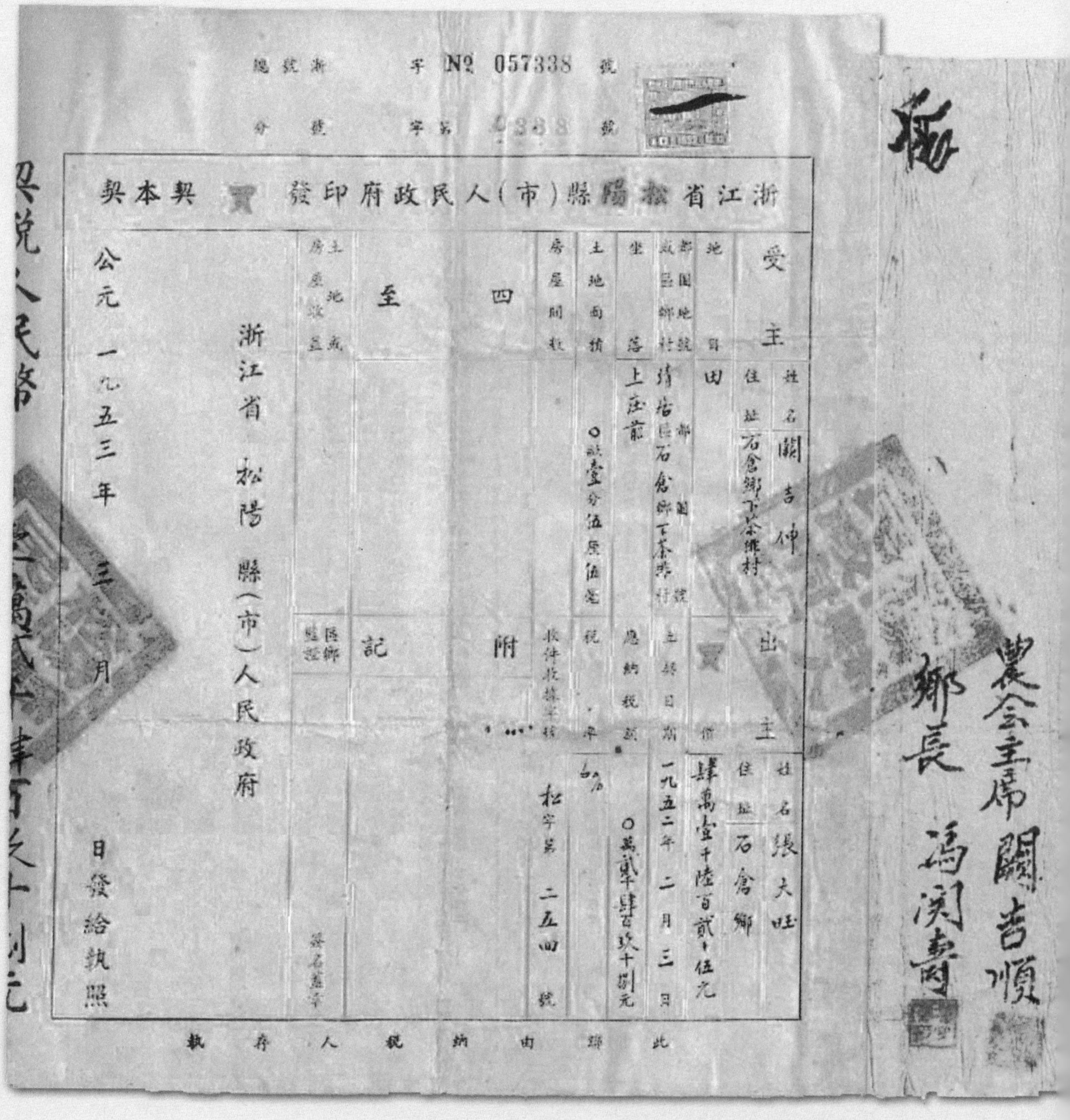

浙税總字 No 057338 號

分發　字第 4338 號

浙江省松陽縣（市）人民政府印發　買　契本契

受主	姓名	闕吉伸	
	住址	石倉鄉下茶排村	
地目	田		
鄉鎮區村地號	靖居區石倉鄉下茶排村		
坐落	上莊前		
土地面積	〇畝壹分伍厘伍毫		
房屋間數			
四至			
土地房屋坐落			
出主	姓名	張大旺	
	住址	石倉鄉	
價	肆萬壹千陸百貳十伍元		
立契日期	一九五二年二月三日		
應納稅款	〇萬貳千肆百玖十捌元		
稅率	6%		
契紙號	松字第二五四號		
附記			
區鄉鎮經	簽名蓋章		

浙江省松陽縣（市）人民政府

公元一九五三年三月　日發給執照

此聯由納稅人存執

第一

農會主席　闕吉順

鄉長　馮渕壽

（前頁）>>>>>

立賣断截田契字人張大旺，今因粮食無办，自願將分自己土地證内田壹坵，坐落石倉鄉下茶排，安着其田，東至坑，南至買主墻，西至大路，北至闕吉瑩墻，計額叁分壹厘，拍出壹半，壹分伍厘五毫，自願立契出『契』賣与闕吉伸人受承買為業，當日双方断定，賣过稻谷柒拾五斤，其谷即日付訖，免立收字，其田自賣之後，任憑買主耕種完粮，出賣人無得阻撓，此田依照時價已足，双方願意，並無找贖，各無翻異，故立賣田契字為據。

一九五二年二月三日　立賣断截田契字人　張大旺

證明人　闕水根

闕祥明

代書人　闕吉瑩

農会主席　闕吉順

鄉長　馮闵壽

根据实据情况，該土地确系在土改后自己所有，以上卖出部分給闕吉伸管业，特此證明。□□十一□廿四日

松陽縣石倉區公所

松陽縣石倉鄉人民政府

(前頁)>>>>>

浙江省松陽縣（市）人民政府印發買契本契

受主		地目	都圖地號或區鄉村	坐落	土地面積	房屋間數	四至	土地或房屋收益
姓名	住址							
闕吉仲	石倉鄉下茶排村	田	都　圖　號 靖居區石倉鄉下茶排村	上庄前	○畝壹分伍厘伍毫			

出主		買價	立契日期	應納稅額	稅率	收件收據字號	附記	區鄉監證
張大旺	石倉鄉	肆萬壹千陸百貳十伍元	一九五二年二月三日	○萬貳千肆百玖十捌元	6%	松　字第　二五四　號		簽名蓋章

浙江省　松陽　縣（市）人民政府

公元　一九五三　年　三　月　日發給執照

此聯由納稅人存執

立賣田契字人闞吉普，今因公粮無着，將自己土地證内田壹處，土坐靖居區石倉鄉下宅街村，小土名周弄源口，東闞新根，南路，西坑，北闞成達為界，田式坵，计額壹畝，出賣与上村闞成招兄边承買為業，三面言断，时值價穀陆百柒拾斤，价穀当日付清，自賣後，任憑買主耕種管業，过户完粮，此係土地證内清業，与他人無涉，今得双方同意，恐口無憑，故立賣断田契字為據。

公元一九五三年十二月五日　立賣断田契字人　闞吉普

证明人石倉鄉下茶排村主任　闞吉順

代筆　闞成材

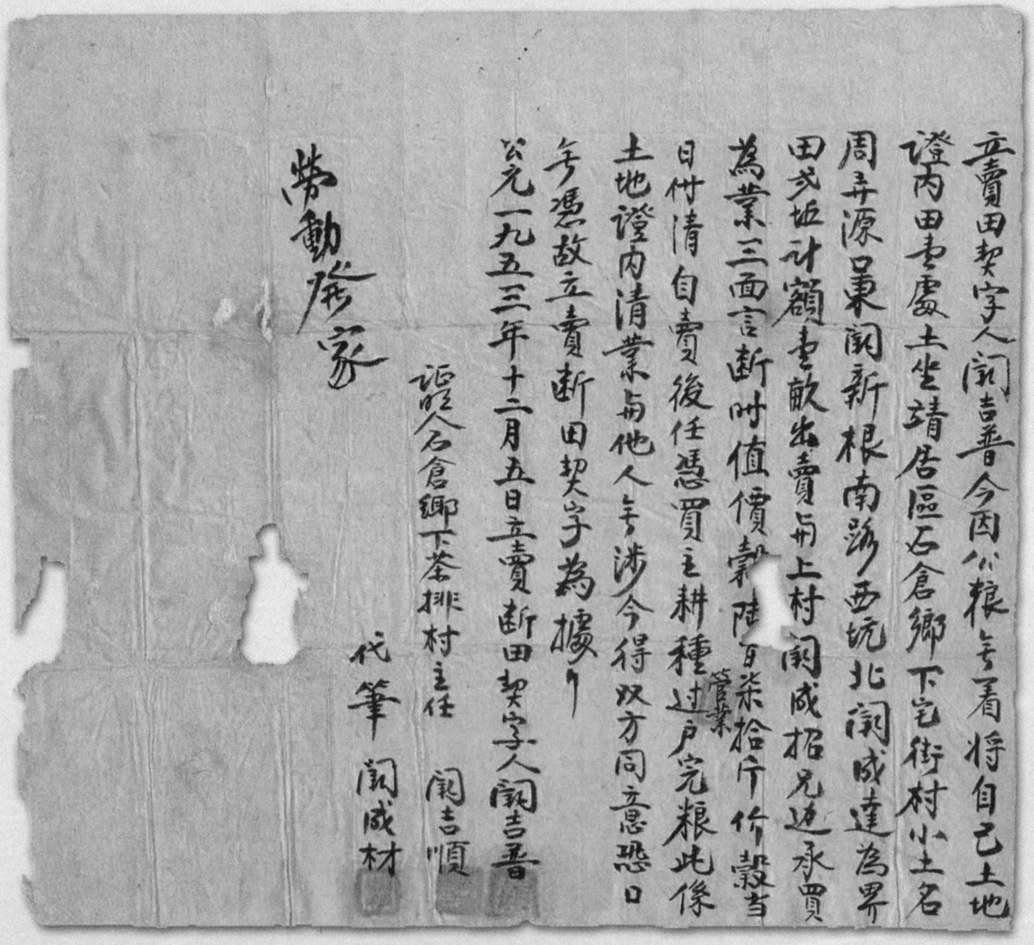

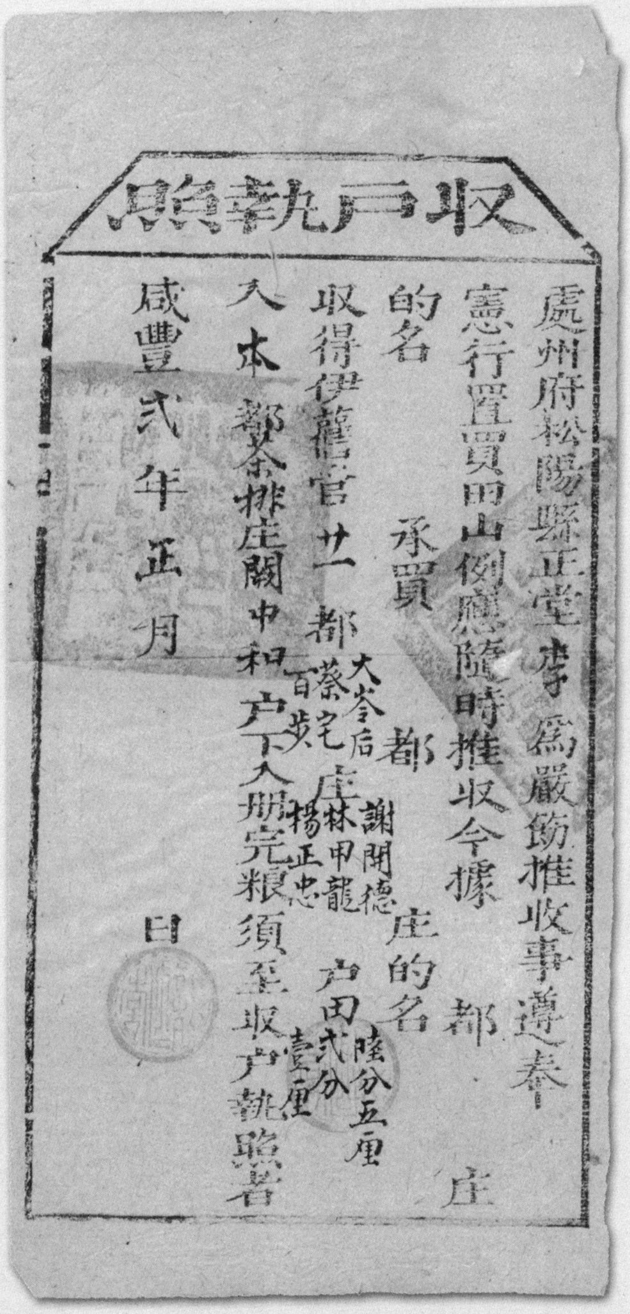

收戶執照

處州府松陽縣正堂李　為嚴飭推收事，遵奉

憲行置買田山例，應隨時推收，今據　　都　　庄

的名　　承買　　都　　庄的名

大岭后　謝開德　陸分五厘

收得伊舊管 廿一 都 蔡 宅 庄 林甲龍 户田 式分

百 步　楊正忠　壹厘

入 本都 茶排 庄 闕中和 户下入册完粮，須至收户執照者。

咸豐 式 年 正 月　　日

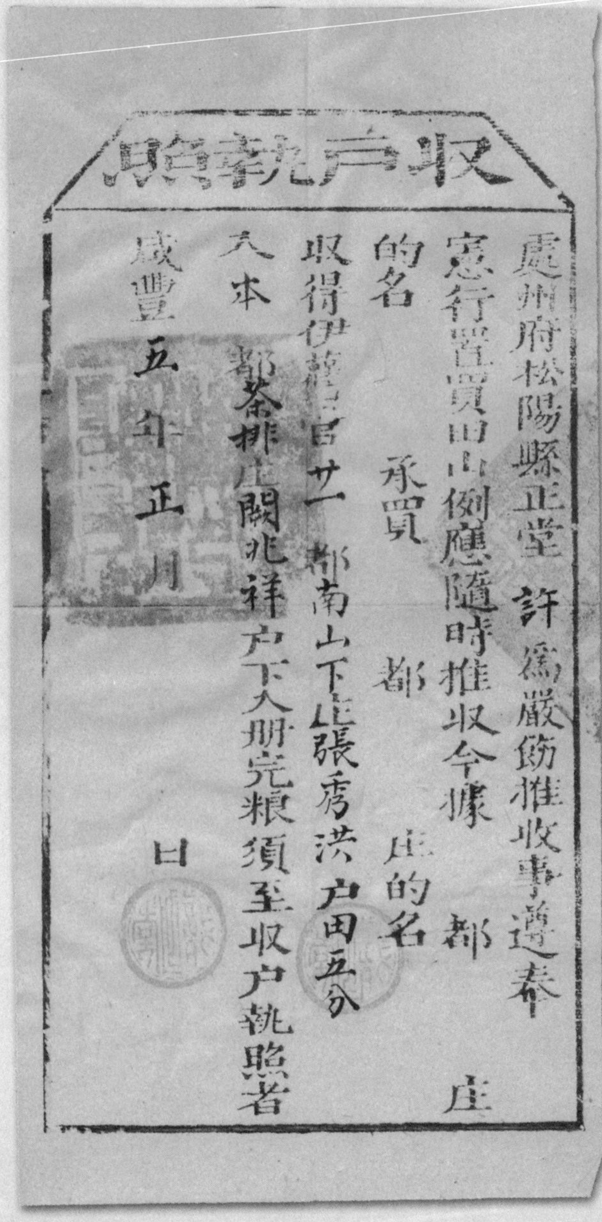

收戶執照

處州府松陽縣正堂許　為嚴飭推收事，遵奉
憲行置買田山例，應隨時推收，今據　都　庄
的名　承買　都　庄的名
收得伊舊管 廿一 都 南山下 庄 張秀洪 户田 五分
入 本都 茶排 庄 闕兆祥 户下入册完粮，須至收户執照者。
咸豐 五 年 正 月 日

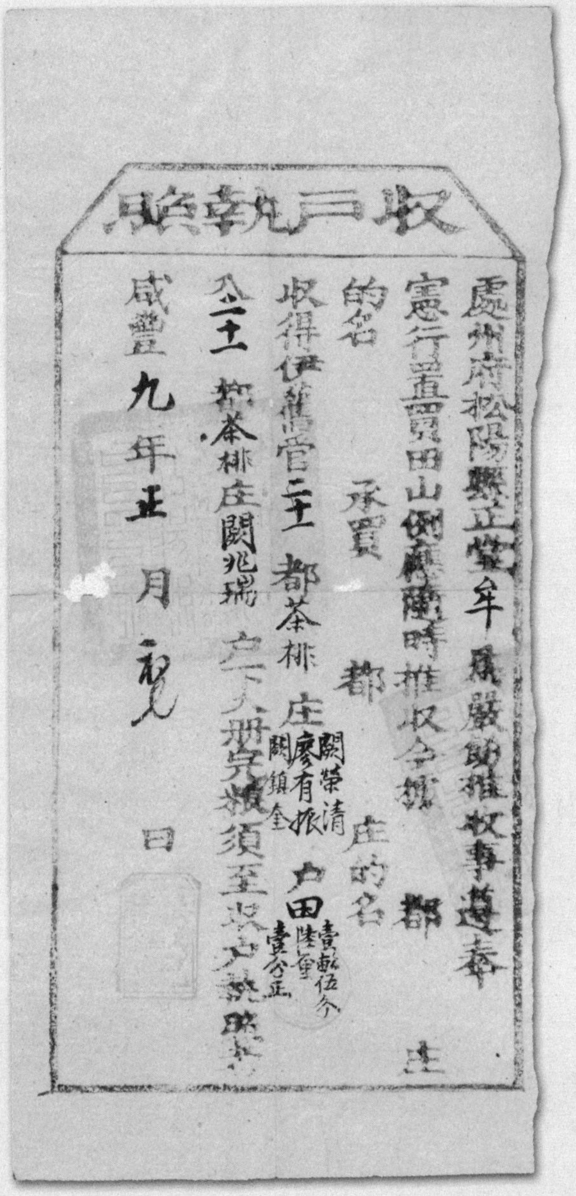

收户執照

處州府松陽縣正堂牟　為嚴飭推收事，遵奉
憲行置買田山例，應隨時推收，今據　都　庄
的名　承買　都　庄的名
收得伊舊管 二十一 都 茶排 庄 闕榮清 壹畝伍分
廖有振 户田 陸厘
闕鎮奎 壹分正
入二十一 都茶排庄 闕兆瑞 户下入册完粮，須至收户執照者。
咸豐 九 年 正 月 初七 日

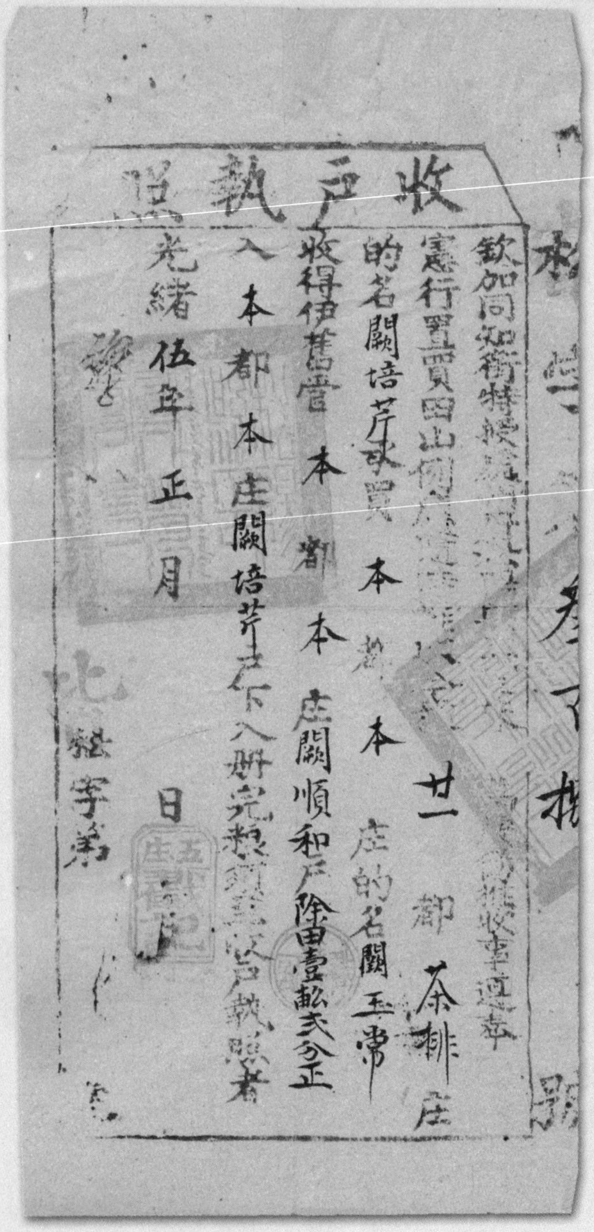

收戶執照

欽加同知銜特授處州府松陽縣正堂朱　為嚴飭推收事，遵奉
憲行置買田山例，應随時推收，今據廿一都　茶排　庄
的名　闕培芹　承買　本　都　本　庄的名　闕玉常
收得伊舊管　本　都　本　庄　闕順和　户　除田壹畝弍分正
入　本　都　本　庄　闕培芹　户下入册完粮，須至收户執照者。
光緒伍　年　正　月　日　五庄戳記
松字第　　號

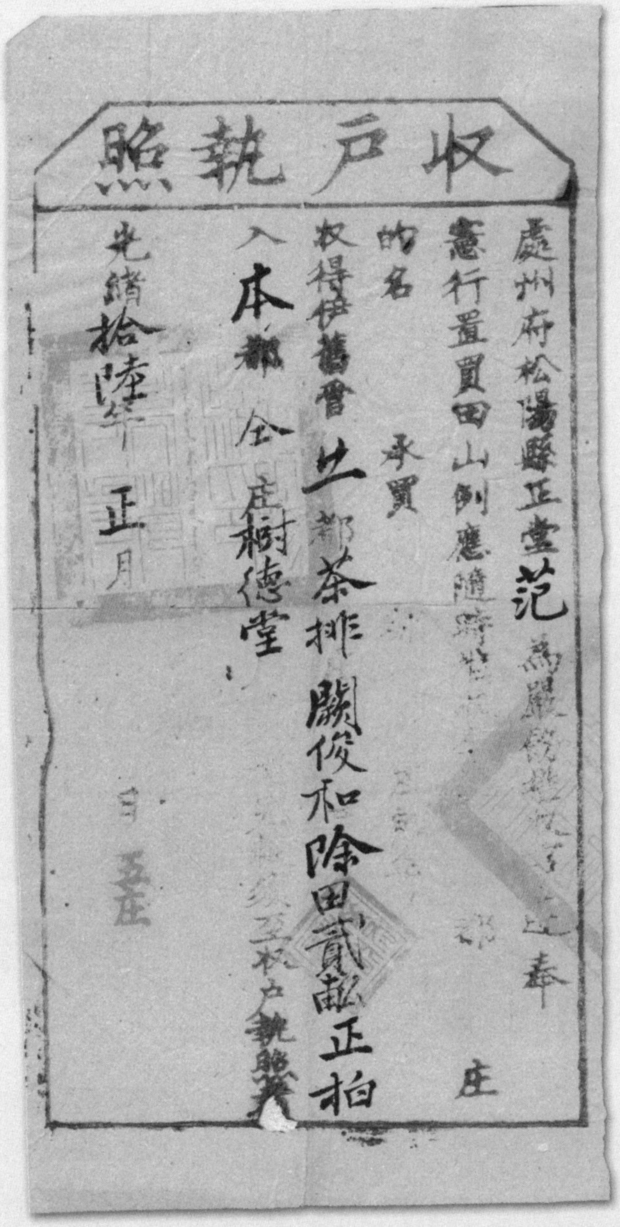

收戶執照

處州府松陽縣正堂范　為嚴飭推收事，遵奉
憲行置買田山例，應隨時推收，今據　都　庄
的名　承買　都　庄的名
收得伊舊管廿一都茶排　庄　闕俊和户　除田貳畝正，拍
入本都仝庄　樹德堂　户下入册完粮，須至收户執照者。
光緒　拾陸　年正月　日　五庄

松陽縣公署發給承糧戶摺

業戶須知

一本摺為業戶承糧之證據
一凡有買賣典當行為時由賣出典買入者雙方呈繳原有戶摺分別推收換給新戶摺
一凡因承繼或分析而取得所有權時須呈繳原有戶摺分別推收換給新戶摺
一凡業戶請求推收時須呈驗不動產買賣或典當係舊契均須粘有已經驗契辦法呈驗之憑證或新成立之契須有已納契稅之憑證否則不准推收
一凡業戶住所有變更時須先將此戶摺呈請該管縣知事驗明於首行住所下加蓋紅戳
一凡每年在上忙開征兩月以前呈請推收換給之新戶摺其摺內所載糧數不敷應照本年征糧由單相符在開征以後呈請者應照次年征糧由單相符
一本摺有遺失時准按照上列單由數規定之合法證據聲明遺失理由並開住所坐在地各種登合請該管縣知事查明補給
一戶摺之費用照摺開所有之產十行以內納銀一元五角十行以上每十行遞加五分無論第一次發給或以後換給及補給均同

業戶　　住所　　都　　莊　　圖　　名
莊　　圖　　征冊

產別	畝分	產之所在地坐落號	原有戶名	糧額 銀數 米數
田	柒畝貳分壹厘	茶排壠	樹德堂	陸錢肆分柒厘正

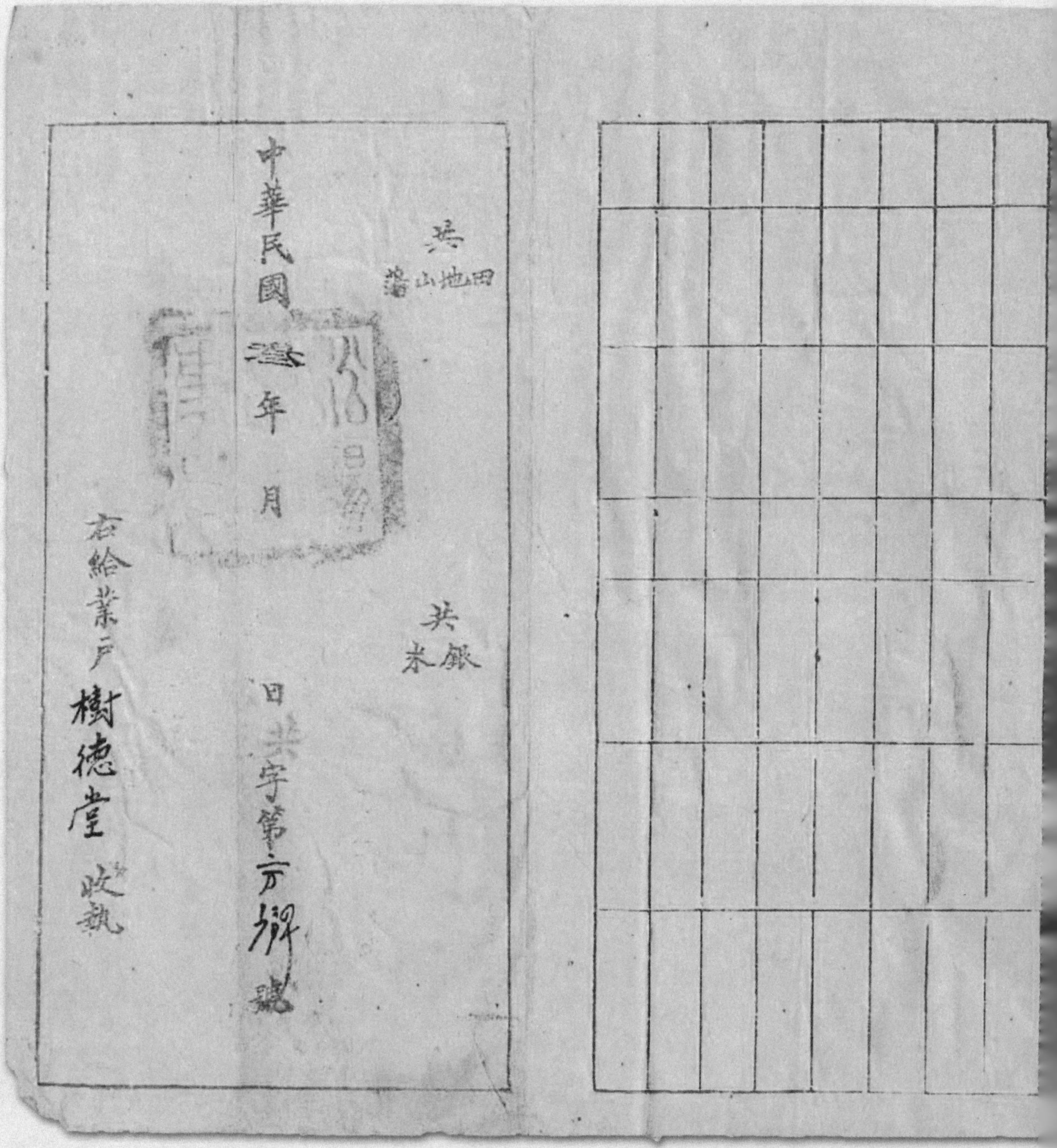
共 田地山塘

共 銀 米

中華民國卅年 月 日 字第[illegible]號

右給業戶 樹德堂 收執

(前頁)>>>>>

松陽縣公署發給承粮户摺

業户須知

一 本摺為業户承粮之證據。

一 凡有買賣行為時，由賣出與買入者雙方呈繳原有户摺，分別推收，換給新户摺。

一 凡因承繼或分析取得所有權時，須呈繳原有户摺，分別推收，換給新户摺。

一 凡呈繳户摺，請求推收時，須呈驗不動產契據，如係舊契，均須粘有已照驗契辦法呈驗之憑證或浙省前給之登記證書，如新成立之契，須有已納契税之憑證，否則不准推收。

一 凡業户住所有變更時，須立時將此户摺呈請該管縣知事驗明，於首行住所下加蓋紅戳。

一 凡每年在上忙開征兩月以前呈請推收換給之新户摺，其摺內所載銀數米數，應與本年征粮由單相符，在開征以後呈請者，應與次年征粮由單相符。

一 本摺如有遺失時，准檢齊上列第四款規定之合法證據，聲明切實理由，邀同住所所在地之□實保證人呈請該管縣知事查册補給。

一 户摺手數料照□開所有之產，十行以內納銀元五分，十一行以上每十行遞加五分，無論第一次發給或以後換給及補給均同。

業户	住所	都 圖 莊 土名	圖莊征册

產別	畝分	產之所在地及字號	原有户名	粮額 銀數	粮額 米數
田	柒畝貳分壹厘	茶排喔二百卅三	樹德堂	陸錢肆分柒厘正	

（前頁）>>>>>

共田地山蕩

共銀米

中華民國叁年月日共字第二万五千三百四十號

右給業户樹德堂收執

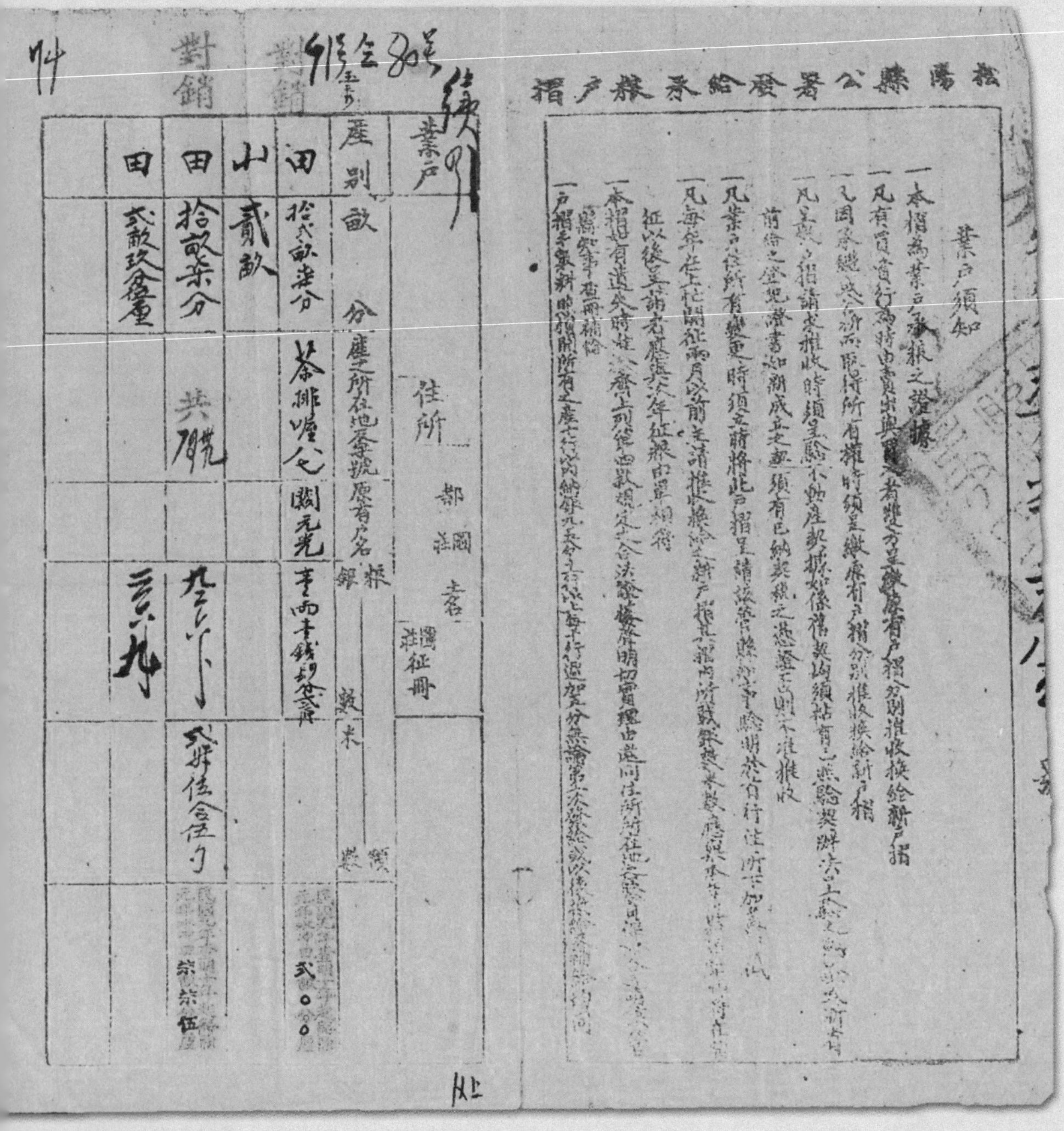

松陽縣公署發給承糧户摺

業户須知

一本摺為業户承粮之證據
一凡有買賣行為時由賣出與買入者雙方呈繳原有户摺分别推收換給新户摺
一凡因承繼或分析而取得所有權時須呈繳原有户摺分别推收換給新户摺
一凡呈繳户摺請求推收時須呈驗不動産契據如係構契須黏有已經驗契辦法之驗契[illegible]
前給之登記證書如期滿未起者須有已納契税之憑證否則不准推收
一凡業户住所有變更時須先期將此户摺呈請該管縣政府驗明於行住所[illegible]
一凡每年在上忙開征兩月以前須請推收換給新户摺凡摺内所載糧數[illegible]
征以後呈請者應於次年征粮由單填發
一本摺如有遺失時須於三日内登載上列各款規定之合法證據聲明切實理由連同住所所在地[illegible]
縣政府查冊補給
一户摺系[illegible]所有之産[illegible]

業户 [illegible]

住所 都 莊 圖 者

産别	畝分	産之所在地及原有户名	糧 銀數	米數	徵册
田	拾弍畝柒分	茶排喔(?)(乜) 闕元光	一两一錢[illegible]		
山	貳畝				
田	拾畝柒分	共[illegible]	九[illegible]	弍[illegible]伍[illegible]	
田	弍畝玖分[illegible]		三[illegible]九		

對銷 對銷

[illegible]全80[illegible]

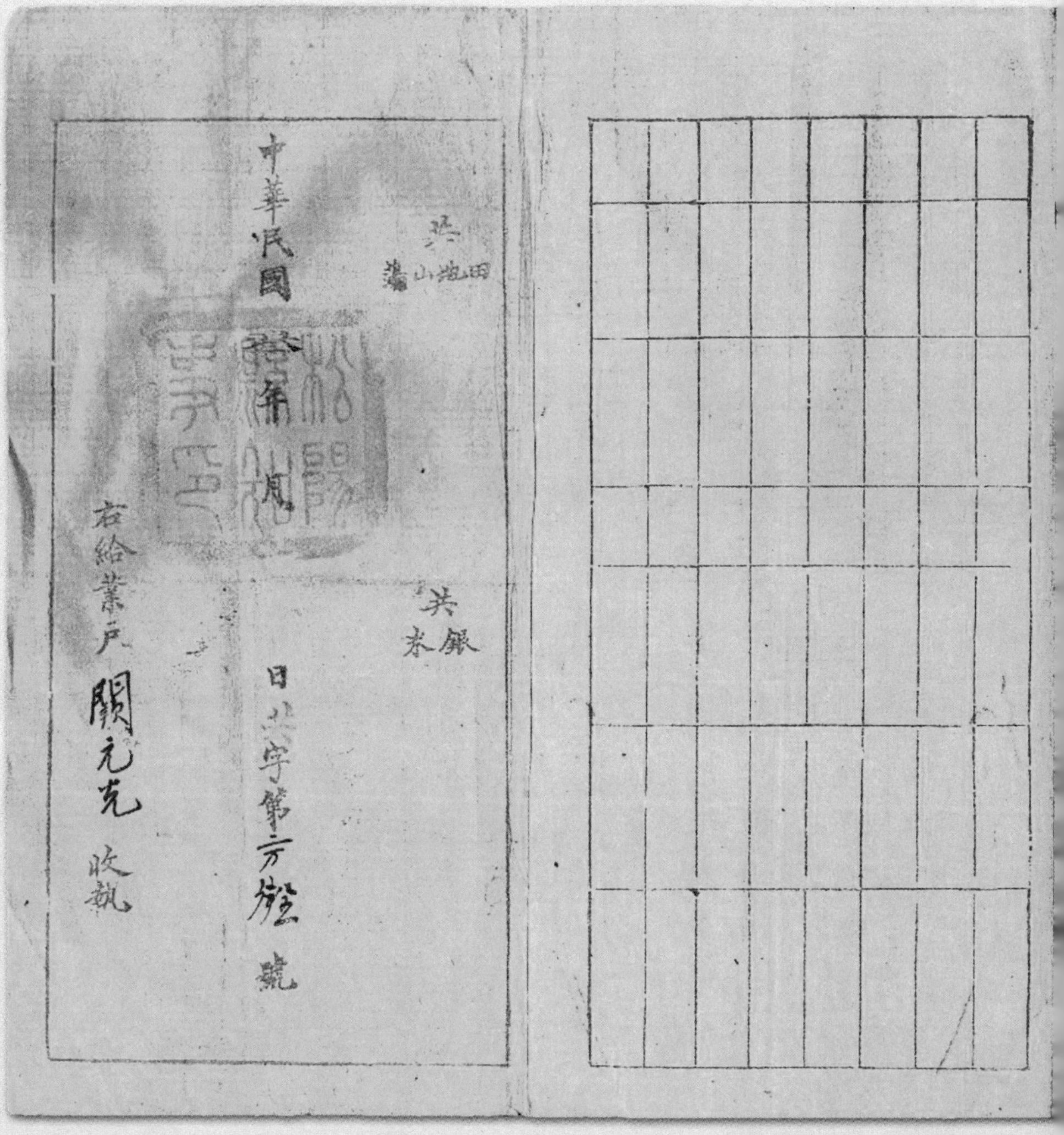
延之
田地山蕩
共叄本
中華民國拾年月
日字第方號
右給業戶闕元克收執

（前頁）>>>>>

松陽縣公署發給承粮户摺

業户須知

一 本摺為業户承粮之證據。

一 凡有買賣行為時，由賣出與買入者雙方呈繳原有户摺，分別推收，換給新户摺。

一 凡因承繼或分析取得所有權時，須呈繳原有户摺，分別推收，換給新户摺。

一 凡呈繳户摺，請求推收時，須呈驗不動產契據，如係舊契，均須粘有已照驗契辦法呈驗之憑證或浙省前給之登記證書，如新成立之契，須有已納契税之憑證，否則不准推收。

一 凡業户住所有變更時，須立時將此户摺呈請該管縣知事驗明，於首行住所下加蓋紅戳。

一 凡每年在上忙開征兩月以前呈請推收換給之新户摺，其摺内所載銀數米數，應與本年征粮由單相符，在開征以後呈請者，應與次年征粮由單相符。

一 本摺如有遺失時，准檢齊上列第四款規定之合法證據，聲明切實理由，邀同住所所在地之□實保證人呈請該管縣知事查册補給。

一 户摺手數料照□開所有之産，十行以内納銀元五分，十一行以上每十行遞加五分，無論第一次發給或以後換給及補給均同。

業户	住所	都 圖 莊 土名	圖莊征册

產別	畝分	產之所在地及字號	原有户名	粮額 銀數	粮額 米數	
田	拾弍畝柒分	茶排喔八七	闞元光	壹兩壹錢肆分弍厘		民國九年查明，十年起豁除元年水冲田弍畝〇分〇厘。
山	貳畝					
田	拾畝柒分	共一千四百卅九		九錢六分	弍升伍合伍勺	民國九年查明，十年起豁除元年水冲田柒畝柒分伍厘。
田	弍畝玖分伍厘			二錢六分九厘		

（前頁）>>>>>

田地山蕩共

銀米共

中華民國叁年　月　日共　字第二万五千六百八五號

右給業戶闞元光收執

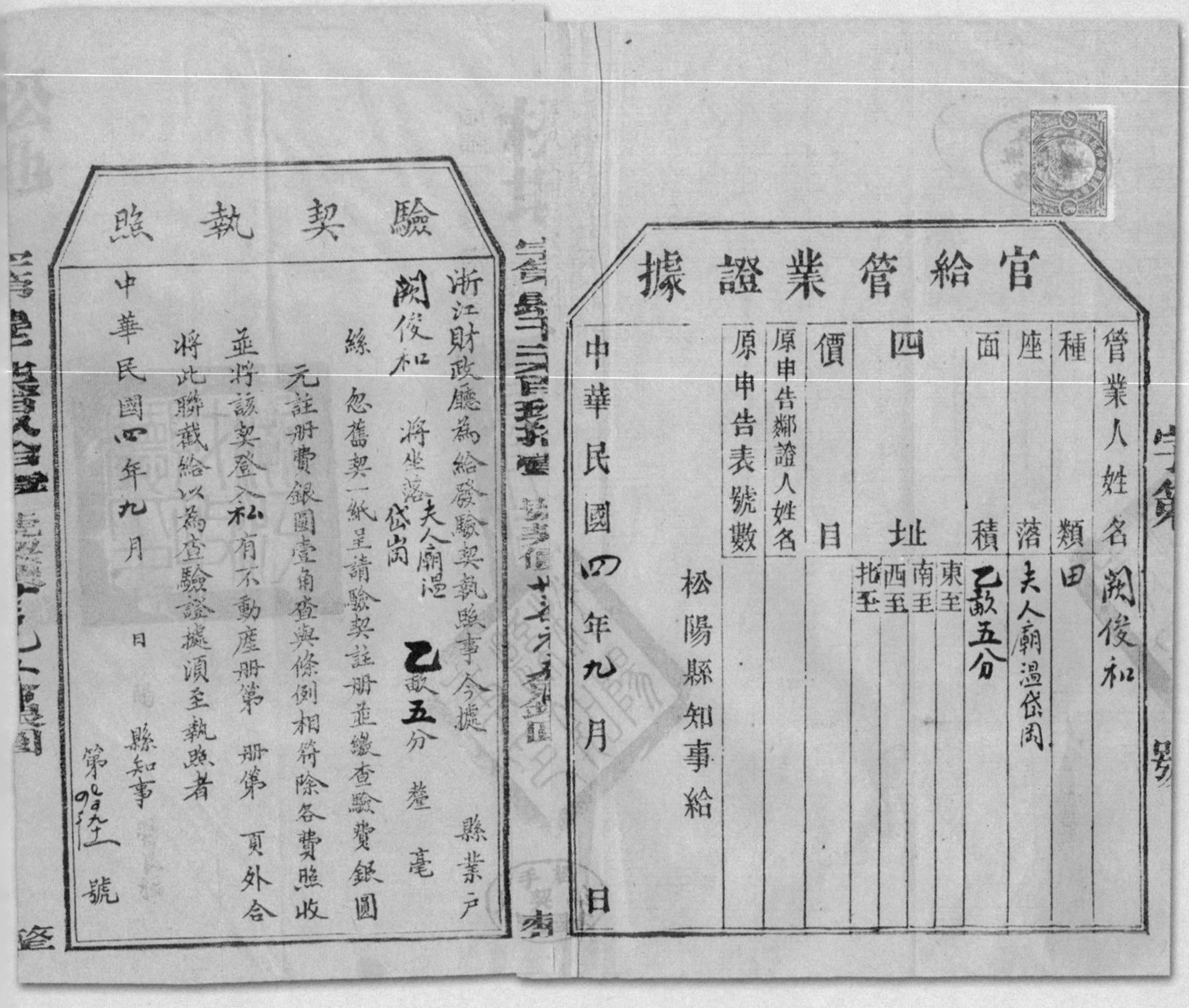

官給管業證據

管業人姓名 阙俊松
種類 田
座落 夫人廟溫岱岡
面積 乙畝五分
四址 東至 南至 西至 北至
價目
原申告鄰證人姓名
原申告表號數

松陽縣知事給

中華民國四年九月 日

驗契執照

浙江財政廳為給發驗契執照事今據 縣業戶
阙俊松 將坐落夫人廟溫岱崗 乙畝五分 釐 毫
絲 忽舊契一紙呈請驗契註冊並繳查驗費銀 圓
元註冊費銀圓壹角查與條例相符除各費照收
並將該契登入私有不動產冊第 冊第 頁外合
將此聯截給以為查驗證據須至執照者

縣知事

中華民國四年九月 日

第 號

官給管業證據

管業人姓名	種類	座落	面積	四址				價目	原申告鄰證人姓名	原申告表號數
				东至	南至	西至	北至			
闕俊和	田	夫人廟温岱岡	一畝五分							

松陽縣知事給

中華民國　四　年　九　月　　日

驗契執照

浙江財政廳為給發驗契執照事，今據　　縣業户

闕俊和　将坐落 夫人廟温岱崗 一畝五分　釐　毫

絲　忽，舊契一紙，呈請驗契註册，並繳查驗費銀圓

元，註册費銀圓壹角，查與條例相符，除各費照收

並将該契登入 私 有不動産册第　册第　頁外，合

将此聯截給，以為查驗證據，須至執照者。

中華民國　四　年　九　月　日　縣知事

第四千七百九十一號

字第　號

官給管業證據

管業人姓名	種類	座落	面積	四址				價目	原申告鄰證人姓名	原申告表號數
閔俊和	田	夫人廟細湖子	弍亩五分	東至	南至	西至	北至			

松陽縣知事給

中華民國四年九月　日

驗契執照

浙江財政廳為給發驗契執照事今據　縣業户

閔俊和　將坐落夫人廟田湖子　弍畝五分　釐　毫

係　忽舊契一紙呈請驗契註册並繳查驗費銀圓

元註册費銀圓壹角查與條例相符除各費照收

並將該契登入私有不動產册第　册第　頁外合

將此聯截給以為查驗證據須至執照者

中華民國四年九月　日

縣知事

第　號

官給管業證據

管業人姓名	種類	座落	面積	四址				價目	原中告鄰證人姓名	原申告表號數
闕俊和	田	夫人廟细湖子	弍亩五分	东至	南至	西至	北至			

松陽縣知事給

中華民國　四　年　九　月　　日

驗契執照

浙江財政廳為給發驗契執照事，今據　　縣業户

闕俊和　将坐落 夫人廟 细湖子　　弍畝五分　　釐　　毫

絲　忽，舊契一紙，呈請驗契註册，並繳查驗費銀圓

元，註册費銀圓壹角，查與條例相符，除各費照收

並将該契登入私有不動產册第　册第　頁外，合

将此聯截給，以為查驗證據，須至執照者。

中華民國　四　年　九　月　　日　　縣知事

第四千七百九十號

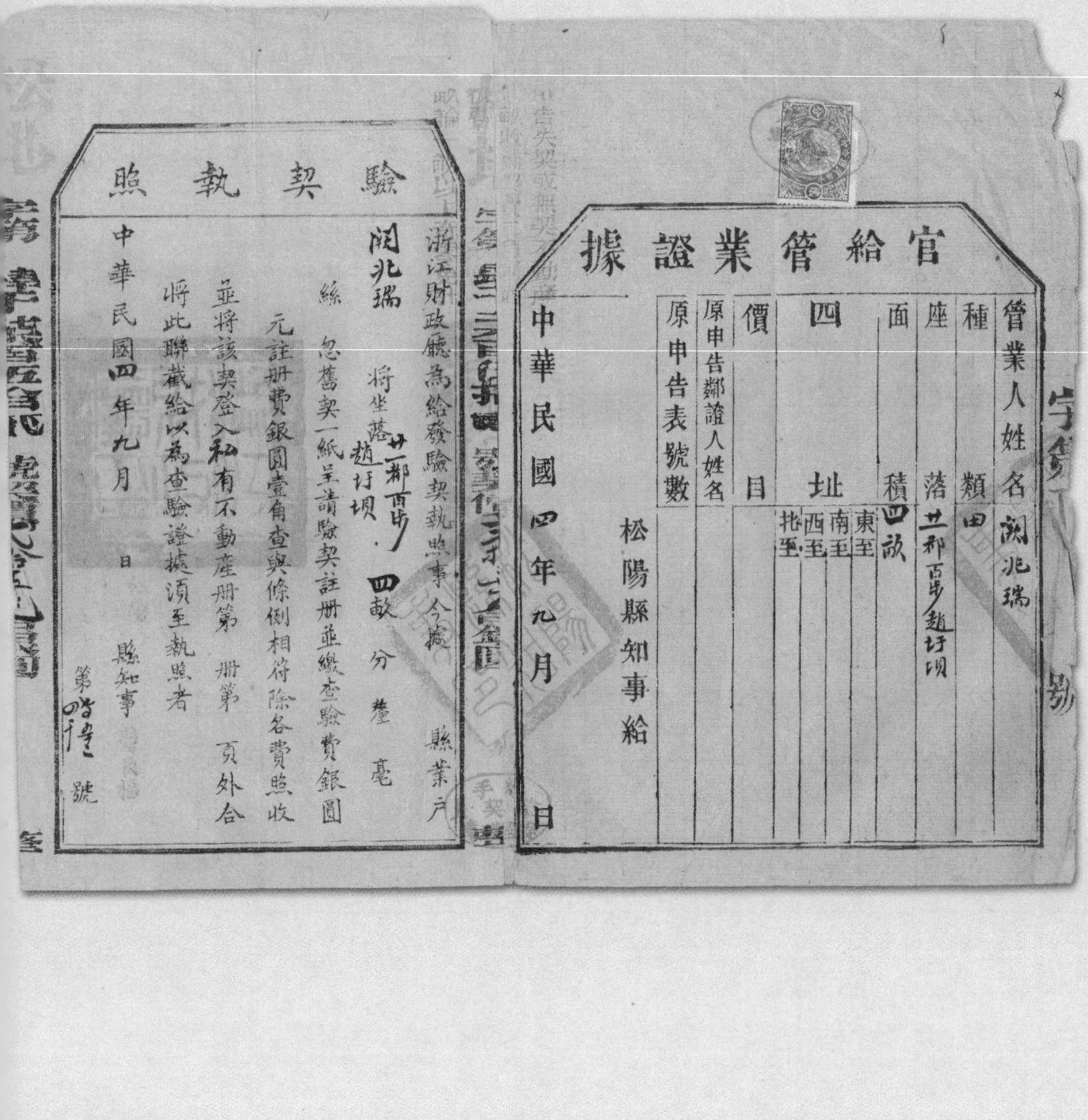
驗契執照

浙江財政廳為給發驗契執照事今據 縣業戶
闕兆瑞 將坐落廿一都百步趙圩垻 四畝 分 釐 毫
絲 忽舊契一紙呈請驗契註冊並繳查驗費銀圓
元註册費銀圓壹角查與條例相符除各費照收
並將該契登入私有不動產册第 册第 頁外合
將此聯截給以為查驗證據須至執照者

中華民國四年九月 日

縣知事

第 號

官給管業證據

管業人姓名	闕兆瑞
種類	田
座落	廿一都百步趙圩垻
面積	四畝
四址	東至 南至 西至 北至
價目	
原申告鄰證人姓名	
原申告表號數	

松陽縣知事給

中華民國四年九月 日

官給管業證據

管業人姓名	種類	座落	面積	四址	價目	原申告鄰證人姓名	原申告表號數
闕兆瑞	田	廿一都百步趙圩垻	四畝	东至 南至 西至 北至			

松陽縣知事給

中華民國 四 年 九 月 日

驗契執照

浙江財政廳為給發驗契執照事，今據 縣業户
闕兆瑞 將坐落 廿一都百步趙圩垻 四畝 分 釐 毫
絲 忽，舊契一紙，呈請驗契註册，並繳查驗費銀圓
元，註册費銀圓壹角，查與條例相符，除各費照收
並將該契登入 私 有不動產册第 册第 頁外，合
將此聯截給，以為查驗證據，須至執照者。

中華民國 四 年 九 月 日 縣知事

第四千七百五十二號

對銷　對銷

8號

德18

陽縣公署發給承糧戶摺

業戶須知

一 承摺為業戶承粮之證據

一 凡有買賣行為時由賣出與買入者雙方呈繳原有戶摺分別推收換給新戶摺

一 凡因承繼或分析而取得所有權時須呈繳原有戶摺分別推收換給新戶摺

一 凡呈繳戶摺請求推收時須呈驗不動產契據係絕賣須黏有已照驗契辦法呈驗之契紙或附[illegible]

前無登記證書如新成立之契須有已納契稅之憑證否則不准推收

一 凡業戶住所有變更時須立時將此戶摺呈請該管縣知事驗明於舊有住所下加蓋紅戳

一 [illegible]年[illegible]征[illegible]月以前呈請推收換給之新戶摺其摺內所載粮數米數應自本年征粮由單起符合[illegible]

[illegible]後呈請者應從次年征粮由單相符

一 三[illegible]檢齊上列[illegible]規定之合法[illegible]明[illegible]住所[illegible]

[illegible]

一 [illegible]

產別	畝分	產之所在地名號	原有名	粮額 銀	米	總
田	拾畝正	茶排	闕兆瑞	九三	貳升四合	原有錫叁畝[illegible]分正 推除田叁畝[illegible]分正
山	肆畝正					壹〇〇
田	玖畝正	共		公冬	貳升山合五勺	寨有山 叁畝除 伍伍〇
田	叁畝伍分正			三十		

業戶

住所　都　莊　者

屬征冊

土名
田地山蕩
共 [illegible]
中華民國八年 月 日 字第 號
驗 號 戳
右給業戶闕兆瑞 收執訖

(前頁)>>>>>

松陽縣公署發給承粮户摺

業户須知

一本摺為業户承粮之證據。

一凡有買賣行為時，由賣出與買入者雙方呈繳原有户摺，分別推收，換給新户摺。

一凡因承繼或分析取得所有權時，須呈繳原有户摺，分別推收，換給新户摺。

一凡呈繳户摺，請求推收時，須呈驗不動產契據，如係舊契，均須粘有已照驗契辦法呈驗之憑證或浙省前給之登記證書，如新成立之契，須有已納契税之憑證，否則不准推收。

一凡業户住所有變更時，須立時將此户摺呈請該管縣知事驗明，於首行住所下加蓋紅戳。

一凡每年在上忙開征兩月以前呈請推收換給之新户摺，其摺内所載銀數米數，應與本年征粮由單相符，在開征以後呈請者，應與次年征粮由單相符。

一本摺如有遺失時，准檢齊上列第四款規定之合法證據，聲明切實理由，邀同住所所在地之□實保證人呈請該管縣知事查册補給。

一户摺手數料照□開所有之產，十行以内納銀元五分，十一行以上每十行遞加五分，無論第一次發給或以後換證及補給均同。

業户	住所	都 莊圖 土名	莊圖征册	
				原有田四拾叁畝肆分正，推除田叁畝肆分正。

產別	畝分	產之所在地及字號	原有户名	粮額 銀數	粮額 米數	
田	拾畝正	茶排	闕兆瑞	九錢三分	弍升四合	民國九年查明，十年起豁除元年水冲田壹畝〇分〇厘。
山	肆畝正					原有山，無收除。
田	玖畝正	共一千五百〇七		八錢八分	弍升一合伍勺	民國九年查明，十年起豁除元年水冲田伍畝伍分〇厘。
田	叁畝伍分正			三錢二分		

(前頁)>>>>>

共　田地山蕩

共　銀米

中華民國　八　年　月　日　共　字第　二万六千二百八四　號

右給業户　闕兆瑞　收執

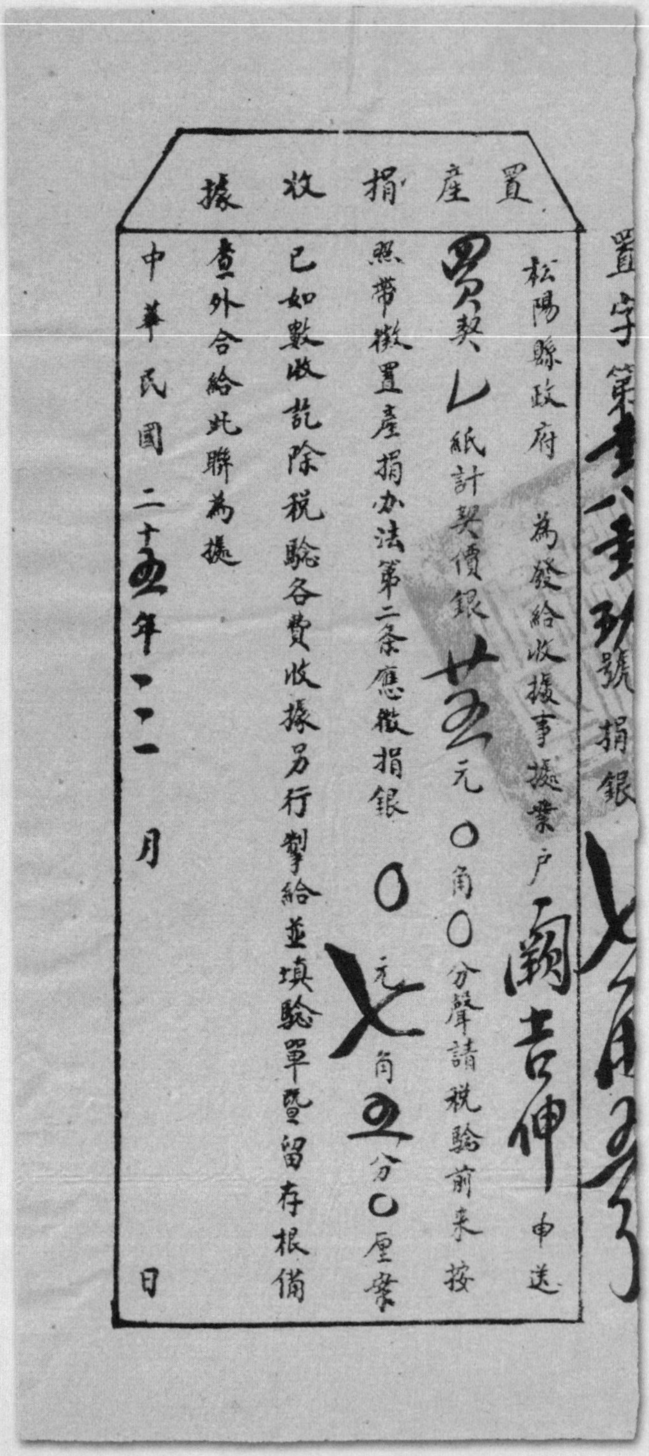

置字第[illegible]號捐銀七角五分

置產捐收據

松陽縣政府　為發給收據事，據業户　闕吉伸　申送買契一紙，計契價銀廿五元〇角〇分，聲請稅驗，前来按照帶徵置產捐办法第二条，應徵捐銀〇元七角五分〇厘，案已如數收訖，除稅驗各費收據另行製給並填驗單暨留存根備查外，合給此聯為據。

中華民國　二十五　年　三　月　日

置產捐收據

松陽縣政府　　為發給收據事，據業户　闕吉伸　　申送

買契一紙，計契價銀廿五元　〇　角　〇　分，聲請稅驗，前来按

照帶徵置產捐办法第二条，應徵捐銀〇元七角五分〇厘，案

已如數收訖，除稅驗各費收據另行製給並填驗單暨留存根備

查外，合給此聯為據。

中華民國　二十五　年　三　月　　　日

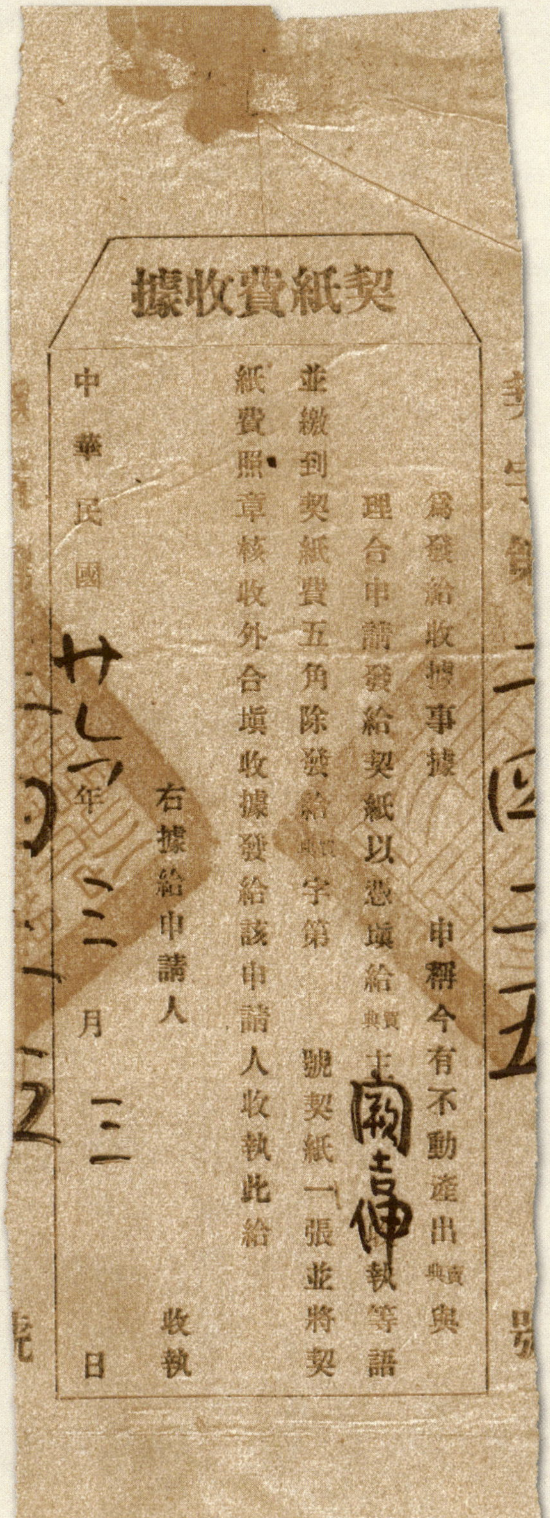

契字第二四二五　　號

契紙費收據

為發給收據事，據　　中稱今有不動產出賣/典與

理合申請發給契紙以憑填給買/典主 闕吉伸 收執等語，

並繳到契紙費五角，除發給買/典字第　　號契紙一張並將契

紙費照章核收外，合填收據發給該申請人收執，此給。

右據給申請人　　收執

中華民國　廿六　年　三　月　三　日

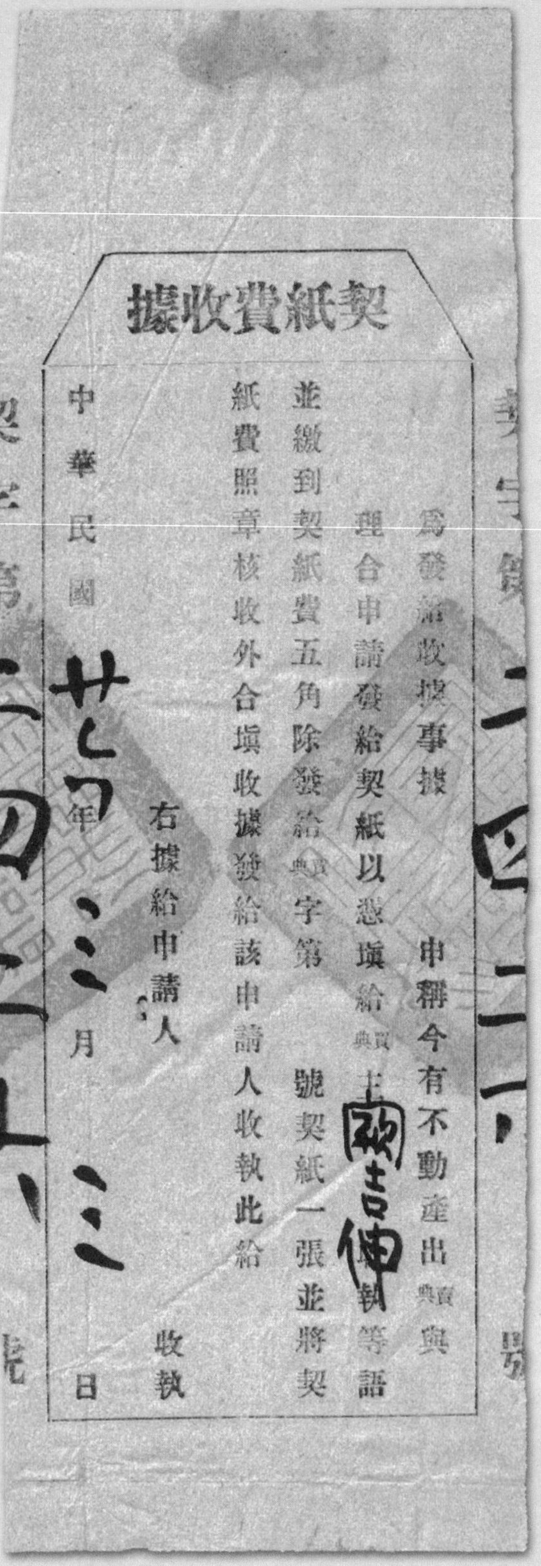

契字第二四二六號

契紙費收據

為發給收據事，據　　申稱今有不動產出賣/典與
理合申請發給契紙以憑填給買/典主　闞吉伸　收執等語，
並繳到契紙費五角，除發給買/典字第　　號契紙一張並將契
紙費照章核收外，合填收據發給該申請人收執，此給。

右據給申請人　　收執

中華民國　廿六　年　三　月　三　日

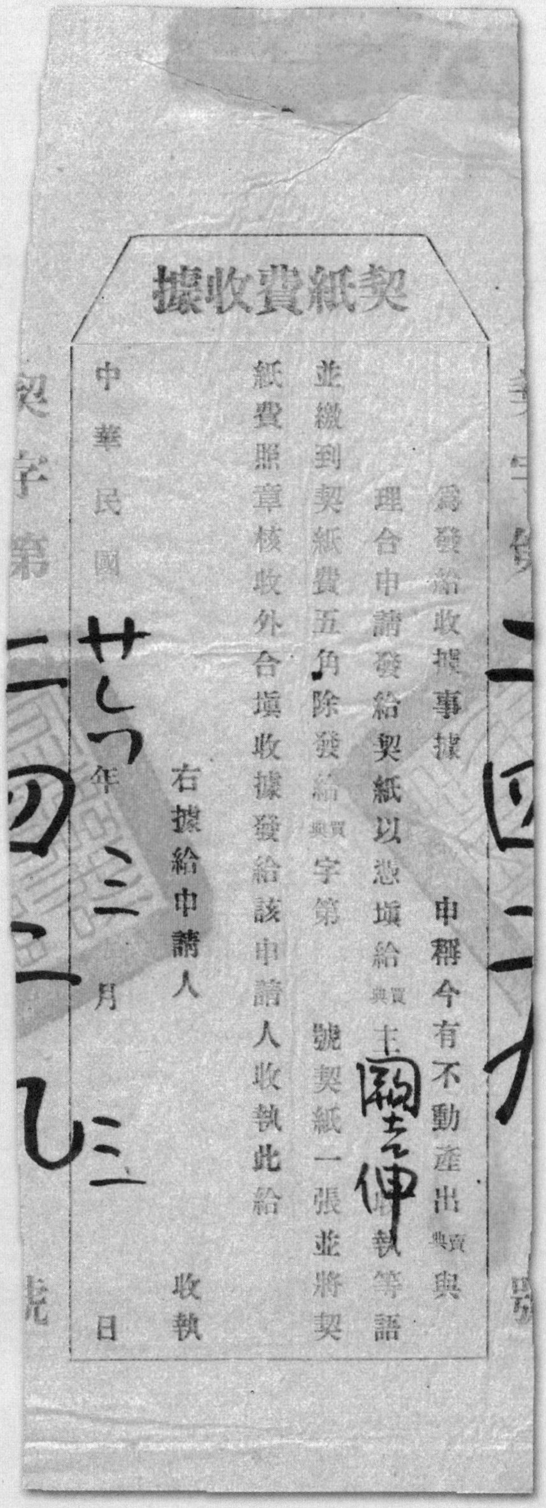

契字第二四二九　號

契紙費收據

為發給收據事，據　申稱今有不動產出賣/典與

理合申請發給契紙以憑填給買/典主 闕吉伸 收執等語，

並繳到契紙費五角，除發給買/典字第　號契紙一張並將契

紙費照章核收外，合填收據發給該申請人收執，此給。

右據給申請人　收執

中華民國　廿六　年　三　月　三　日

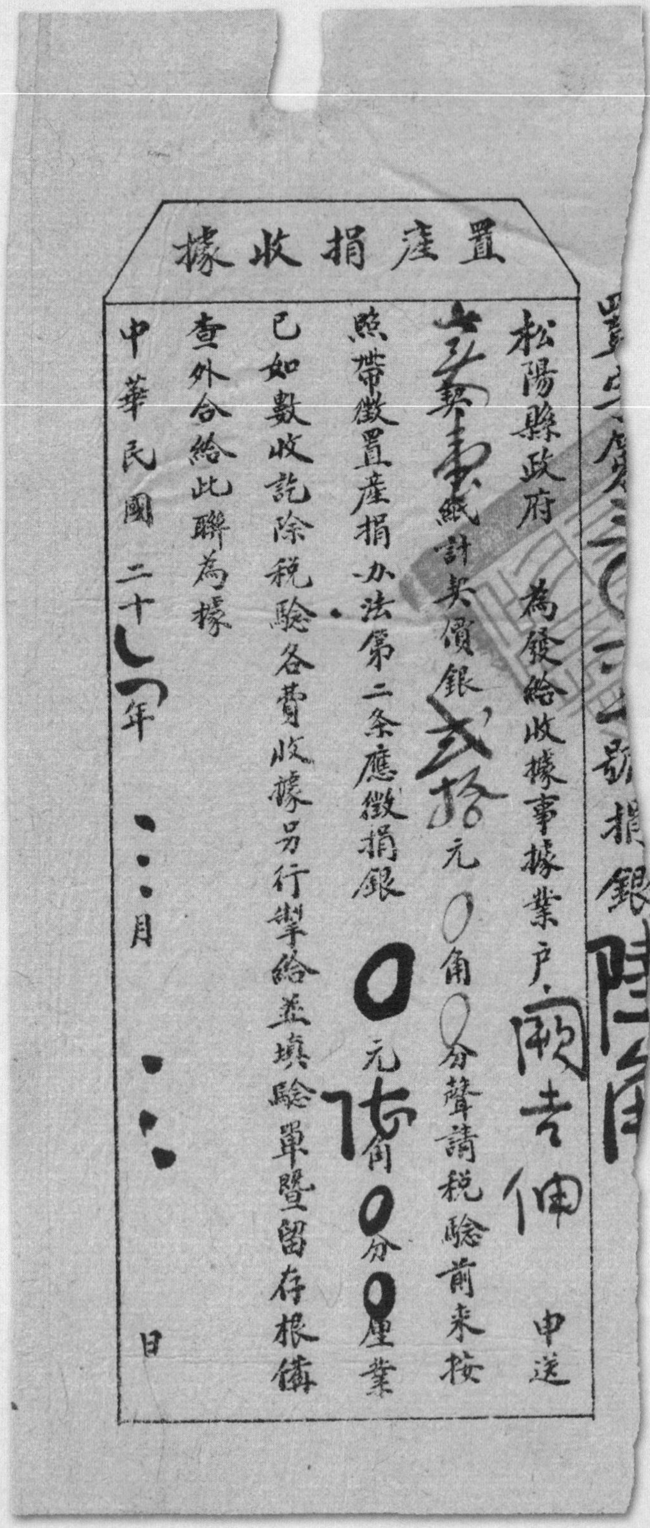

置產捐收據

松陽縣政府　為發給收據事，據業户　闕吉伸　申送

卖契　壹　紙，計契價銀式拾元〇角〇分，聲請税驗，前来按

照帶徵置產捐办法第二条，應徵捐銀〇元陸角〇分〇厘，業

已如數收訖，除税驗各費收據另行掣給並填驗單暨留存根備

查外，合給此聯為據。

中華民國　二十六　年　三　月　三　日

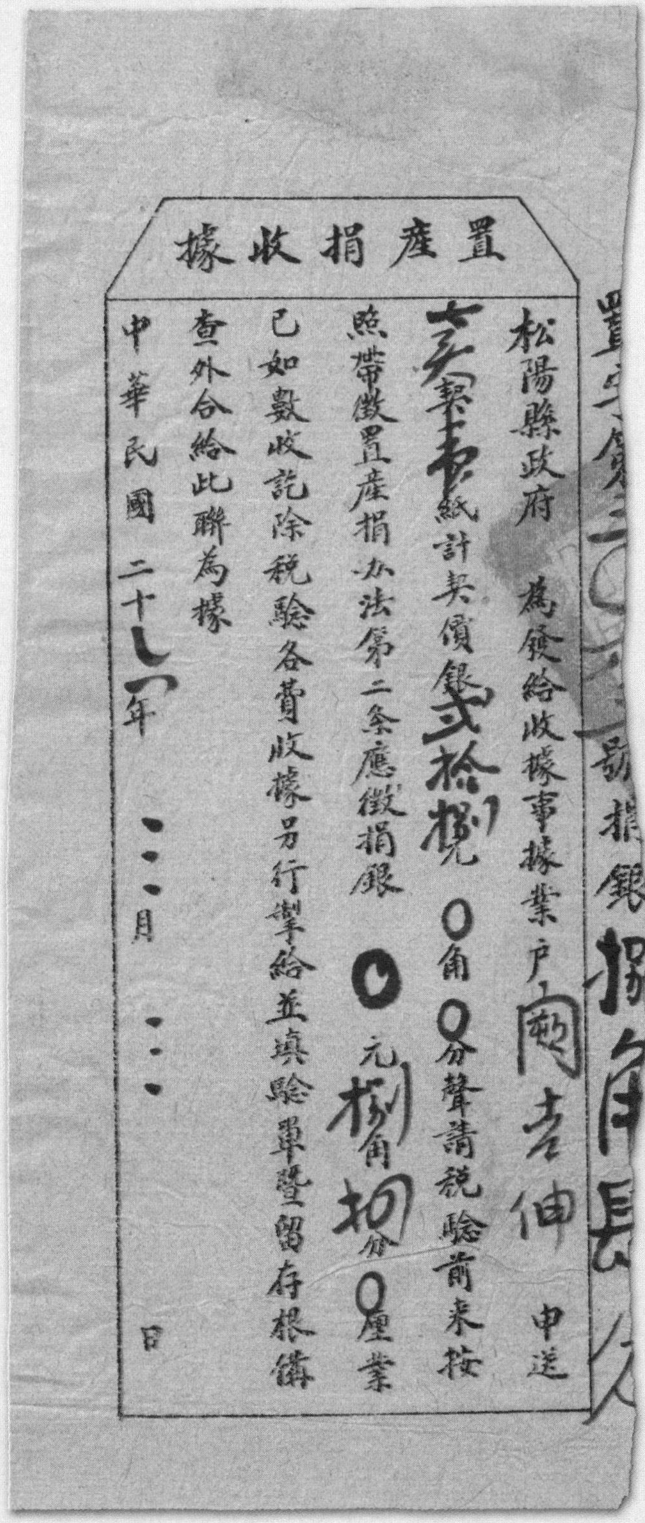

置產捐收據

松陽縣政府　為發給收據事，據業户　闕吉伸　申送

卖契壹紙，計契價銀式拾捌元〇角〇分，聲請稅驗，前来按照帶徵置產捐办法第二条，應徵捐銀〇元捌角肆分〇厘，業已如數收訖，除稅驗各費收據另行掣給並填驗單暨留存根備查外，合給此聯為據。

中華民國　二十六　年　三　月　三　日

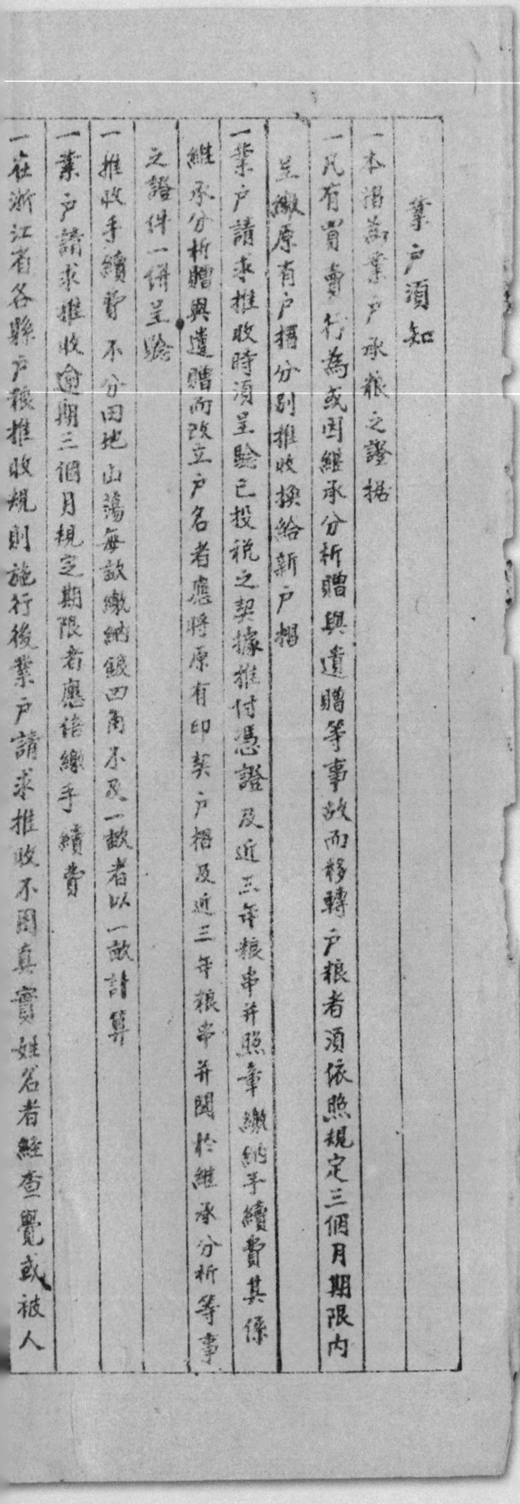

業戶須知

一本摺爲業戶承粮之證據

一凡有買賣行爲或因繼承分析贈與遺贈等事故而移轉户粮者須依照規定三個月期限内

呈繳原有户摺分别推收换給新户摺

一業户請求推收時須呈驗已投税之契據推付憑證及近三年粮串并照章繳納手續費其係

繼承分析贈與遺贈而改立户名者應將原有印契户摺及近三年粮串并関於繼承分析等事

之證件一併呈驗

一推收手續費不分田地山蕩每畝繳納銀四角不及一畝者以一畝計算

一業户請求推收逾期三個月規定期限者應倍繳手續費

一在浙江省各縣户粮推收規則施行後業户請求推收不用真實姓名者經查覺或被人

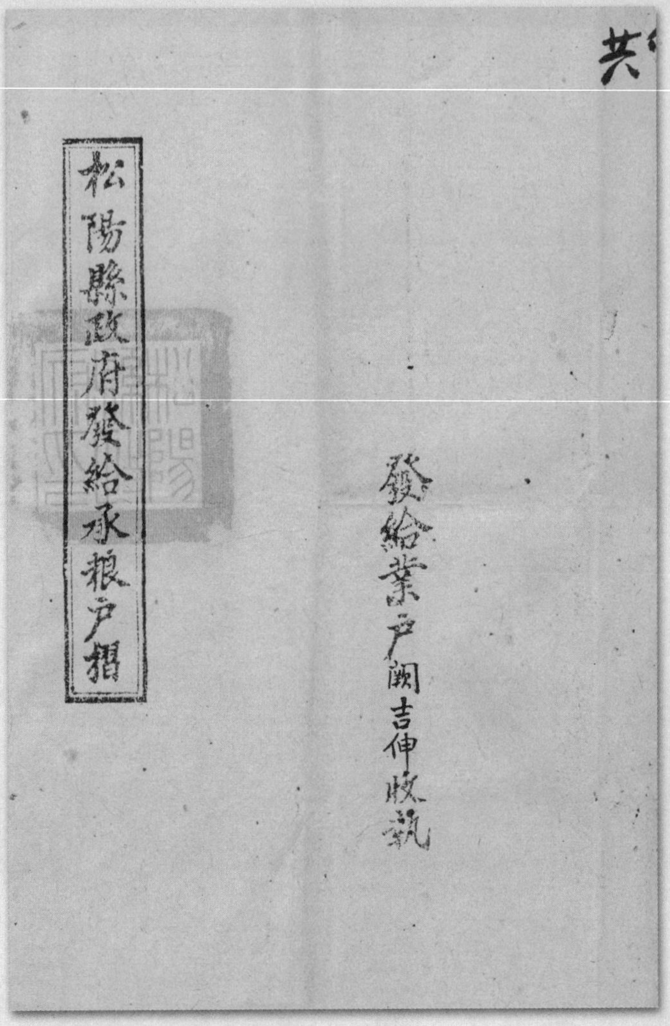

共

松陽縣政府發給承粮户摺

發給業户闕吉伸收執

松陽縣政府發給承粮户摺

發給業户闕吉伸收執

舉發查實後處以一元以上十五元以下之罰金
一業戶買受不動產應就產之所在地都圖或圩莊內立戶承粮一地一戶不得寄莊寄戶
一凡業戶住所有變更時須立時將此戶摺呈請該管縣局推收所驗明於首行住所下加以改正并加蓋紅戳
一凡每年在上期田賦開徵期三個月以前呈請推收者歸當年造串徵粮餘歸入次年辦理
一本摺如有遺失時得照推收規則第十三條檢齊合法各證件向推收所聲明切實理由請求補給仍照章繳納手續費
一凡業戶請求推收除照章繳納手續費外本摺概不收費

業戶　闕吉伸　籍貫　松陽　住址　茶排御第一保二甲四戶

產別	承粮字號	原有戶名	產之所在地	畝分	四至	賦額 上期	賦額 下期	附註
田	共	闕正塋	廿一下倉坑茶排御小吉水尚博安吉田一坵	六分	上 己闕田 下 右 左 己闕田	九分又乙	五乙	二十九年分收 第一又六二年
田	共	又	又道出坑垄边田一坵					

元七十，二　陸分

玖分柒厘

伍厘

(前頁)>>>>>

業户須知

一　本摺為業户承粮之證据。

一　凡有買賣行為或因繼承、分析、贈與、遺贈等事故而移轉户粮者，須依照規定三個月期限内呈繳原有户摺，分別推收，换給新户摺。

一　業户請求推收時，須呈驗已投税之契據推付憑證及近三年粮串并照章繳納手續費，其係繼承、分析、贈與、遺贈而改立户名者，應將原有印契户摺及近三年粮串并關於繼承、分析等事之證件一併呈驗。

一　推收手續費，不分田地山蕩，每畝繳納銀四角，不及一畝者以一畝計算。

一　業户請求推收，逾期三個月規定期限者，應倍繳手續費。

一　在浙江省各縣户粮推收規則施行後，業户請求推收不用眞實姓名者，經查覺或被人舉發查實後，處以一元以上十五元以下之罰金。

一　業户買受不動産，應就産之所在地都圖或圩莊内立户承粮，一地一户不得寄莊寄户。

一　凡業户住所有變更時，須立時将此户摺呈請該管縣局推收所驗明，於首行住所下加以改正并加蓋紅戳。

一　凡每年在上期田賦開徵期三個月以前呈請推收者，歸當年造串徵粮，餘歸入次年办理。

一　本摺如有遺失時，得照推收規則第十三條檢齊合法各證件，向推收所聲明切實理由，請求補給，仍照章繳納手續費。

一　凡業户請求推收，除照章繳納手續費外，本摺概不收費。

(前頁)>>>>>

業户	闞吉伸
籍貫	松陽
住址	茶排鄉第一保二甲四户

產別 承粮字都	田 共	田 共								
原有户名	闞正壂	又	二十九年七月十日結□□□地共二號							
產之所在地	廿一都石倉沅茶排鄉小土名水岗塆安着田一坵	又透出坑垄边田一坵		賦額上期正税玖分柒厘						
畝分	六分		共田陸分							
四至	上至闞田 下 左至闞田 右			下期正税伍厘						
賦額 上期	九分七厘									
賦額 下期	五厘									
附註	二十九年分收第一七六二号									

松陽縣
營業牌照

商號名稱	春生
營業種類	國药
營業所在地	松陽縣石倉鄉茶排地方
營業者姓名	阙吉伸
估計全年營業額	
應納牌照税	柒仟元
本牌照有效期間	自三六年壹月壹日起 拾弍月末日止

經收機關　浙江省松陽縣税捐稽徵處

主管長官　蔡□□

中華民國　三六　年　三　月　十一　日

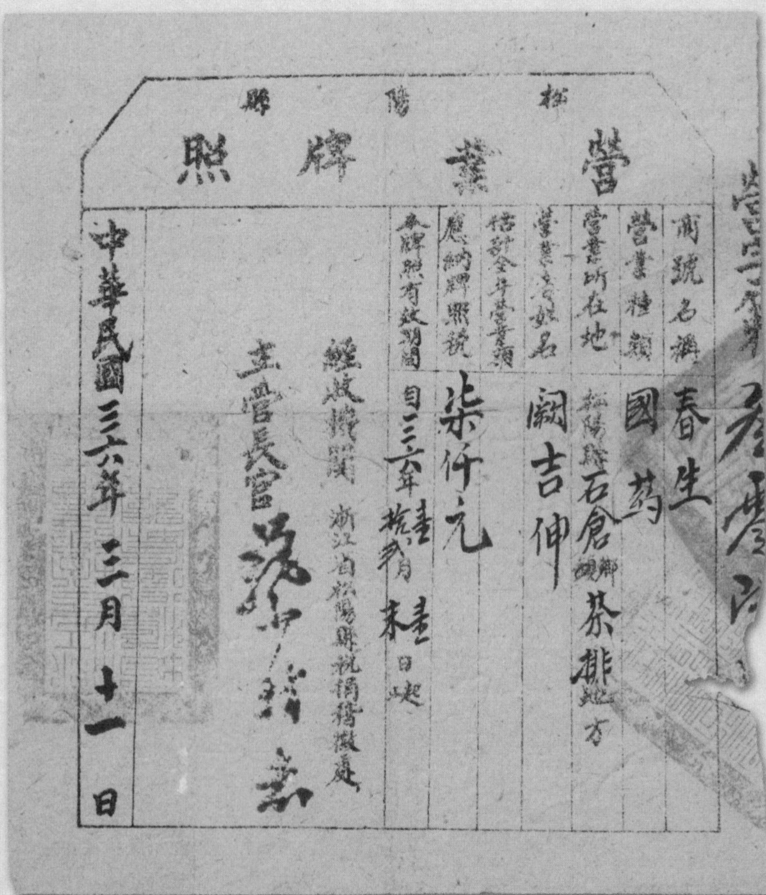

上茶排

闕氏·天開·德瑛·翰禮·玉麟（二）

德瑛光裕堂内景

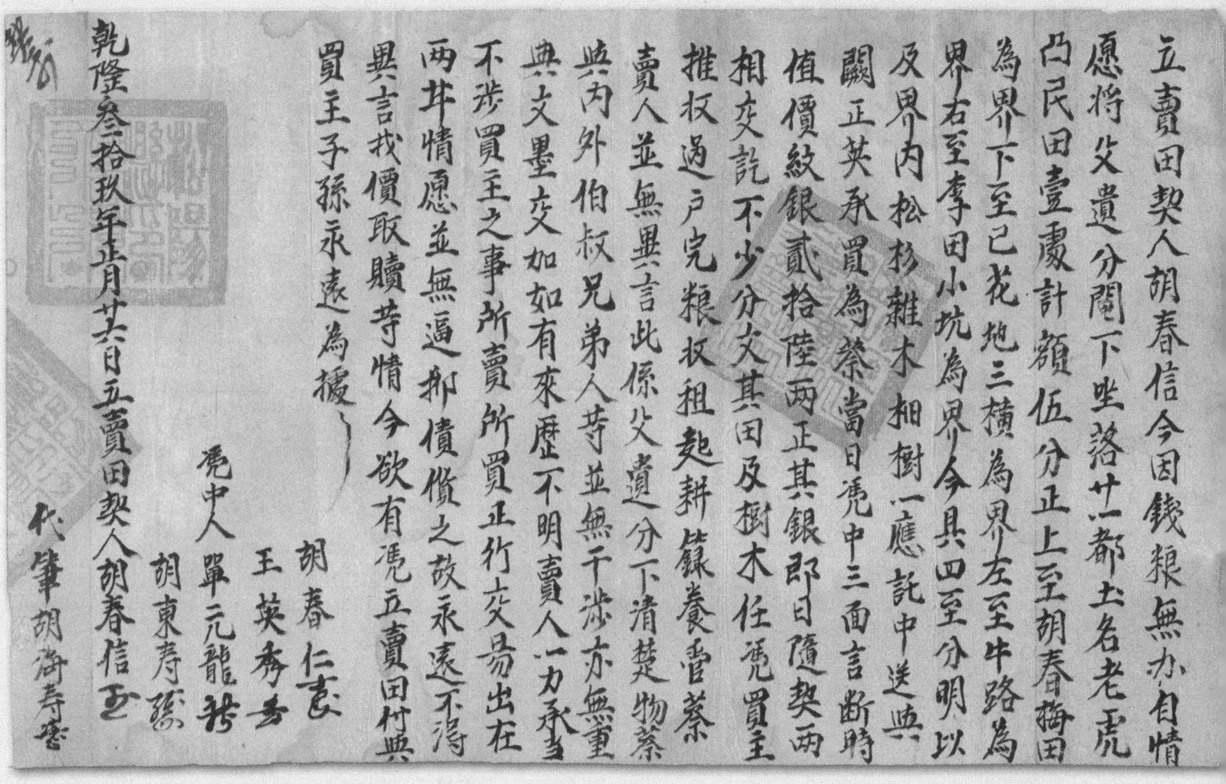

立賣田契人胡春信，今因錢粮無办，自情
愿将父遺分閹下，坐落廿一都土名老虎
凸民田壹處，計額伍分正，上至胡春梅田
為界，下至已花地三横為界，左至牛路為
界，右至李田小坑為界，今具四至分明，以
及界内松杉雜木柏樹，一應託中送與
闕正英承買為業，當日憑中三面言断，時
值價紋銀貳拾陸两正，其銀即日隨契两
相交訖，不少分文，其田及樹木任憑買主
推收過户完粮，收租起耕，籙養管業，
賣人並無異言，此係父遺分下清楚物業，
與内外伯叔兄弟人等並無干涉，亦無重
典文墨交加，如有來歷不明，賣人一力承当，
不涉買主之事，所賣所買，正行交易，出在
两甘情愿，並無逼抑債貨之故，永遠不得
異言找價取贖等情，今欲有憑，立賣田契付與
買主子孫永遠為據。

胡春仁
王英秀
憑中人　單元龍
胡東寿

乾隆叁拾玖年正月廿六日　立賣田契人　胡春信
代筆　胡海寿

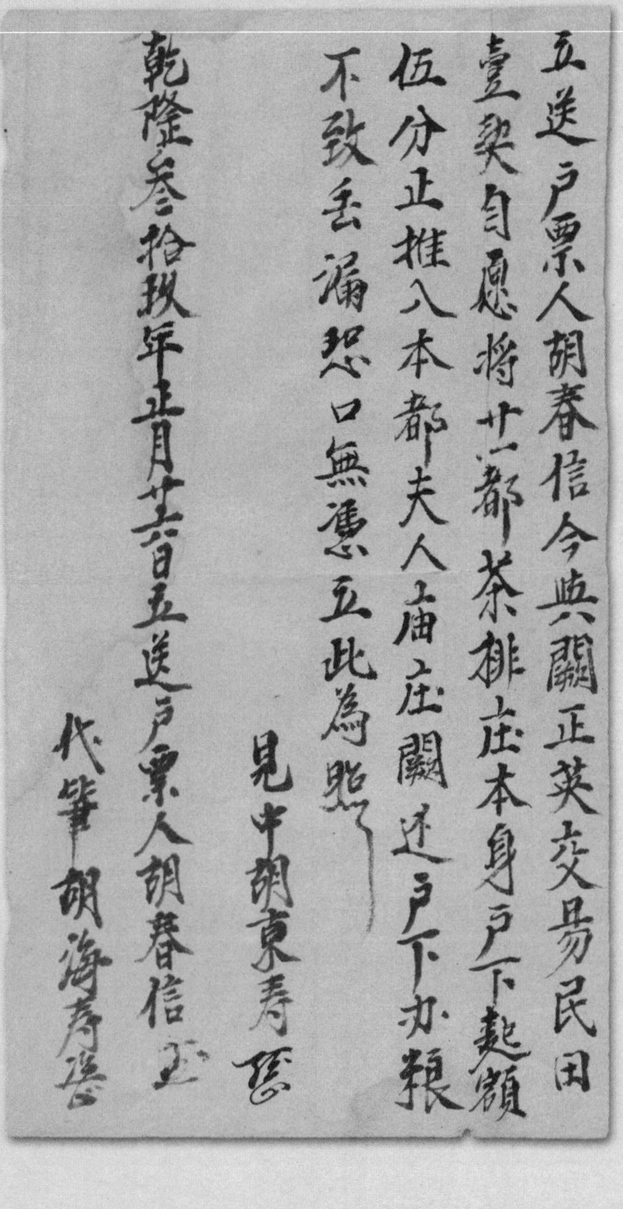

立送户票人胡春信，今與闞正英交易民田壹契，自愿将廿一都茶排庄本身户下起額伍分正，推入本都夫人庙庄闞边户下办粮，不致丢漏，恐口無憑，立此為照。

見中　胡東寿

乾隆叁拾玖年正月廿六日　立送户票人　胡春信

代筆　胡海寿

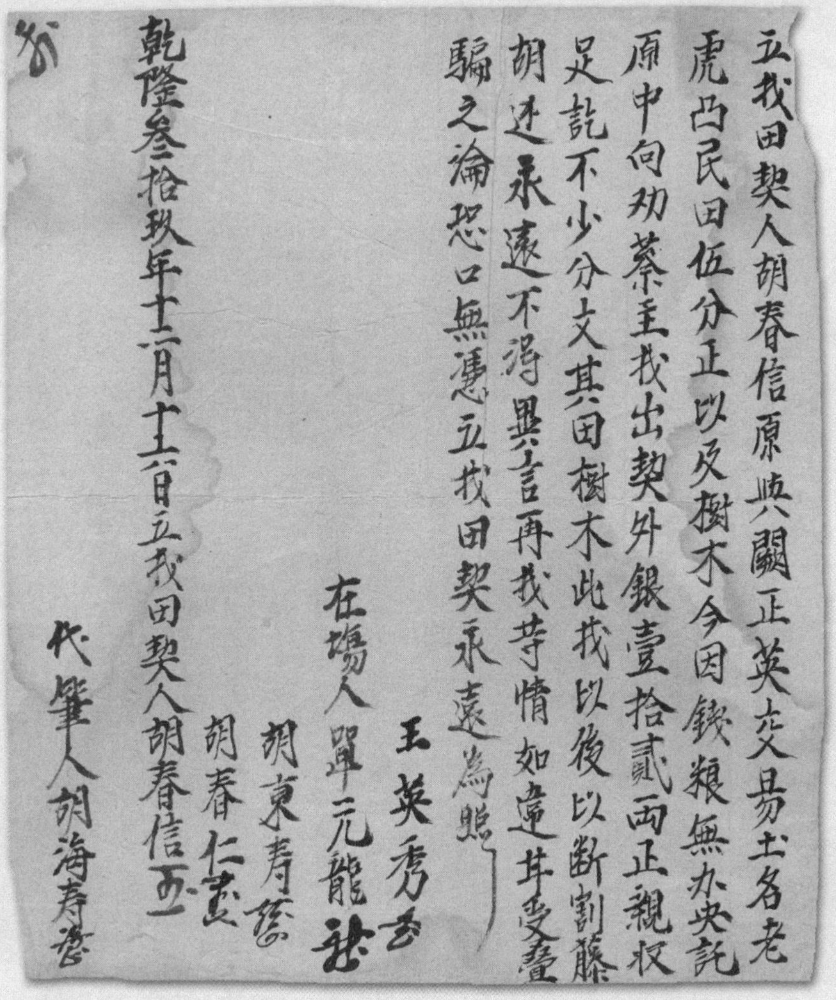

立找田契人胡春信，原與闕正英交易土名老虎凸民田伍分正以及樹木，今因錢粮無办，央託原中向劝業主找出契外銀壹拾貳两正，親收足訖，不少分文，其田、樹木此找以後，以断割藤，胡边永遠不得異言再找等情，如違，甘受叠騙之論，恐口無憑，立找田契永遠為照。

在場人　王英秀

單元龍

胡東寿

胡春仁

乾隆叁拾玖年十二月十六日　立找田契人　胡春信

代筆人　胡海寿

立賣田契人廖開松等今因錢粮無办自情愿將父遺下民田坐落念一都夫人廟庄土名安岱崗民田壹處右手大小拾捌坵上右張姓田爲界左路爲界下闗天有田爲界 左手田壹横大小柒坵上至買主田爲界下至闗三有田爲界左至小坑右至路爲界又土名石岩下田壹處大小拾肆坵上至劉姓田爲界下至闗天有田爲界左右坑墘共田叁處不番坵墒共計民額叁畝正俱具四至分明託中送與闗正英承買爲業當日憑中三面言斷時值田價紋銀肆拾捌两正随契兩相交訖不少分文其田任憑買主推收過户完粮起耕收租管業賣人不得異言此係父遺分下着楚物業與內外人等並無干涉亦無重典文墨交加如有來歷不明賣人自能支當不涉買主之事所賣所買正行交易出在兩甘情愿並無逼抑債貨之故永遠不得異言找價取贖等情今欲有憑立賣田契付與買主子孫永遠爲拠

在塲叔 廖青運

廖青蒲

乾隆伍拾年拾弍月拾玖日立賣田契人 廖開松

富九

德九

松琳

憑中人林福貴

代筆人闗萬瑜

乾隆伍拾弍年伍月

闕正英

立找田契人廖開松等原與艾昜壹契出蒞念一
都夫人廟庄土名安岱崗又土名石岩下共田叁處
畝分界額正契載明當日契明價足今因粮迫託
原中勸到業主闕正英家找出契外銀捌兩正親
收足訖不少分文此找之後意滿價足尽根絕葉
永遠不得異言認識再等情如違甘受誆騙之
論恐口無憑立找田契斷絕永遠為照

在場叔廖青運
廖青滿

富九
得九
松琳

乾隆伍拾壹年弍月初玖日廖開松

原中人林福貴

代筆闕萬瑜

（前頁）>>>>>

立賣田契人廖開松等，今因錢粮無办，自情愿将父遺下民田，坐落念一都夫人庙庄，土名安岱崗，民田壹處，右手大小拾捌坵，上、右張姓田為界，左路為界，下闕天有田為界，左手田壹横，大小柒坵，上至買主田為界，下至闕三有田為界，左至小坑，右至路為界，又土名石岩下田壹處，大小拾肆坵，上至劉姓田為界，下至闕天有田為界，左、右坑弄，共田叁處，不留坵角，共計民額叁畆正，俱『具』四至分明，託中送與闕正英承買為業，當日憑中三面言断，時值田價紋銀肆拾捌两正，随契两相交訖，不少分文，其田任憑買主推收過户，完粮起耕，收租管業，賣人不得異言，此係父遺分下清楚物業，與内外人等並無干涉，亦無重典文墨交加，如有来歷不明，賣人自能支當，不涉買主之事，所賣所買，正行交易，出在两甘情愿，並無逼抑債貨之故，永遠不得異言找價取贖等情，今欲有憑，立賣田契付與買主子孫永遠為據。

在塲叔　廖青運

廖青滿

富九

乾隆伍拾年拾弍月拾玖日　立賣田契人　廖開松

德九

松琳

憑中人　林福貴

代筆人　闕萬瑜

（契尾，乾隆伍拾弍年伍月）

（前頁）>>>>>

立找田契人廖開松等，原與交易壹契，坐落念一都夫人庙庄，土名安岱崗，又土名石岩下，共田叁處，畝分界額，正契載明，當日契明價足，今因粮迫，託原中勸到業主闕正英家，找出契外銀捌两正，親收足訖，不少分文，此找之後，意滿價足，尽根絕業，永遠不得異言認識再（找）等情，如違，甘受叠騙之論，恐口無憑，立找田契断絕永遠為照。

在塲叔　廖青運

廖青滿

富九

乾隆伍拾壹年弍月初玖日　廖開松

得九

松琳

原中人　林福貴

代筆　闕萬瑜

立賣山人闞永燦、永公、永明、永德，今因錢糧無辦，自愿將祖父分阄下，坐落二十一都茶排庄，土名葉庄山一片，照依四房均分，照分關界至，計額弍畝，並及松杉竹木盡處，托中送與本家弟闞永寿承買為業，當日三面断定，時值價銀貳拾捌兩正，其銀即日隨契两相交訖，其山自賣之後，任從買主推收過户完糧，籙養管業，出拚扦葬，其山係祖父遺下清楚物業，與内外人等毫無干碍，亦無重典文墨加交，如有来歷不明，賣人一（力）支當，不涉買主之事，所買所賣，两甘情愿，並無逼勒債貨之故，今欲有凴，立賣山契付買主永遠為據。

嘉慶弍年二月十四日　立賣山契　闞永燦

公

永明

德

見中　萬瑜

三有

永鼎

代筆　永魁

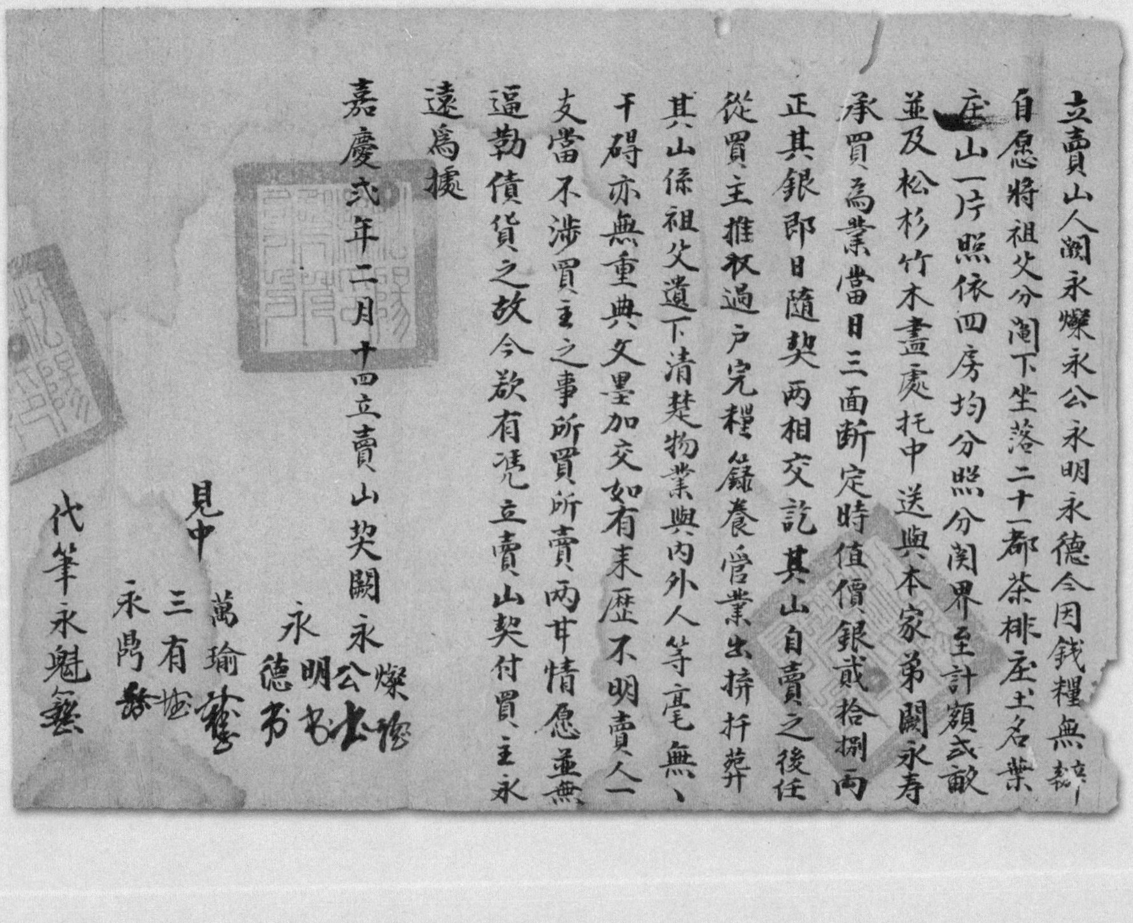

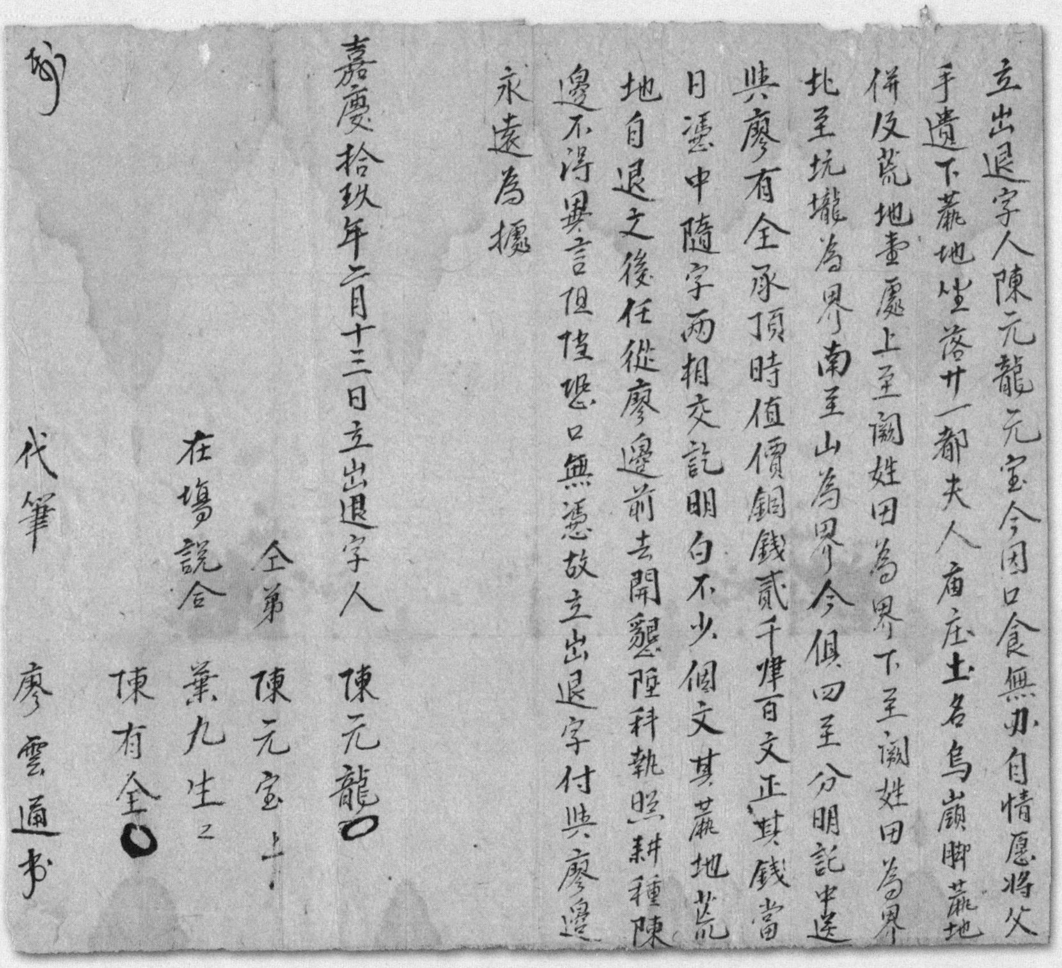

立出退字人陳元龍、元宝，今因口食無办，自情愿将父
手遺下蔴地，坐落廿一都夫人庙庄，土名烏嶺脚，蔴地
併及荒地壹處，上至闞姓田為界，下至闞姓田為界
北至坑壠為界，南至山為界，今俱四至分明，託中送
與廖有全承頂，時值價銅錢貳千肆百文正，其錢當
日憑中隨字兩相交訖明白，不少個文，其蔴地、荒
地自退之後，任從廖邊前去開懇［墾］陞科，執照耕種，陳
邊不得異言阻挡，恐口無憑，故立出退字付與廖邊
永遠為據。

嘉慶拾玖年二月十三日　立出退字人　陳元龍

仝弟　陳元宝

在場説合　葉九生

陳有全

代筆　廖雲通

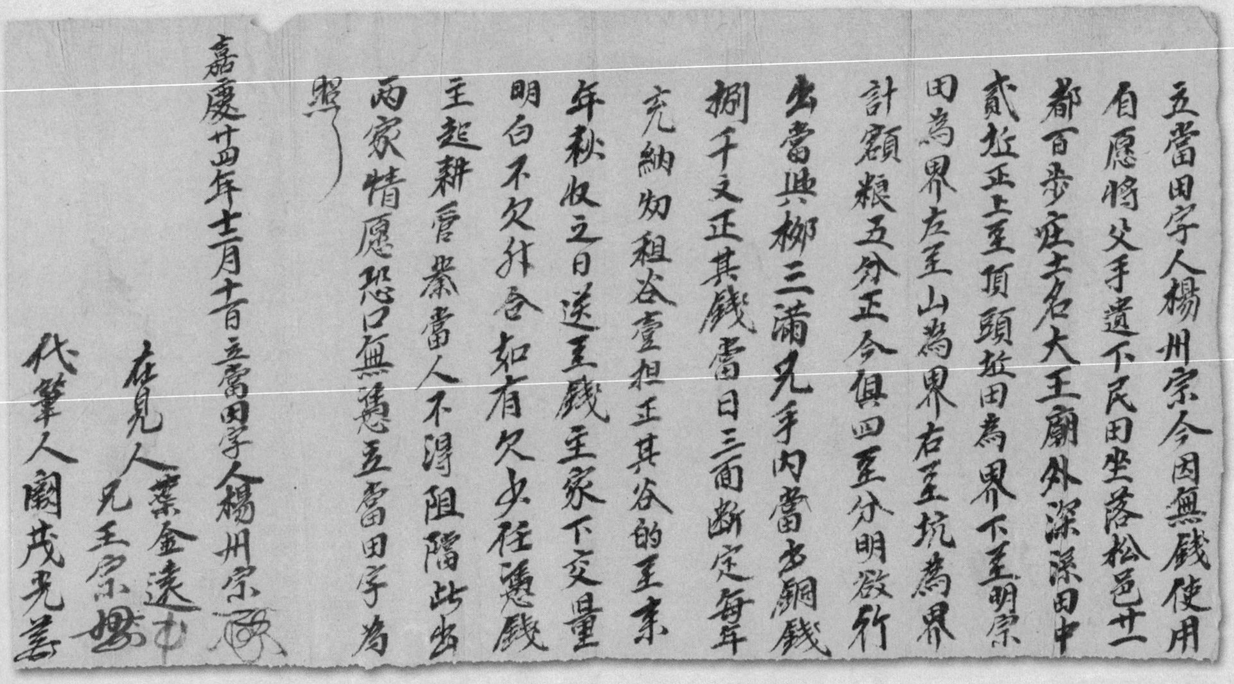

立當田字人楊州宗，今因無錢使用，
自愿将父手遺下民田，坐落松邑廿一
都百步庄，土名大王廟外深溪田中
貳坵正，上至頂頭坵田為界，下至明宗
田為界，左至山為界，右至坑為界，
計額粮五分正，今俱四至分明，欲行
出當與柳三滿兄手內，當出銅錢
捌千文正，其錢當日三面断定，每年
充納燥租谷壹担正，其谷的至来
年秋收之日，送至錢主家下交量
明白，不欠升合，如有欠少，任憑錢
主起耕管業，當人不得阻擋，此出
兩家情愿，恐口無憑，立當田字為
照。

嘉慶廿四年十二月十一日 立當田字人 楊州宗
在見人 葉金遠
兄 王宗
代筆人 阙茂光

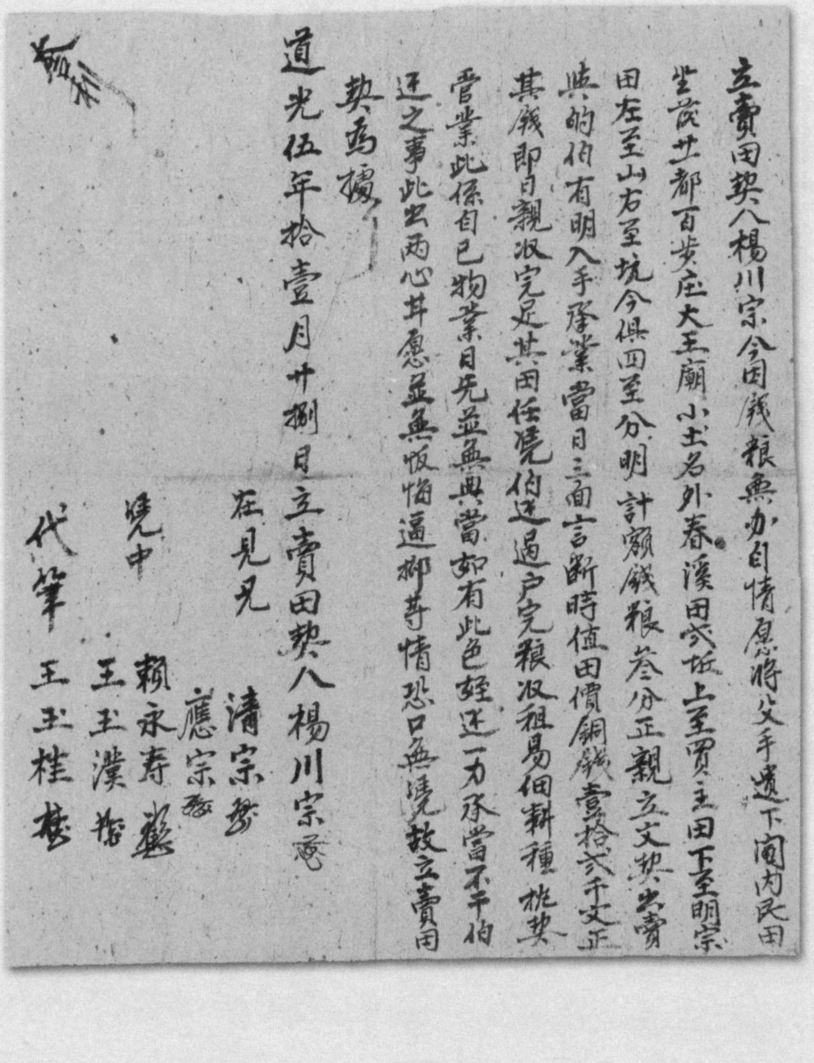

立賣田契人楊川宗，今因錢粮無办，自情愿將父手遺下闾内民田，

坐落廿一都百步庄大王廟，小土名外春溪，田式坵，上至買主田，下至明宗

田，左至山，右至坑，今俱四至分明，計額錢粮叁分正，親立文契出賣

與的伯有明入手承業，當日三面言斷，時值田價銅錢壹拾弍千文正，

其錢即日親收完足，其田任憑伯边過戶完粮收租，易佃耕種，执契

管業，此係自己物業，日先並無典當，如有此色，姪边一力承當，不干伯

边之事，此出兩心甘愿，並無反悔逼抑等情，恐口無憑，故立賣田

契為據。

道光伍年拾壹月廿捌日　立賣田契人　楊川宗

在見兄　　　清宗

　　　　　應宗

憑中　賴永壽

　　　王玉漢

代筆　王玉桂

立割找田契人楊川宗，原因日前與伯边交易民田壹契，坐落廿一都百步庄大王廟外春溪，坵段畝額，前契載明，今因年冬無措，親托原中相勸業主有明伯边，找过契外銅錢壹千文正，其錢两相交足，其田任凴伯边收拾过户入册，办粮收租，易佃耕種，执契管業，其田自找之后，心滿價足，任與伯边永遠為業，两心甘愿，各無反悔，恐口無凴，故立割找契為據。

道光伍年十二月廿一日　立找田契人　楊川宗

在塲兄　清宗

原中　王玉漢

代筆　王玉桂

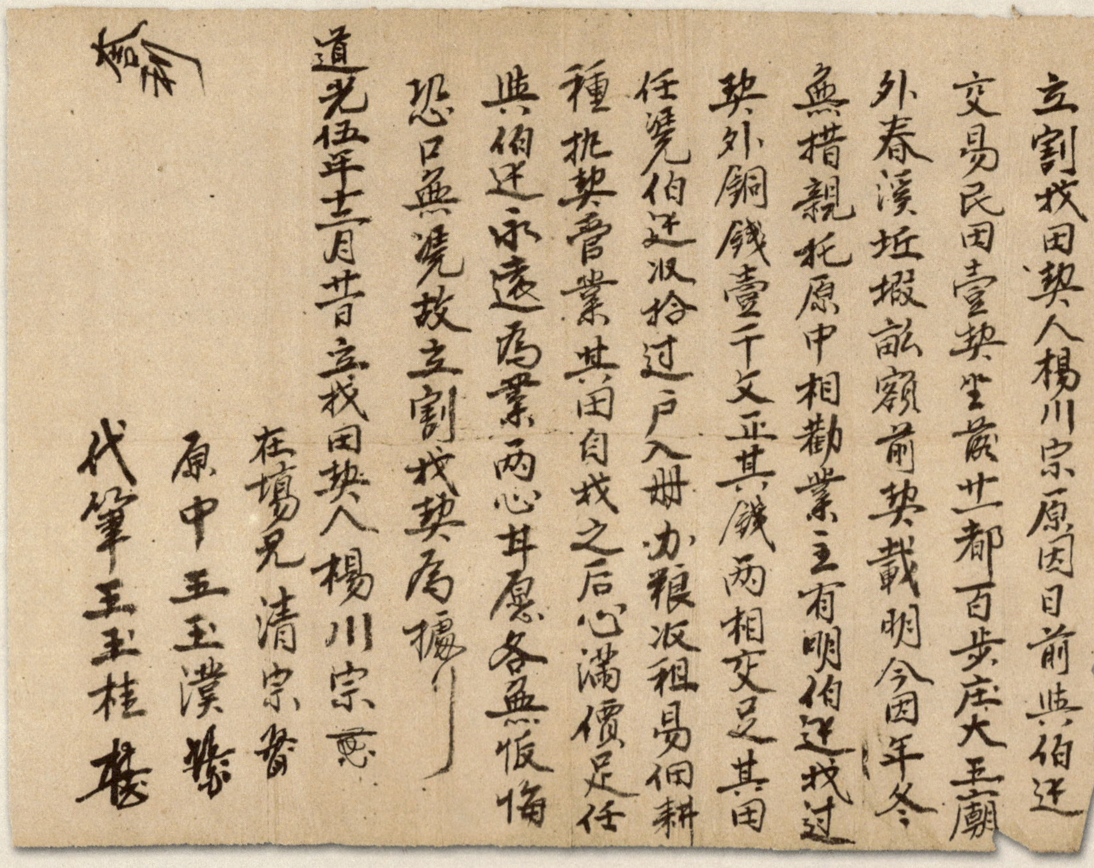
立割找田契人楊川宗原因日前與伯边交易民田壹契坐落廿一都百步庄大王廟外春溪坵段畝額前契載明今因年冬無措親托原中相勸業主有明伯边找过契外銅錢壹千文正其錢两相交足其田任凴伯边收拾过户入册办粮收租易佃耕種执契管業其田自找之后心滿價足任與伯边永遠為業两心甘愿各無反悔恐口無凴故立割找契為據
道光伍年十二月廿一日立找田契人楊川宗
在塲兄清宗
原中王玉漢
代筆王玉桂

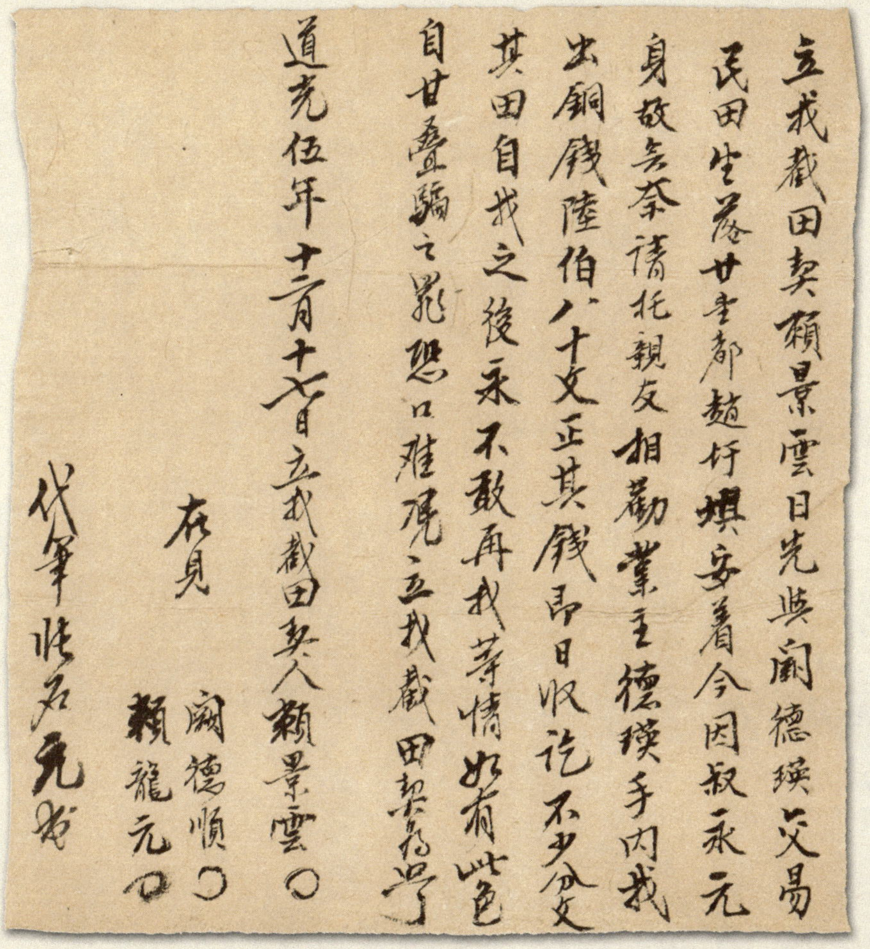

立找截田契賴景雲，日先與闕德瑛交易
民田，坐落廿壹都趙圩塤安着，今因叔永元
身故，無奈请托親友相勸業主德瑛手内，找
出銅錢陸伯八十文正，其錢即日收讫，不少分文，
其田自找之後，永不敢再找等情，如有此色，
自甘叠騙之罪，恐口难凴，立找截田契為照。
道光伍年十二月十七日　立找截田契人　賴景雲
在見　闕德順
賴龍元
代筆　张石元

立賣田契人賴通雲，今因錢粮無办，自情愿将祖父遺下鬮内己分民田，坐落松邑念一都百
歩庄逍圩壋賴姓居住下首枫樹下田壹坵，東至山脚，南至通乾田，西至通順衆田，北至通順衆田為
界，今俱四至分明。又土名枫樹窩口田壹坵，東至王姓田，南至闕姓田，西至出水坑，北至闕姓田為界。又土
名呂潭坑口雷姓山脚神鋐崗内窩田弍坵，東至山脚，南至通乾田，高塆西至山脚，北至曾姓田為界，
今俱四至分明。三土名相樹蓊頭等，禾一應在内，共計錢粮五分，立親立文契，托中送與闕德美叔邊入
手承買為業。當日憑中三面言断田價銅錢壹拾捌千文正，其錢即日當中交訖。其田自賣
之後，任憑買主過户税契，起耕管業。上下親房伯叔兄侄人等並無寸土干涉。日先並無典當
他人財物文墨交加，乃係自己清楚物業，不是准折負債之故。一賣斷截，永遠不敢向找取贖識認。此出
兩相情愿，各無反悔逼抑等情。恐口難信，故立賣斷根截契付與買主永遠為據。

道光乙年十二月初六日立賣斷根契人　賴通雲（押）

見賣人　賴通乾（押）
賴永新（押）
賴通文（押）
賴通順（押）

憑中　羅有昌（押）

代筆　賴永壽（押）

立找斷根截契人賴通雲，今因口食不[illegible]，[illegible]先年賣與闕德英邊交易田業一契，坐居松邑念一都百步庵趙圩坝，土名潭坑口，共三十名，該蝦界額，正契載明。今來請托原中向與買主闕德英叔邊，手內找過契外價錢貳千文正，其錢即日當中交訖。其田自找之後，契明價足，永遠不敢向說賴找賴贖，永無識認。恐口難信，故立找斷根截找契為據。

道光乙年十二月念四日　立找斷根截契人　賴通雲（押）

見找人　賴通乾（押）

賴永新（押）

[illegible]通文（押）

原中　羅有昌（押）

代筆　賴永壽（押）

（前頁）>>>>>

立賣田契人賴通雲，今因錢粮無办，自情愿将祖父遺下阄内已分民田，坐落松邑念一都百步庄趙圩塤，賴姓居住下首楓樹下，田壹坵，東至山脚，南至通乾田，西至通順衆田，北至通順衆田為界，今俱四至分明，又土名楓樹窝口田壹坵，東至王姓田，南至闕姓田，西至出水坑，北至闕姓田為界，又土名吕潭坑口雷姓山脚神磁岗内窝田弍坵，東至山脚，南至通乾田高塝，西至山脚，北至曾姓田為界，今俱四至分明，三土名柏樹茶頭等木，一應在内，共计錢粮五分正，親立文契，托中送與闕德英[1]叔边入手承買為業，當日凴中三面言断，田價銅錢壹拾捌千文正，其錢即日當中交讫，其田自賣之後，任凴買主過户税契完粮，起耕管業，上下親房伯叔兄侄人等，並無寸土干涉，日先並無典當他人財物，文墨交加，乃係自己清楚物業，不是準折負債之故，一賣断截，永遠不敢向找取贖識認，此出两相情愿，各無反悔逼抑等情，恐口难信，故立賣断根截契付與買主永遠為據。

道光七年十一月初六日　立賣断根契人　賴通雲

見賣人　賴通乾

賴永新

賴通文

賴通順

凴中　羅有昌

代筆　賴永寿

1『德英』，據光緒《闕氏宗譜》，實為『德瑛』之誤。

（前頁）>>>>>

立找断根截契人賴通雲，今因口食不結［給］，日先與闕德瑛叔边交易田業一契，坐落松邑念一都百步庄趙圩塓吕潭坑口，共三土名，坵段界額，正契載明，今来请托原中向與買主闕德瑛叔边手內，找過契外銅錢弍千文正，其錢即日當中交讫，其田自找之後，契明價足，永遠不敢向说賴找賴贖，永無識認，恐口难信，故立找断根截找契為據。

道光七年十弍月念六日　立找断根截契人　賴通雲

賴通乾

見找人　賴永新

賴通文

原中　罗有昌

代筆　賴永寿

立當田字人石湖才今因無錢吉用自情
愿將父手遺下分闔内民田式坵坐落土名
夫人廟背水井迁安着其田上至有福门口
路為界下至日才兄田為界内至當人賣田
為界外至路為界今具四至分明托中立
字出當与慶壽會闔天闔葉大巍等迁當
出銅錢本拾千文正其錢利當日面言每年
秋收之日充納水租谷陆桶正其租谷送至会
内頭首家下道桶明白不敢欠少外合如違
其田任凭会内人等易佃收租管業當人不
得异言執留今恐口难信故立當田契字
為照
道光拾年五月十六日立當田契人 石湖才押

在塲胞兄　月才
見中　張才興
代筆　闕献奎

立當田字人石湖才，今因無錢吉［急］用，自情愿将父手遺下分阄内民田弍坵，坐落土名夫人廟背水井边，安着其田，上至有福门口路为界，下至日才兄田为界，内至當人嘗田为界，外至路为界，今具四至分明，托中立字出當与慶壽會闕天闸、葉大觀等边，當出銅錢本拾千文正，其錢利当日面言，每年秋收之日充纳水租谷陆桶正，其租谷送至会内頭首家下過桶明白，不敢欠少升合，如違，其田任凴会内人等易佃收租管業，當人不得异言執留，今恐口难信，故立當田契字为照。

道光捌年五月十六日　立當田契人　石湖才

在塲胞兄　月才

見中　張才興

代筆　闕献奎

立賣田契人王玉旺今因錢粮無办自情愿將自置民田壹坵坐落松邑廿一
都百步庄土名趙坪埧楓樹下安着東至山脚南北西三至俱係闕姓田
為界計額伍分正今俱四至分明田頭地塝杉樹雜木俱一在内請托凭中親
立文契出賣向與闕德璞兄手内承買為業當日凭中三面言斷時值田
價銅錢叁拾叁千文正其錢即日當中隨契交足不少分文其田自賣之後任
凭闕邊推收過户投税入冊办粮起耕改佃收租管業賣人不得異言如有内外伯
叔兄弟子侄人等並無干碍日先亦無文墨典當他人倘有上手來歷不明不涉買
主之事賣人一力承當其田契載愿賣愿買契明價足兩無逼勒準折債貨
永無找贖割藤斷根出此兩相情愿各無反悔恐口難信故立文契付與買主
子孫永遠為據

道光玖年拾月初九日立賣田契人 王玉旺（押）

王玉慶（押）

在塲 王玉貴（押）

凭中 許國富（押）

羅有昌（押）

代筆 胡其松（押）

立杜找斷截契人王玉旺原因與闕德璞交易民田壹契坐落松邑廿
一都百步庄土名趙坪埧内石岩上手楓樹下安着畝分界至前有正契載
明今因前價未足粮乏請托原中相勸業主找出契外銅錢肆千文正其錢即

日隨契交足不少分文其田自杜之後一杜千休永遠不得識認無贖無

找等情此出相情愿各無反悔恐口难信故立杜断截契為據」

行

道光玖年拾弍月十九日立杜找断截契人王玉旺

在場胞弟　王玉慶

憑中　王玉貴

許國富

羅有昌

代筆　胡其松

拾陸

捌百拾

叁拾柒两文

松陽

戶闕德瑛

（前頁）>>>>>

立賣田契人王玉旺，今因錢粮無办，自情愿将自置民田壹坵，坐落松邑廿一都百步庄，土名趙圩垻楓樹下安着，東至山脚，南、北、西三至俱係阙姓田為界，計額伍分正，今俱四至分明，田頭地角，柏樹雜木，俱一在内，請托凂中親立文契，出賣向與阙德瑛兄手内承買為業，當日凂中三面言断，時值田價銅錢叁拾叁千文正，其錢即日當中隨契交足，不少分文，其田自賣之後，任凂阙边推收過户，投税入册办粮，起耕改佃，收租管業，賣人不得異言，如有内外伯叔兄弟子侄人等，並無干碍，日先亦無文墨典當他人，倘有上手来歷不明，不涉買主之事，賣人一力承當，其田契載，愿賣愿買，契明價足，兩無逼勒，（無）準折債貨（之情），永無找贖，割藤断根，此出兩相情愿，各無反悔，恐口难信，故立文契付與買主子孫永遠為據。

王玉慶

道光玖年拾月初九日　立賣田契人　王玉旺

在場　王玉貴

凂中　許國富

羅有昌

代筆　胡其松

（前頁）>>>>>

立杜找断截契人王玉旺，原因與阙德瑛交易民田壹契，坐落松邑廿一都百步庄，土名趙圩垻白石岩上手楓樹下安着，畝分界至，前有正契載明，今因前價未足，粮迫，請托原中相勸業主，找出契外銅錢肆千文正，其錢即日隨契交足，不少分文，其田自找之後，一找千休，永遠不得識認，無贖無找等情，此出（兩）相情愿，各無反悔，恐口难信，故立杜断截契為據。

道光玖年拾弍月十九日　立杜找断截契人　王玉旺

在場胞弟　王玉慶

凴中　王玉貴

許國富

羅有昌

代筆　胡其松

（契尾，道光拾陸年拾月）

立當山契人刘闹應今因無錢使用自情愿將父手遺
下自己閹内山傷壹處坐落松邑廿一都五合圩庄小土名
内坑茶頭樹崀安着其山上至山頂下至坑左至良應
山直上分水為界右至良應山直上分水為界計額壹
厘正今俱四至分明其山愿親立出當與八湖老王古入受
承當其山三面言断當過銅錢本捌仟文正其錢行利水
谷陸桶正其的至每年八月秋收送到錢主倉口車净交
量不敢欠少升合如有欠少利谷任憑錢主執契管業當
字以作賣契為用其山乃係親楚物業並無重複典當他
人與内外兄弟子侄人等並無干碍倘有来歷不明不涉錢主
之事皆係當人一力承当此係二家情愿各無反悔逼抑等情恐
口难信故立當契為據

道光十年十二月廿五日立當山契人 刘闹應（押）

在傷 弟良應（押）

在見 童芳友（押）

代筆人 鍾清發（押）

（前頁）>>>>>

立當山契人刘閞應，今因無錢使用，自情愿将父手遺下自己阄内山傷［塲］壹處，坐落松邑廿一都五合圩庄，小土名内坑茶頭樹崀，安着其山，上至山頂，下至坑，左至良應山直上分水為界，右至良應山直上分水為界，計額壹厘正，今俱四至分明，其山愿親立出當與闞老王古入受承當，其山三面言断，當過銅錢本捌仟文正，其錢行利水谷陸桶正，其的至每年八月秋收，送到錢主蒼［倉］口車净交量，不敢欠少升合，如有欠少利谷，任憑錢主执契管業，當字以作賣契為用，其山乃係親［清］楚物業，並無重腹［復］典當他人，異［與］内外兄弟子侄人等並無干碍，倘有来歷不明，不涉錢主之事，皆係當人一力承当，此係弍家情愿，各無反悔逼抑等情，恐口难信，故立當契為據。

道光十年十一月廿五日　立當山契人　刘閞應

在傷［塲］弟　良應

在見　童芳友

代筆人　鍾清發

立賣民田契人王貴才仝弟等今因錢粮無办自愿將祖
父遺下民田坐落松邑廿一都百步庄土名趙圩塅白石巖
口路外民田弍坵其田上至王德才塅地下至謝姓塅地内至路外至大河
上截王姓塅地又路内田壹坵上至謝姓田下至王姓水圳墈脚内至水圳路
外至水圳為界又土名碓舂壠口水田壹坵東至買主自己田南至潘姓田為
界西至林姓田北至王成才荒地為界今俱四至分明計額陸分正四至
之内相樹雜木俱已在内托中出賣與本都庄闕德璞兄邊承買為業
當日憑中三面言斷時值田價銅錢肆拾肆千文正其錢即日隨契兩相親
收完足不少個文其田自賣之後任從買主執契起耕過户完粮易佃
管業賣人兄弟叔姪不得異言阻滞其田委係祖父遺下清業與内外
人等無涉日先亦無典當文墨交加如有上手來歷不明皆係賣人一力
承當不涉買主之事其田一賣一買兩家心愿千休永遠割截斷根並
無債貨準折等情恐後無憑故立賣民田契付與買主子孫永遠
為據

道光拾年拾弍月十三日立賣田契人 王貴才（押）
仝弟 興才 ○
在塲嫡伯 癸寶（押）
憑中 羅有昌 ○

立杜斷截找契人王貴才日先原典與闕德璞邊交易民田壹契坐落松邑廿壹都百
步庄土名趙圩塅白石巖口安着畝額四至坵數前契載明其田契明價足今
因粮食無办又兼年冬逼迫再請原中向與闕德璞邊找過契外銅錢伍仟
文正其錢即日隨找兩相交足不少個文其田自找之後永無再找割藤断根

代筆 王有田（押）

契

闕德瑛

一找千休，永不敢再行言找，如有再行，甘受疊騙之論。此出兩家心愿，並
無恢悔逼抑等情，恐後無憑，立杜找斷截契付與業主永遠為照。

道光拾年十二月廿六日

立杜找斷截契人王貴才（押）

仝弟興才（押）

嫡伯貴寶（押）

憑原中王有田（押）

羅有昌（押）

代筆羅輝日（押）

（前頁）>>>>>

立賣民田契人王貴才仝弟等，今因錢粮無办，自愿将祖父遺下民田，坐落松邑廿一都百步庄，土名趙圩墳白石巖口路外，民田弍坵，其田上至王德才墳地，下至謝姓墳地，内至路，外至大河上截王姓墳地，又路内田壹坵，上至謝姓田，下至王姓水圳塴脚，内至水圳路，外至水圳為界，又土名碓舂墈口水田壹坵，東至買主自己田，南至潘姓田為界，西至林姓田，北至王成才荒地為界，今俱四至分明，計額陸分正，四至之内，柏樹雜木俱已在内，托中出賣與茶排庄闕德瑛兄邊承買為業，當日凴中三面言断，時值田價銅錢肆拾肆千文正，其錢即日隨契两相親收完足，不少個文，其田自賣之後，任從買主执契起耕，過户完粮，易佃管業，賣人兄弟叔姪不得異言阻滞，其田委係祖父遺下清業，與内外人等無涉，日先亦無典當文墨交加，如有上手來歷不明，皆係賣人一力承當，不涉買主之事，其田一賣一買，两家心愿千休，永遠割截断根，並無債負準折等情，恐後無凴，故立賣民田契付與買主子孫永遠為據。

道光拾年拾弍月十三日　立賣田契人　王貴才

仝弟　兴才

在場嫡伯　發寳

凴中　羅有昌

代筆　王有田

（前頁）>>>>>

立杜断截找契人王貴才，日先原與闕邊交易民田壹契，坐落松邑廿壹都百步庄，土名趙圩塓白石巖口安着，畝額四至坵数，前契載明，其田契明價足，今因粮食無办，又兼年冬逼迫，再請原中向與闕德瑛邊找㑤契外銅錢伍仟文正，其錢即日隨找两相交足，不少個文，其田自找之後，永無再找，割藤断根，一找千休，永不敢再行言找，如有再行，甘受叠騙之論，此出两家心愿，並無反悔逼抑等情，恐後無凴，立杜找断截契付與業主永遠為照。

道光拾年十二月廿六日　立杜找断截契人　王貴才

全弟　兴才

嫡伯　發寶

凴原中　王有田

羅有昌

代筆　羅輝日

（契尾，道光拾陸年拾月）

立賣田契人葉蘭福今因錢粮無办自情愿將自置民田坐落廿一都夫人庙庄小土名温岱壠水田壹處上至蔡姓田為界下至闕姓山為界左至闕姓田為界右至坑壠為界計額叁分正今俱四至分明自愿立契托中送與廖有坤入手承買為業當日憑中面斷時值田價銅錢玖千文正其錢即日隨契交清明白不少個文其田自賣之後任憑錢主起耕推收過户完粮收租管業與内外伯叔兄弟子侄人等並無干碍如有上手來歷不明賣人一力承當不涉買主之事其田日後不敢找贖永遠割藤斷根乃係正行交易並無重當其田愿賣愿買兩相情愿各無反悔等情今欲有憑恐口難信立賣田契付與廖边永遠管業為據

道光拾壹年弍月拾玖日　立賣田契人葉蘭福（押）

胞弟　水琳（押）

憑中　王兆登○

賴継登（押）

代筆葉栢松（押）

(前頁)>>>>>

立賣田契人葉蘭福，今因錢粮無办，自情愿将自置民田，坐落廿一都夫人庙庄，小土名温岱壠，水田壹處，上至蔡姓田為界，下至闕姓山為界，左至闕姓田為界，右至坑壠為界，計額叁分正，今俱四至分明，自愿立契，托中送與廖有坤入手承買為業，當日凂中面断，時值田價銅錢玖千文正，其錢即日随契交清明白，不少個文，其田自賣之後，任凂錢主起耕，推收過户，完粮收租管業，與内外伯叔兄弟子侄人等並無干碍，如有上手來歷不明，賣人一力承當，不涉買主之事，其田日後不敢找贖，永遠割藤断根，乃係正行交易，並無重當，其田愿賣愿買，两相情愿，各無反悔等情，今欲有凂，恐口难信，立賣田契付與廖边永遠管業為據。

道光拾壹年弍月拾玖日　立賣田契人　葉蘭福

胞弟　水琳

凂中　王兆發

賴继發

代筆　葉栢松

立找田契人葉蘭福今因日前典與廖有坤边交易民田坐落廿一都夫人廟庄小土名溫岱荀壠水田壹處界至粮額俱一前有正契載明自愿托中向劝秦主找出契外銅錢弍千文正其錢即日隨找交清明白不少個文其田自找之後其田日後不敢再找永遠割藤斷找其田愿找愿受兩相情愿各無反悔等情今恐口難信立找田契為據」

道光拾壹年三月拾陸日立找田契人葉蘭福（押）

水琳（押）

見中 賴繼聚（押）

王兆馨○

代筆葉栢松（押）

找隨契

（前頁）>>>>>

立找田契人葉蘭福，今因日前與廖有坤边交易民田，坐落廿一都夫人庙庄，小土名温岱崗壠，水田壹處，界至粮額，俱一前有正契載明，自愿托中向劝業主，找出契外銅錢弍千文正，其錢即日隨找交清明白，不少個文，其田自找之後，其田日後不敢再找，永远割藤断找，其田愿找愿受，两相情愿，各無反悔等情，今恐口难信，立找田契為據。

道光拾壹年三月拾陸日　立找田契人　葉蘭福

水琳

凴中　賴继發

王兆發

代筆　葉栢松

立賣垻地契人王發寶今因錢粮無办自情愿將父手遺下兄弟
樹分自己股內民地坐落松邑廿一都百步庄趙圩垻白岩口下年
中心垻民地壹塊東至王姓垻地為界南至賴姓垻地為界西至賴姓
垻地為界北至謝姓垻地為界今俱四至分明計額粮式分正自情
託中親立文契出賣與茶排庄闕德璞兄邊入受承買為業當日
託中三面言斷時值地價銅錢拾弍千文正其錢即日隨契託中交訖
不短分文其地自賣之后任憑買主起根過戶完粮稅契管業收租
賣人房親伯叔兄弟子侄內外人等無諍日先亦無重腹典當交墨
加倘有上手來歷不明皆係賣人一力承當不諍買主之事並不資
債準折之故壹賣日后永無找贖割截斷根兩家情愿各無悔恃
逼挪等情恐後無憑故立賣契付與買主永遠為據

道光十三年正月廿七日立賣垻地契人王發寶（押）

憑中人 王貴財（押）
羅有昌（押）

代筆人 王有田（押）

立找斷根截契人王發寶原因茶排庄闕徒璞兄廷交易民地壹
正契找明請託原中向至業主家中相勸找出契

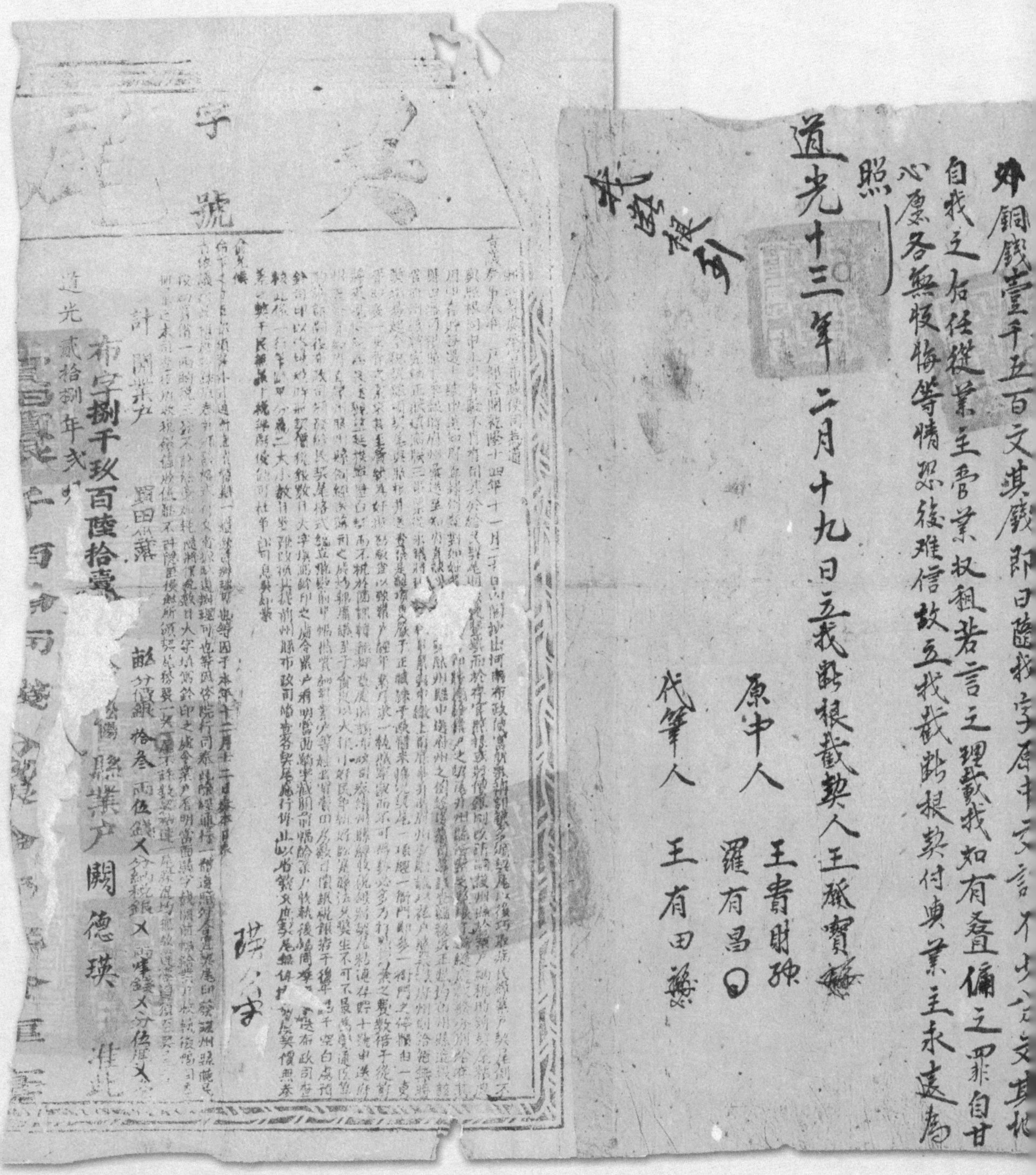

外銅錢壹千五百文其錢即日隨找字原中交訖不少分文其地
自找之后任從業主管業收租若言之理截找如有叠偏之罪自甘
心愿各無㤀悔等情恐後难信故立找截断根契付與業主永遠為
照
道光十三年二月十九日立找断根截契人王□寶(押)
原中人　王贵財(押)
羅有昌(押)
代筆人　王有田(押)

布字捌千玖百陸拾壹號
計開業戶
松陽縣業戶闕德瑛
准此
道光貳拾捌年貳月

（前頁）>>>>>>

立賣堺地契人王發賨，今因錢粮無办，自情愿将父手遺下兄弟均分自己股内民地，坐落松邑廿一都百步庄趙圩堺白岩口下手中心堺，民地壹塊，東至王姓堺地為界，南至賴姓堺地為界，西至賴姓堺地為界，北至謝姓堺地為界，今俱四至分明，計額粮弍分正，自情（愿）託中親立文契，出賣與茶排庄闕德瑛兄邊入受承買為業，當日託中三面言断，時值地價銅錢拾弍千文正，其錢即日隨契託中交訖，不短分文，其地自賣之后，任凴買主起根［耕］過户，完粮税契，管業收租，賣人房親伯叔兄弟子侄内外人等無涉，日先亦無重腹［復］典當文墨交加，倘有上手來歷不明，皆係賣人一力承當，不涉買主之事，並不貨債準折之故，壹賣日后，永無找贖，割截断根，两家情愿，各無反悔逼抑等情，恐後無凴，故立賣契付與買主永遠為據。

道光十三年正月廿七日　立賣堺地契人　王發賨

凴中人　王貴財

羅有昌

代筆人　王有田

（前頁）>>>>>

立找断根截契人王發寶，原因［與］茶排庄闕德瑛兄边交易民地壹契，畝分界至，正契載明，請託原中向至業主家中，相勸找出契外銅錢壹千五百文，其錢即日隨找字原中交訖，不少分文，其地自找之后，任從業主管業收租，若言『之理』載［再］找，如有叠偏［騙］之罪，自甘心愿，各無反悔等情，恐後难信，故立找截断根契付與業主永遠為照。

道光十三年二月十九日　立找断根截契人　王發寶

原中人　王貴財

羅有昌

代筆人　王有田

（契尾，道光貳拾捌年弍月）

立賣田契人廖有坤今因錢粮無办自情愿将己手置有民田壹處坐落廿壹都
夫人廟庄土名溫岱岡墘安着上至蔡姓田下至闕姓田左至㴱姓田右至坑坑
為界计額叁分正今俱四至分明併又界內荒坪地角桐梓木等項一概在內托
中立契出賣與闕德瑛兄邊承買為業當日憑中三面言斷定時值田價銅
錢拾仟文正其錢即日隨契兩相交兑足訖不欠個文自賣之日任從買主推
收過户完粮易佃起耕收租管業未賣日先並無典當文墨交加若有來歷
不明賣人一力承當不干買主之事愿賣愿買兩家心愿並無逼抑準折債
之故一賣千休割藤斷截賣人永敢言稱取贖等情之理今恐口難信故
立賣田契付与買主子孫永遠耕種收租管業為據——

道光拾叁年弍月初弍日 立賣田契人 廖有坤

廖有根

憑中 闕天進

廖有泉

代筆 闕献奎

立杜找斷截田契人廖有坤原因日前與闕德瑛兄邊交易民田壹契坐
落廿壹都夫人廟庄土名溫岱岡墘安着其田界至畝額前有正契載明今
因年歲荒歉無錢應用自請原中向到買主勸說找出契外銅錢貳千文
正其錢即日隨找契兩家交訖不少個文自找之日契明價足割藤斷根其
田四至界內荒熟等項任憑買主易佃耕種收租管業賣人永不敢言找
言贖等情其田四至界內田頭地角任從買修整開圳及田沿桐木等任從買

主賣業賣人不得吝言蕪端，如違甘受疊騙之論。恐口無憑，立斷截田契
文與買主子孫永遠管業爲據。

道光拾叁年　四月念陸日立斷截田契人　廖有坤（押）

原中　闕天進（押）　廖有振（押）　廖有泉（押）

代筆　闕献奎（押）

契尾

號

[illegible]

布字叁千伍百柒拾玖號 不給 松陽縣業戶 闕德瑛

買由半落

開業戶

計　　畝　分用價銀拾弍兩乂錢　分

納税銀乂兩叁錢陸

道光拾捌年肆月

（前頁）>>>>>

立賣田契人廖有坤，今因錢粮無办，自情愿将己手置有民田壹處，坐落廿壹都夫人廟庄，土名温岱岡壠安着，上至蔡姓田，下至闕姓田，左至闕姓田，右至坑垅為界，计額叁分正，今俱四至分明，併及界内荒坪地角，柏樹木等項，一概在内，托中立契出賣與闕德瑛兄邊承買為業，當日凴中三面言斷，定時值田價銅錢拾仟文正，其錢即日隨契两相交兑足讫，不欠個文，自賣之日，任從買主推收過户完粮，易佃起耕，收租管業，未賣日先，並無典當文墨交加，若有來歷不明，賣人一力承當，不干買主之事，愿賣愿買，兩家心愿，並無逼抑準折债（負）之故，一賣千休，割藤断截，賣人永（不）敢言称取贖等情之理，今恐口難信，故立賣田契付与買主子孫永遠耕種收租管業为據。

道光拾叁年弍月初弍日　立賣田契人　廖有坤

廖有振

凴中　闕天進

廖有泉

代筆　闕献奎

（前頁）>>>>>

立杜找断截田契人廖有坤，原因日前與闕德瑛兄邊交易民田壹契，坐落廿壹都夫人廟庄，土名温岱岡垅，安着其田，界至畝額，前有正契載明，今因年歲荒歉，無錢應用，自请原中向到買主勸説，找出契外銅錢貳千文正，其錢即日隨找契两家交讫，不少個文，自找之日，契明價足，割藤断根，其田四至界内荒熟等項，任凴買主易佃耕種，收租管業，賣人永不敢言找言贖等情，其田四至界内，田頭地角，任從買（主）修整闬北［辟］，及田沿柏木等，任凴買主管業，賣人不得异言滋端，如違，甘受叠騙之論，恐口無凴，立断截田契交與買主子孫永遠管業為據。

道光拾叁年四月念陆日　立找断截田契人　廖有坤

廖有振

原中　闕天進

廖有泉

代筆　闕献奎

（契尾，道光拾捌年肆月）

立賣田契人羅有昌今因钱粮無办自愿將自置民田坐落松邑廿壹都百步
庄土名趙圩垻白石巖買主倉屋下手民田壹處其田東至山脚南至買主雷姓
餘坪西至小坑北至買主田為界又白石巖上手田壹坵東至山脚南至山脚西至小
坑北至荒地併及灰寮基地尾桷又及田頭墉食茶柏樹雜木一应在内計額八分
正今俱四至分明托中出賣與茶排庄阙德瑛親邊承買當日憑中言斷
時值田價銅錢肆拾捌仟文正其田價銅錢即旧随契親收完足不少分文
其田自賣之後任從買主執契起耕過户完粮易佃管業其田乃係自置
清業與内外房親人等併無寸土干碍日先亦無典當文墨在外如有上手
来歷不明不涉買主之事賣人一力承躭此出两家心愿不是逼抑等情恐
口無憑立賣田契付與業主永遠為照

道光拾叁年弍月初六日

立賣田契人羅有昌○

憑中弟姪 有逍 有餘 有順 秀水

代筆 羅樑日

立找断截田契人羅有昌日先原與阙德瑛親邊交易民田壹契坐落松
邑廿都百步庄土名趙圩垻白石岩安着計額田坵四至前契載明其田契明
價足今因粮食無办請托原中向與阙邊業主找過契銅钱肆仟文正
其钱即日隨找親收完讫不短分文其田自找之後永截割籐永無
再找一找千休永不敢再找言賸之理如有此色甘受叠騙之論此出

兩相情愿並無逼抑等情恐後無憑立找斷截田契永遠爲照

立找斷截契人羅有昌（押）

道光拾叁年五月初十日

找契

原中羅有餘（押）　有順　有進（押）

代筆羅輝日（押）

契

拾陸

百貳拾

闕德瑛

（前頁）>>>>>

立賣田契人羅有昌，今因錢粮無办，自愿将自置民田，坐落松邑廿壹都百步庄，土名趙圩塤白石巖買主倉屋下手，民田壹處，其田東至山脚，南至買主雷姓餘坪，西至小坑，北至買主田為界，又白石巖上手田壹坵，東至山脚，南至山脚，西至小坑，北至荒地併及灰寮基地瓦桷，又及田頭（地）角，食茶柏树雜木，一应在内，計額八分正，今俱四至分明，托中出賣與茶排庄闕德瑛親邊承買，當日凴中言断，時值田價銅錢肆拾捌仟文正，其田價銅錢即日隨契親收完足，不少分文，其田自賣之後，任從買主执契起耕，過户完粮，易佃管業，其田乃係自置清業，與内外房親人等併無寸土干碍，日先亦無典當文墨在外，如有上手来歷不明，不涉買主之事，賣人一力承耽［擔］，此出两家心愿，不是逼抑等情，恐口無凴，故立賣田契付與業主永遠為照。

道光拾叁年弍月初六日　立賣田契人　羅有昌

凴中弟姪　有通

有餘

有順

秀水

代筆　羅輝日

（前頁）>>>>>

立找断截田契人羅有昌，日先原與闕德瑛親邊交易民田壹契，坐落松邑廿一都百步庄，土名趙圩塤白石岩安着，畝額田坵四至，前契載明，其田契明價足，今因粮食無办，請托原中向與闕邊業主，找過契（外）銅錢肆仟文正，其錢即日隨找親收完訖，不短分文，其田自找之後，永截割藤，永無再找，一找千休，永不敢再找言贖之理，如有此色，甘受叠騙之論，此出两相情愿，並無逼抑等情，恐後無憑，立找断截田契永遠為照。

道光拾叁年五月初十日　立找断截契人　羅有昌

有順

原中　羅有餘

有通

代筆　羅輝日

（契尾，道光拾陸年拾壹月）

立賣契王貴財仝兄弟等今因缺錢應用自情愿將自己興造
瓦屋壹堂土名坐落松邑廿一都百步庄趙圩埧楼屋叁間貳
客軒上連椙樑柱瓦下連基地併門窓户扇板壁托中立契出賣
與德瑛伯邊為業三面斷定目值時價銅錢肆拾仟零陸百文正其
錢即日親收完足其屋併及天井出入門路任憑買主收租歷
住日先並無典當文墨交加亦無内外伯叔兄弟人等爭執如有
此色賣主一力承當不干買主之事其屋面斷不論年限備原價
銅錢取贖買主不得執留此出兩家心愿並無逼抑等情恐口無
憑故立賣契為據

道光拾叁年拾月初六日立賣契 王貴財（押）

胞弟 永財（押）
興財（押）
谷財（押）
旺財（押）

在場伯父 發寶（押）
發元（押）

憑中 羅有昌（押）

代筆 劉新順（押）

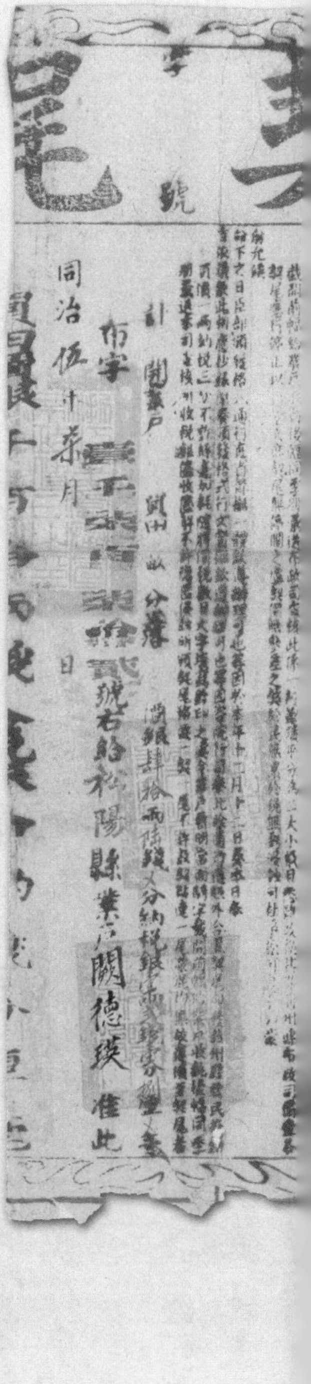

立賣契王貴財仝兄弟等，今因缺錢應用，自情愿将自己興造瓦屋壹堂，土名坐落松邑廿一都百步庄趙圩坝楼屋叁間貳客軒，上連楣樑柱瓦，下連基地，併門窗户扇板壁，托中立契出賣闞德瑛伯邊為業，三面断定，目值時價銅錢肆拾仟零陸百文正，其錢即日親收完足，其屋併及天井、出入門路，任並［凴］買主收租居住，日先並無典當文墨交加，亦無内外伯叔兄弟人等争执，如有此色，賣主一力承當，不干買主之事，其屋面断，不論年限，偹原價銅錢取贖，買主不得执留，此出两家心愿，並無逼抑等情，恐口無憑，故立賣契為據。

道光拾叁年拾月初六日　立賣契　王貴財

胞弟　永財

興財

谷財

旺財

在場伯父　發寶

發元

凴中　羅有昌

代筆　劉新順

（契尾，同治伍年柒月）

立賣灰屋契人王金財，今因無錢使用，自情愿将父手遺下自置灰屋，坐落松邑廿一都百步庄趙圩（垻）正堂門口下手外頭灰屋壹間，上流瓦，下併及地基，東至王成才灰屋為界，南至灰屋簷水為界，西至路為界，北至王發元灰屋為界，今俱四至分明，自情託中立契，出賣與茶排闕德瑛兄邊入受承買為屋，当日凴中三面（言）断，直時價銅錢伍千貳百五十文，其錢即日隨凴中交訖，不少分文，其屋自賣之後，任從買主起根管屋，倘有上手來歷不明，皆係賣人一力承当，不涉買主之事，一賣割截断根，自甘心愿，各無反悔逼勒等情，恐後無凴，故立賣屋契付與買主永遠為據。

道光拾伍年二月十九日　立賣灰屋人　王金才

仝弟　王銀才

見賣　王貴才

凴中　羅有昌

代筆　王有田

（契尾，道光弍拾陸年叁月）

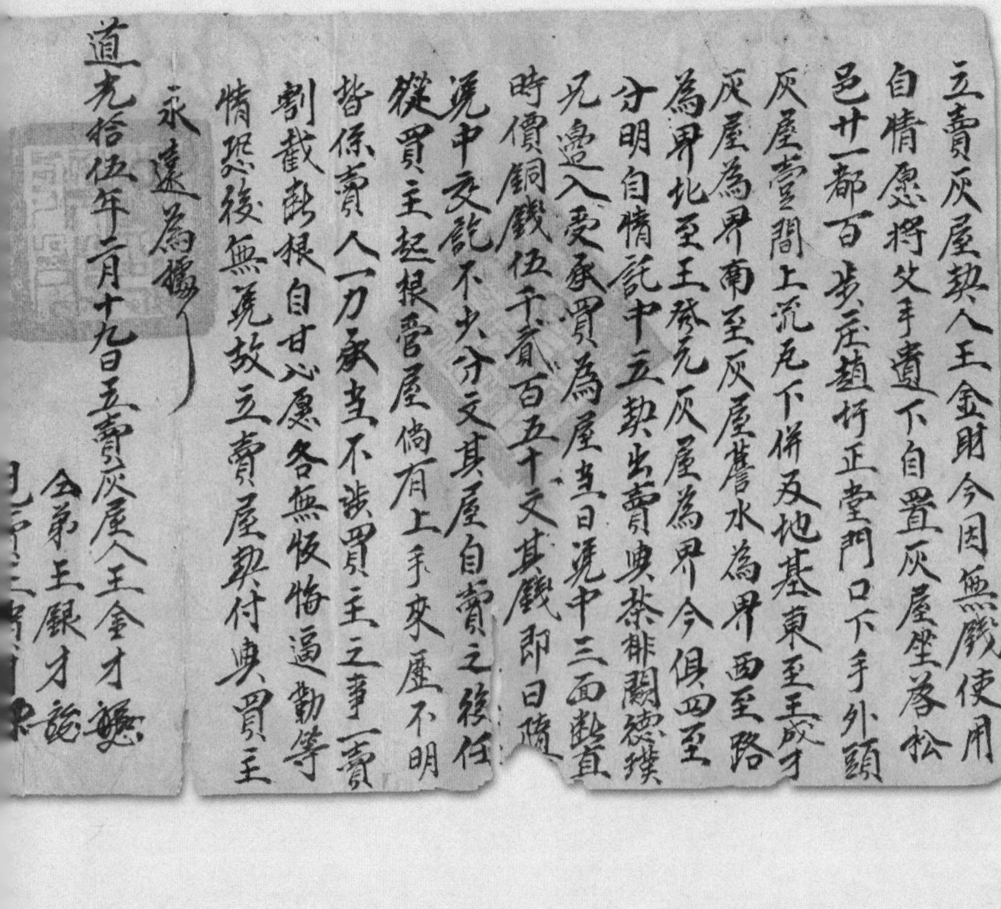

契　尾

號

浙江等處承宣布政使司為遵
旨議覆事奉准 戶部咨開乾隆十四年十一月二[illegible]
與賦稅同申上司查驗不肖有司其於[illegible]民[illegible]
用印存貯每遇[illegible]紙由送知府直隸州[illegible]
應由[illegible]司[illegible]
[illegible]
核此係一行鼻[illegible]分為二大小數[illegible]姦難改[illegible]其從前州縣布政司[illegible]
差之弊于民無累于稅無虧[illegible]侵蝕可以[illegible]事訟可[illegible]矣如蒙
俞允俟
命下之日臣部頒發格式通行直省督撫一體[illegible]
旨依議欽此相應抄錄原奏并頒發格式行文督撫[illegible]
投納買價一兩納稅三分不許絲毫加耗隨時[illegible]
冊彙送本司查核所收稅銀儘收儘解不許侵[illegible]

計開業戶　　買田坐落

布字伍千柒[illegible]

道光貳拾陸年叁月

[illegible]本年十二月十二日奏本日奉
[illegible]司也衙因洛見行司奏此除經通行一體遵照外合置契尾[illegible]
[illegible]發給大字填寫鈐印之處令業戶看明當面騎字截開前幅給業戶收執後幅[illegible]
[illegible]所領契尾務要一契一尾不許數契粘連一尾[illegible]

畝　分價銀〤伍兩弍錢伍分納稅銀〤兩[illegible]錢伍分[illegible]伍

號右給　松陽　縣業戶闕德璜　准此

見中羅有昌
代筆王有田

立找田斷根截契人王金財仝弟等今因日先關德璞兄
邊交易民田坐落廿一都百步庄趙圻塅碓舂壠口壹契
又處中心鋪門口壹契又白石岩水圳壹契又吴坑坑口
水圳外壹契又下手壹契共五契界至畝分正契載明
文二庚久無錢實撿自想無奈請託原中叅三主家中
相助找出契外銅錢貳千文正其錢即日隨找原中
交訖不少分文其田自找之後任從叅主收租管業壹
找千休如同截木不敢異言再找之理如有意找自
甘叠倫之罪各無收悔等情恐後無憑故立找田斷
根截契爲據

道光十五年二月十九日立找斷根截契人王金財（押）

仝弟 王賢財（押）

王貴才（押）

謝化才（押）

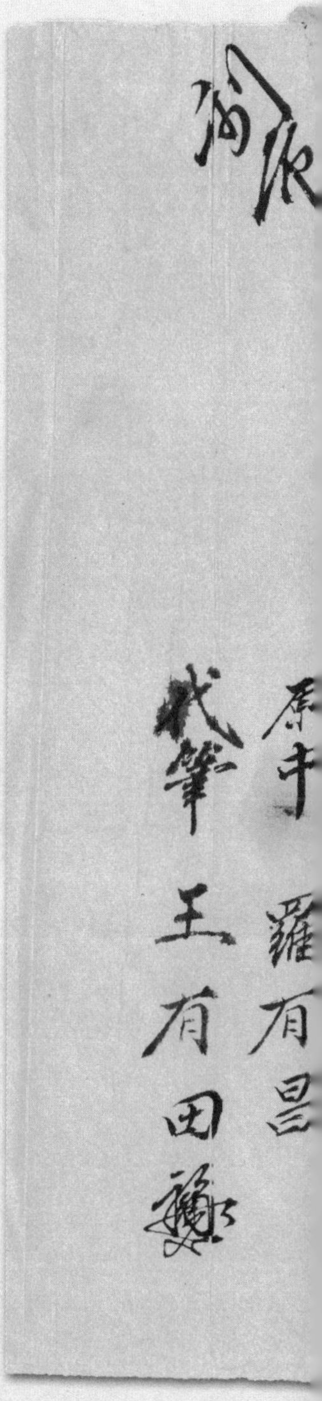

立找田断根截契人王金財仝弟等，『今因』日先（與）闞德瑛兄邊交易民田，坐落廿一都百步庄趙圩塓碓舂壠口壹契，又處中心鋪門口壹契，又白石岩水圳壹契，又吕坛坑口水圳外壹契，又下手壹契，共五契，界至亩分，正契載明，（今因）父亡喪夊，無錢賔檢［殯殮］，自想無奈，請託原中業主家中相勸，找出契外銅錢貳千文正，其錢即日隨找原中交訖，不少分文，其田自找之後，任從業主收租管業，壹找千休，如同截木，不敢異言再找之理，如有意找，自甘叠倫［論］之罪，各無反悔等情，恐後無憑，故立找田断根截契為據。

道光十五年二月十九日　立找断根截契人　王金財

仝弟　王銀財

王貴才

謝化才

原中　羅有昌

代筆　王有田

立賣山契人徐燈有仝弟燈興、姪金書等，今因無錢應用，自情愿將父手遺下民山壹處，坐落念壹都茨八面庄土名水圳下安着，上至水圳，下至買主田，內至柿子樹崀直上水圳分水，外至崀分水爲界，今俱四至分明，計山額弍分正，併及樹木等項概在內，托中立契出賣與闕翰美兄邊等衆內承買爲業，當日憑中三面言斷，定時值山價銅錢貳仟陸佰文正，其錢即日隨契兩相交兑足訖，不欠個文。自賣之日任憑買主推收過户，完糧栽種樹木雜色等項，扦穴安葬坟墓，籙養管業。原係父手清業，物業與內外房親伯叔兄弟子姪人等無干，未賣日先並無重典，後有文墨交加，若有來歷不明，賣人一力承當，不涉買主等之事。此出兩家心愿，並無逼抑等情，一賣千休，割藤斷根，永不敢异言識認取贖找價等情，如違愿甘坐罪。今恐難信，故立賣山契文與買主子孫永遠管業爲據。

道光拾伍年四月初十日　立賣山契人　徐燈有（押）

仝弟　燈興（押）

燈松（押）

姪　金書（押）

憑中　郭茂榮（押）

闕德坤（押）

代筆　闕獻奎（押）

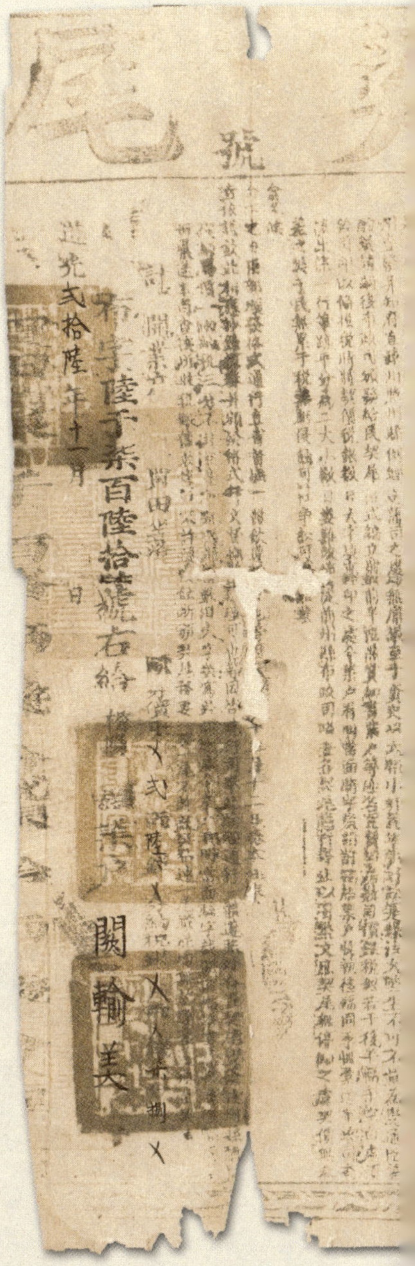

立賣山契人徐登有仝弟登興、姪金書等，今因無錢應用，自情愿将父手遺下民山壹處，坐落念壹都夫人庙庄，土名水圳下安着，上至水圳，下至買主田，内至柿子樹崀直上水圳分水，外至崀分水为界，今俱四至分明，计山額弍分正，併及樹木等項，（一）概在内，托中立契，出賣與闞翰美兄邊等衆内承買為業，當日凴中三面言断，定時值山價銅錢貳仟陸伯文正，其錢即日隨契兩相交兑足讫，不欠個文，自賣之日，任凴買主推收過户完粮，栽種樹木雜色等項，扦穴安葬坟墓，籙養管業，原係父手清楚物業，与内外房親伯叔兄弟子姪人等無干，未賣日先，並無重典復当文墨交加，若有來歷不明，賣人一力承當，不涉買主等之事，此出两家心愿，並無逼抑等情，一賣千休，割藤断根，永不敢异言識認取贖找價等情，如違，愿甘坐罪，今恐口難信，故立賣山契交與買主子孫永遠管業為據。

道光拾伍年四月初十日　立賣山契人　徐登有

弟　登興

仝　登松

姪　金書

凴中　郭茂榮

闞德珅

（契尾，道光弍拾陸年十一月）　代筆　闞献奎

立賣屋契人王有田今因父故無錢應用自情愿將父手遺
下置有平屋三間坐落百步庄趙圩垻碓舂壠口正堂屋下手橫
屋三間安着坐北朝南上連瓦桷下并柱脚板壁地基穀倉壹口
并及出入門戶天池俱壹在内東至德理屋南至賣人自己正堂檔脚
西至王盛才灰蓬檔脚北至王姓蕃地為界今載四至分明自愿託中
立契出賣與茶排庄闕德璞承買為業三面言斷定時值屋價
銅錢叁拾千文正其錢隨契兩相交訖不少分文其屋未賣日先並
無重典交易之事已賣之後亦無戴買準折之理其屋内賣人不
留寸土尺木石等情如有上手來歷不明賣人一力承當不干買主之
事所買自出兩家心愿並無逼抑之故一賣千休永遠割藤斷根賣
人不得議找言贖言找之事恐口無凴故立賣屋契付與買主子孫永
遠為據

道光拾伍年五月十一日立賣屋契人王有田（押）
王貴才（押）
王金才（押）
王盛才（押）
憑中 羅有昌（押）
親筆（押）

合同

立杜找斷屋契人王有田曰先原典闕德璞兄邊交易民屋壹座
界至土名正契載明今因口食不給自愿託中向至業主手內找出
契外銅錢叁千文正其錢隨契兩相交足訖[illegible]

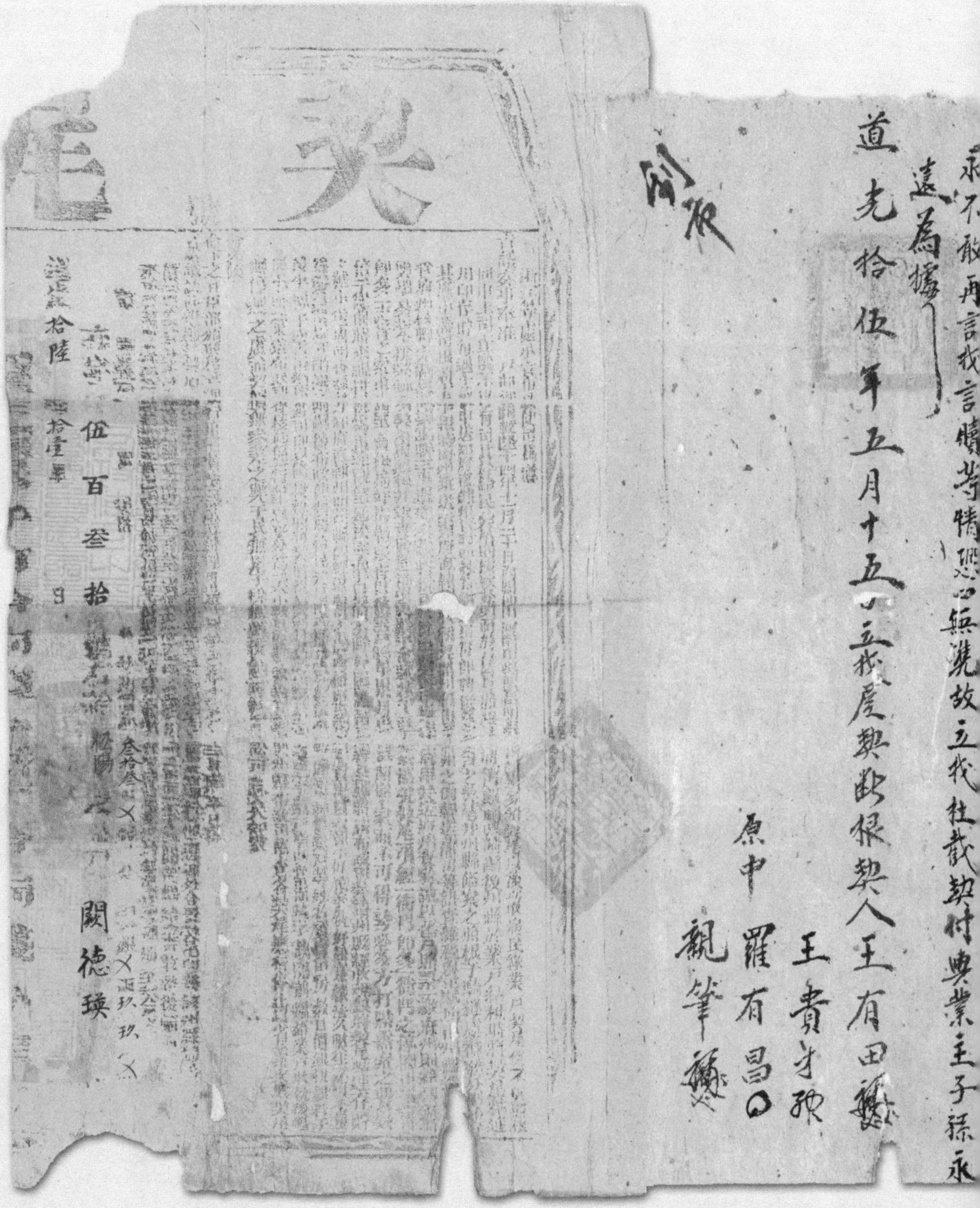

永不敢再言找言贖等情恐口無憑故立找杜截契付與業主子孫永
遠為據

道光拾伍年五月十五日立找屋契斷根契人王有田（押）
王貴才（押）
原中　羅有昌（押）
親筆（押）

（前頁）>>>>>

立賣屋契人王有田，今因父故，無錢應用，自情愿將父手遺下置有平屋三間，坐落百步庄趙圩垻碓舂壠口正堂屋下手横屋三間安着，坐北朝南，上連瓦桷，下并柱脚、板壁、地基、穀倉壹口，并及出入門户天池俱壹在内，東至德理屋，南至賣人自己正堂墻脚，西至王盛才灰寮墻脚，北至王姓蓏地為界，今載四至分明，自愿託中立契，出賣與茶排庄闕德瑛承買為業，三面言断，定時值屋價銅錢叁拾千文正，其錢隨契两相交訖，不少分文，其屋未賣日先，並無重典文墨之事，已賣之後，亦無載［債］負準折之理，其屋内賣人不留寸土瓦个石等情，如有上手來歷不明，賣人一力承當，不干買主之事，（所賣）所買自出两家心愿，並無逼抑之故，一賣千休，永遠割藤断根，賣人不得識認，言贖言找之事，恐口無凴，故立賣屋契付與買主子孫永遠為據。

道光拾伍年五月十一日　立賣屋契人　王有田

王貴才

王金才

王盛才

凴中　羅有昌

親筆

（前頁）>>>>>

立杜找断屋契人王有田，日先原與闕德瑛兄邊交易民屋壹座，界至土名，正契載明，今因口食不給，自愿托中向至業主手内找出契外銅錢叁千文正，其錢隨契两相交足訖，不少分文，自找之後，永不敢再言找言贖等情，恐口無憑，故立找杜截契付與業主子孫永遠為據。

道光拾伍年五月十五日　立找屋契断根契人　王有田

原中　王貴才

羅有昌

親筆

（契尾，道光拾陸年拾壹月）

立賣山契人賴通全，今因錢粮無办，自情愿將
祖父遺下兄弟均分自己股内民山，坐落松邑
廿一都百步庄趙圩墳風［楓］樹下安着，上至山頂為
界，下至風［楓］樹下閹崀分水為界，左至大崀分水
為界，右至隨坑合水為（界），併及荒坪茶樹雜木，一
應在内，今俱四至分明，計額貳分正，自情託中親立
文契，出賣送與茶排闕德瑛兄邊入受承買為業，
当日凴中三面断出，時值山價銅錢陸千伍百肆
拾文正，其錢即日隨契凴中两相交訖，不短分
文，其山自賣之後，任從買主起耕過户，完粮管
業籙養，（與）賣人房親伯叔兄弟子侄内外人等（無礙），倘有
上（手）來（歷）不明，皆係賣人一力承当，不涉買主之事，一賣
日後，永無找贖，割截断根，自甘心愿，各無反悔逼
勒等情，恐後無凴，故立賣山契付與買主永遠為
據。

道光拾陸年二月初三日　立賣山契人　賴通全

在塲胞兄　賴通恒

凴中人　羅有昌

代筆人　王有田

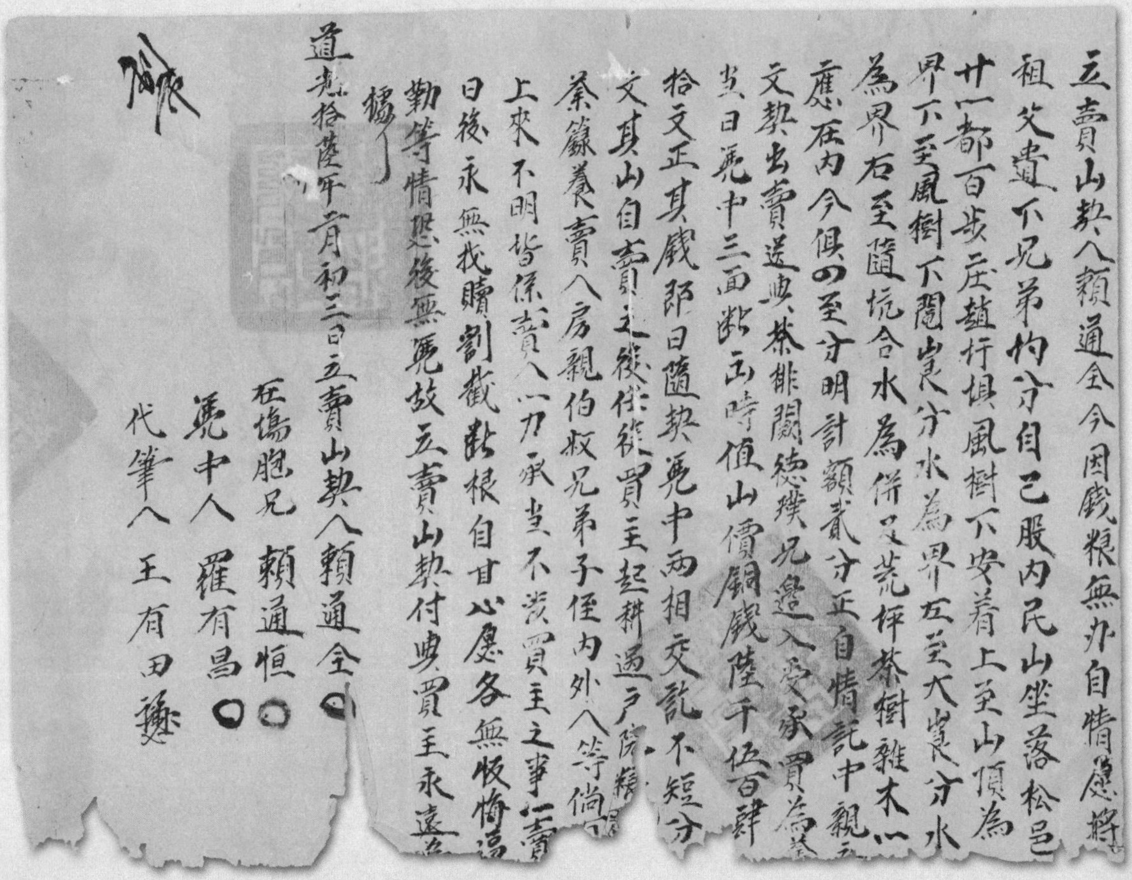

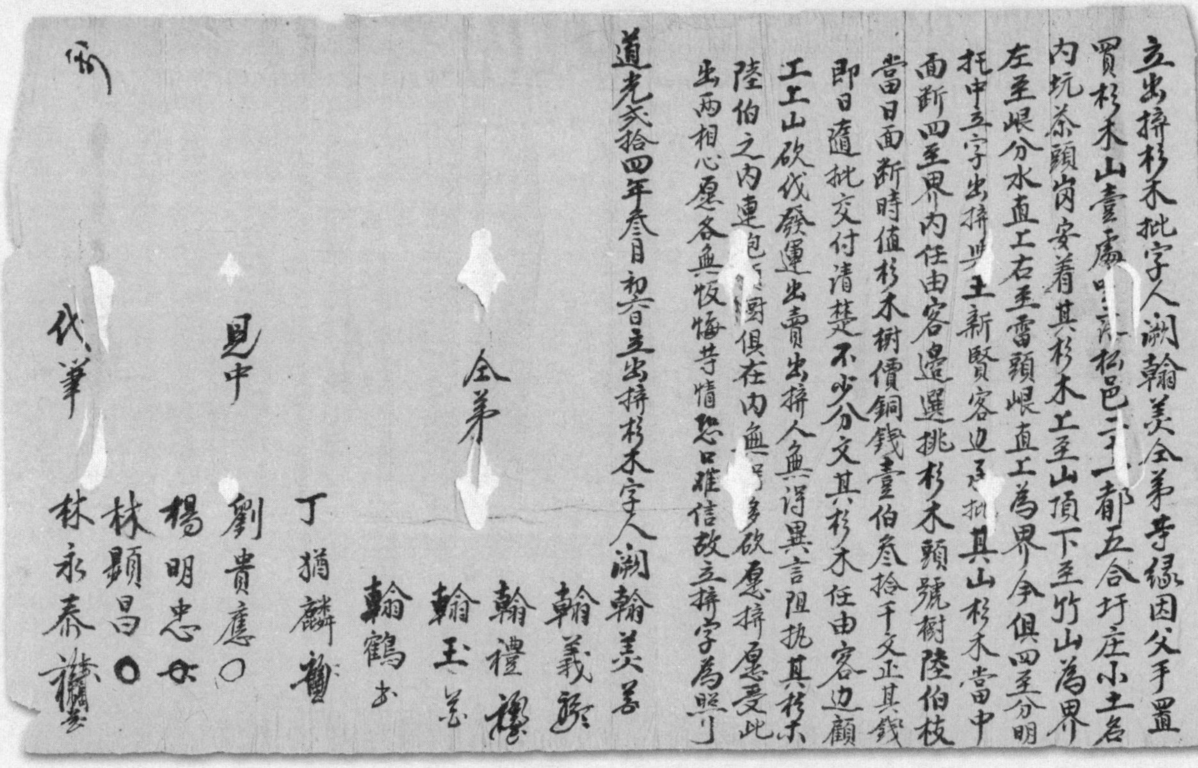

立出拚杉木批字人闕翰美仝弟等，缘因父手置
買杉木山壹處，坐落松邑二十一都五合圩庄，小土名
内坑茶頭崗，安着其杉木，上至山頂，下至竹山為界，
左至崀分水直上，右至雷頭崀直上為界，今俱四至分明，
托中立字出拚與王新賢客边承批，其山杉木，當中
面断，四至界内，任由客邊選挑杉木頭號樹陸伯枝，
當日面断，時值杉木樹價銅錢壹伯叁拾千文正，其錢
即日隨批交付清楚，不少分文，其杉木任由客边顧［僱］
工上山砍伐，發運出賣，出拚人無得異言阻執，其杉木
陸伯之内，連□□樹俱在内，無得多砍，愿拚愿受，此
出两相心愿，各無反悔等情，恐口难信，故立拚字為照。
道光弍拾四年叁月初六日　立出拚杉木字人　闕翰美

翰義
翰禮
仝弟　翰玉
翰鶴
見中　丁猶麟
劉貴應
楊明忠
林顕昌
代筆　林永泰

立賣田契人藍天有，今因錢無办，自情愿将父手遺下兄弟均分自己閹内民田，坐落松邑廿一都百步庄趙圩塓趙圩壟坑，小土名土地硋，安着水田一處，『共田』大小共田伍坵，上至田塝為界，下至王姓地為界，左至大坑為界，右至田塝為界，今俱四至分明，計額叁分正，自情請託凴中親立文契，出賣與茶排闕翰禮邊人受承買為業，當日三面言斷，時值田價銅錢壹拾柒（千）文正，其錢即日隨契两相面交，親收足訖，不短分文，其田自賣之後，（任）凴買主過户完（粮），起耕管業，乃係清楚物業，與房親伯叔兄弟子侄内外人等並無寸土干碍，日先無重復典當文墨交價［加］在外，如有上手來力［歷］不明，賣主一力承『耽』當，不干買主之事，愿賣愿買，两甘情（愿），並無逼抑等情，恐口难信，故立賣田契為據。

一批不限年月，原價取贖，再照，不得執留。

道光弍拾陸（年）拾壹月拾一日　立賣田契人　藍天有

在見人　賴永祥

凴中人　郭石宝

代筆人　王金財

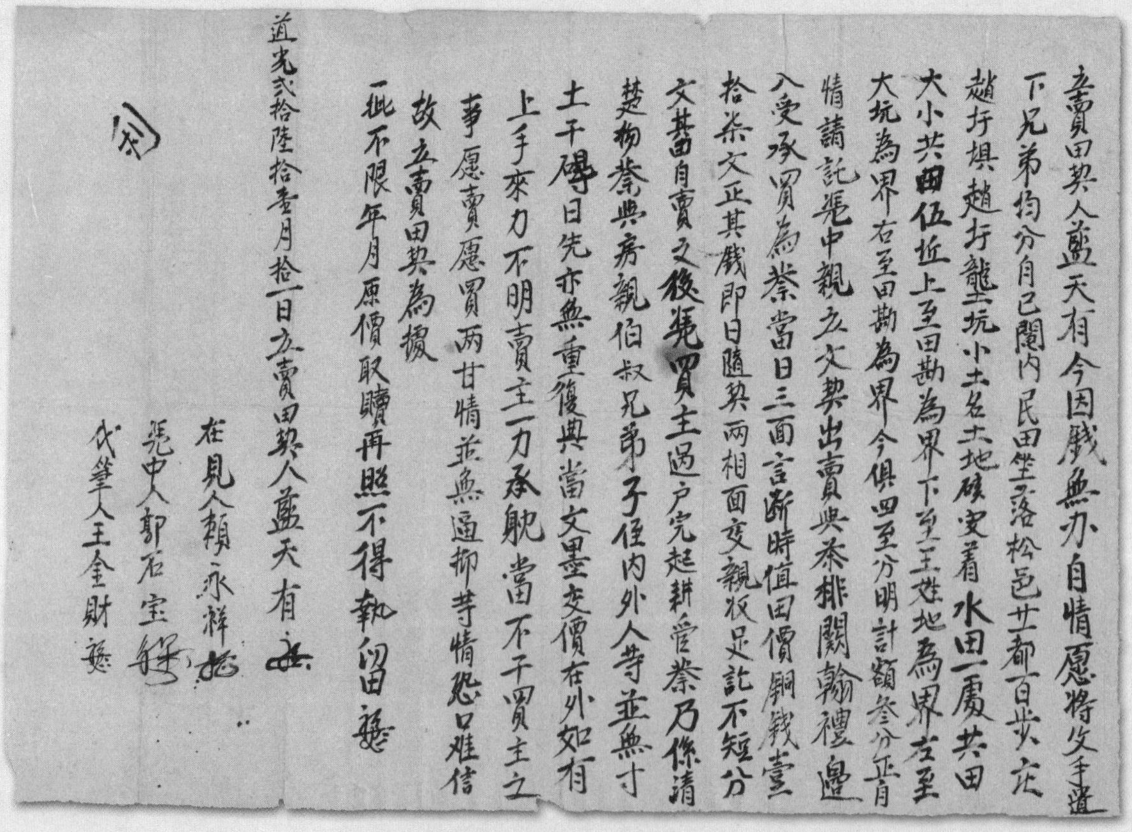

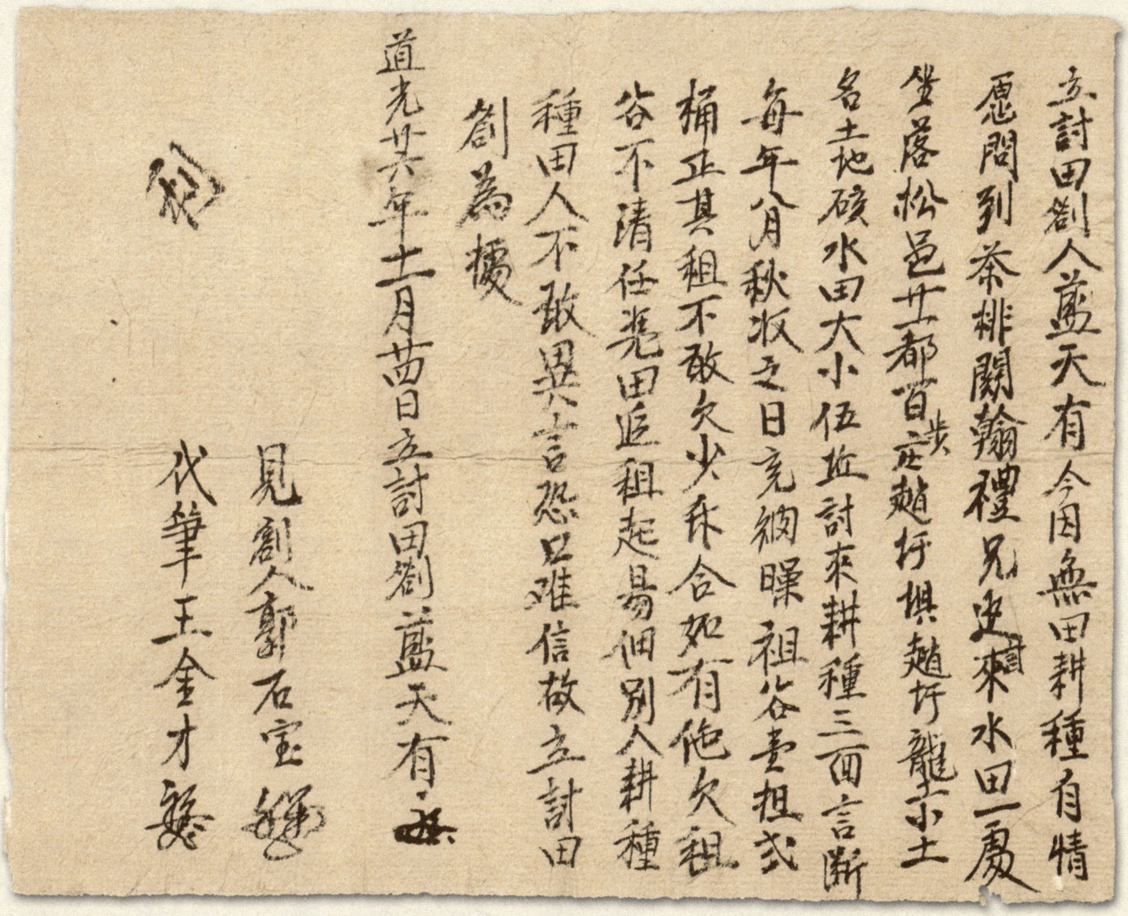

立討田劄人藍天有，今因無田耕種，自情
愿問到茶排闕翰禮兄边討來水田一處，
坐落松邑廿一都百步庄趙圩塤趙圩壟，小土
名土地硋，水田大小伍坵，討來耕種，三面言断，
每年八月秋收之日，充納燥祖［租］谷壹担弍
桶正，其租不敢欠少升合，如有拖欠租
谷不清，任滰田（主）追租『起』易佃，别人耕種，
種田人不敢異言，恐口难信，故立討田
劄為據。
道光廿六年十一月廿四日　立討田劄　藍天有
見劄人　郭石宝
代筆　王金才

立賣田契人黃楊金今因錢粮無办自情愿將自己置民田壹處土名坐落松邑廿一都百步庄大王廟小土名外春溪田大小共叁坵計額伍分正上至荒坝下至會田左至山右至大坑為界荒熟圳堰一應在内今俱四至分明親立文契出賣與闕春財入手承買為業當日面斷時值田價銅錢貳拾肆仟文正其錢即日交足不欠分文其田自賣之後任憑買主過户完粮収租易佃耕種執契管業此係自己物業内外房親伯叔兄弟子侄人等無涉日先亦無重典文墨交價如有此色賣人一力承當不干買主之事此出兩家心愿各無恢悔逼抑等情恐口難信故立賣田契永遠為據

道光貳拾陸年十一月廿八日立賣田契人黃楊金（押）

見中　楊海宗（押）　楊明宗（押）

親筆　黃初亮（押）

（前頁）>>>>>

立賣田契人黄楊金，今因錢粮無办，自情愿将自己置民田壹處，土名坐落松邑廿一都百步庄大王廟，小土名外春溪，田大小共叁坵，計額伍分正，上至荒坱，下至會田，左至山，右至大坑為界，荒熟圳堰，一應在内，今俱四至分明，親立文契出賣與闕春財入手承買為業，當日面断，時值田價銅錢貳拾肆仟文正，其錢即日交足，不欠分文，其田自賣之後，任憑買主迺户完粮收租，易佃耕種，執契管業，此係自己物業，（與）内外房親伯叔兄弟子侄人等無涉，日先亦無重典文墨交價［加］，如有此色，賣人一力承當，不干買主之事，此出两家心愿，各無反悔逼抑等情，恐口难信，故立賣田契永遠為據。

道光貳拾陸年十一月廿八日　立賣田契人　黄楊金

見中　楊海宗

楊明宗

親筆　黄初亮

立劄找田契人黄楊金原因日前與闞邉交易民田壹契土名坐落松邑
廿一都百步庄大王廟外春溪安著畝分坵據四至前契載明今因年冬錢粮
無措親托原中相勸業主闞春財手内找過契外銅錢貳仟捌伯文正其錢即日交
訖其田自找之後任憑買主過户入册完粮収租另佃耕種執契管業其田自找之後
心滿價足劄斷如同截木日後永遠無找無贖黄姓子侄不得識認此出二家心愿
各無反悔逼抑等情恐口難信故立找田契永遠為照」

道光貳拾陸年十二月十九日立找田契人黄楊金（押）
楊明宗（押）
楊海宗（押）

立起送票人楊海宗今因日先與闞邉交易民田壹契今將楊正忠户内推出錢
粮伍分正推過闞發楊户内入册办粮不得丟漏恐口難信故立起送票為照」

道光貳拾陸年十二月十九日立起送票人楊海宗（押）
在見楊明宗（押）
代筆黄初亮（押）

（前頁）>>>>>

立割找田契人黄楊金，原因日前與闕邊交易民田壹契，土名坐落松邑
廿一都百步庄大王廟外春溪安着，畝分坵段四至，前契載明，今因年冬錢粮
無措，親托原中相勸業主闕春財手内，找過契外銅錢貳仟捌伯文正，其钱即日交
訖，其田自找之後，任憑買主過户入册，完粮收租，易佃耕種，執契管業，其田自找之後，
心滿價足，割断如同截木，日後永遠無找無贖，黄边子侄不得識認，此出二家心愿，
各無反悔逼抑等情，恐口难信，故立找田契永遠為照。
道光貳拾陸年十二月十九日　立找田契人　黄楊金
楊明宗
楊海宗

立起送票人楊海宗，今因日先與闕邊交易民田壹契，今将楊正忠户内推出錢
粮伍分正，推過闕發楊户内入册办粮，不得丢漏，恐口难信，故立起送票為照。
道光貳拾陸年十二月十九日　立起送票人　楊海宗
在見　楊明宗
代筆　黄初亮

立賣绝山塲契人徐登有仝弟登興、侄金書等，原因年歳荒歉，口食無措，自愿将父手遺下阄内民山塲壹處，坐落廿一都夫人庙庄，土名岗頭社庙下水圳下安着，上至水圳，下至田並坑，内至金遠山埋界石合水，外至買主山為界，今具四至分明，以及界内松杉竹頭茶桐雜木等項，一应在内，讬中立契，出賣与茶排庄阙翰美兄弟五房等仝買為業，當日凴中三面断定，目值山價銅錢壹千弍伯文正，其錢即日隨契两相交讫，不少個文，自賣之後，任從買主等前去跟［耕］管，栽種籙养树木竹頭管業，如有此色等情，賣人自行支听，不干買主之事，出此兩相心愿，並無逼抑等情，一賣千休，割藤断根，賣人等永不敢异言識認取贖等情，如違，甘愿坐罪，今恐口難信，故立賣山契交与買主子孙永遠管業為據。

道光念柒年六月初十日　立賣山契人　徐登有

仝賣弟　登興

侄　金書

凴中　阙德珅

代筆　阙献奎

（契尾，道光貳拾玖年玖月）

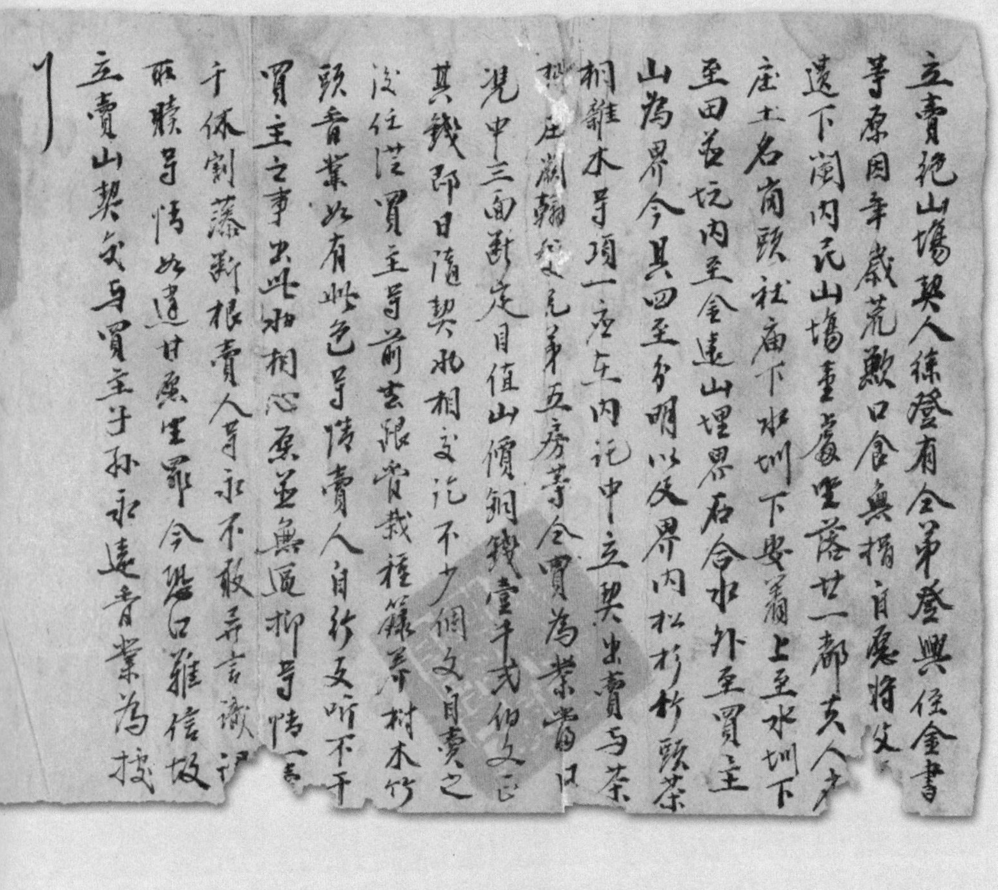

道光念柒年六月初十日立賣山契人　徐登有（押）

仝賣　弟　登興（押）

姪　金書（押）

憑中　闕德坤（押）

代筆　闕獻奎（押）

布字　號

浙江等處承宣布政使司為遵旨議奏事奉准戶部咨開乾隆十四年十一月二十七日內閣抄出[illegible]

[illegible]

計開業戶　買田[illegible]

部價銀壹兩弍錢×分納稅銀×兩×錢叁分×厘×

布字貳百肆拾柒號右給　松陽縣業戶　闕翰美　准此

道光×年×月　日

立换田字人關翰斌今因管業不便自愿将祖父遺下閹内民田坐落廿四都茶排庄土名水𡵆塝安着田弍坵其田上至换人翰禮田下至翰吉田併翰禮田左至换人翰禮田右至翰吉田為界併及田頭地墈一應在内今俱四至分明又坐落青山脚田壹坵内至换人翰斌田外至大河左至换人翰斌田右至德珂叔田為界今俱四至分明出换與本家翰禮弟永遠管業实得翰禮田坐落本都本庄土名棋子裏田安着田弍坵其田内至王玉成田外至换人翰斌田右至翰美田左至德珂叔田為界今載四至分明并及田頭地墈一應在内當日酌换公平田粮各自完納永無反悔等情恐口难信故立换田字為據

大清咸豐弍年十一月初四日立换田字人關翰斌（押）

胞兄 翰元（押）

見换 侄 玉成（押）

代筆 李克應（押）

（前頁）>>>>>

立换田字人闕翰斌，今因管業不便，自愿将祖父遺下閹内民田，坐落廿壹都茶排庄，土名水崗塆，安着田弍坵，其田上至换人翰禮田，下至翰吉田併翰禮田，左至换人翰禮田，右至翰吉田為界，併及田頭地角，一應在内，今俱四至分明，又坐落青山脚田壹坵，内至换人翰斌田，外至大河，左至换人翰斌田，右至德珂叔田為界，今俱四至分明，出换與本家翰禮弟永远管業，换得翰禮田坐落本都本庄土名墺子裏里田，安着田弍坵，其田内至玉成田，外至换人翰斌田，右至翰義田，左至德珂叔田為界，今載四至分明，并及田頭地角，一應在内，當日酌换公平，田粮各自完納，永無反悔等情，恐口难信，故立换田字為據。

大清咸豐弍年十一月初四日　立换田字人　闕翰斌

胞兄　翰元

見换侄　玉成

代筆　李克應

立當山字人闕良奎今因無錢使用自愿將祖
父遺下己山坐落二十一都石倉土名茶排水碓領
安着山壹處其山拾股內將己下壹股託中立字
出當與本族德璉叔公手內當過銅錢本弍千文
正其錢三面言斷每年週期弍分起息的至本下
年併本利一足送还不得欠少分文如違其山任凭
錢主执契壹業當人不敢异言阻执等情恐口
难信故立當山字為據

咸豐三年拾月初四日立當山字人闕良奎（押）

在場侄 燦慶（押）

憑中 石有基（押）

代筆 闕添慶（押）

（前頁）>>>>>

立當山字人闕良奎，今因無錢使用，自愿将祖
父遺下民山，坐落二十一都石倉，土名茶排水碓領［嶺］，
安着山壹處，其山拾股内，将己下壹股託中立字，
出當與本族德璉叔公手内，當過銅錢本弍千文
正，其錢三面言断，每年週期弍分起息，的至下
年併本利一足送还，不得欠少分文，如違，其山任從
錢主執契管業，當人不敢异言阻执等情，恐口
难信，故立當山字為據。

咸豐三年玖月初四日　立當山字人　闕良奎
在塲侄　燦慶
凴中　石有基
代筆　闕添慶

契

浙江等處承宣布政使司爲

立賣房屋契人葉王氏今因粮食無聚自情愿將夫手遺下房屋半堂坐落松邑廿都夫人庙庄土名山邊林店下安着坐西向東民屋半堂東至大路為界南至廳堂对半直出為界西至謝姓田為界北至買主灰寮併王姓灰寮為界今俱四至分明請托憑中立契出賣與謝簡禮手內承買為業當日憑中三面言斷時房屋價銅錢念柒千文正其錢即日當中交足不欠個文其屋自賣之後任憑謝邊買主修整架造改換封鎖另租起耕管業賣人無得異言如有內外伯叔兄弟人等並無干碍日先亦無文墨典當他人倘有上手來歷不明不涉買主之事賣人一力承當愿賣愿買契明價足並無逼勒等情其屋抽楣尾角下基地柱脚四圍土墻板壁门窓牖天井门路一應在內一賣千休永遠割藤斷截不得議認恐口難信故立賣房屋契付與買主永遠為據

咸豐叁年十月十四日立賣房屋契人葉王氏〇

仝孫葉起文〇

謝金慶（押）

憑中 添慶（押）

天進（押）

辛壟（押）

王槐香（押）

代筆胡其松（押）

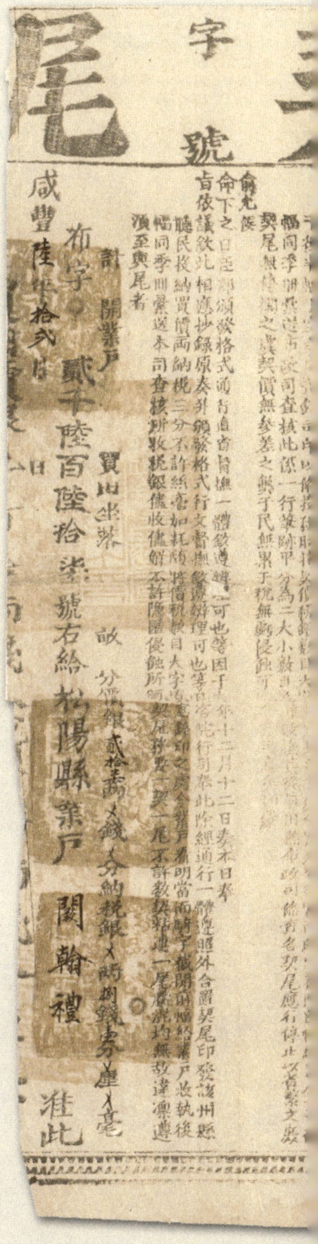

立賣房屋契人葉王氏，今因粮食無聚，自情愿将夫手遺下房屋半堂，坐落松邑廿一都夫人庙庄，土名山邊林店下安着，坐西向東，民屋半堂，東至大路為界，南至廳堂对半直出為界，西至闕姓田為界，北至買主灰寮併王姓灰寮為界，今俱四至分明，請托凴中立契，出賣與闕翰禮手内承買為業，當日凴中三面言断，時房屋價銅錢念柒千文正，其錢即日當中交足，不少個文，其屋自賣之後，任凴闕邊買主修整架造，改换封鎖，另租起耕管業，賣人無得異言，如有内外伯叔兄弟人等並無干碍，日先亦無文墨典當他人，倘有上手来歷不明，不涉買主之事，賣人一力承當，愿賣愿買，契明價足，並無逼勒等情，其屋抽楣瓦角［桷］，下基地柱脚，四圍土墻，板壁门窗扇，天井门路，一應在内，一賣千休，永遠割藤断截，不得識認，恐口难信，故立賣房屋契付與買主永遠為據。

咸豐叁年十月十四日　立賣房屋契人　葉王氏

仝孫　葉起文

闕金慶

凴中　添慶

天進

辛奎

王槐香

代筆　胡其松

（契尾，咸豐陸年拾弍月）

立賣田契人張文泰今因钱粮無办情愿将父手遺分自己閭内水田坐落松邑貳拾壹都夫人廟庄土名温岱崗壠裏安着民田壹處上至水塘為界并林姓田下至張姓田為界左至蔡姓田并山為界右至山脚為界計額壹畝正并及界内田頭地堉㭎樹雜木一應在内托中親立文契出賣與闕翰禮親邊為業當日三面斷定時值田價銅钱肆拾捌千文正其钱當日隨契交兑親收足訖其田自賣之後任凭闕邊執契管業推收過户易佃耕種收租完粮扦掘改造張邊子孫人等永遠不敢識認亦不敢言找言贖如同截木永絶割斷此係自己分内田業與内外伯叔兄弟子侄人等無涉日先並無典當文墨在外如有此色張邊自能一力承當不干闕邊之事如違甘受疊騙之咎此出兩家愿賣愿買並無逼抑反悔等情恐後無凭故立賣田契交與闕邊永遠為执

咸豐四年十一月初九日立賣田契人張文泰（押）

胞弟 文富（押）

文福（押）

文壽（押）

憑中 闕永瓊（押）

鄧開喜（押）

代筆 丁汝騏（押）

契合

立杜找割絶契人張文泰原日前與闕翰禮親邊交易民田壹契坐落松邑貳拾壹都夫人廟庄土名温岱崗壠裏安着民田壹處四至畝額俱載正契原已契明價足無可找贖今因年近歲逼無钱應用情愿自邀原中筆向與

契尾

字　號

浙江等處承宣布政使司為遵旨議奏事奉准　戶部咨開乾隆十四年十一月二十日內閣抄出[illegible]

[illegible]

俞允伊
命下之日臣部頒發格式通行直省督撫一體欽遵[illegible]
旨依議欽此相應抄錄原奏並頒發格式行文[illegible]
縣民投納買價兩納稅三分不許絲毫[illegible]
攜同季冊彙送本司查核所收稅銀[illegible]許陰匿侵蝕所領契尾務照一契一尾不許數契粘連一尾[illegible]
須至契尾者

計開業戶　買山坐落　畝　分價銀伍拾陸兩八錢七分納稅銀壹兩[illegible]七厘七毫

布字貳千陸百陸拾捌號右給松陽縣業戶闕翰禮　准此

咸豐陸年拾貳月　日

闕翰禮親邊勸找出契外銅錢捌千文正其錢當日隨契交兌親收足訖其田自找之後任凭闕邊照正契管業張邊子孫人等情愿不敢識認再不敢言找言贖如同截木如藤割斷永絕割斷如蓮甘受叠騙之咎此出兩家心愿並無準折債付逼抑反悔等情恐後無凭故立杜找割絕契為據

契訖

咸豐四年十二月廿三日立杜找割絕契人張文泰（押）

胞弟　文富（押）
文福（押）
文壽（押）

原中　闕永瓊（押）
鄧開喜（押）

代筆　丁汝騏（押）

（前頁）>>>>>

立賣田契人張文泰，今因錢粮無办，情愿将父手遺分自己鬮内水田，坐落松邑貳拾壹都夫人廟庄，土名温岱崗壠裏，安着民田壹處，上至水塘為界，并林姓田，下至張姓田為界，左至蔡姓田并山為界，右至山脚為界，計額壹畝正，并及界内田頭地角，樌樹雜木，一應在内，托中親立文契，出賣與闕翰禮親邊為業，當日三面斷定，時値田價銅錢肆拾捌千文正，其錢當日隨契交兑，親收足訖，其田自賣之後，任凴闕邊執契管業，推收過户，易佃耕種，收租完粮，扦掘改造，張邊子孫人等永遠不敢識認，亦不敢言找言贖，如同截木，永絕割斷，此係自己分内田業，與内外伯叔兄弟子侄人等無涉，日先並無典當文墨在外，如有此色，張邊自能一力承當，不干闕邊之事，如違，甘受叠騙之咎，此出兩家（心愿），愿賣愿買，並無逼抑反悔等情，恐後無凴，故立賣田契交與闕邊永遠為據。

咸豐四年十一月初九日　立賣田契人　張文泰

胞弟　文富

文福

凴中　文壽

闕永瓊

鄧開喜

代筆　丁汝騏

(前頁)>>>>>

立杜找割絕契人張文泰，原日前與闕翰禮親邊交易民田壹契，坐落松邑貳拾壹都夫人廟庄，土名温岱崗壠裏，安着民田壹處，四至畝額，俱載正契，原已契明價足，無可找贖，今因年近歲逼，無錢應用，情愿自邀原中筆向與闕翰禮親邊，勸找出契外銅錢捌千文正，其錢當日隨契交兑，親收足訖，其田自找之後，任凴闕邊照正契管業，張邊子孫人等情愿不敢識認，再不敢言找言贖，如同截木，如藤割斷，永絕割斷，如違，甘受叠騙之咎，此出两家心愿，並無準折債付［負］逼抑反悔等情，恐後無凴，故立杜找割絕契為據。

咸豐四年十二月廿三日　立杜找割絕契人　張文泰

胞弟　文富

文福

原中　文壽

闕永瓊

鄧開喜

代筆　丁汝騏

(契尾，咸豐陸年拾弍月)

立賣荒坪契人闕錫奎今因年迫無錢出措自愿將祖父遺下荒
地坐落松邑二十一都夫人廟庄土名崗頭嶺子頭路堪上安着荒地壹塊
其地上至闕姓地下至淩姓地左至本身高堪沿右至淩姓地為界四至界
内柏樹棕樹雜木壹應在内界内寸土不留請托中筆立契出賣與本都茶
排本族翰熒等德璞公衆入手承買為業當日憑中三面言斷時值荒地
價銅錢貳仟肆百文正其錢當中交兑足訖不少個文其地自賣之後任從買
主前去栽種收租管業其地自賣乃係祖遺清楚物業與内外房親伯叔子侄人等
並無干涉日先亦未重典文墨交加如有上手來歷不明賣人一力支當不干買
主之事所賣所買兩相心愿並無逼抑準折債負之故一賣千休割藤斷根
永不敢找價取贖等情今欲有憑故立賣斷截荒地契付與買主子孫永
遠管業為據

咸豐肆年十貳月拾捌日立賣荒地契闕錫奎（押）

張培信（押）

石有基（押）

闕添慶（押）

大吉利市

（前頁）>>>>>

立賣荒坪契人闕錫奎，今因年迫，無錢出措，自愿将祖父遺下荒地，坐落松邑二十一都夫人庙庄，土名崗頭嶺子頭路塝上，安着荒地壹塊，其地上至闞姓地，下至凌姓地，左至本身高塝沿，右至凌姓地為界，四至界內，柏樹棕樹雜木，壹應在內，界内寸土不留，請托中筆立契出賣與本都茶排本族翰美等德瑛公衆入手承買為業，當日憑中三面言断，時值荒地價銅錢貳仟肆百文正，其錢當中交兑足訖，不少個文，其地自賣之後，任從買主前去栽種，收租管業，其地自賣，乃係祖遺清楚物業，與内外房親伯叔子侄人等並無干涉，日先亦未重典文墨交加，如有上手來歷不明，賣人一力支當，不干買主之事，所賣所買，两相心愿，並無逼抑凖折債負之故，一賣千休，割藤断根，永不敢找價取贖等情，今欲有憑，故立賣断截荒地契付與買主子孫永遠管業為據。

咸豐肆年十貳月拾捌日　立賣荒地契　闕錫奎

張培信

石有基

闕添慶

立賣坦地契人賴永賢今因錢粮無办自情愿將父遺下兄弟均分自己阄
内民地坐落松邑廿一都百步庄土名西山夫人廟前安香坦地壹塊其地東至
謝姓田南至謝姓田西至大路北至永茂地堪為界今俱四至分明計額四分正
親立文契出賣與瀨翰岳兄邊承買為業 即日憑中面斷時值地價
銅錢叁拾千文正其錢即日隨契兩相交足其地自賣之後任憑買主推
收過户完粮税契起耕易佃管業其地乃係父遺下清楚物業與内外人
等無涉日先易無典當文墨在外如有此色賣人一力承當不干買主之事
如若日後取贖之日任憑賣人備办契内原價取贖瀨邊不得挽番文約此
出兩甘情愿各無反悔並無逼抑等情恐後無憑故立賣契為據

咸豐五年拾弍月十七日立賣坦地契人賴永賢

在場弟 永聰

永茂

憑中李春洪○

代筆兄 永松

（前頁）>>>>>

立賣坱地契人賴永賢，今因錢粮無办，自情愿将父遺下兄弟均分自己阄内民地，坐落松邑廿一都百步庄，土名西山夫人廟前，安着坱地壹塊，其地東至謝姓田，南至謝姓田，西至大路，北至永茂地塴為界，今俱四至分明，計額四分正，親立文契，出賣與闕翰岳[1]兄邊承買為業，即日凴中面断，時值地價銅錢叁拾千文正，其錢即日隨契两相交足，其地自賣之後，任凴買主推收過户完粮，税契起耕，易佃管業，其地乃係父遺下清楚物業，與内外人等無涉，日先昜［亦］無典當文墨在外，如有此色，賣人一力承當，不干買主之事，如若日後取贖之日，任凴賣人備办契内原價取贖，闕邊不得执留文约，此出两甘情愿，各無反悔，並無逼抑等情，恐後無凴，故立賣契為據。

咸豐五年拾弍月十七日　立賣坱地契人　賴永賢

在場弟　永聦

永茂

凴中　李春洪

代筆兄　永松

1 查《闕氏宗譜》，茶排闕氏無名『翰岳』者，石倉方言『岳』與『鶴』通，且購地時代與本書所録翰鶴購地時代正好銜接，購地地點亦為德瑛系後代擁有土地處。

立討劄人賴永賢，今因無地耕種，自愿问到闞翰岳〔鶴〕兄邊手内討出民地，坐落松邑廿一都百步庄，土名西山夫人廟前垻地壹塊，其地自手出賣，乃係近便，討回耕種，即日面断，每年充納燥租谷叁箩正，其租每年秋收之日，送到地主倉下交量，不敢欠少，如有拖欠，任凴地主追租易佃，討耕人不得異言，恐口难信，故立討劄為據行。

咸豐五年十二月十七日　立討垻地劄人　賴永賢

見劄人　李春洪

代筆兄　永松

立送户票人賴永賢，今将賴永才户下錢粮閙除四分正，推入本都茶排庄闞翰岳〔鶴〕户内，入册办粮，不得丢漏，恐口难信，立送户票為據。

咸豐五年十二月十七日　立送户票人　賴永賢

代筆人　永松

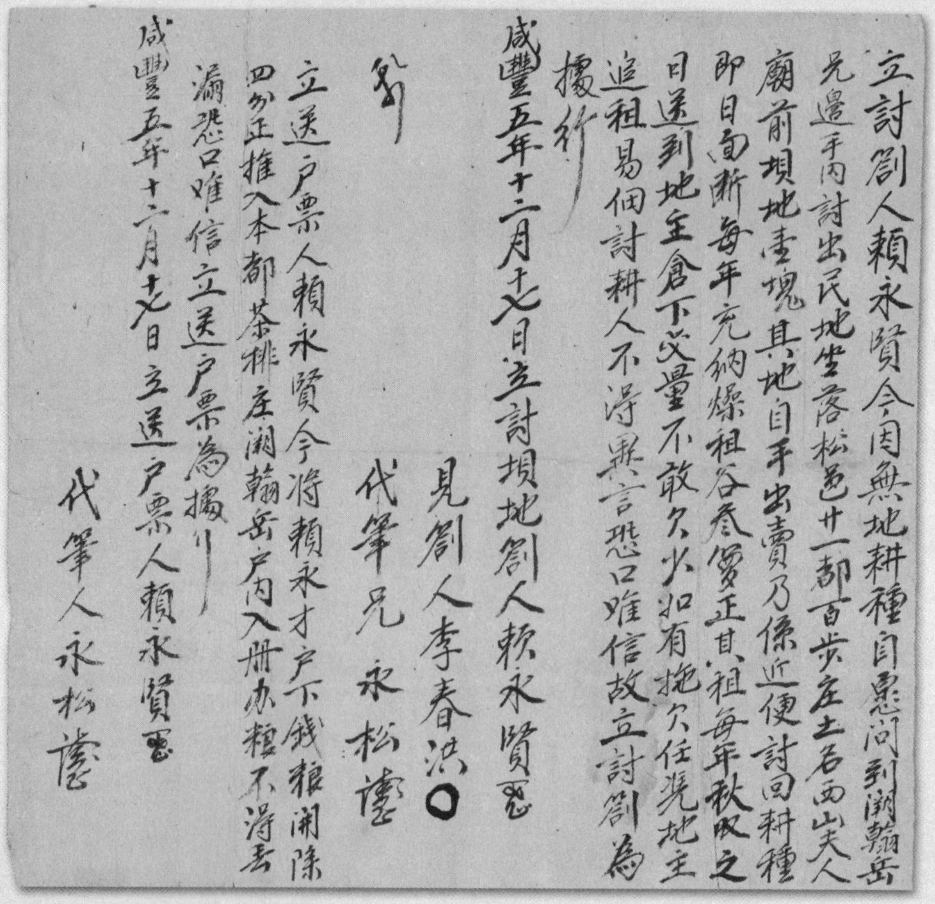

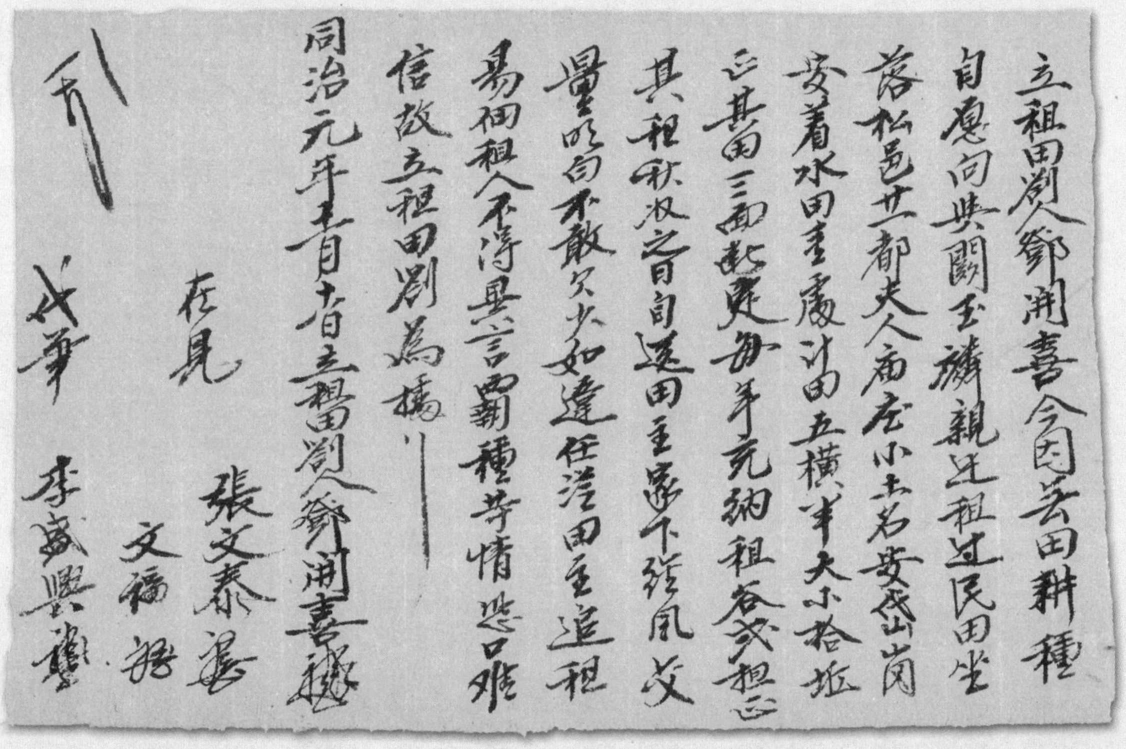

立租田劄人鄧闬喜，今因無田耕種，
自愿向與闞玉麟親边租过民田，坐
落松邑廿一都夫人庙庄，小土名安岱岗，
安着水田壹處，计田五横半，大小拾坵
正，其田三面断定，每年充纳租谷式担正，
其租秋收之日，自送田主家下，经風交
量明白，不敢欠少，如違，任從田主追租
易佃，租人不得異言霸種等情，恐口难
信，故立租田劄為據。

同治元年十一月十八日　立租田劄人　鄧闬喜

在見　張文泰

文福

代筆　李盛興

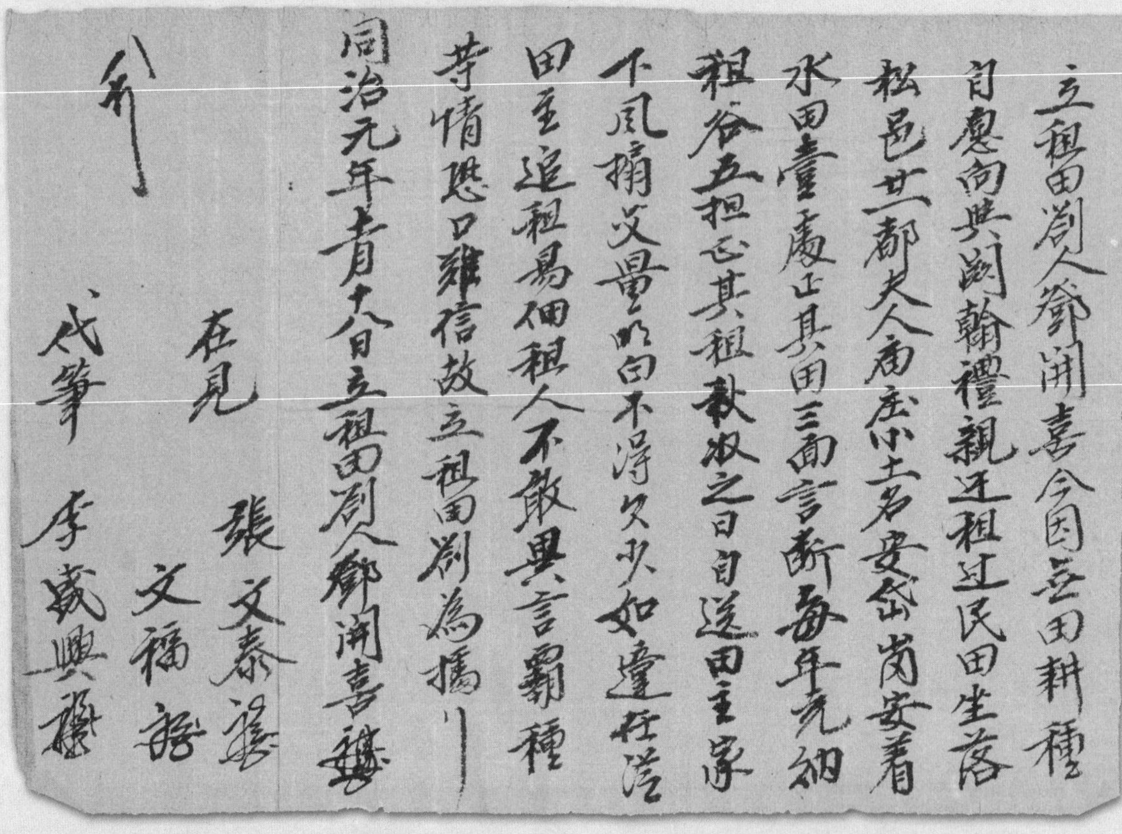

立租田劄人鄧閕喜，今因無田耕種，
自愿向與闕翰禮親边租过民田，坐落
松邑廿一都夫人庙庄，小土名安岱岗，安着
水田壹處正，其田三面言断，每年充纳
租谷五担正，其租秋收之日，自送田主家
下風搧交量明白，不得欠少，如違，任從
田主追租易佃，租人不敢異言霸種
等情，恐口難信，故立租田劄為據。
同治元年十一月十八日　立租田劄人　鄧閕喜
在見　張文泰
文福
代筆　李盛興

立租田劄人林茂春，今因無田耕種，自愿问到闕翰禮叔邊討過水田弍處，坐落廿一都夫人庙庄，小土名安岱岗，安着弍處水田，大小四坵，其田统纳水租谷肆担柒桶正，其租谷每年秋收之日，送到田主家内風扇交量明白，不敢欠少，如有欠少斗升，任憑田主起耕，另放别佃，租人不敢異言阻执，今恐口無憑，立租田劄為據。

同治弍年十月初九日　立租田劄人　林茂春

在見　林德文

代筆　葉闲豐

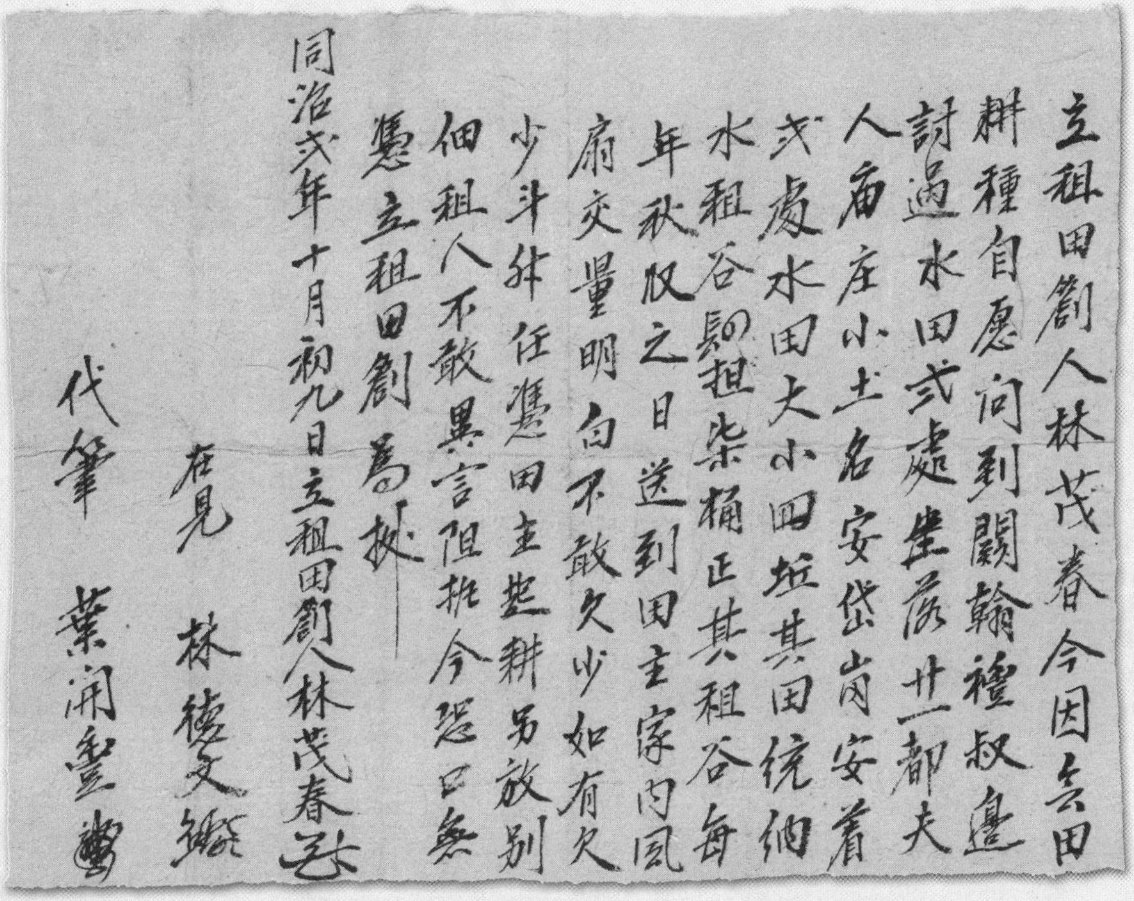

立賣田契人張文富今因錢粮無办自情愿將閹内民田坐落松邑二十一都石倉源夫人廟庄小土名
安岱崗壠裏安着民田壹處上至買主己田下至闕姓田左至買主田右至林姓併買主自己田為界四至界
内田頭地塝荒墪塔樹雜木盡處在内今俱四至分明計額壹畝正自愿托中立契出賣與闕玉麟邊入
受承買為業當日憑中面斷時值田價銅錢叁拾仟文正其錢即日隨契當中兩相交足親收兩訖不少
個文其田自賣之日任從買主推收過戶起耕完粮永遠收租管業乃係清楚物業與内外房親伯叔兄弟
子侄人等無涉倘有上手來歷不明賣人一力承當不礙買主之事愿賣愿買正行交易並無逼勒準折債貨之故
一賣千休再不敢異言找贖之理此出兩相情愿各無反悔恐口難信故立賣田契付與買主子孫永遠為
據

同治肆年拾壹月初一日立賣田契人　張文富　[illegible]

在場兄　張文泰　押
　　　　張文福　押
憑中　張文宗　押
　　　廖石主　○
代筆　林永彩　押

立杜找田契人張文富原與闕玉麟交易民田壹契其田坐落松邑二十一都石倉源夫人廟庄小土名安
岱崗壠裏安着界址畝額前有正契載明今因粮迫再請托原中向業主找過契外銅錢肆仟文正其錢
即日隨契當中兩相交訖不少個文其田自找之日永遠不敢異言識認找贖之理一找千休永遠斷[illegible]

如違自愿甘受疊騙之論，此出兩相情愿，各無悔，恐口難憑，立杜栽田契付與業主子孫永遠為據。

同治肆年拾貳月十一日　立杜栽田契人　張文富

在場胞兄　張文忝
　　　　　張文福

原中　張文宗
　　　廖石王

代筆　林永彩　书

契尾

字　號

計開

業戶闕玉麟

同治玖年肆月　日

准此

(前頁)>>>>>

立賣田契人張文富，今因錢粮無办，自情愿将阄内民田，坐落松邑二十一都石倉源夫人廟庄，小土名安岱崗壠裏，安着民田壹處，上至買主己田，下至闕姓田，左至買主田，右至林姓併買主自己田為界，四至界内，田頭地角荒熟，椿樹雜木，盡處在内，今俱四至分明，計額壹畆正，自愿托中立契，出賣與闕玉麟邊入受承買為業，當日憑中面断，時值田價銅錢叁拾仟文正，其錢即日隨契當中兩相交足，亲收兩訖，不少個文，其田自賣之日，任從買主推收過户，起耕完粮，永遠收租管業，乃係清楚物業，與内外房親伯叔兄弟子侄人等無涉，倘有上手来歷不明，賣人一力承當，不碍買主，愿賣愿買，正行交易，並無逼勒準折債貨之故，一賣千休，再不敢異言找贖之理，此出兩相情愿，各無反悔，恐口難信，故立賣田契付與買主子孫永遠為據。

同治肆年拾壹月初一日　立賣田契人　張文富

在場兄　張文泰

張文福

憑中　張文宗

廖石主

代筆　林永彩

（前頁）>>>>>

立杜找田契人張文富，原與闕玉麟交易民田壹契，其田坐落松邑二十一都石倉源夫人廟庄，小土名安岱崗壠裏安着，界址畝額，前有正契載明，今因粮迫，再請托原中向勸業主找過契外銅錢陆仟文正，其錢即日隨契當中两相交訖，不少個文，其田自找之日，永遠不敢異言識認找贖之理，一找千休，永遠割藤断根，如違，自愿甘受叠騙之論，此出两相情愿，各無反悔，恐口難憑，立杜找田契付與業主子孫永遠為據。

同治肆年拾弍月十一日　立杜找田契人　張文富

在塲胞兄　張文泰

張文福

原中　張文宗

廖石主

代筆　林永彩

（契尾，同治玖年肆月）

立租田劄人張文富，今因無田耕種，自情愿问到闕玉麟親边租過民田，坐落松邑廿一都夫人庙庄，小土名安岱岗壠裏水路下，安着水田壹處，其田三面言断，每年充纳水租谷肆担正，其租谷每年秋收之日，送到田主倉前風扇交量明白，不敢欠少升合，如違欠少，任凴田主起耕另佃，租人不敢異言霸種等情，恐口难信，故立租田劄為用。

同治六年十一月十七日　立租田劄人　張文富

見劄　廖石柱[1]

代筆　李盛安

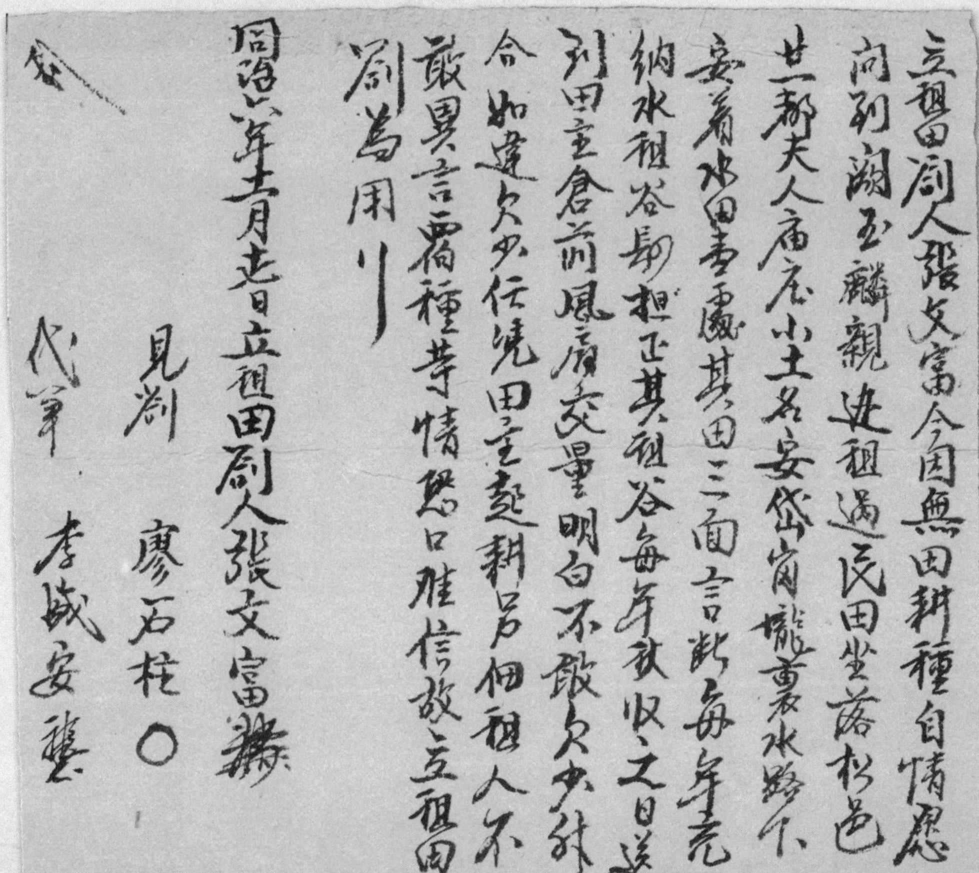

1 前两契均作『主』。

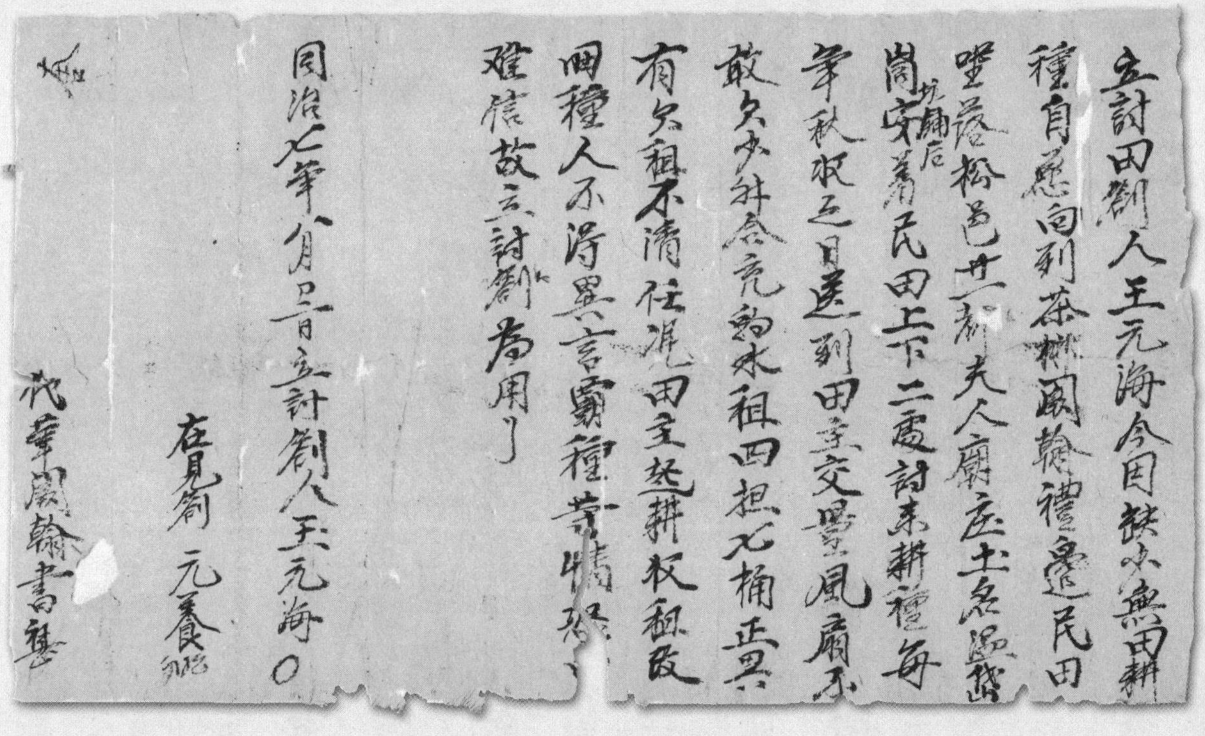

立討田劄人王元海，今因缺少無田耕
種，自愿向到茶排闕翰禮邊民田，
坐落松邑廿一都夫人廟庄，土名温岱
崗坑鋪后，安着民田上下二處，討来耕種，每
年秋收之日，送到田主交量风扇，不
敢欠少升合，充纳水租四担七桶正，異［如］
有欠租不清，任凴田主起耕收租改
佃，種人不得異言霸種等情，恐口
难信，故立討劄為用。

同治七年八月初二日　立討劄人　王元海

在見劄　元養

代筆　闕翰書

立賣田契人林茂通今因錢粮無办自情愿将自置民田壹大坵坐落松邑廿一都夫人廟庄土名温岱崗壠裏安着其田上至鄭姓田下至温岱崗水塘田左至買主田右至華林兩姓田為界計額伍分正今俱四至分明田頭地墒樹樹雜木尽處托中立契出賣與闕玉麟兄入受承買為業當日凭中三面言斷時值田價銅錢念拾肆千文正其田自賣之後任凭買主推收過户入册办粮起耕改佃收租管業賣人無得異言如有内外伯叔兄弟人等並無干碍日先亦無文墨與當他人倘有上手來歷不明不涉買主之事賣人一力承當愿賣愿買契明價足兩無逼勒其田契載割藤斷截永無找贖等情此出兩相情愿各無悔恐口難信故立賣田契付與買主永遠為據

同治捌年十月廿八日立賣田契人 林茂通（押）

在場胞弟茂未（押）

凭中闕翰御（押）

代筆胡其松（押）

立找斷截田契人林茂通，原因粮食給迫，請托原中白先與闕玉麟業主交易民田壹契，坐落松邑廿一都夫人廟庄，土名温岱崗壠裏安着，畝分界至前有正契載明。今因請托原中找出契外銅錢叁千文正，其錢即日當中交足，不欠個文。其田自找之後，一找千休，永遠割截斷根。此出兩相情愿，各無反悔，恐口難信，故立找斷截田契付與業主永遠為據。

同治捌年十二月十七日立找斷截田契人　林茂通（押）

在場胞弟　茂來（押）

原中　闕翰柳（押）

代筆　胡其松（押）

[illegible]

（前頁）>>>>>

立賣田契人林茂通，今因錢粮無办，自情愿將自置民田壹大坵，坐落松邑廿一都夫人廟庄，土名温岱崗壠裹，安着其田，上至鄭姓田，下至温岱崗水塘田，左至買主田，右至華、林兩姓田為界，計額伍分正，今俱四至分明，田頭地角，柏樹雜木，尽處托中立契，出賣向與闕玉麟兄入受承買為業，當日凴中三面言断，時值田價銅錢念『拾』肆千文正，其田自賣之後，任凴買主推收過户，入册办粮，起耕改佃，收租管業，賣人無得異言，如有内外伯叔兄弟人等，並無干碍，日先亦無文墨典當他人，倘有上手来歷不明，不涉買主之事，賣人一力承當，愿賣愿買，契明價足，兩無逼勒，其田契載割藤断截，永無找贖等情，此出兩相情愿，各無反悔，恐口难信，故立賣田契付與買主永遠為據。

同治捌年十月廿八日　立賣田契人　林茂通

在塲胞弟　茂来

凴中　闕翰柳

代筆　胡其松

（前頁）>>>>>

立找断截田契人林茂通，原因粮食给迫，請托原中日先與闕玉麟業主交易民田壹契，坐落松邑廿一都夫人廟庄，土名温岱崗壠裏安着，畝分界至，前有正契載明，今因請托原中找出契外銅錢叁千文正，其錢即日當中交足，不少個文，其田自找之後，一找千休，永遠割截断根，此出两相情愿，各無反悔，恐口难信，故立找断截田契付與業主永遠為據。

同治捌年十弍月十七日　立找断截田契人　林茂通

在場胞弟　茂来

原中　闕翰柳

代筆　胡其松

立討田劄人邱砝宗，今因無田耕作，自愿向與闕翰禮叔邊手內，討得民田貳處，坐落松邑廿一都夫人庙庄，土名貴山頭，安着水田壹處，計水租谷陸担壹籮正，又上凹邊田壹處，計租谷叁籮正，其租谷的至每年秋收之日，送到田主家下風扇交量明白，不敢欠小［少］升合，如有拖欠租谷，其田任凴田主起耕易佃，討人不得異言，恐口难信，故立（討）田劄為據。

同治八年十一月初六日　立討田字人　邱砝宗

在見　邱槐露

親筆

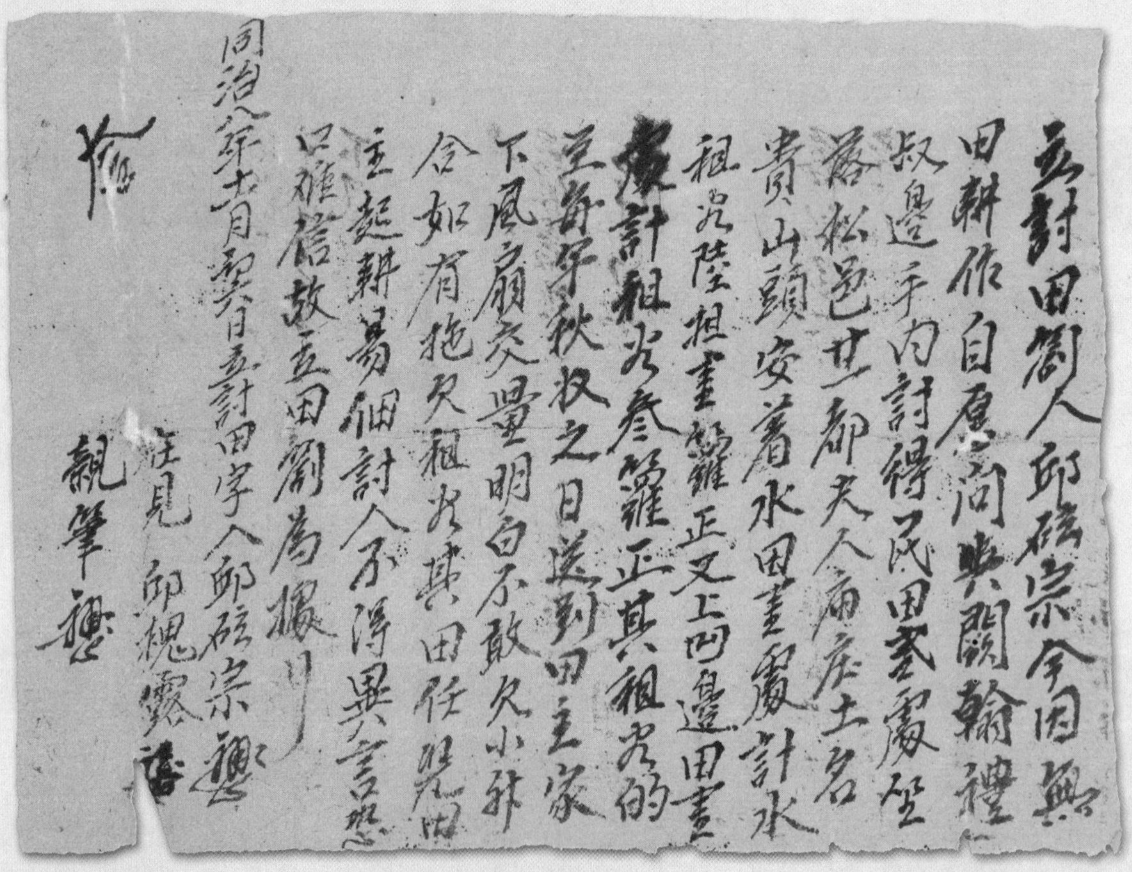

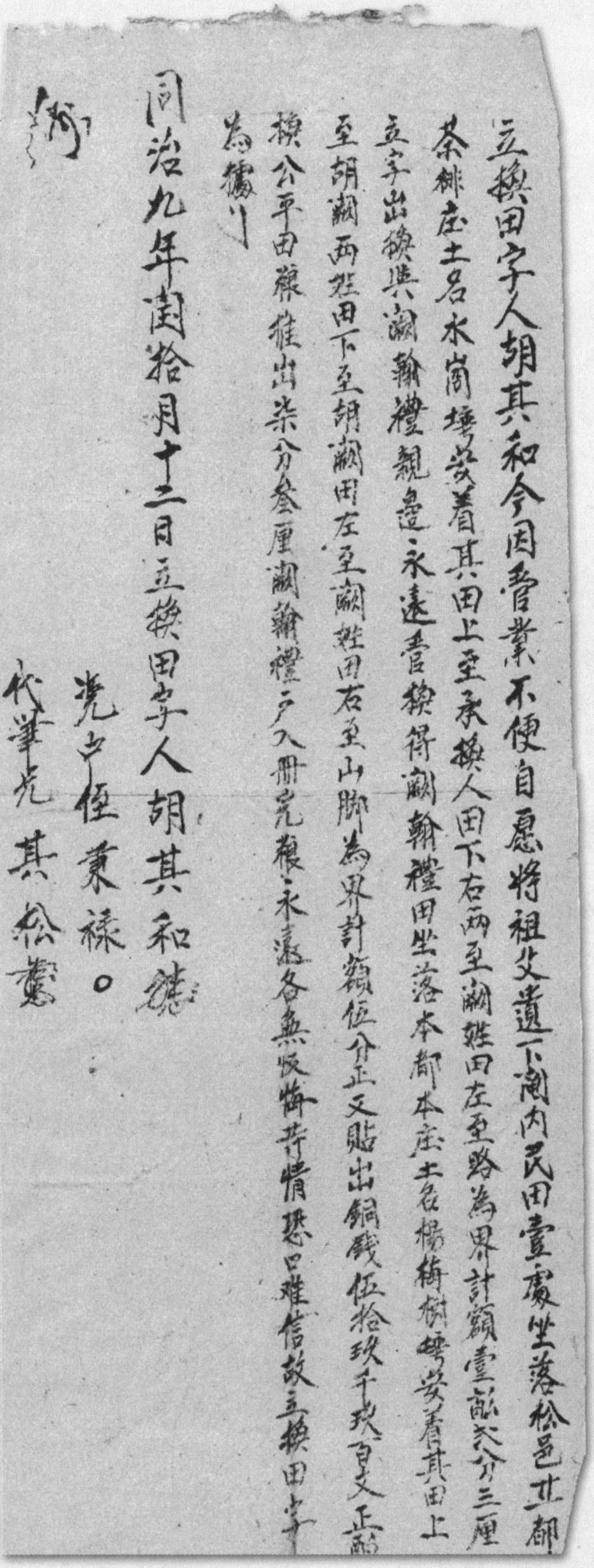

立換田字人胡其和，今因管業不便，自愿将祖父遺下阄内民田壹處，坐落松邑廿一都茶排庄，土名水崗塆，安着其田，上至承換人田，下、右两至闕姓田，左至路為界，計額壹畝式分三厘，立字出換與闕翰禮親邊永远管（業），換得闕翰禮田，坐落本都本庄，土名楊梅樹塆，安着其田，上至胡、闕两姓田，下至胡、闕田，左至闕姓田，右至山脚為界，計額伍分正，又貼出銅錢伍拾玖千玖百文正，酌換公平，田粮推出柒分叁厘，闕翰禮户入册完粮，永遠各無反悔等情，恐口难信，故立換田字為據。

同治九年闰拾月十二日　立換田字人　胡其和

凴中侄　秉禄

代筆兄　其松

立退工本字人廖開龍今因無錢應用自愿將自開茂田式址正其田坐落
松邑廿一都夫人廟庄小土名安代岗安着上至開姓田下至開姓田左至開富
俵坪右至開姓田為界今俱四至分明自愿托出退與胞兄廖生养兄邊入手
承退為業當日面斷退工本銅錢拾式千五伯文正其錢即日交清不少分文
其田任憑承住收租耕種管業退人無得異言此出式兄情愿日後並無找
續等情付與承永遠管業等情恐口難信故立退工本字為據

同治拾年拾式月十三日 立退工本字人廖開龍

在場
堂兄 廖石佳
叔 廖有禄
胞兄 開生
胞弟 開富
代筆 廖六满 書

（前頁）>>>>>

立退工本字人廖開龍，今因無錢應用，自愿将自閈民田弍垳正，其田坐落
松邑廿一都夫人廟庄，小土名安代岗安着，上至闕姓田，下至闕姓田，左至閈富
荒坪，右至闕姓田為界，今俱四至分明，自愿托出退與胞兄廖生养兄边入手
承退為業，當日面断，退工本銅錢拾弍千五伯文正，其錢即日交清，不少分文，
其田任凴承住［主］收租耕種管業，退人無得異言，此出弍兄［人］情愿，日後並無找
續［贖］等情，付與承（主）永遠管業等情，恐口难信，故立退工本字為據。
同治拾年拾弍月十一日　立退工本字人　廖閈龍
在場堂兄　廖石住
叔　廖有禄
胞兄　閈生
胞弟　閈富
代筆　廖六滿

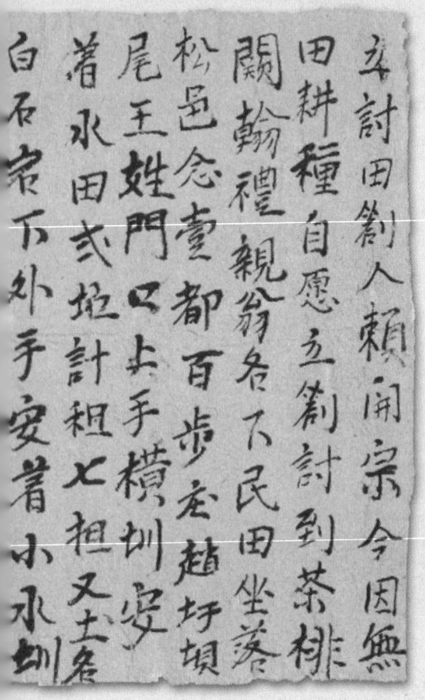

立租田劄王光基，今因無田耕種，
自情问到闕　　手内租来水田
一横，坐落廿一都夫人廟庄，小土名塢
琳脚水田一横正，每年送租谷十桶
半正，交量明白，不敢欠少，風扇，如有
欠少，任滰田主起耕管業，租人不得異
言，恐口难信，立租劄為照。
光緒元年八月十六日　王光基
在見　光慶
代筆　王光富

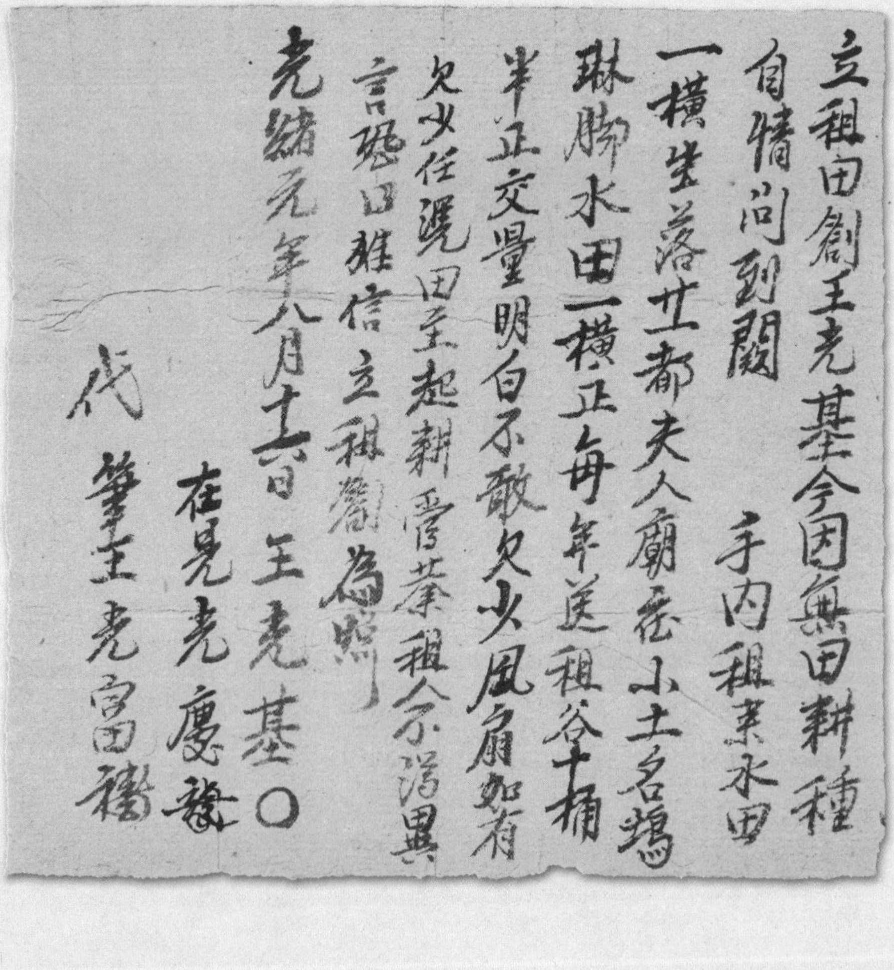

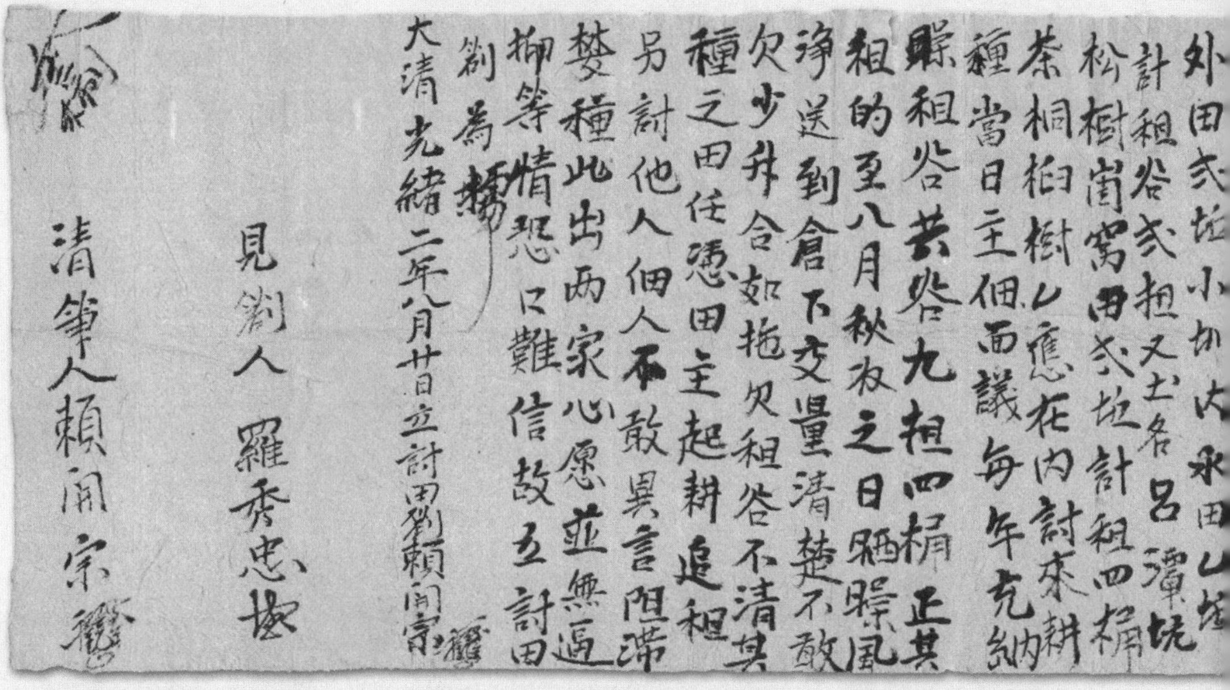

立討田劄人賴冏宗，今因無
田耕種，自愿立劄討到茶排
闕翰禮親翁名下民田，坐落
松邑念壹都百步庄趙圩塤
尾王姓門口上手橫圳，安
着水田弍坵，計租七担，又土名
白石岩下外手，安着小水圳
外田弍坵，小圳内水田一坵，
計租谷弍担，又土名呂潭坑
松樹崗窩田弍坵，計租四桶，
茶桐柏樹，一應在内，討來耕
種，當日主佃面議，每年充納
燥租谷共谷九担四桶正，其
租的至八月秋收之日晒燥風
净，送到倉下交量清楚，不敢
欠少升合，如拖欠租谷不清，其
種之田任憑田主起耕追租，
另討他人，佃人不敢異言阻滞
婪種，此出两家心愿，並無逼
抑等情，恐口難信，故立討田
劄為據。
大清光緒二年八月廿日　立討田劄　賴冏宗
見劄人　羅秀忠
清［親］筆人　賴冏宗

立退田契人廖生恭仝弟今因粮食無办自情愿將父手遺下民田壹處坐落松邑二十一都石倉源夫人廟庄安歇崗土名唐子裏安着其田四至界四至買主田為界其田界内闕玉華有田壹坵今俱四至分明計額弍分正併及田頭地角柏樹食茶雜木壹應在内其田四至界内寸土不留自愿托中親立文契出退與闕翰禮叔邊入手承退當日三面言斷目值時價銅錢壹拾捌千文正其錢即日随契當中交付清不少分文其田自退之後任从錢主推收過户起耕改佃過户完粮收租管業未退之先上手並無文墨典當既退之後以内外親房伯叔兄弟子侄並無干碍如有上手來歷不清退人自己一力支當不干承人之事愿退愿承兩相情愿一退千休割藤斷根日後永不敢異言阻執並無逼抑之理恐口難憑故立退田契付與錢主永遠管業為據

三叅

光緒八年拾月初六日　立退田契人仝弟　廖生恭（押）

洲富 ○

在場兄　洲生 ○

見中　森琳 ○

代筆　闕翰鄉 親

(前頁)>>>>>

立退田契人廖生养仝弟，今因粮食無办，自情愿将父手遺下民田壹處，坐落松邑二十一都石倉源夫人庙庄安岱崗，土名唐子裏，安着其田，『四至界』四至買主田為界，其田界內，闕玉華有田壹坵，今俱四至分明，計額式分正，併及田頭地角，柏樹食茶雜木，壹應在内，其田四至界内，寸土不留，自愿托中親立文契，出退與闕翰禮叔邊入手承退，當日三面言断，目直時價銅錢壹拾捌千文正，其錢即日隨契當中交付清，不少分文，其田自退之後，任凴錢主推收過户，起耕改佃，過户完粮，收租管業，未退之先，上手並無文墨典當，既退之後，以［與］内外親房伯叔兄弟子侄並無干碍，如有上手来歷不清，退人自己一力支當，不干承人之事，愿退愿承，兩相情愿，一退千休，割藤断根，日後永不敢異言阻执，並無逼抑之理，恐口難凴，故立退田契付與錢主永遠管業為據。

光緒八年拾月初六日　立退田契人仝弟　廖生养

闬富

在場兄　闬生

凴中　森琳

代筆　闕翰柳

立賣斷截田契人廖渊生仝弟渊龍渊富今因粮食無办自情愿將父手遺下民田壹處坐落松邑二十一都夫人廟庄土名墉子裡安着民田坑背壹坵上至劉姓田下至買主田右至坑左至石墈又坑前田壹坵上至石墈下至買主田左至坑右至石墈為界計額弍分正今具四至分明併及田頭地角树樹雜木一應在内自愿托中立契出賣與劉翰禮叔邊入受承買為業當日憑中三面言斷目值時價洋銀壹拾元正其洋銀即日随契交付足訖不少分厘其田自賣之後任憑買主推收過户起耕改佃完粮耕種收租管業未賣之先上手並無文墨重典交加既賣之後以内外伯叔並無干碍如有上來歷不清賣人一力支當不干買主之事恩賣恩買兩家心愿各無悔悔一賣千休割藤斷根日後永遠無找無贖並無違抑之理恐口難憑故立賣斷截田契付與買主永遠管業為據||

光緒九年十一月廿九日

立賣斷截田契人仝弟 廖渊生○

仝弟廖渊龍○

仝弟廖渊富○

在場兄 廖雪渊○

廖森琳○

代筆 劉翰柳押

（前頁）>>>>>

立賣断截田契人廖閅生仝弟閅龍、閅富，今因粮食無办，自情愿将父手遺下民田壹處，坐落松邑二十一都夫人庙庄，土名塘子裡，安着民田坑背壹坵，上至闕姓田，下至買主田，右至坑，左至石堋，又坑前田壹坵，上至石塝［堋］，下至買主田，左至坑，右至石塝［堋］為界，計額弍分正，今具四至分明，併及田頭地角，柏樹雜木，一應在内，自愿托中立契，出賣與闕翰禮叔邊入受承買為業，當日凴中三面言断，目直時價洋銀壹拾元正，其洋銀即日隨契交付足訖，不少分厘，其田自賣之後，任凴買主推收過户，起耕改佃，完粮耕種，收租管業，未賣之先，上手並無文墨重典交加，既賣之後，以［與］内外伯叔並無干碍，如有上（手）来歴不清，賣人一力支當，不干買主之事，愿賣愿買，两家心愿，各無反悔，一賣千休，割藤断根，日後永遠無找無贖，並無逼抑之理，恐口難凴，故立賣断截田契付與買主永遠管業為據。

仝弟　廖閅龍

光緒九年十一月十九日　立賣断截田契人『仝弟』廖閅生

仝弟　廖閅富

在場兄　廖雪閅

廖森琳

代筆　闕翰柳

立讨田劄字人廖闬富，今因無田耕種，
自愿向與茶排闞培基民田壹處，坐
落松邑廿一都夫人庙庄，土名安岱崗
塘子裡门口横堋背安着，自愿讨来耕
種，当日三面言断，充纳水租谷式担正，的
至每年秋收之日，一应送至田主家下，
扇净交量清款，不敢欠少升合，如違，
任凴田主起耕易佃，讨人無得异言阻
执霸耕等情，恐口难信，故立讨劄为
照。

光绪拾五年九月初十日　立讨田劄　廖闬富

在見　廖存林

代筆　闞蕴山

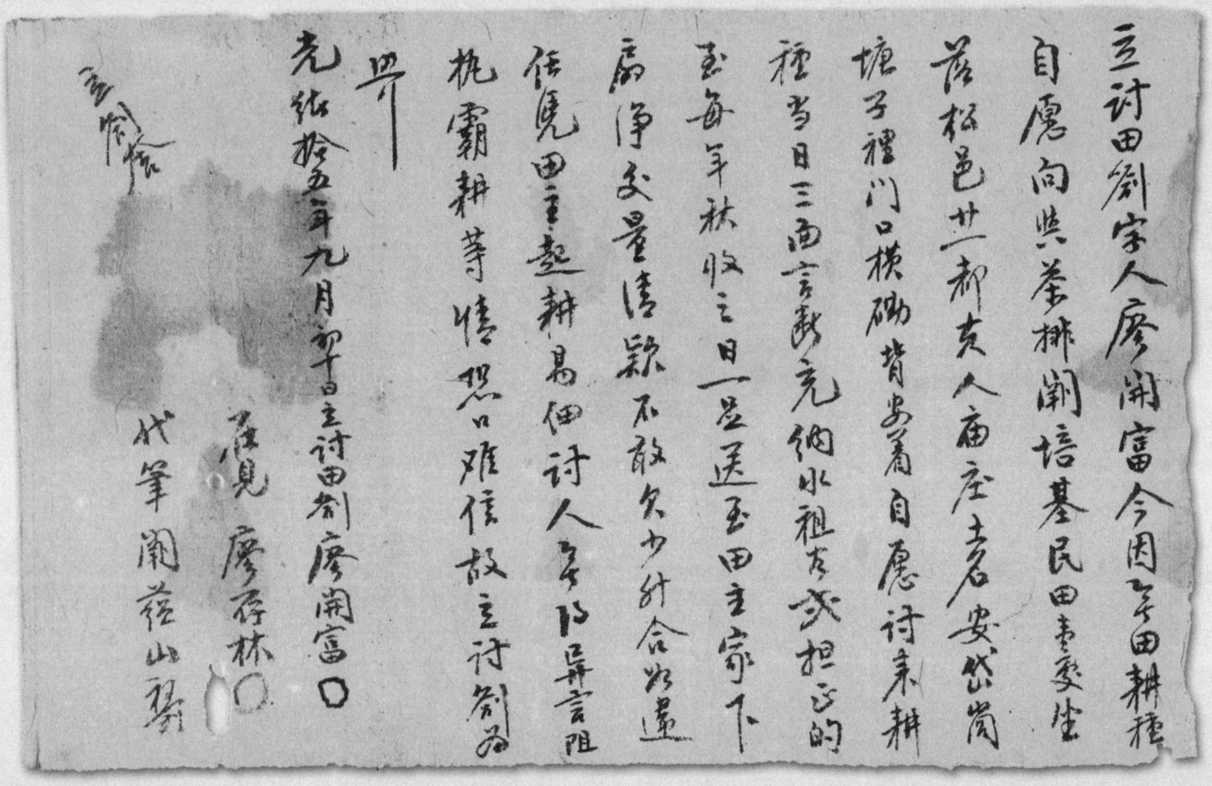

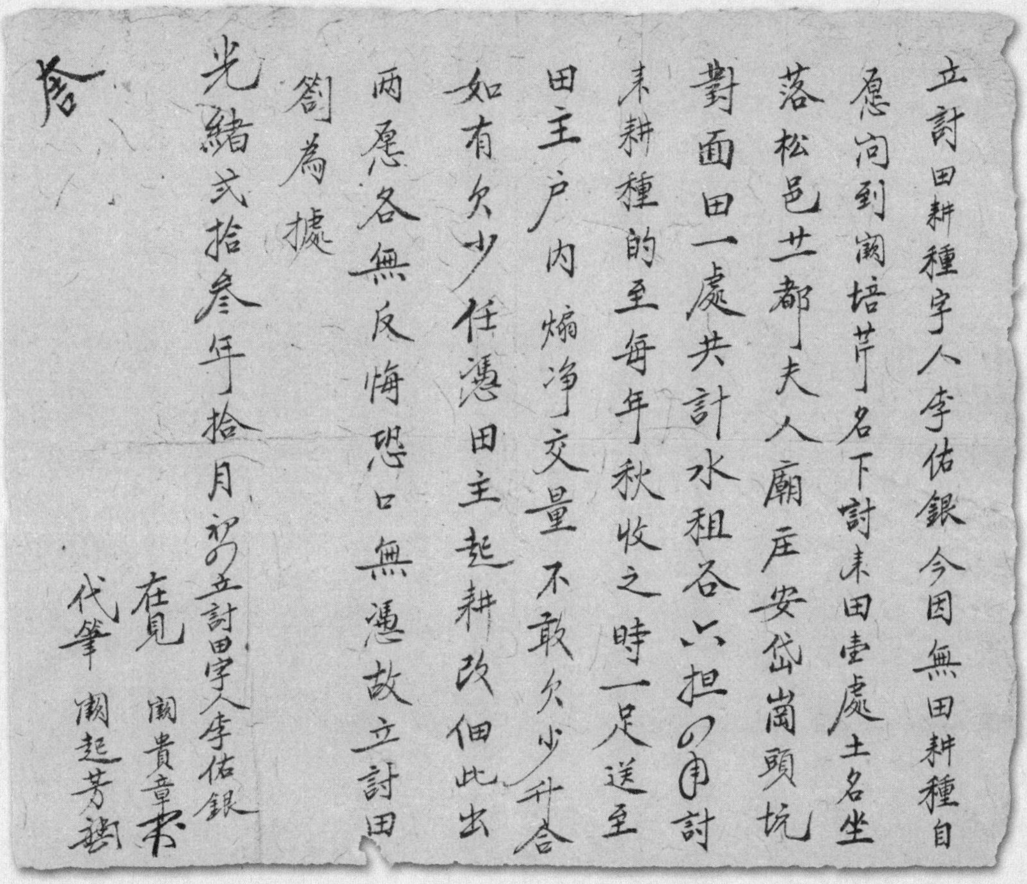

立討田耕種字人李佑銀，今因無田耕種，自
愿问到闕培芹名下，討来田壹處，土名坐
落松邑廿一都夫人廟庄安岱崗頭坑
對面田一處，共計水租谷六担四桶，討
来耕種，的至每年秋收之時，一足送至
田主户内煽［搧］净交量，不敢欠少升合，
如有欠少，任憑田主起耕改佃，此出
兩愿，各無反悔，恐口無憑，故立討田
劄為據。

光緒式拾叁年拾月初四　立討田字人　李佑銀
在見　闕貴章
代筆　闕起芳

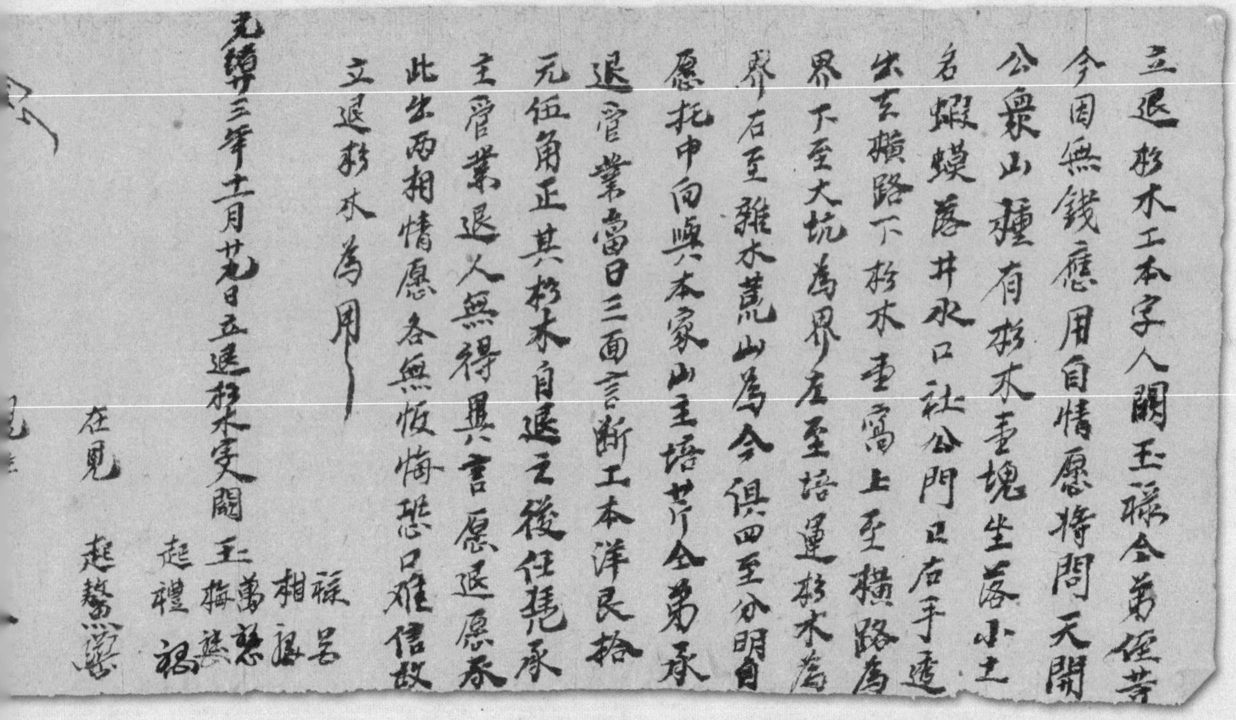

立退杉木工本字人闞玉禄仝弟侄等，今因無錢應用，自情愿将問天開公衆山種有杉木壹塊，坐落小土名蝦蟆落井水口社公門口，右手透出去横路下杉木壹窩，上至横路為界，下至大坑為界，左至培運杉木為界，右至雜木荒山為（界），今俱四至分明，自愿托中向與本家山主培芹仝弟承退管業，當日三面言断，工本洋银拾元伍角正，其杉木自退之後，任凴承主管業，退人無得異言，愿退愿承，此出两相情愿，各無反悔，恐口难信，故立退杉木（字）為用。

光绪廿三年十一月廿九日　立退杉木字人　闞玉禄

相

萬

梅

在見　起禮

起鰲

親筆

立討田劄人王閞荣，今因無田耕種，自愿
问到闕培琴[1]親邊手内討過水田，坐落松邑
念一都夫人庙庄，小土名歲湖子水田一處
安着，三面言断，每年聡［總］納田租谷肆担七桶正，
每年八月秋收之日，送到田主家内風净交
量明白，不敢欠少升合，如有拖欠，其田壬［任］凴田
主起耕改佃，討人不敢異言等情，今恐口难
信，故立討田劄字為據。

光緒二十七年二月初三日　立討田劄人　王閞荣

在見人　王光棟

代筆　王光慶

1 據光緒《闕氏宗譜》『培琴』實為『培芹』之誤。

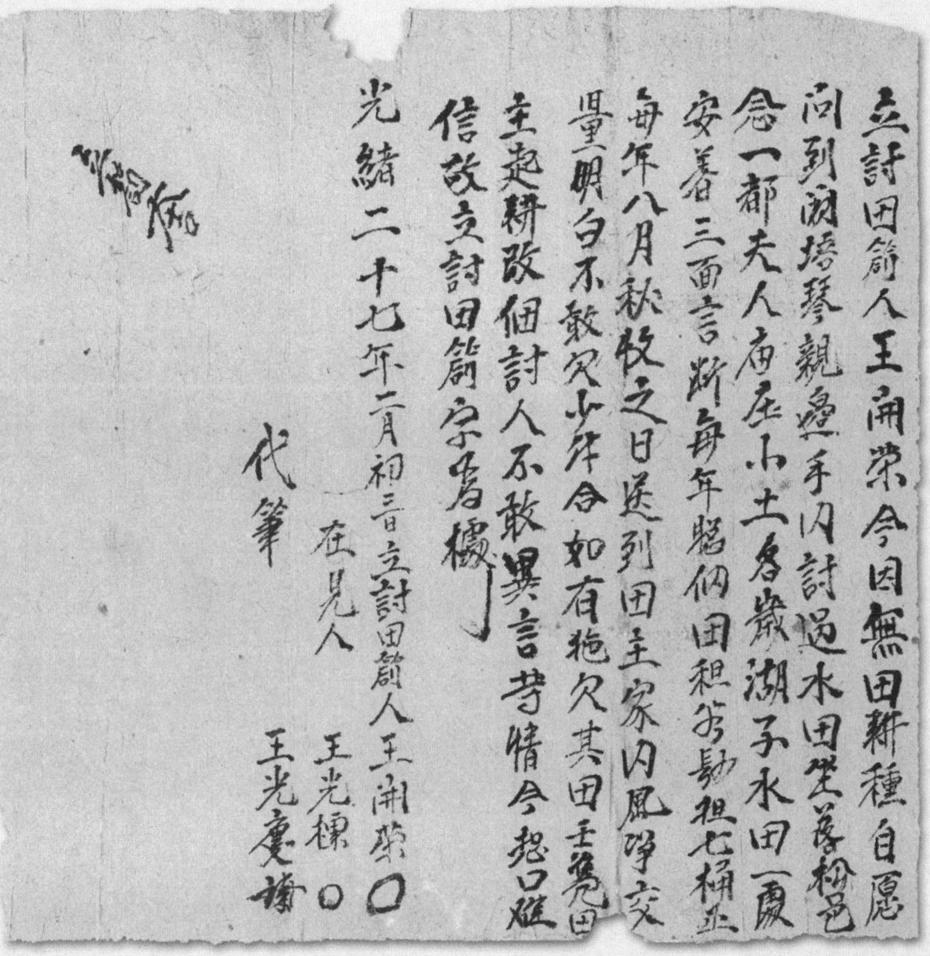

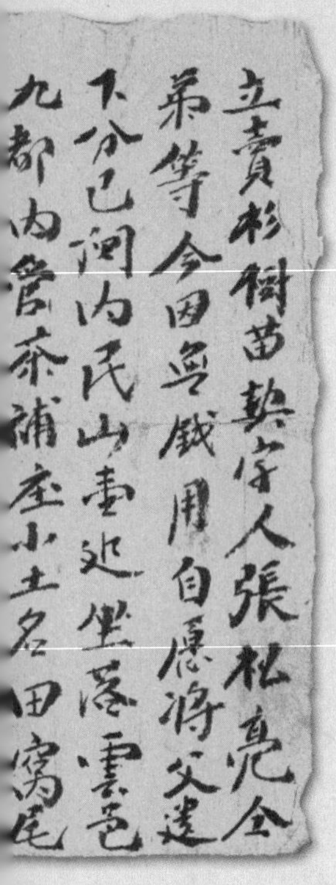

立賣杉樹苗契字人張松亮仝
弟等今因無錢用自愿將父遺
下分己阄内民山壹処坐落雲邑
九都内詹柰浦垄小土名田窝尾

立退茶山字人闕執富仝弟仝孫，今因口食不给，情愿自己栽種茶山壹處，坐落鳥林脚安着，上至横路，下至闕姓田，左至山骨，右至大坑為界，四至『趾』分明，情愿托中叔伯出退还与闕吉谦弟边人［入］受永［承］退管業，當日憑中三面言断，目值時價洋银玖角，其洋即隨字交付足讫，不少分厘，其山退之後，四至界内，松杉雜木，一概在内，任憑承退人管業採摘，斫伐管業，出退人無得異言祖［阻］执等情，此出正行交易，两相情愿，各無反悔，恐口难憑，故立退茶山字为據。

光緒三十四年十二月十四日　立退茶山字人　闕执富
　　　　　　　　　　　　　　　　　　　　貴

仝孫　官求

在見　闕宜慶

代筆　廖富養

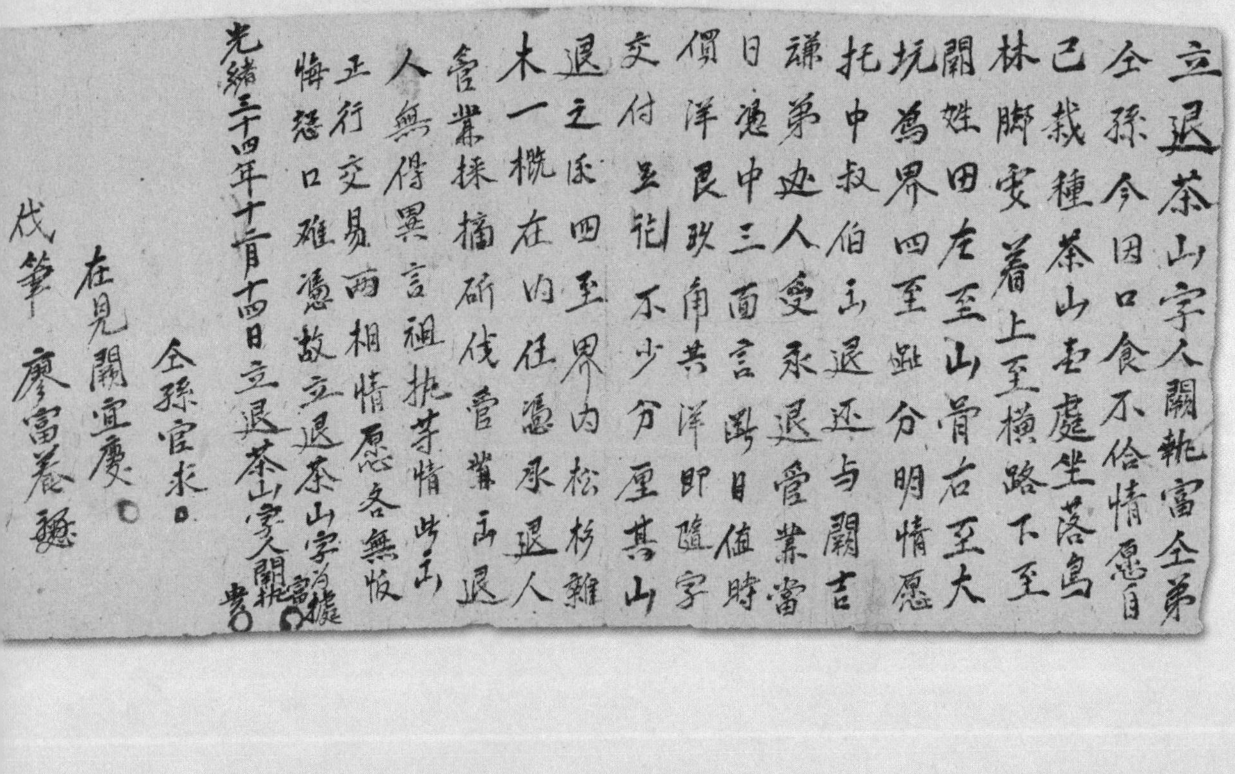

立退茶山字人闕執富仝弟
仝孫今因口食不給情愿自
己栽種茶山壹處坐落鳥
林脚安着上至横路下至
闕姓田左至山骨右至大
坑為界四至趾分明情愿
托中叔伯出退还与闕吉
谦弟边人受承退管業當
日憑中三面言断目值時
價洋艮玖角其洋即隨字
交付足讫不少分厘其山
退之後四至界内松杉雜
木一概在内任憑承退人
管業採摘斫伐管業出退
人無得異言祖执等情此出
正行交易两相情愿各無反
悔恐口难憑故立退茶山字为據
光緒三十四年十二月十四日立退茶山字人闕执富貴
仝孫官求
在見闕宜慶
代筆廖富養

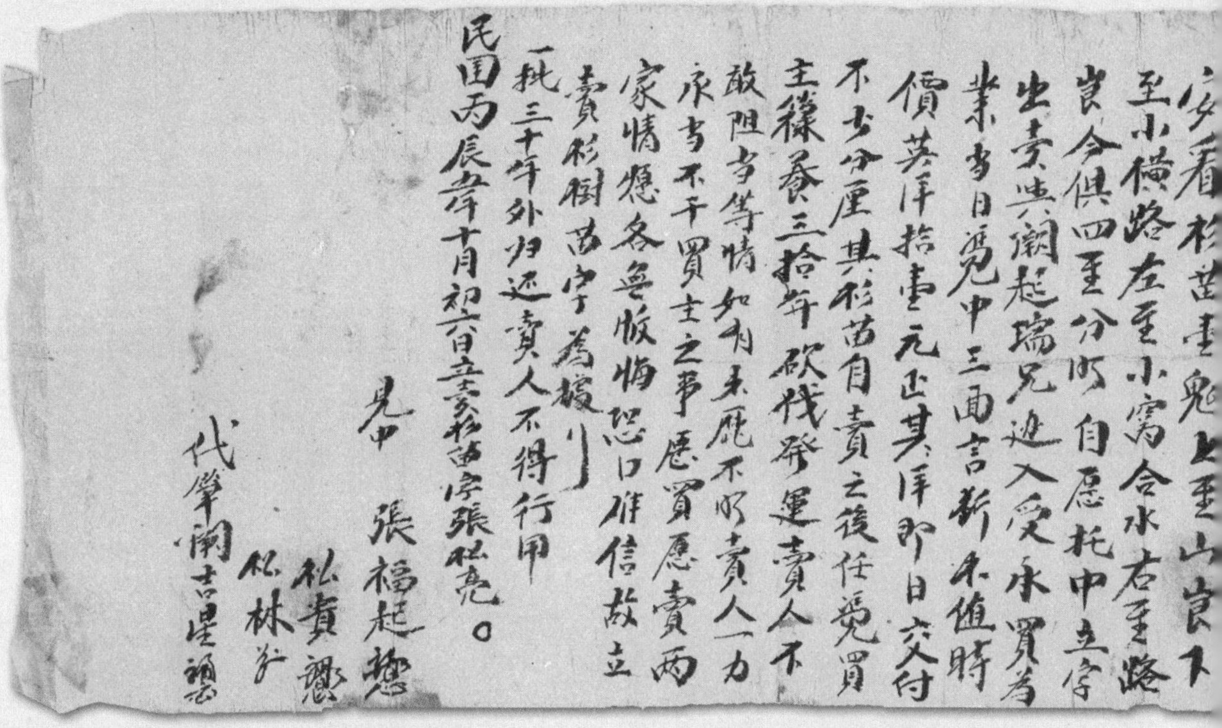

立賣杉樹苗契字人張松亮仝
弟等，今因無錢用，自愿将父遺
下分己阄内民山壹处，坐落雲邑
九都内管茶補［鋪］庄，小土名田窝尾，
安着杉苗壹鬼［塊］，上至山良，下
至小横路，左至小窝合水，右至路
良，今俱四至分明，自愿托中立字，
出賣與闕起瑞兄边入手承買為
業，当日凴中三面言断，木［目］值時
價英洋拾壹元正，其洋即日交付，
不少分厘，其杉苗自賣之後，任凴買
主籙養三拾年，砍伐發運，賣人不
敢阻当［擋］等情，如有来歷不明，賣人一力
承当，不干買主之事，愿買愿賣，两
家情愿，各無反悔，恐口难信，故立
賣杉樹苗字為據。
一批三十年外归还賣人，不得行用。
民国丙辰五年十月初六日　立賣杉苗字　張松亮
見中　張福起
松貴
松林
代筆　闕吉星

立退杉樹苗字人阙起瑞，今因無
錢應用，自情愿将自手遺下自
己至［置］有杉樹苗山壹處，坐落雲邑
玖都内管茶補［鋪］庄，小土名田窝尾，
安着杉樹苗壹鬼［塊］，上至山良，下至
小横路，左至小窝合水，右至路良，今俱
四至分明，自愿托中立字，出退與
本家侄边與阙吉謙入受（承）管為
業，当日凴中三面言断，目直時價英
洋銀壹（拾）陆元正，清［親］收足乞［訖］，不少分厘，
其杉樹苗自退之後，任凴侄边籙
養念『拾』壹年，砍伐發運，退人無得
如言阻执等情，如有來歷不明，退人
一力承当，不干買主之事，愿退愿受，
两相情原［愿］，各無反悔，恐口难信，故立
退杉樹苗字為據。
民国甲子年八月十九日　立退杉樹字人　阙起瑞
在見　阙起端
親筆

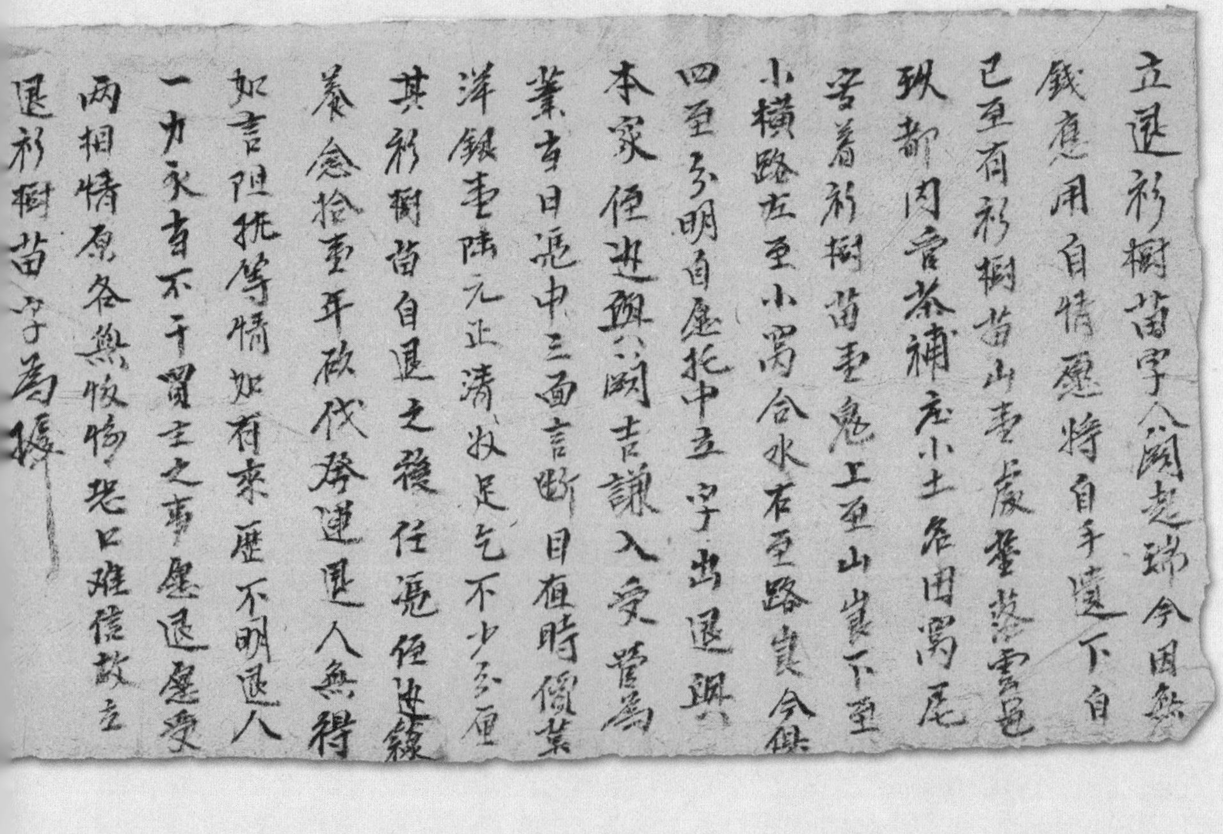

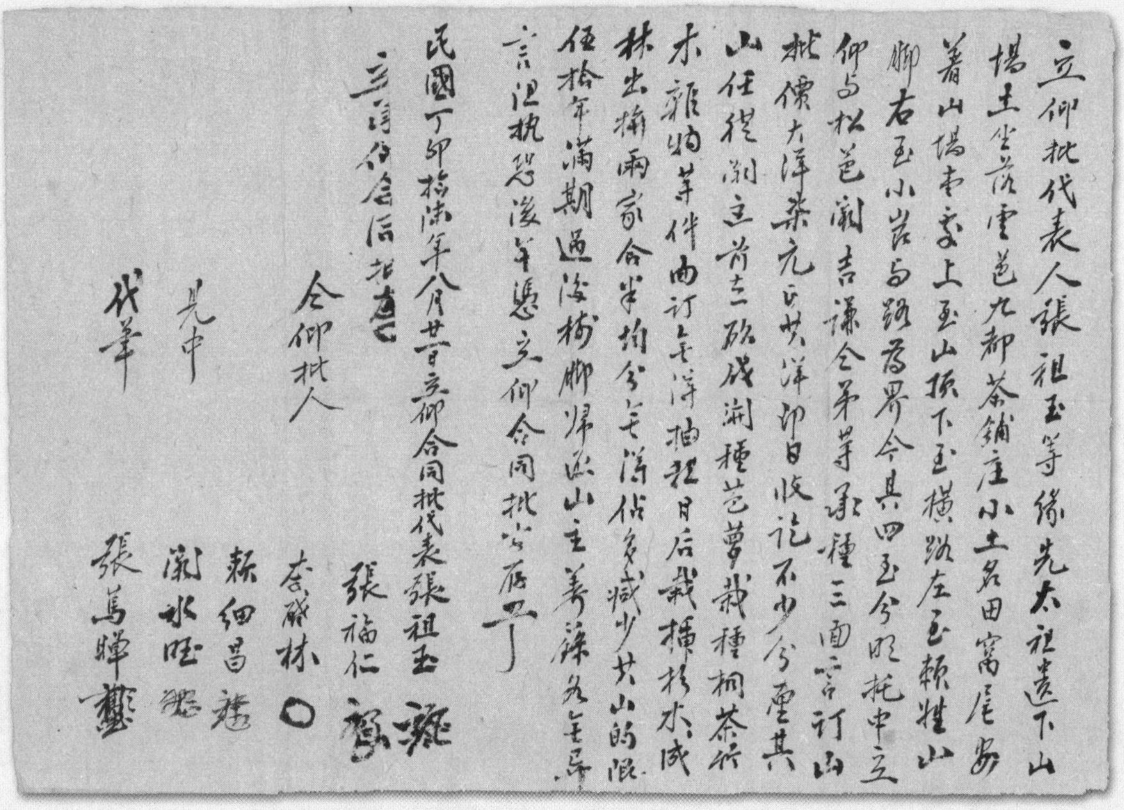

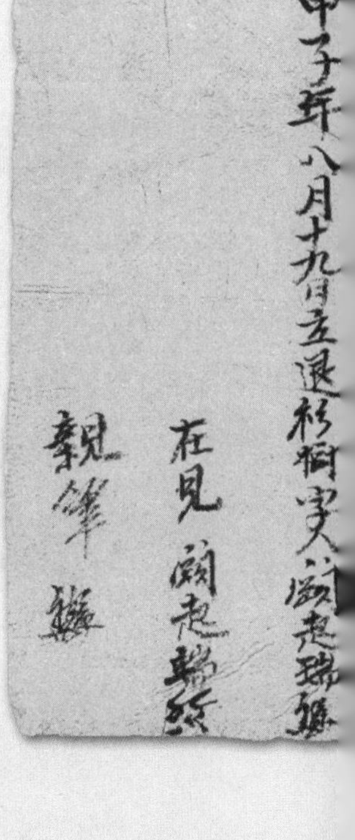

立仰批代表人張祖玉等，缘先太祖遺下山
場，土坐落雲邑九都茶鋪庄，小土名田窩尾，安
着山場壹處，上至山顶，下至横路，左至赖姓山
脚，右至小良与路為界，今具四至分明，托中立
仰与松邑闕吉谦仝弟等承種，三面言订山
批價大洋柒元正，其洋即日收讫，不少分厘，其
山任從闕边前去砍伐闸種苞萝，栽種桐茶竹
木雜物等件，面订無得抽租，日后栽插杉木成
林出拚，兩家合半均分，無得估多减少，其山的限
伍拾年，滿期過後，樹脚歸还山主养籙，各無异
言阻执，恐後無憑，立仰合同批字存照。

民國丁卯拾陆年八月廿一日　立仰合同批代表　張祖玉
張福仁
仝仰批人　李□林
赖细昌
見中　闕水旺
代筆　張篤暉

立退杉木字人闕祥水仝弟等，今因口食不给，情愿将父手栽種杉木，坐落松邑五合圩村裡内坑，小土名茶散崀背校椅圈，安着其杉木，左至小崀培義所種杉樹山，右至祥禎所種杉樹山，隨崀分水，上至山頂，下至培義与祥禎杉樹山為界，又毗連灯盞湖杉木壹處，托中立字，出退與叔闕吉谦入受承退為業，當日面断弍處杉木，共计價洋拾陆元，其洋即日收讫，其杉木自退之後，任憑叔边籙養出拚管業，出退人並無再言找贖等情，若有来歷不清，出退人一力承當，不干承退人之事，愿退愿受，各無反悔，恐口無憑，故立退杉木字為據。

中華民國二十叁年三月初十日　立退杉木字人　闕祥水

仝弟　闕祥全

見中　闕吉優

代筆　闕吉伸

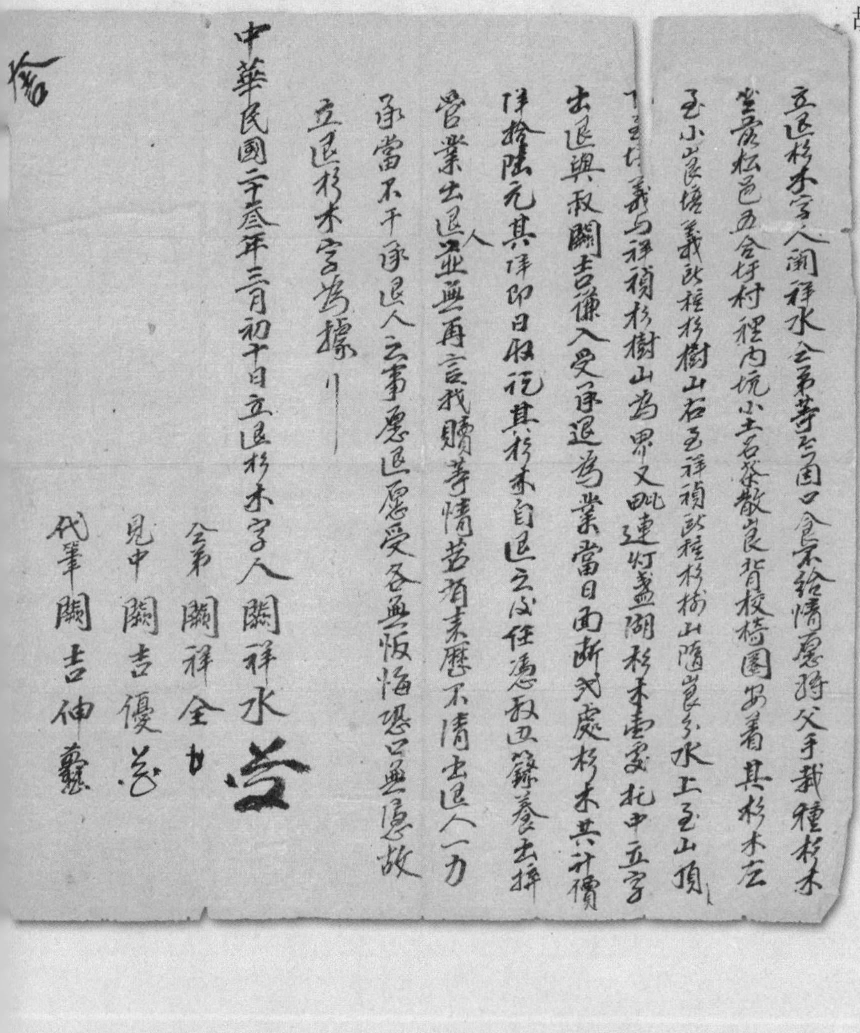

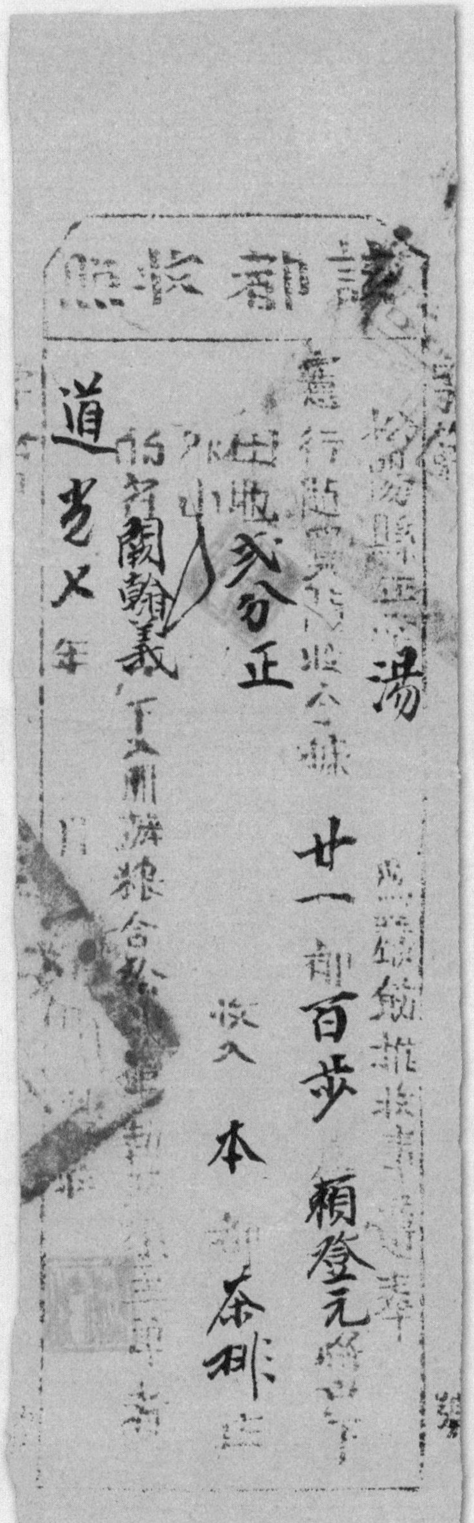

該都收照

松陽縣正堂湯　為嚴飭推收事，遵奉
憲行，隨買隨收，今據　廿一　都　百步庄　賴登元将户下
田地　式分正
外山　○　　　　收入本都　茶排庄
的名　闕翰義　户下入册辦粮，合給印单執照，須至单者。
道光　七　年　　月　　日

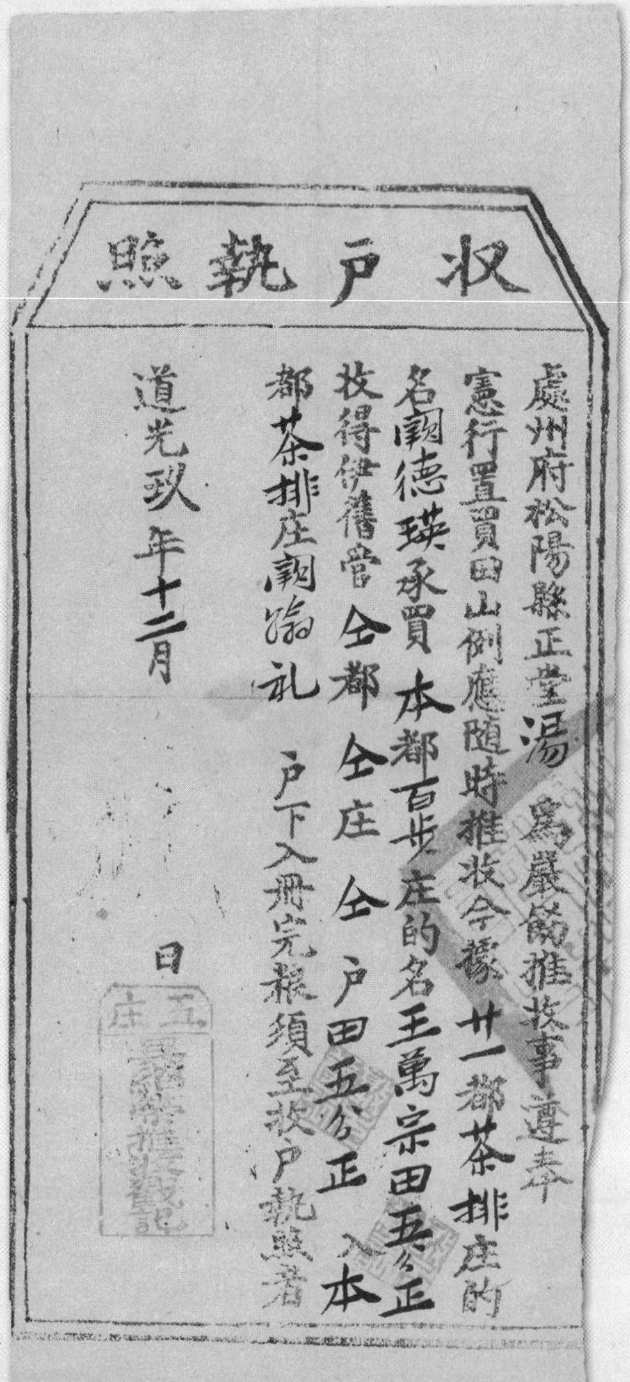

收戶執照

處州府松陽縣正堂湯　為嚴飭推收事，遵奉

憲行置買田山例，應隨時推收，今據廿一都　茶排　庄的

名　闕德瑛　承買　本都　百步庄的名　王萬宗田五分正，

收得伊舊管　仝　都　仝庄　仝　户　田五分正　入本

都　茶排庄　闕翰礼　户下入册完粮，須至收户執照者。

道光　玖　年　十二月　日

五庄

王紹榮推收戳記

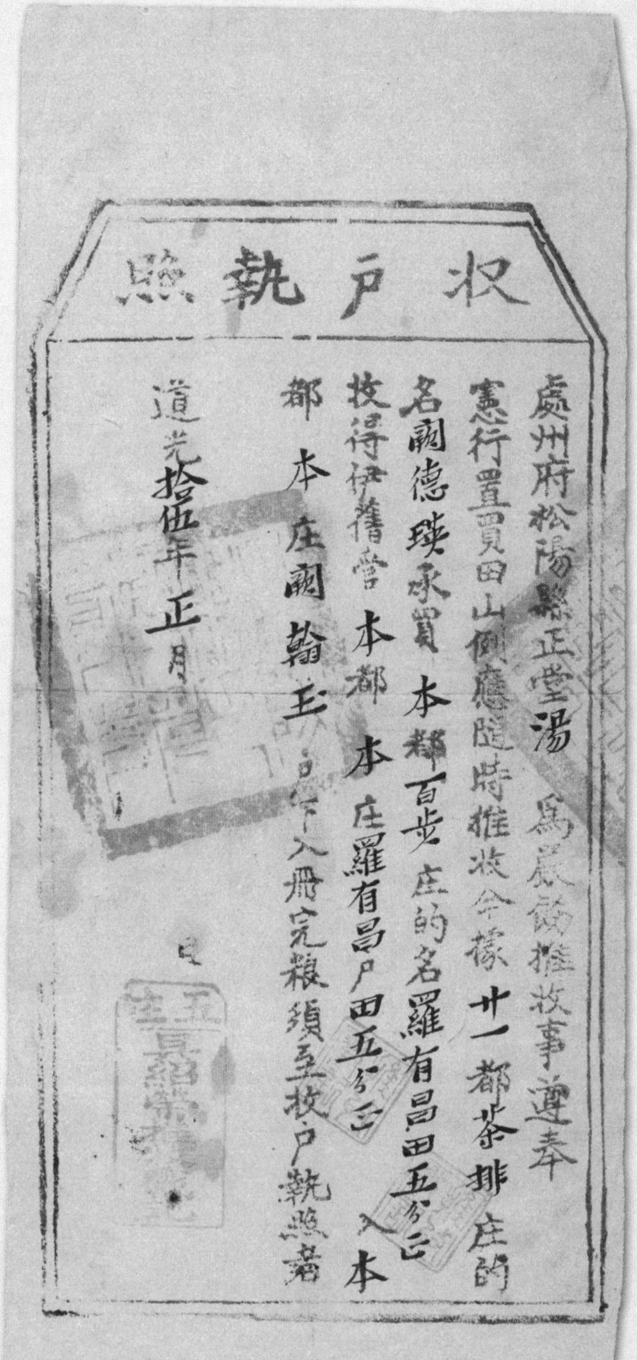

收户執照

處州府松陽縣正堂湯　為嚴飭推收事，遵奉
憲行置買田山例，應随時推收，今據 廿一 都　茶排 庄的
名　闕德瑛　承買 本都　百步庄的名　羅有昌田五分正，
收得伊舊管 本　都　本　庄　羅有昌户　田五分正　入本
都　本庄　闕翰玉　户下入册完粮，須至收户執照者。
道光　拾伍　年　正　月　日

五庄
王紹榮推收戳記

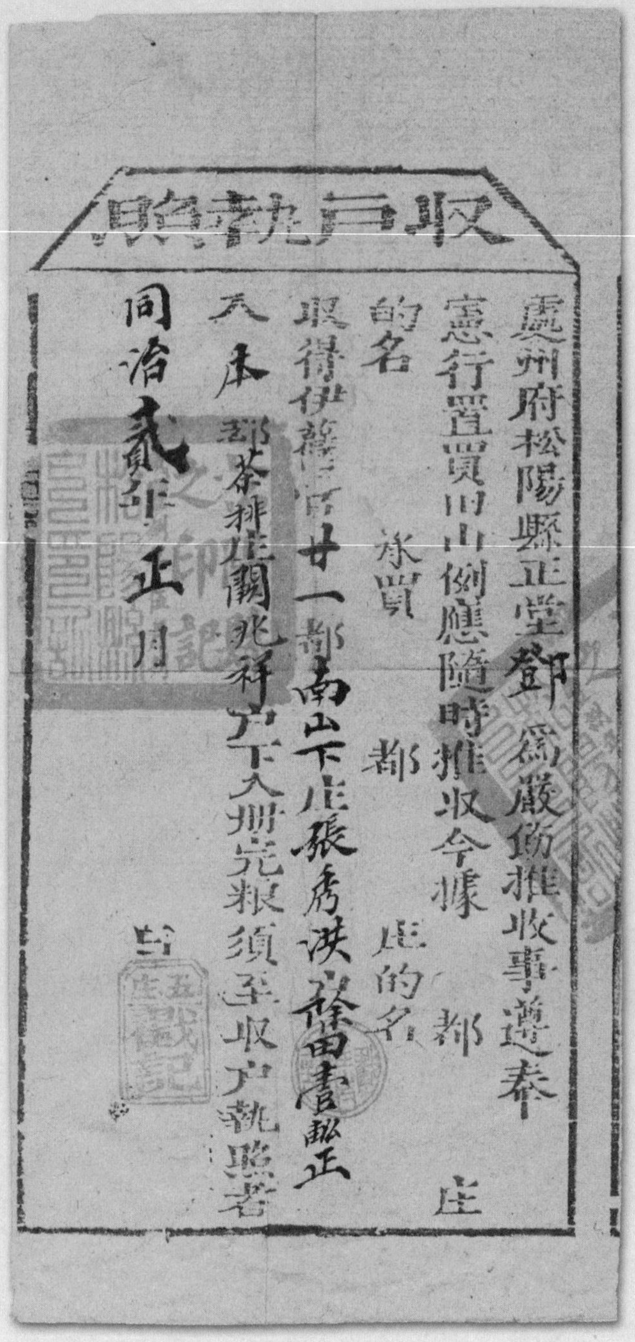

收戶執照

處州府松陽縣正堂鄧　為嚴飭推收事，遵奉
憲行置買田山例，應隨時推收，今據　都　庄
的名　承買　都　庄的名
收得伊舊管　廿一都　南山下庄　張秀洪户　除田壹畝正
入　本都　茶排庄　闕兆祥　户下入册完粮，須至收户執照者。
同治　貳　年　正　月　日

五庄戳記

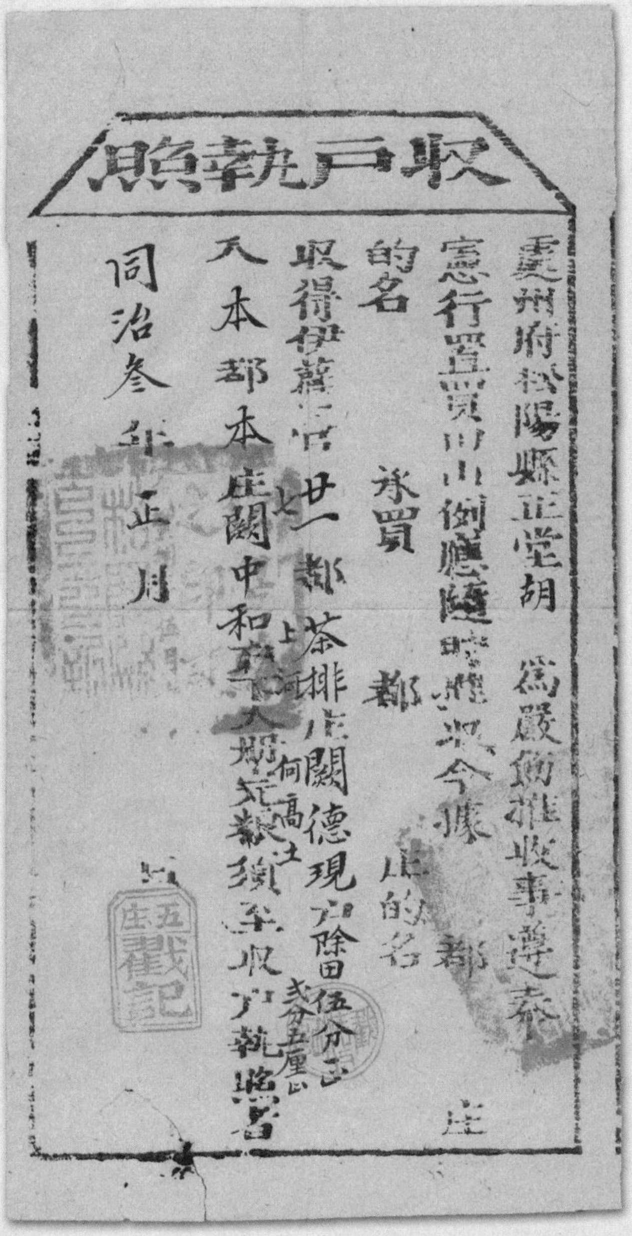

收户執照

處州府松陽縣正堂胡　為嚴飭推收事，遵奉
憲行置買田山例，應隨時推收，今據　都　庄
的名　承買　都　庄的名
收得伊舊管　廿一都　茶排庄　闕德現　户　除田　伍分正
　　　　　　　　　　上河庄　何高土　户　　　　弍分五厘正
入本都　本庄　闕中和　户下入册完粮，須至收户執照者。
同治　叁　年　正　月　　日

五庄戳記

……陽縣公署發給承粮戶摺

業戶須知

一 本摺為業戶承粮之證據

一 凡有買賣行為時由賣出與買入者雙方呈繳原有戶摺分別推收換給新戶摺

一 凡因承繼或分析而取得所有權時須呈繳原有戶摺分別推收換給新戶摺

一 凡呈繳戶摺請求推收時須呈驗不動產契據如係舊契均須粘有已照驗契辦法呈驗之憑證或附有前給之登記證書如新成立之契須有已納契稅之憑證否則不准推收

一 凡業戶住所有變更時須立時將此戶摺呈請該管縣知事驗明於有行住所下加蓋紅戳

一 凡每年在上忙開征兩月以前未請推收換給之新戶摺其摺內所載銀數米數應與本年征糧由單相符征收後呈請者應與次年征糧由單相符

一 本摺如有遺失時准檢齊上列第四款規定之合法證據聲明切實理由並同住所所在地之保證人二人呈請該公署註銷事由再行補給

一 [illegible]之產十行以內納銀元五角十行以上每十行遞加五分無論第一次發給或以後換給及補給均同

- 業戶
- 住所：都 莊 圖 字 莊 圖征冊
- 產別：田
- 畝分：捌畝貳分
- 產之所在地及字號：茶排嶺䟫
- 原有名：關塔弄
- 糧銀數：柒錢叁分陸厘
- 米數
- 額

吳
西地山名

共　本縣

中華民國叁拾年　月　日

[illegible]字第二万九號

右給茶戶闕培岸收執

(前頁)>>>>>

松陽縣公署發給承粮户摺

業户須知

一 本摺為業户承粮之證據。

一 凡有買賣行為時，由賣出與買入者雙方呈繳原有户摺，分別推收，換給新户摺。

一 凡因承繼或分析取得所有權時，須呈繳原有户摺，分別推收，換給新户摺。

一 凡呈繳户摺，請求推收時，須呈驗不動產契據，如係舊契，均須粘有已照驗契辦法呈驗之憑證或浙省前給之登記證書，如新成立之契，須有已納契税之憑證，否則不准推收。

一 凡業户住所有變更時，須立時將此户摺呈請該管縣知事驗明，於首行住所下加蓋紅戳。

一 凡每年在上忙開征兩月以前呈請推收換給之新户摺，其摺内所載銀數米數，應與本年征粮由單相符，在開征以後呈請者，應與次年征粮由單相符。

一 本摺如有遺失時，准檢齊上列第四款規定之合法證據，聲明切實理由，邀同住所所在地之□實保證人呈請該管縣知事查册補給。

一 户摺手數料照□開所有之產，十行以内納銀元五分，十一行以上每十行遞加五分，無論第一次發給或以後換證及補給均同。

業户	住所	都 圖 莊 土名	圖 莊 征册

產別	畝分	產之所在地及字號	原有户名	粮額 銀數	粮額 米數
田	捌畝貳分	茶排喔一百八十七	闞培芹	柒錢叁分陆厘	

（前頁）>>>>>

共田　地　山　蕩

共银　米

中華民國　叁　年　月　日　共　字第　二万六千九一　號

右給業户　闕培芹　收執

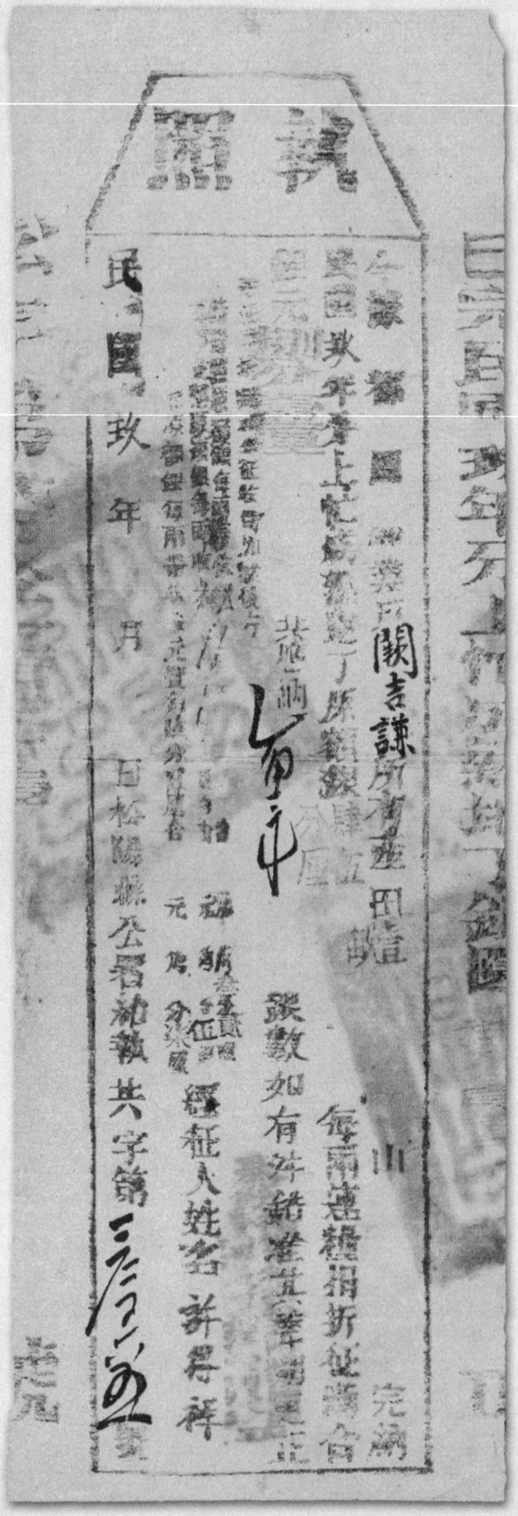

執照

今據　都　圖　庄業户　闕吉謙　所有產田壹畝　山　完納

民國玖年分上忙成熟地丁原額銀　肆伍分厘　每兩連糧捐折征一元八角合

銀元　捌分壹厘　共應納　一角三分二厘　銀數如有舛錯，准其聲明更正。

帶征特捐抵補金征收費加戳後方

特捐照原額銀每兩帶收銀元柒角　合　元　角叁分貳厘

抵補金照原額銀每兩收米貳升陸合伍勺　合　元　角　分伍厘　經征人姓名　許得祥

徵收費照原額銀每兩帶收銀元壹角陸分弍厘合　元　角　分柒厘

民國　玖　年　月　日松陽縣公署給執　共　字第　三千三百六十五　號

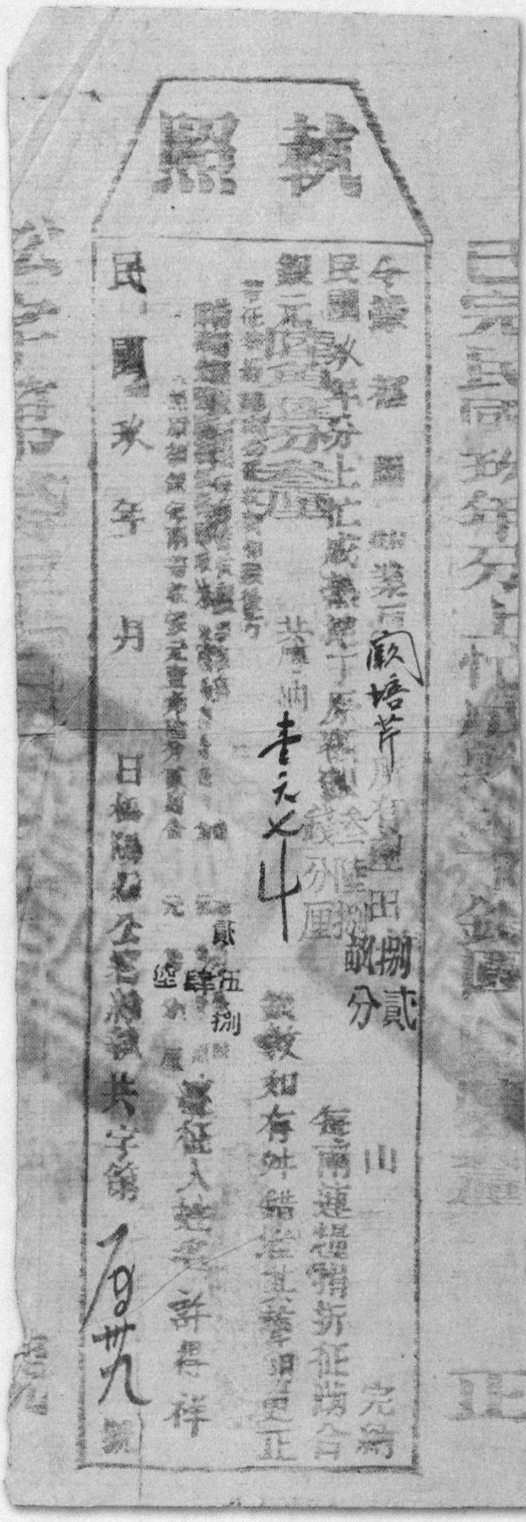

執照

今據　都　圖　庄業户　闕培芹　所有產　田捌畝貳分　山　完納

民國玖年分上忙成熟地丁原額銀叁錢陸分捌厘　每兩連糧捐折征一元八角合

銀元　陸角陸分叁厘　共應納　壹元七分一厘　銀數如有舛錯，准其聲明更正。

帶征特捐抵補金征收費加戳後方

特捐照原額銀每兩帶收銀元柒角　合　元貳角伍分捌厘

抵補金照原額銀每兩收米貳升陸合伍勺　合　元　角肆分　厘　經征人姓名　許得祥

徵收費照原額銀每兩帶收銀元壹角陸分弍厘合　元　角陸分　厘

民國　玖　年　月　日松陽縣公署給執　共　字第　一千五百卌九　號

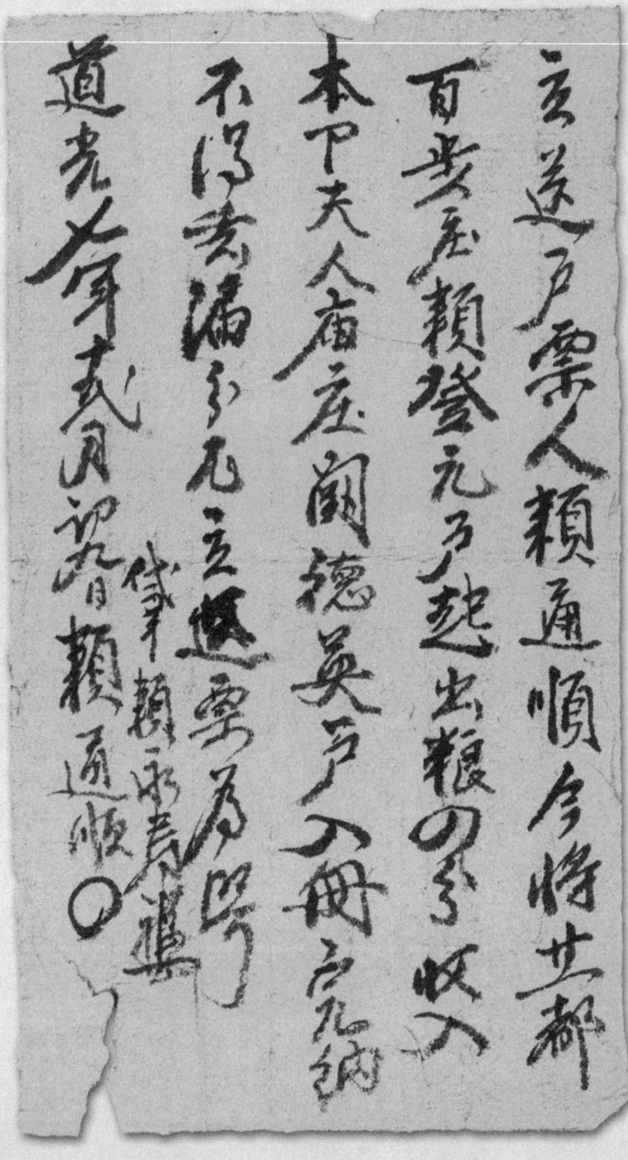

立送户票人賴通顺，今将廿一都
百步庄賴登元户起出粮四分，收入
本都夫人庙庄阙德瑛户入册完纳，
不得丢漏分厘，立送票為照。

代筆　賴永寿

道光七年十弍月初九日　賴通顺

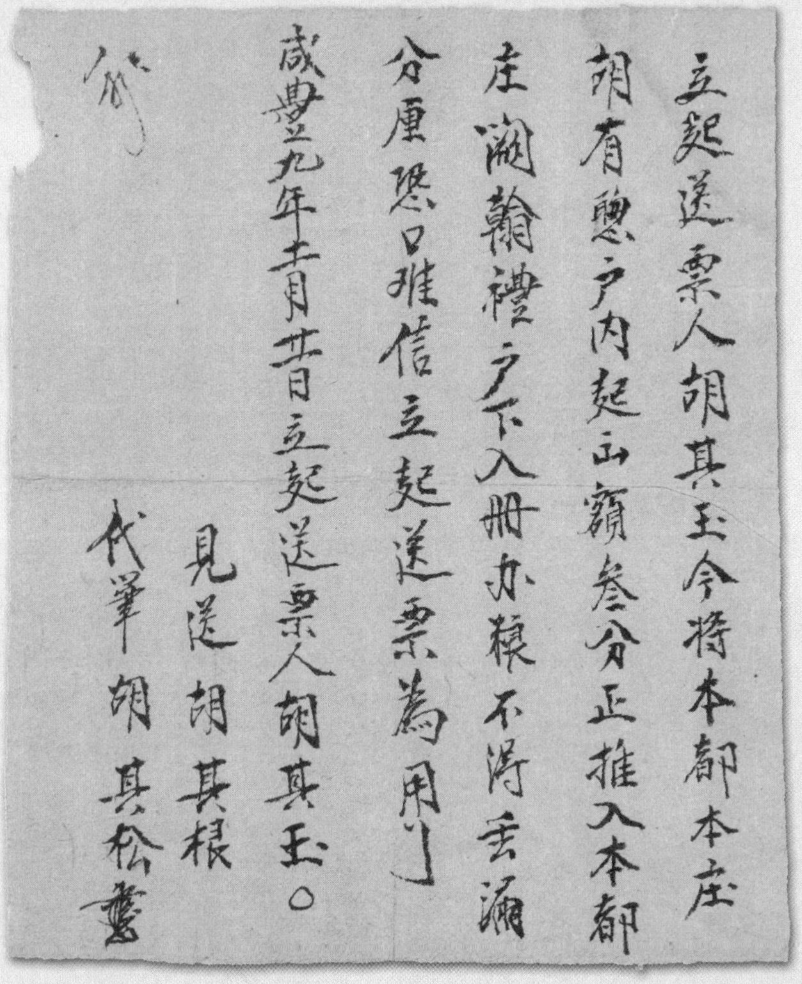

立起送票人胡其玉，今将本都本庄
胡有聰户内起出額叁分正，推入本都
庄阙翰禮户下入册办粮，不得丢漏
分厘，恐口难信，立起送票為用。
咸豐九年十一月廿一日　立起送票人　胡其玉
見送　胡其根
代筆　胡其松

立送户票人阙翰吉，今将本户錢
粮推出叁畝正，任凂翰禮户推收
入册，办粮完納，不得多推少入，亦
不敢丢漏分毫，恐口难信，故立送
票為照。

同治九年十一月十一日　立送票人　阙翰吉

在見　翰兆

代筆　翰柳

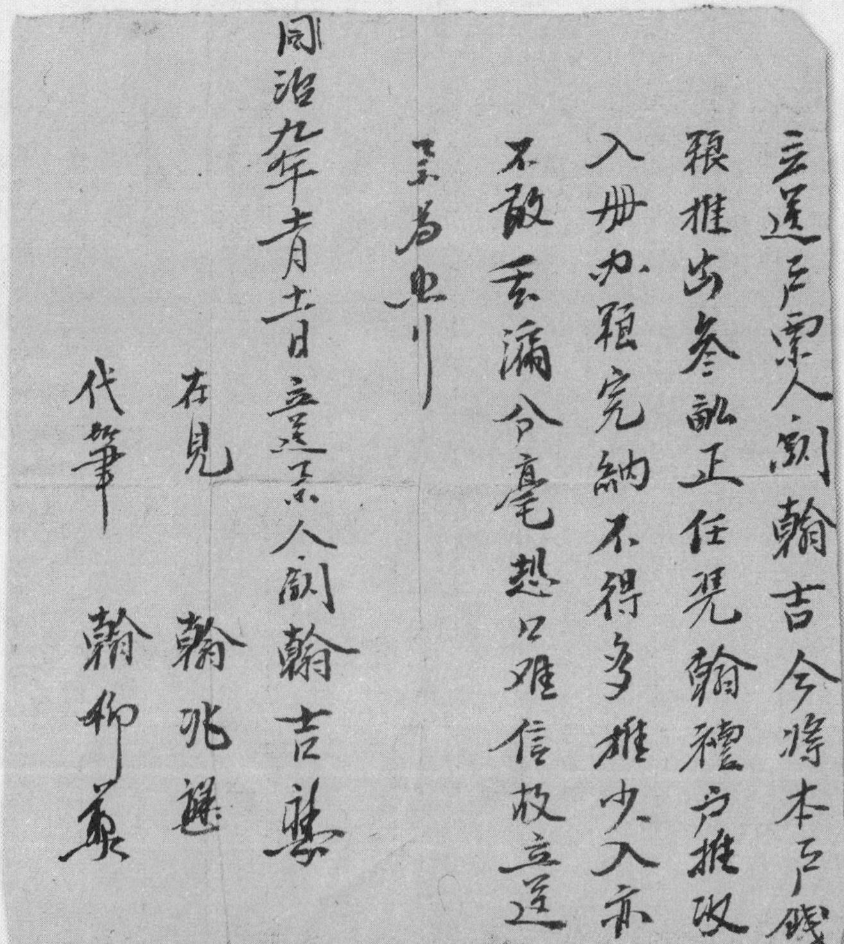
立送户票人阙翰吉今将本户錢粮推出叁畝正任凂翰禮户推收入册办粮完納不得多推少入亦不敢丢漏分毫恐口难信故立送票為照
同治九年十一月十一日立送票人阙翰吉
在見翰兆
代筆翰柳

上茶排

闕氏・天開・德瑛・翰鶴

德瑛光裕堂内景

立賣田契人李春鴻今因錢粮無办自情愿將自置民田坐落松邑念一都百步坵土名趙圩垻吕潭坑安着田壹處計額伍分正其田上下至魯姓田爲界左至大坑爲界右至大路爲界今俱四至界額分明親立文契托中出賣與茶排闕輪岳親邊承買爲業即日憑中面斷時直田價銅錢弍拾柒千文正其錢當中隨契兩相交訖其田自賣之後任從買主推收過户完粮税契起耕管業賣人不敢異言阻滯其田乃係自置清楚物業與内外人等並無干碍日先亦無重復典當文墨在外如有上手來歷不明賣人一力承當不涉買主之事此係正行交易並非準折貨債之故契明價足愿賣愿買兩相情愿各無反悔並無逼抑等情恐後無憑故立賣契付與買主永遠爲據

行

道光拾柒年十壹月初三日立賣田契人李春鴻○

羅有昌○

憑中　葉荊祿

許國富

代筆賴永松

（前頁）>>>>>

立賣田契人李春鴻，今因錢粮無办，自情愿将自置民田，坐落松邑念一都百步庄，土名趙圩垻呂潭坑，安着田壹處，計額伍分正，其田上、下至曾姓田為界，左至大坑為界，右至大路為界，今俱四至界額分明，親立文契，托中出賣與茶排闕翰岳［鶴］親邊承買為業，即日凴中面断，時直田價銅錢弍拾柒千文正，其錢當中隨契两相交訖，其田自賣之後，任從買主推收過户，完粮税契，起耕管業，賣人不敢異言阻滯，其田乃係自置清楚物業，與内外人等並無干碍，日先亦無重復典當文墨在外，如有上手来歷不明，賣人一力承當，不涉買主之事，此係正行交易，並非準折貨債之故，契明價足，愿賣愿買，两相情愿，各無反悔，並無逼抑等情，恐後無凴，故立賣契付與買主永遠為據行。

道光拾柒年十壹月初三日　立賣田契人　李春鴻

凴中　羅有昌

葉荆禄

許國富

代筆　賴永松

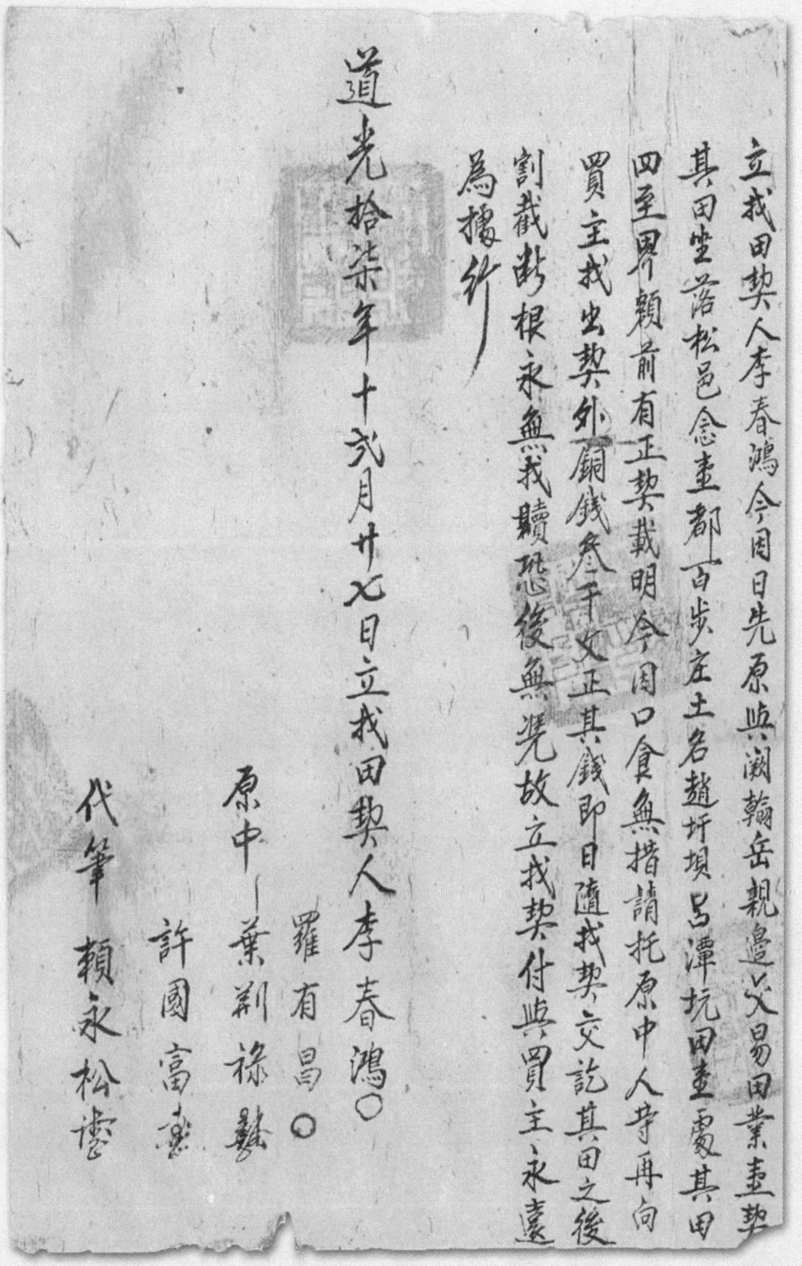

立找田契人李春鴻，今因日先原與闕翰岳［鶴］親邊交易田業壹契，
其田坐落松邑念壹都百步庄，土名趙圩垻呂潭坑田壹處，其田
四至界額，前有正契載明，今因口食無措，請托原中人等再向
買主找出契外銅錢叁千文正，其錢即日隨找契交訖，其田之後
割截断根，永無找贖，恐後無滭，故立找契付與買主永遠
為據。

道光拾柒年十弍月廿七日　立找田契人　李春鴻

羅有昌
原中　葉荆禄
許國富
代筆　賴永松

立賣田契人闕康奎今因錢粮無办自情愿将父手遗下分已阄内民田坐落念壹
都夫人廟庄土名周墝源石橋抗壢廷兩片安着左片水田伍垃其田上至賣人
蔡地为界下至坑蕉蔡姓田为界左至上接賣人田為界下接蔡姓田為界右至
坑垅為界又片田伍垃坐落右片安着其田上下右三至俱係闕姓田为界左至坑垅
为界共田計額伍分正今俱四至分明托中立契出賣與本族翰岳叔邊入手永買为業
當日憑中三面言斷定時值田價[illegible]正其錢即日隨契中筆交兌足
訖不少個文自賣之日任憑買主[illegible]秡起耕改佃收租管業原係父手
分已阄内業產與内外伯叔兄弟子姪人無干未賣日先並無典當文墨交加若
有來歷不明賣人一力承當不涉買主之事此出兩相心愿亦無逼勒準折債
負之故賣人永不敢識認異言等情今恐口難信故立賣田契付与買主子孫永
遠管業為據

道光拾柒年十一月初五日　立賣田契人　闕康奎（押）

見中　姪　篤慶（押）

憑中　闕天進（押）

代筆　闕献奎（押）

立杜找田契人闕康奎原同日前與族嗣岳叔廷發易民田壹契坐落廿一都安
人廟庄土名周墀源右様坑坵廷兩左安着其田拾坵其田界至亩分前有正契載明
今因無錢應用自請原中向到買主勸說找出銅錢壹千伍佰文正其錢即日隨找契
兩家交訖不少分文自找之日契明價足割藤斬根賣人永不敢再言取贖等情如
違甘受疊騙之論　恐口難信故立杜找田契文與買主子孫永遠耕作收租管業
為據

道光拾柒年　十貳月初九日　立杜找田契人　闕康奎（押）

見中　侄　篤慶（押）

原中　闕天進（押）

闕添慶（押）

代筆　闕献奎（押）

（前頁）>>>>>

立賣田契人闕康奎，今因錢粮無办，自情愿将父手遺下分己阄内民田，坐落念壹都夫人廟庄，土名周弄源石橋坑壠边，两片安着，左片水田伍坵，其田上至賣人蔴地为界，下至坑兼蔡姓田为界，左至上接賣人田為界，下接蔡姓田為界，右至坑垅為界，又片田伍坵，坐落右片安着，其田上、下、右三至俱係闕姓田为界，左至坑垅为界，共田計額伍分正，今俱四至分明，托中立契，出賣與本族翰岳［鶴］叔邊入手承買为業，當日憑中三面言断，定時值田價□□□□文正，其錢即日隨契中筆交兑足讫，不少個文，自賣之日，任憑買主推收□□完粮起耕，改佃收租管業，原係父手分己阄内業產，與内外伯叔兄弟子姪人（等）無干，未卖日先並無典當文墨交加，若有來歷不明，賣人一力承當，不涉買主之事，此出兩相心愿，亦無逼勒凖折債負之故，賣人永不敢識認異言等情，今恐口難信，故立賣田契付与買主子孫永遠管業為據。

道光拾柒年十一月初五日　立賣田契人　闕康奎

見中姪　篤慶

憑中　闕天進

闕添慶

代筆　闕献奎

（前頁）>>>>>

立杜找田契人闕康奎，原因日前與本族翰岳［鶴］叔边交易民田壹契，坐落廿一都夫人庙庄，土名周弄源石桥坑垅边兩片安着，共田拾坵，其田界至亩分，前有正契載明，今因無錢应用，自请原中向到買主勸説找出銅錢壹千伍伯文正，其錢即日隨找契两家交讫，不少分文，自找之日，契明價足，割藤断根，賣人永不敢异言取贖等情，如違，甘受叠騙之論，恐口難信，故立杜找田契交与買主子孫永遠耕作收租管業為據。

道光拾柒年十弍月初九日　立杜找田契人　闕康奎

見中姪　篤慶

原中　闕天進

闕添慶

代筆　闕献奎

立賣田併壩[……]人賴永松仝弟等今[……]無办自情愿将自己[……]地坐落松邑
念一都百步庄土[……]趙圩呂潭大塢口田壹[……]田上至曹姓田下至王姓田左至曹姓田右至坑為界
又對面大路下田壹處上下俱係王姓田右至小路左至坑為界又土名呂潭坑口田壹處其田上至
王姓田併通良壩地下至謝姓田内至山脚外至水圳為界又土名大埣田塝上民地壹塊其地東
至葉姓併賴姓壩地界石南至王姓壩地界石西至謝姓壩地界石北至葉姓壩地界石
為界田併壩地共四處共計額弍畝正合四處界額分明其田四至界内應有茶頭均樹
一應在内親立文契托中出賣與茶排[……]山邊承買為業當日憑中面斷時值
田價銅錢壹[……]拾柒千文正其[……]相知人説其田自賣[……]後任從買主推
收過户完[……]契耕易佃管業[……]消楚物業與内外[……]並無干碍日
先亦無典當[……]墨在外倘有上手[……]一力承當不干[……]主之事此係正
行交易並非準折債之故自賣之[……]明價足並無找贖愿賣愿買兩相情愿
各無悔並無逼抑等情恐後無憑故立賣田契付與買主永遠為據
道光拾柒年十一月初九日立賣田併壩地契人賴永松（押）
仝弟　永賢（押）
李春鳴○
憑中　羅有[……]
葉剤[……]

立找田契□永松今因日先與瀨翁岳邊父易民田併大地土契坐落松
邑念一都百步庄土名趙圩垻呂潭坑大塢口田貳處又呂潭坑口及大垃田墒垻地
田貳處今俱四處四至界顧前有正契載明今因口食不給再托原中勸
業主邊找出契外銅錢玖千文正其錢即日隨找契兩相父訖自找之後契
斷價足□ 再無言找言贖一□ □永截割斷兩甘情
悔恐□ □後無憑故立找□ □永遠為據□ 並無逼抑反

親筆

道光拾□年十貳月廿六日　找田併垻地契人□永松

仝弟　永賢

李春鴻

羅有昌

葉荊禄

親　一

（前頁）>>>>>

立賣田併垻地契人賴永松仝弟等，今□□無办，自情愿将自置□□地，坐落松邑念一都百步庄，土名趙（垻）圩呂潭大塢口，田壹坵，□田上至曹姓田，下至王姓田，左至曹姓田，右至坑為界，又對面大路下田壹處，上下俱係王姓田，右至小路，左至坑為界，又土名呂潭坑口田壹處，其田上至王姓田併通良垻地，下至謝姓田，內至山脚，外至水圳為界，又土名大垳田角上民地壹塊，其地東至葉姓併賴姓垻地界石，南至王姓垻地界石，西至謝姓垻地界石，北至葉姓垻地界石為界，田併垻地共四處，共計額弍畝正，今俱四處界額分明，其田四至界內，應有茶頭柏樹，一應在內，親立文契，托中出賣與茶排翰岳〔鶴〕邊承買為業，當日凴中面断，時值田價銅錢壹百叁拾柒千文正，其□□□□相交訖，其田自賣之後，任從買主推收過户，完□□契起耕，易佃管業，□□□□□□□清楚物業，與內外□□並無干碍，日先亦無典當文墨在外，倘有上手來歷不明，賣人一力承當，不干買主之事，此係正行交易，並非準折貨債之故，自賣之後，契明價足，並無找贖，愿賣愿買，两相情愿，各無反悔，並無逼抑等情，恐後無凴，故立賣田契付與買主永遠為據行。

道光拾柒年十一月初九日　立賣田併垻地契人　賴永松

仝弟　永賢

凴中　李春鴻

羅有昌

葉荊祿

親筆

（前頁）>>>>>

立杜找田契賴永松，今因日先與闕翰岳［鶴］邊交易民田併垻地壹契，坐落松邑念一都百步庄，土名趙圩垻呂潭坑大塢口，田弍處，又呂潭坑口及大坵田角垻地田弍處，今俱四處四至界額，前有正契載明，今因口食不給，再托原中勸業主邊，找出契外銅錢玖千文正，其錢即日隨找契两相交訖，自找之後，契断價足，□□再無言找言贖，一找千休，永截割断，两甘情愿，並無逼抑反悔等情，恐後無憑，故立找□□□□□永遠為據行。

道光拾柒年十弍月廿六日　立找田併垻地契人　賴永松

仝弟　永賢

李春鴻

羅有昌

葉荆祿

親筆

立賣田契人賴新富今因錢粮無辦自情愿將祖父遺下民田坐落松邑廿壹都百步庄土名趙圩垻下鋪门口水𣴎外田壹坵計額伍分正其田上下俱是會姓田為界內至水𣴎為界外至大路為界四至之內荒坪地塝柏樹一應在內今俱四至分明親立契托中出賣與本都茶排庄闕翰岳邊入受承買為業當日憑中面斷時值田價銅錢貳拾叁千文正其錢當日隨賣面仝憑中親收完足其田自賣之後任從闕邊推收過戶完粮執契管業起耕改佃其田乃係祖父遺下清楚物業與上下親伯叔兄弟子侄內外人等並無干碍日前亦無典當文墨在外倘有來歷不明皆係賣人一力承當不涉買主之事此係正行交易不是準折債負之故自賣之後契明價足日後無找贖割截斷根兩相情愿並無逼抑反悔等情恐後無憑故立賣契付與買主永遠為據行

道光十九年十月廿九日立賣田契人賴新富

仝弟賴新福

　　　　新祿

　　　　新有

　　　　新潛

憑中羅有昌

代筆葉莉祿

賣契叁

立找田契人賴新富仝弟等今因無錢吉用原與日先典闕翰岳邊

易民田壹契坐落廿都百步庄土名趙圩垻下鋪门口東外田壹坵界至

領正契載明其田日前契斷價足請托原中向與買主邀勸找出契外
銅錢弍千文正其錢即日隨找親收足其田自找之後割藤斷根賣人
不得識認恐後無憑立找契付與業主為據

道光十九年十二月初十日立找田契人賴新富（押）
新福（押）
新祿（押）
新有（押）
新得（押）
見找人羅有昌（押）
代筆葉利祿（押）

契尾

字　號

浙江等處承宣布政使司為遵
旨議奏事奉准　戶部咨開乾隆十四年十月二十日內閣抄出河南布政使富明奏[illegible]契尾[illegible]巧取病民[illegible]業戶契尾例不與
根同申上司查驗不肖有司其於給民契尾則按數登填而於存官照根改寫銀數以後州縣於業戶納稅時將契尾
連用印存貯每遇十號申送知府直隸州查對如姓名銀數相符即[illegible]給業戶之契尾并州縣備案之[illegible]
[illegible]其應申藩司根票于季報時府州[illegible]至知府直隸州[illegible]
州縣造報[illegible]府州[illegible]三聯[illegible]戶收執串票[illegible]上司[illegible]并送府州[illegible]
州則給領無[illegible]根并[illegible]項更[illegible]況契尾一項[illegible]
門之[illegible]一吏[illegible]多一吏[illegible]長[illegible]業戶[illegible]
[illegible]
尾[illegible]十號申送府州[illegible]
[illegible]
千價若干後半幅於空白處預鈐司印[illegible]
[illegible]布政司[illegible]分為二大小數[illegible]布政司[illegible]契尾[illegible]
[illegible]可[illegible]實[illegible]
[illegible]
計開業戶　買田坐落　畝　分價銀弍拾叁兩　錢　分納稅銀　兩　錢　分　厘
布字捌百陸拾壹號右給松陽縣業戶闕翰岳　准此
道光弍拾叁年拾月　日

（前頁）>>>>>

立賣田契人賴新富，今因錢粮無辦，自情愿将祖父遺下民
田，坐落松邑廿壹都百步庄，土名趙圩垻下鋪门口水崠外，田
壹坵，計額伍分正，其田上下俱是曾姓田為界，內至水崠為界，
外至大路為界，四至之內，荒坪地角柏樹，一應在內，今俱四至分明，
親立契托中出賣與本都茶排庄闕翰岳［鶴］邊入受承買為業，
當日凴中面断，時值田價銅錢貳拾叁千文正，其錢當日隨
賣面仝凴中親收完足，其田自賣之後，任從闕邊推收過户
完粮，執契管業，起耕改佃，其田乃係祖父遺下清楚物業，與上
下親伯叔兄弟子侄內外人等並無干碍，日前亦無典當文墨
在外，倘有來歷不明，皆係賣人一力承當，不涉買主之事，此係
正行交易，不是準折債負之故，自賣之後，契明價足，日後無找
贖，割截断根，两甘情愿，並無逼抑反悔等情，恐後無憑，故立
賣契付與買主永遠為據行。

道光十九年十月廿九日　立賣田契人　賴新富

福

仝弟　賴新祿

有

得

凴中　羅有昌

代筆　葉荊祿

（前頁）>>>>>

立找田契人賴新富仝弟等，今因無錢吉［急］用，原與日先與闕翰岳［鶴］交易民田壹契，坐落廿一都百步庄，土名趙圩垻下鋪门口崠外，田壹坵，界至畝額，正契載明，其田日前契断價足，請托原中向與買主邊勸找出契外銅錢弍千文正，其錢即日隨找親收足，其田自找之後，割藤断根，賣人不得識認，恐後無憑，故立找契付與業主為據。

道光十九年十一月初十日　立找田契人　賴新富

新福

新祿

新有

新得

見找人　羅有昌

代筆　葉荆祿

（契尾，道光弍拾叁年拾月）

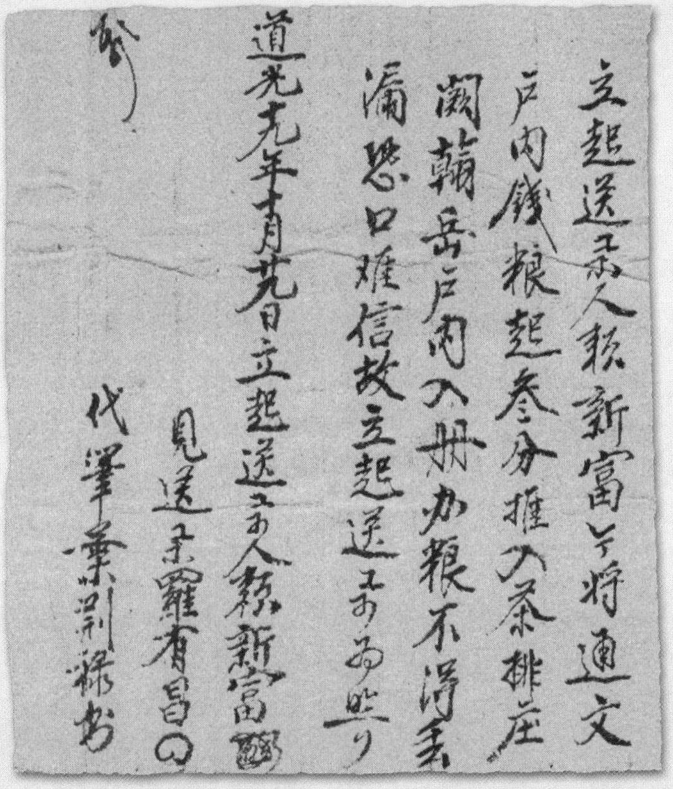

立起送票人賴新富，今将通文户内錢粮起叁分，推入茶排庄闕翰岳［鶴］户内入册办粮，不得丢漏，恐口难信，故立起送票为照。

道光十九年十月廿九日　立起送票人　賴新富

見送票　羅有昌

代筆　葉荆祿

立賣田契人王元德今因錢粮無办情愿将父手遺分自己閫内坐落弍十
壹都夫人廟庄土名金岔洋水田壹處弍坵上至王姓田山為界下至蔡姓田為
界左至山為界右至王姓田為界共計額叁分正托中親立文契出賣與蔡
排庄闕翰岳親邊為業當日三面斷定田價銅錢貳拾貳千文正其錢即日隨
契交兑足訖其田自賣之後并及田頭地墑相樹雜木壹應在内任憑闕邊執
契管業過户完粮易佃耕種扦掘改造此係自己閫内物業與内外伯叔兄
弟子侄人等無涉日前亦無典當文墨在外如有此色賣人自能一力承當不干
買主闕邊之事如違甘受疊騙之咎此出兩家心愿并當日枯值時價情愿
出賣並無逼抑反悔準折債付等情恐後無憑故立賣田契交與闕邊
永遠存拠

道光弍十弍年九月廿五日立賣田契人王元德（押）

侄 光義 ○

王元永（押）

見中 胡其松（押）

代筆丁猶麟（押）

合利市

立杜找絶田契人王元德今因日前與闕翰岳親邊交易民田壹契坐落
弍十壹都夫人廟庄金岔洋水田壹處四至畝額俱載正契原已契明價足
無可言找但因年歲逼迫粮食無楚情愿邀托原中向與闕邊勸找出契
外銅錢貳千文正其錢即日隨契交兑清楚其田自找之後照正契内畝額坵
段并及前後左右田坪地墑相樹雜木四處水路壹應在内任憑闕邊執契
管業扦掘改造王邊子孫永遠再不敢言找言贖永絶割斷如同截木

倘若再行識認甘受疊騐之咎

等情恐後無憑故立杜找絶田契交與闕述喬執

道光廿六年十二月十一日立杜找絶田契人王元德 押

侄 光盛 押

光義 ○

王元永 押

王元彩 押

見找 闕鎮奎 押

胡其松 押

代筆丁楠麟 押

契尾　號

浙江等處承宣布政使司為遵 [illegible]

計開業戶　買田坐落　畝　價銀弍拾伍兩　錢　分納稅銀　兩柒錢伍分

布字捌百陸拾貳號給　縣業戶闕翁岳

道光弍拾叁年拾月　日

（前頁）>>>>>

立賣田契人王元德，今因錢粮無办，情愿将父手遺分自己阄内（民田），坐落弍十壹都夫人廟庄，土名金岱洋，水田壹處弍坵，上至王姓田山為界，下至蔡姓田為界，左至山為界，右至王姓田為界，共計額叁分正，托中親立文契，出賣與茶排庄闕翰岳［鶴］親邊為業，當日三面断定，田價銅錢貳拾貳千文正，其錢即日隨契交兑足訖，其田自賣之後，并及田頭地角，柏樹雜木，壹應在内，任凴闕邊執契管業，過户完粮，易佃耕種，扦掘改造，此係自己阄内物業，與内外伯叔兄弟子侄人等無涉，日前亦無典當文墨在外，如有此色，賣人自能一力承當，不干買主闕邊之事，如違，甘受叠騙之咎，此出兩家心愿，并當日枯［估］值時價，情愿出賣，並無逼抑反悔準折債付［負］等情，恐後無凴，故立賣田契交與闕边永遠為據。

道光弍十弍年九月廿五日　立賣田契人　王元德

侄　光義

見中　王元永

胡其松

代筆　丁猶麟

（前頁）>>>>>

立杜找絶田契人王元德，今因日前與闕翰岳［鶴］親邊交易民田壹契，坐落弍十壹都夫人廟庄金岱洋水田壹處，四至畝額俱載正契，原已契明價足，無可言找，但因年歲逼迫，粮食無楚［措］，情愿邀托原中向與闕邊勸找出契外銅錢貳千文正，其錢即日隨契交兑清楚，其田自找之後，照正契内畝額坵段并及前後左右田坪地角，柏樹雜木，四處水路，壹應在内，任凴闕邊執契管業，扦掘改造，王邊子孫永遠再不敢言找言贖，永絶割斷，如同截木，倘若再行識認，甘受叠騙之咎，此出兩家心愿，並無逼抑反悔準折債付［負］等情，恐後無凴，故立杜找絶田契交與闕边為據。

道光弍十弍年十二月十一日　立杜找絶田契人　王元德

侄　光盛

光義

見找　王元永

王元彩

闕鎮奎

胡其松

代筆　丁猶麟

（契尾，道光弍拾叁年拾月）

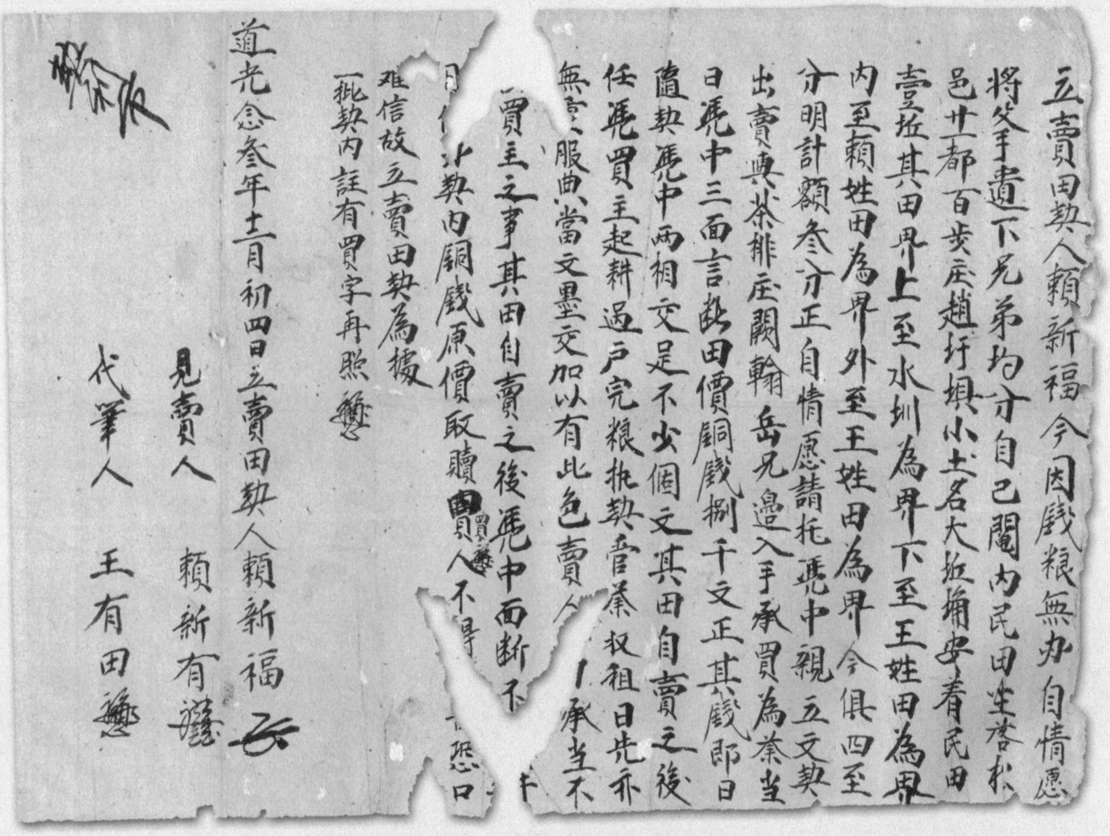

立賣田契人賴新福，今因錢粮無办，自情愿
将父手遺下兄弟均分自己閹内民田，坐落松
邑廿一都百步庄趙圩垻，小土名大坵角，安着民田
壹坵，其田界上至水圳為界，下至王姓田為界，
内至賴姓田為界，外至王姓田為界，今俱四至
分明，計額叁分正，自情愿請托憑中，親立文契，
出賣與茶排庄闕翰岳［鶴］兄邊入手承買為業，当
日憑中三面言断，田價銅錢捌千文正，其錢即日
隨契憑中两相交足，不少個文，其田自賣之後，
任憑買主起耕過户完粮，执契管業收租，日先亦
無重服［復］典當文墨交加，以［如］有此色，賣人一力承当，不
□買主之事，其田自賣之後，憑中面断，不□□
□□□契内銅錢原價取贖，買人不得□□，恐口
难信，故立賣田契為據。
一批契内註有買字，再照。
道光念叁年十二月初四日　立賣田契人　賴新福
見賣人　賴新有
代筆人　王有田